# Côte d'Azur

Azur, comme l'éclat profond du ciel et de la mer. Mais ce littoral et son arrière-pays, à l'ensoleillement exceptionnel, ne sauraient se limiter à une seule couleur : à ce bleu répondent l'ocre des façades du Vieux Nice, le rouge des roches de l'Estérel, des gorges de Daluis ou des marches du palais à Cannes, le turquoise fluorescent du Verdon, le blanc de la neige des Alpes méditerranéennes, le jaune des mimosas de Bormes, le vert des jardins de Rayol et de Menton, ou celui des forêts des Maures, de la Sainte-Baume ou de Port-Cros... La région est une palette multicolore, dont la variété et l'intensité ont séduit les plus grands artistes : à vous, maintenant, de dessiner votre Côte d'Azur !

*La vie semble douce à tous. Le luxe des lumières, des palmiers, des orchestres déchaînés aux terrasses, n'a rien d'insolent parce qu'il est à tous, et que le moins fortuné en jouit autant que le plus riche.*

**Roger Martin du Gard**

# SOMMAIRE

# Préparez votre voyage



**Fontaine de l'esplanade Francis-Palmero, Menton**

# EN UN CLIN D'ŒIL

**La Côte d'Azur vue d'un satellite ou par le petit bout de la lorgnette : des chiffres et des données pour cerner l'identité de la Riviera.**

## POPULATION

1,075 (Var) + 1,080 (Alpes-Maritimes) = 2,15 millions d'habitants, pour environ 20 millions de touristes annuels.

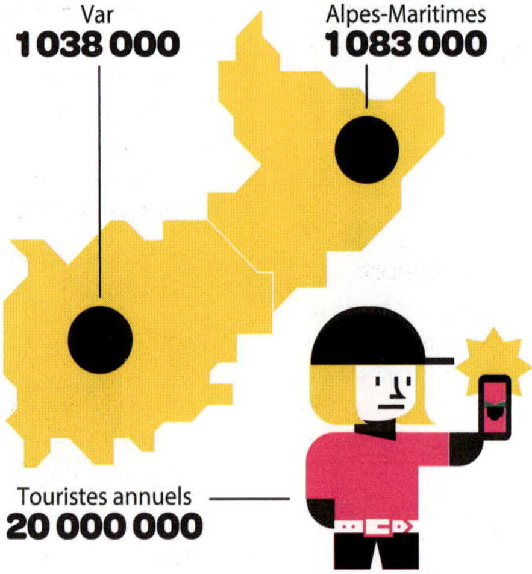


## SOLEIL

Nice et Toulon comptent parmi les villes les plus ensoleillées de France avec 2 600h de soleil par an en moyenne.

## 1947

Le territoire français prend sa forme actuelle, avec le rattachement des communes de Tende et de La Brigue (Alpes d'Azur), jusqu'alors italiennes.

## PALME

Récompense suprême du festival de Cannes, la Palme d'or provient du blason de Cannes, qui faisait lui-même référence à l'abbaye de Lérins, dont elle était l'emblème.

### RIVIERA

La Côte d'Azur est aussi nommée "French Riviera". Ce terme géographique signifie "région où la montagne rencontre brutalement la mer".

### ENTRE 23 ET 25°C

C'est à ces températures que commence à chanter la cigale. Un vrai thermomètre !

### BANDIT

La Côte d'Azur est un paradis pour les inconditionnels de bandits manchots et autres jeux : elle compte 23 casinos, dont 12 dans les Alpes-Maritimes, le record de France.

### COSMOPOLITE

Monaco est habité majoritairement par des... étrangers ! Seuls 22,5% de ses habitants sont Monégasques, devancés par les Français (25%), et juste devant les Italiens (22%).

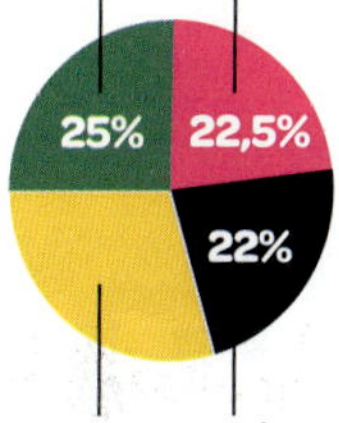


### JUILLET 1907

Jules "Le Noir", sujet à des rhumatismes, invente la pétanque en gardant les pieds "tanqués", c'est-à-dire plantés, donc sans prendre d'élan.

### PLAGES

Difficile de ne pas trouver un endroit où poser sa serviette : l'ensemble des plages de la Côte d'Azur s'étend sur plus de 115 kilomètres.

### MONTAGNES

La Côte d'Azur culmine à 3 143m (cime du Gélas). On y trouve d'ailleurs 15 stations de ski.

# ★ LES INCONTOURNABLES

★ **NICE** (p.44) Étagée au fond d'une baie sublime, la grande cité de la côte n'en finit pas de séduire et de surprendre par ses quartiers, sa gastronomie, ou sa riche histoire. "Nissa la Bella" mérite vraiment son surnom...

★ **CANNES** (p.136) Derrière son incontournable Croisette, ses palmes, ses stars et ses starlettes, se cache une vieille ville au charme intemporel.

★ **LES ÎLES D'HYÈRES** (p.238) Porquerolles, Port-Cros, le Levant : trois îles, trois caractères, mais une nature pareillement protégée, et un littoral bordé d'eaux d'une clarté unique.

★ **LA VALLÉE DES MERVEILLES** (p.104) Un ensemble incomparable de gravures rupestres, creusées dans la roche il y a près de 5 000 ans, dans un paysage minéral grandiose.

★ **L'ESTÉREL** (p.192) Déployé entre Cannes et Saint-Raphaël, ce massif aux roches rouges tombant dans la Méditerranée forme l'un des plus impressionnants paysages du littoral.

★ **ANTIBES** (p.152) Son centre historique vaut à lui seul le voyage, mais la ville s'étend aussi au cap d'Antibes, petit paradis préservé, et à la joyeuse station balnéaire de Juan-les-Pins.

★ **LE PARC DU MERCANTOUR** (p.109) L'un des dix parcs nationaux de France, et sans doute l'un des plus variés. On y croise chamois, bouquetins et... loups.

★ **LA PRESQU'ÎLE DE SAINT-TROPEZ** (p.209) Une enclave de verdure épargnée de la fièvre du béton, bordée de plages et de criques de rêve, à découvrir par le sentier du littoral.

★ **MENTON** (p.82) Lumineuse, colorée, baroque, parfumée… la ville des agrumes, cultivés ici en nombre, constitue un lien unique entre la France et l'Italie toute proche.

★ **L'ABBAYE DU THORONET** (p.290) Un chef-d'œuvre de l'architecture romane, dont l'évidente beauté et la simplicité ne cessent d'émouvoir.

★ **LA CORNICHE DES MAURES** (p.220) Le Lavandou, Bormes-les-Mimosas, Collobrières... Le massif des Maures déroule l'une des plus belles routes de la côte, tandis que ses forêts produisent toujours l'emblématique marron.

★ **LES GORGES DU VERDON** (p.297) Une rivière aux eaux turquoise coulant au fond d'un spectaculaire ravin : ce site exceptionnel est à contempler en empruntant deux corniches délivrant des points de vue vertigineux.

# EN VOILÀ DES IDÉES !

Personnalisez votre séjour en multipliant les expériences selon vos goûts et vos envies.

## Plages paradisiaques

De la crique la plus secrète au long ruban de sable blond, la Côte d'Azur offre une multitude de possibilités de baignade dans des eaux translucides. Voici les plus attrayantes.

- **Cap Ferrat** (p.72) Parmi ses criques idylliques, mention spéciale pour la plage des Fossettes, inattendue aux portes de Nice !
- **Corniche de l'Estérel** (p.195) Une succession de criques discrètes, à la rencontre de roches rouges et d'eaux turquoise. Ensorcelant !
- **Pampelonne (Saint-Tropez)** (p.213) Sable fin et eaux claires, la plage mythique de Saint-Trop' n'a pas volé sa réputation !
- **Plage de l'Escalet (Ramatuelle)** (p.213) Le secret (plus ou moins) bien gardé de la presqu'île de Saint-Tropez, étonnamment sauvage...
- **Corniche des Maures** (p.225) Longues étendues de sable ou criques préservées, vous aurez l'embarras du choix pour poser votre serviette entre Cavalaire et Le Lavandou. Mention spéciale pour les plages de l'Estagnol et du Pellegrin, aux accents polynésiens !
- **Presqu'île de Giens** (p.235) Pins majestueux et eaux de jade : ses plages sont autant de refuges rêvés.
- **Île de Porquerolles** (p.240) Sable étincelant et eaux limpides caractérisent des plages dignes de cartes postales... caribéennes !
- **Plage du Bœuf (La Seyne-sur-Mer)** (p.260) Ce petit paradis se mérite, car il se rejoint au terme d'une marche d'une trentaine de minutes... Le prix de la tranquillité !

## Sorties en mer

Une croisière sur un voilier, une excursion en bateau à fond transparent à la découverte de la faune, une partie de pêche... La Méditerranée vous attend !

- **Trans Côte d'Azur (Nice)** (p.60) Des minicroisières pour voguer sur la baie des Anges !
- **SOS Grand Bleu (Saint-Jean-Cap-Ferrat)** (p.73) Un magnifique caïque à voiles vous mène à la rencontre des baleines et des dauphins.
- **Rivage Croisière (Cannes)** (p.146) Pour une balade en catamaran à voile.
- **Cap Kayak (Antibes)** (p.158) Location et sorties encadrées.
- **Jean-Louis le pêcheur (Cagnes-sur-Mer)** (p.169) Promenades en mer ou sorties snorkeling.

**Caseneuve Maxi Catamaran (Saint-Tropez)** (p.213) Une croisière exclusive vers les plages reculées de la presqu'île...
**Circuits dans la rade de Toulon** (p.248) Une belle manière d'explorer le port militaire... et peut-être d'approcher le porte-avions *Charles-de-Gaulle* !
**Découverte du Vivant (Sanary-sur-Mer)** (p.261) Un spécialiste de l'approche des dauphins, rorquals et autres mammifères marins.
***Jo-Ghis* (Bandol)** (p.261) Pour partager le quotidien d'un pêcheur professionnel !

## Randonnées à grand spectacle

Parc du Mercantour, massif de l'Estérel, sentiers du littoral... Dans l'arrière-pays ou en bord de mer, les amateurs de marche sont aux anges !
**Sentier littoral du cap Ferrat** (p.73) Un ancien chemin de douaniers sinuant entre mer et villas luxueuses...
**Sentier littoral du cap d'Ail** (p.80) Aux portes de Monaco, un paysage méditerranéen insoupçonné.
**Vallées des Merveilles et de Fontanalbe** (p.104) Sur la piste de milliers de gravures rupestres de l'âge du bronze.
**Lacs de Vens (Saint-Étienne-de-Tinée)** (p.117) Cette série de lacs glaciaires offre l'une des plus belles randonnées du Mercantour.
**Promenade de l'Aiguille (Théoule-sur-Mer)** (p.145) Au pied de l'Estérel, face à la baie de Cannes, en intimité avec la mer...
**Plateau de Caussols** (p.178) et **plateau de Calern** (p.179) À l'assaut de paysages semi-désertiques au calcaire laminé par les ans.
**Massif de l'Estérel** (p.195) Ses sommets rougeoyants s'enflamment au coucher du soleil !

**Larguez les amarres !**

**Plage de l'Escalet et cap Taillat** (p.213) Une superbe balade, de criques en caps rocheux, aux confins de la presqu'île de Saint-Tropez.

**Île de Porquerolles** (p.241) Elle est, par nature, un paradis pour les marcheurs, entre pins et plages de rêve.

**Sentier de découverte Jean-François-Jubé (Le Pradet)** (p.248) Pour régler son pas sur le rythme des vagues, entre la rade de Toulon et la presqu'île de Giens.

**Massif de la Sainte-Baume** (p.276) Ses crêtes vertigineuses toisent à la fois la montagne Sainte-Victoire et la Méditerranée...

**Gorges du Verdon** (p.300) Vision hypnotisante que celle de ce long cours d'eau à la couleur vert émeraude ondoyant dans un décor hautement minéral.

## Villages d'anthologie

**Défiant le vide du haut de leurs éperons rocheux, ils ont longtemps rebuté les pillards et autres ennemis. Aujourd'hui, ils font la joie des amateurs de vieilles pierres et de panoramas vertigineux.**

**Èze** (p.71) Sans nul doute le village le plus impressionnant de la Riviera, en à-pic au-dessus de la mer.

**Saorge** (p.102) Une grappe de maisons colorées arrimées sur les hauteurs de l'arrière-pays mentonnais.

**La Tour-sur-Tinée** (p.114) Une écharpe de toits de tuiles couronnant les collines...

**Roubion** (p.116) Ce village funambule se niche dans un décor rocheux grandiose.

**Bonson** (p.120) En équilibre sur son étroite crête, il est des plus photogéniques !

**Thiéry** (p.121) Un bijou secret dans les tréfonds de la vallée du Var.

**Saint-Paul-de-Vence** (p.165) Derrière d'augustes remparts, un véritable refuge d'art.

**Tourrettes-sur-Loup** (p.167) Aussi beau vu de loin qu'au travers de ses ruelles...

**Gourdon** (p.177) Dans une nature intacte, une citadelle toisant la mer à l'horizon.

**Randonneurs le long du littoral**

**Ramatuelle** (p.209), **Gassin** (p.209), **Grimaud** (p.210) Les trois villages constituent les perles de la presqu'île de Saint-Tropez : des sommets de charme.

**Bormes-les-Mimosas** (p.221) De vieilles pierres croulant sous les fleurs... Quelle photogénie !

**Bargème** (p.290) Toute l'âme farouche de la Dracénie.

## Cités d'artisans

**Presque tous les villages possèdent leurs boutiques artisanales. Potiers, céramistes, verriers, parfumeurs... N'hésitez pas à leur rendre visite !**

**Vallauris** (p.156) Picasso lui-même a donné ses lettres de noblesse à sa tradition potière !

**Biot** (p.157) De nombreux souffleurs de verre s'y livrent à un spectacle hypnotisant.

**Saint-Paul-de-Vence** (p.165) Sa spécialité : les galeries d'art, qui transforment les rues en musée à ciel ouvert.

**Tourrettes-sur-Loup** (p.167) De multiples ateliers animent ses ruelles, gage de découvertes et de rencontres variées.

**Grasse** (p.174) La capitale du parfum se révèle bel et bien enivrante...

**Salernes** (p.290) Foyer historique de la tomette provençale, la cité honore toujours le façonnage de l'argile.

## En amoureux

**À deux, tout est plus beau : quelques lieux romantiques, à découvrir main dans la main.**

**Promenade des Anglais (Nice)** (p.52) Pour voir la vie en bleu... face à la baie des Anges.

**Jardin exotique d'Èze** (p.72) Un panorama inoubliable sur la Méditerranée et la côte, où s'enflammer à l'heure du coucher du soleil.

**Paloma Beach (Saint-Jean-Cap-Ferrat)** (p.74) Niché dans une petite crique divine, posé sur le sable,voici  le restaurant idéal pour un repas romantique.

**La Croisette (Cannes)** (p.137) Une icône planétaire... Peut-on imaginer une promenade plus glamour ?

**Île Sainte-Marguerite** (p.144) Au large de Cannes, un petit paradis naturel aux airs de jardin d'Éden.

**Île Saint-Honorat** (p.145) Une île ? Un véritable refuge monacal pour retenir le temps qui passe...

**Domaine du Rayol (Rayol-Canadel-sur-Mer)** (p.220) Un jardin méditerranéen enivrant pour une romance inspirée.

**Bormes-les-Mimosas** (p.221) Quoi de mieux qu'un village intensément fleuri... pour conter fleurette ?

**Île de Porquerolles** (p.238) Des plages dignes des tropiques, sous le soleil exactement...

**Île de Port-Cros** (p.239) Ou comment vivre à l'écart de tout, à l'unisson de la nature.

## Spécialités gourmandes

Socca de Nice, confiture de marrons de Collobrières, truffe d'Aups : la Côte d'Azur s'appréhende aussi par ses spécialités régionales.

- **Chez Pipo (Nice)** (p.61), **Chez Mimi (Menton)** (p.87), **Kiosque Tintin (Nice)** (p.42), **Philcat (Cannes)** (p.146) : ces petits comptoirs honorent la cuisine de rue méridionale (socca, pan-bagnat, *barbajuan*, pissaladière...).
- **Nicolas Alziari (Nice)** (p.66), **À l'olivier (Nice)** (p.66), **Moulin du Flayosquet (Flayosc)** (p.295), **Boutique du moulin Gervasoni (Aups)** (p.303), **Moulin de Saint-Côme (La Cadière-d'Azur)** (p.265) : l'huile d'olive est l'or local, et ces producteurs exigeants sauront vous le prouver.
- **Maison Herbin (Menton)** (p.89) et **La Maison des confitures (Gassin)** (p.218) : d'authentiques confituriers à l'ancienne, pour des plaisirs fruités-sucrés.
- **Marché couvert de Menton (Menton)** (p.89), **marché Forville (Cannes)** (p.135), **marché provençal de Lorgues** (p.272), **marché provençal de Toulon** (p.251) Les étals colorés des marchés locaux résument tout le savoir-vivre à la provençale...
- **Les Ruchers des Oliviers (Sospel)** (p.107), **Miellerie Guérinot (Belvédère)** (p.113), **Miellerie de l'Oratoire (Le Castellet)** (p.265), **Les Ruchers du Bessillon (Cotignac)** (p.285) Des miels d'anthologie pour capter le suc de la Côte d'Azur.
- **Bergerie de la Belloire (Saint-Étienne-de-Tinée)** (p.119) et **ferme de la Cabreto (Bras)** (p.277) Pour les amoureux des fromages fermiers... et de chèvre frais.
- **Confiserie Florian (Tourrettes-sur-Loup)** (p.181) Une institution du fruit confit : ses clémentines translucides paraissent des soleils miniatures !
- **La Tarte tropézienne-Les Lices (Saint-Tropez)** (p.214) Le délice pâtissier *made in* Saint-Trop' est presque aussi célèbre que Brigitte Bardot.
- **Confiserie azuréenne (Collobrières)** (p.229) Incontournable pour ses marrons glacés, tout droit issus de la forêt des Maures.
- **Maison de la truffe (Aups)** (p.296) L'or noir du Haut Var... Les prix atteignent des sommets, mais les arômes aussi !

## Les enfants d'abord

Pour occuper vos bambins, la région multiplie les propositions : visite de grottes, balades à dos d'âne, observation des loups du Mercantour, etc. N'oubliez pas non plus notre sélection de sorties en mer (p.18).

- **Peïra Cava Aventures (Lucéram)** (p.60) et **Canyon Forest (Villeneuve-Loubet)** (p.169) : le must des parcours d'accrobranche et des tyroliennes.
- **Astrorama (Èze)** (p.72) Pour admirer le ciel étoilé et s'initier à l'astronomie.
- **Musée océanographique (Monaco)** (p.76) Un aquarium mythique et une ode à la beauté fragile des océans.

**Turini-Camp-d'Argent** (p.105), **Isola 2000** (p.118), **Valberg** (p.124), **station d'Auron** (p.118) : la Côte d'Azur, c'est aussi… les stations de ski les plus proches de la Méditerranée !

**Écuries de la Roya (Breil-sur-Roya)** (p.106), **Les 3 Fers (Saint-Raphaël)** (p.195), **centre équestre de la Mène (Grimaud)** (p.214) : des promenades à cheval pour les petits (et grands) cavaliers.

**Alpha, les loups du Mercantour (Saint-Martin-Vésubie)** (p.109) Une rencontre inoubliable avec le grand carnassier.

**Vesúbia Mountain Park (Saint-Martin-Vésubie)** (p.112) et **FunTrip (Tourrettes-sur-Loup)** (p.179) Pour s'initier au canyoning… en salle ou en eaux vives !

**Ânes de Blore (Valdeblore)** (p.112) et **Balalin Balal'âne (Plan-d'Aups-Sainte-Baume)** (p.276) Le plaisir d'une randonnée au contact de l'animal.

**Grottes de Saint-Cézaire** (p.177) Saurez-vous enfin faire la différence entre stalactites et stalagmites ?

**Souterroscope-Grotte de la Baume obscure** (p.178) Voyage dans les entrailles de la Terre, où se cache peut-être un trésor…

**Réserve des monts d'Azur (Andon)** (p.179) Un safari dans le sud de la France, au milieu des bisons, des élans ou des cerfs, c'est possible !

**Baptême en parachute ascensionnel**

**Village des Tortues (Gonfaron)** (p.224) Passez le matin si vous souhaitez assister au nourrissage.

**Jardin zoologique tropical (La Londe-les-Maures)** (p.224) À la rencontre des singes et des primates. Grimaces comprises ?

**Musée national de la Marine (Toulon)** (p.245) Une visite passionnante, passant d'une maquette de trois-mâts à celle d'un porte-avions nucléaire !

**Musée de la Mine de Cap Garonne (Le Pradet)** (p.247) et **musée des Gueules rouges (Tourves)** (p.275) Pour découvrir la vie d'anciennes mines de cuivre et de bauxite.

**Vélorail de la Sainte-Baume (Pourcieux)** (p.276) Une manière très originale de jouer au petit train !

**Gorges du Verdon** (p.300) Un incontournable pour une journée en kayak, une sortie rafting, la pratique du canyoning…

# ITINÉRAIRES

Trois itinéraires pour vous laisser guider selon vos inclinations et le temps dont vous disposez.

La place Masséna et son miroir d'eau, à Nice

## Sept jours de l'Estérel à Menton

Des roches pourpres de l'Estérel aux falaises grandioses de la Riviera, en passant par les cités les plus glamour – Cannes, Antibes, Saint-Paul-de-Vence, Nice... –, la Côte d'Azur fait son cinéma !

### JOUR 1

**Matinée** Prenez vos aises à **Saint-Raphaël** (p.192), agréable porte d'entrée de l'Estérel, en flânant sur le bord de mer, sans manquer une pause café au **Mugs** (p.196). Munissez-vous d'un pique-nique à la **pâtisserie Le Provençal** (p.196) avant de prendre la route du massif. La **corniche d'or** (p.193) procure d'emblée du grand spectacle !

**Après-midi** Enfoncez-vous sur les **routes forestières** (p.194) et les **sentiers de randonnée** (p.195), au fil de magnifiques panoramas. En reprenant la route de **Cannes** (p.136), prévoyez une pause baignade dans une **crique** (p.195).

**Soirée** Offrez-vous un dîner très cannois aux **Coquillages Astoux et Brun** (p.148), puis flânez sur la **Croisette** (p.137) illuminée, en marquant l'arrêt, au n°1, devant les fameuses marches du palais des Festivals.

## JOUR 2

**Matinée** Découvrez Cannes autrement en faisant le **marché Forville** (p.135), dans le pittoresque quartier du **Suquet** (p.136). Prenez ensuite la route de **Grasse** (p.174) pour une flânerie dans sa ville (très) ancienne. À midi, le **Café des musées** (p.134) tombe à point nommé.

**Après-midi** Après la découverte passionnante des célèbres **parfumeurs** grassois (p.176), partez pour **Antibes** (p.152), cadre d'une plaisante déambulation à l'heure du coucher du soleil, en particulier sur les remparts dominant la mer.

**Soirée** Pour dîner, cultivez l'esprit bistrotier du **Zinc** (p.160), puis profitez de l'animation nocturne antiboise, cf. Sorties (p.163).

## JOUR 3

**Matinée** Après la visite du beau **musée Picasso** (p.152), faites provision d'un sandwich à la **Ferme au foie gras** (p.159) en vue de

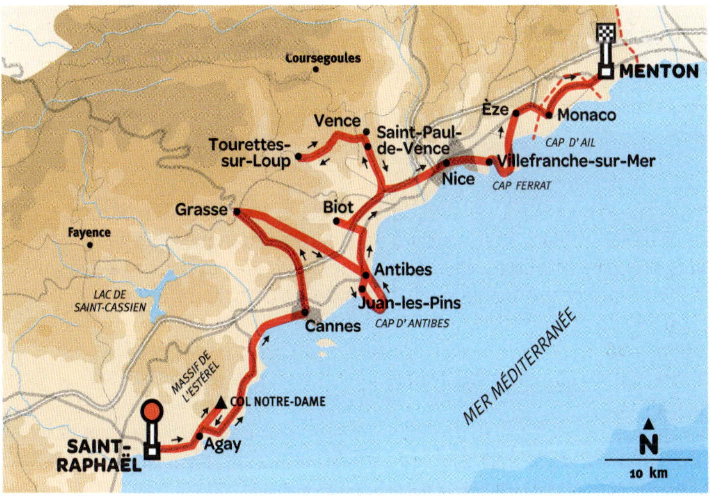

l'exploration du **cap d'Antibes** (p.155), notamment du sentier littoral de Tire-Poil (p.158).
**Après-midi** Sur la route du pays vençois, marquez l'arrêt dans le joli village de **Biot** (p.157) et chez ses souffleurs de verre (p.161). Poursuivez vers **Saint-Paul-de-Vence** (p.165) et musardez de ruelles en placettes. Quel décor !
**Soirée** Rejoignez **Tourrettes-sur-Loup** (p.167) pour le dîner : la **Cave de Tourrettes** (p.172) offre un panorama sublime au coucher du soleil... Finissez la journée à **Vence** (p.166), cadre charmant pour une flânerie nocturne.

## JOUR 4

**Matinée** Direction **Nice** (p.44) ! Après une longue balade sur la **promenade des Anglais** (p.52), enfoncez-vous dans la vieille ville (p.46), si colorée, si italienne. Ses nombreuses adresses gourmandes sont idéales pour un repas sur le pouce, cf. Pauses (p.60), et même des emplettes, cf. Shopping (p.66).
**Après-midi** Montez au **parc du château** (p.51) afin d'embrasser la baie des Anges d'un regard, puis gagnez Cimiez pour un bain d'art : visite du **musée Marc-Chagall** (p.55) ou du **musée Matisse** (p.56)... sinon des deux !
**Soirée** Revenu sur le bord de mer, osez un apéritif "palace" au sein du mythique **Negresco** (p.67), puis offrez-vous un dîner gourmet au sympathique **Bar des oiseaux** (p.63). Avant une ultime balade sur la promenade des Anglais...

## JOUR 5

**Matinée** Cap sur le **cap Ferrat** (p.69), enclave très privilégiée. Perdez-vous sur ses routes verdoyantes et découvrez la sublime **Villa Kérylos** (p.71), qui

**Le Rocher de Monaco dominé par le Musée océanographique**

ressuscite la Méditerranée antique. Pour le déjeuner, détour par le bord de mer bien plus populaire de Villefranche-sur-Mer : **The Good Mood Café** (p.74) est parfait pour un repas sans chichis et ensoleillé.
**Après-midi** Rejoignez les **criques du cap Ferrat** (p.72), pour une pause farniente au goût d'exclusivité. Gagnez ensuite le vertigineux village d'**Èze** (p.71) et flânez-y jusqu'au coucher du soleil, qu'il faut admirer du haut du **Jardin exotique** (p.72) !
**Soirée** Dînez les pieds dans le sable, dans le cadre fabuleux du **Paloma Beach** (p.74). L'ambiance ne serait-elle pas au bain de minuit ?

## JOUR 6

**Matin** **Monaco** (p.76) au programme ! Gagnez directement les hauteurs du **Rocher** (p.76), afin de découvrir la vieille ville et le palais princier (p.77). Si vous souhaitez visiter le **Musée océanographique** (p.76), arrivez de bon matin, car il faut compter 3h pour en faire le tour ! Changement d'ambiance pour le repas : prenez place entre les étals du **marché de La Condamine** (p.81), étonnamment populaire.
**Après-midi** Gardez la découverte de Monte-Carlo pour la soirée, et quittez la ville, dense et fatigante. Objectif ? Faire le **tour du cap d'Ail** (p.73), entre maisons Belle Époque et flore superbe. Continuez jusqu'à la plage de la Mala pour une pause baignade, entouré de falaises sauvages. Retour à Monaco à pied... ou par le train à la gare de Cap-d'Ail.
**Soirée** Prenez l'apéritif sur le port, à la **Brasserie de Monaco** (p.81) : l'occasion de goûter à l'authentique bière monégasque, brassée sur place, face aux yachts. Non loin, le **Stars n'bars** (p.81) est plébiscité par la jeunesse locale pour un dîner... sous les auspices du rêve américain. Prolongez la soirée à Monte-Carlo, et découvrez l'ambiance chic et glamour du "Carré d'Or" (pl. du Casino, av. des Beaux-Arts, allée des Boulingrins) avant de faire vos jeux à l'incontournable **casino** (p.80) !

## JOUR 7

**Matinée** Dernière étape avant l'Italie, **Menton** (p.82) clôt en beauté tout périple azuréen. Du bord de mer, admirez l'écheveau coloré de ses façades serrées sur la colline, parcourez ses ruelles labyrinthiques, et attardez-vous parmi les étals aguicheurs du **marché couvert** (p.89). À deux pas, faites provision de gourmandises salées et 100% locales **Chez Mimi** (p.87), pour improviser un pique-nique sur la plage.
**Après-midi** Ne manquez pas la visite du **musée Jean-Cocteau** (p.82), riche de ses élégants dessins. L'artiste a lui-même décoré la **salle des Mariages de l'hôtel de ville** (p.83), qui vaut également le coup d'œil ! Poursuivez cette parenthèse esthète en vous réfugiant dans le **jardin du Val Rahmeh** (p.84), exemplaire des richesses de la flore mentonnaise.
**Soirée** Optez pour un dîner chaleureux au **Galion** (p.89)... à moins de vous autoriser une petite folie : un repas au **Mirazur** (p.87), classé parmi les meilleurs restaurants du monde. Tout le mythe de la Côte d'Azur est là !

Le port de Saint-Tropez

# Trois jours dans la presqu'île de Saint-Tropez

Commencez par le commencement : la visite de Saint-Tropez, l'un des plus charmants ports de la côte... Puis, les jours suivants, profitez pleinement de la belle nature de la presqu'île, de ses routes sinuant entre les vignobles et les pins parasols, et, bien sûr, de ses plages superbes !

## JOUR 1

**Matinée** Flânez sur le célèbre port de **Saint-Trop'** (p.205), qui paraît bien petit pour contenir autant de gros bateaux, et perdez-vous dans les ruelles de la vieille ville, qui conservent encore des accents populaires au petit matin. Ne manquez pas de sacrifier à un véritable rituel : un café sur les quais, chez le légendaire **Sénéquier** (p.215), face au spectacle des yachts en train d'être briqués comme des sous neufs... Découvrez ensuite la facette artistique de Saint-Tropez, au travers de la visite du **musée de l'Annonciade** (p.205), dont les toiles accoutumeront vos yeux aux belles lumières et couleurs de la presqu'île. Enfin, prenez la direction de la place des Lices pour vous concocter un pique-nique à **La Tarte tropézienne** (p.214) : l'occasion de déguster ce dessert incontournable.

**Après-midi** Prenez vos affaires de plage avant de vous engager sur le **sentier du littoral** : au-delà du cimetière marin, le chemin, serpentant dans les rochers, offre de belles trouées sur le golfe, comme à la **plage des Graniers**

(p.212). Après une longue parenthèse de farniente, il faudra songer au retour, au cours duquel vous ferez un crochet par les hauteurs de la **citadelle** (p.207) pour profiter de la vue sur la ville dans la belle luminosité de la fin de journée ! Pour l'apéritif, posez-vous au **Café des Arts** (p.215), idéal pour admirer le talent (et le bagou) des boulistes locaux.

**Soirée** Pour dîner, profitez de la bonne cuisine de **L'Olive** (p.216), d'un étonnant rapport qualité-simplicité-prix. Redécouvrez ensuite le **port** dans l'animation du soir, où se bousculent les m'as-tu-vu... et les curieux. Si vous le voulez, tentez l'entrée du **VIP Room** (p.219) ou des **Caves du Roy** (p.219) pour vous enfoncer dans la nuit tropézienne... en ayant prévu la tenue de star adéquate !

## JOUR 2

**Matinée** Il est temps de découvrir l'écrin de Saint-Tropez, sa belle presqu'île. Suivez la route des plages (D93) pour la traverser et montez jusqu'au phare du **cap Camarat** (p.209) : vous embrasserez d'un coup d'œil toute la

côte, étonnamment verdoyante. Reprenez la D93 pour rallier le village de **Ramatuelle** (p.209), aux rues entortillées comme un escargot. Après la balade et une pause café à **L'Olivier** (p.215), prenez la direction de **Gassin** (p.209) ; là encore, la route livre de magnifiques panoramas... Le village tombe à point nommé pour le déjeuner, car il cache deux admirables options : **La Verdoyante** (p.217) et le **Bello Visto** (p.217), tables très gourmandes offrant de surcroît offrant un panorama mémorable jusqu'à la mer !

**Après-midi** Reprenez la route de Ramatuelle puis la route des plages (D93) pour rejoindre la **plage de l'Escalet** (p.213), d'où part un superbe chemin de randonnée reliant le **cap Taillat**, échancré d'anses sauvages. Idéal pour jouer aux Robinson tout l'après-midi ! Ainsi reposé, reprenez la voiture en direction de **La Croix-Valmer** (p.220) par la D93, qui serpente dans un magnifique océan de pins parasols. Quelle photogénie ! Gagnez directement la plage de Gigaro pour un apéritif très agréable chez **Marius à la plage** (p.227)... les pieds dans le sable !

**Soirée** Dînez juste au-dessus, à **Couleurs Jardin** (p.227). Là encore, l'esprit vacances est total ! Pour clore la journée, offrez-vous une dernière balade sur la plage désertée, avec le spectacle de la côte illuminée à l'horizon...

## JOUR 3

**Matinée** Rejoignez, au nord de la presqu'île, **Port-Grimaud** (p.211) : que l'on aime ou non, cette étonnante cité lacustre née en 1966 mérite un coup d'œil. Sur les hauteurs, le village médiéval de **Grimaud** (p.210), qui annonce déjà le massif des Maures, remporte, lui, tous les suffrages. Perdez-vous dans ses ruelles fleuries, sans manquer les ruines du château, si romantiques. Pour le déjeuner, profitez des délicieuses pizzas du **Saint-Joseph** (p.217) ; si l'établissement est fermé, rabattez-vous sur l'efficace **Clem's** (p.217).

**Après-midi** Redescendez dans la presqu'île pour rejoindre l'immense **plage de Pampelonne** (p.213), l'une des plus belles étendues de sable blanc de la Côte d'Azur. Si la plage n'est pas votre fort, gagnez à l'opposé **La Garde-Freinet** (p.211), village rustique qui vit toujours à l'unisson du massif des Maures. Enfin, faites votre retour à **Saint-Tropez** pour passer une dernière soirée dans la cité, après un détour par la route des Salins pour admirer le coucher du soleil sur la **baie des Canebiers** (p.212). Un spectacle dont profite peut-être Brigitte Bardot, qui est riveraine...

**Soirée** Dernier repas chez **Salama** (p.216), havre oriental et romantique, idéal pour finir le séjour en beauté... On touche ici du doigt le rêve tropézien, dont on se convainc qu'il sait aussi être éclatant sans être surfait !

**Les anciens salins d'Hyères**

# Trois jours à Hyères et dans les îles

Une matinée à arpenter la jolie cité d'Hyères, un après-midi à admirer le littoral, puis deux jours sur les îles : Porquerolles, aux sentiers et aux plages de rêve, et Port-Cros, plus secrète, qui se découvre uniquement à pied.

## JOUR 1

**Matinée** Partez à la découverte d'**Hyères-les-Palmiers** (p.230). Garez-vous au parking Clemenceau : vous serez à pied d'œuvre pour arpenter la ville médiévale et monter jusqu'à la **villa Noailles** (p.231). Redescendez vers les boulevards qui ceinturent le vieux Hyères et prévoyez 1h pour faire le circuit des belles demeures du 19e s. À l'heure du déjeuner, direction le **Bagus Kafé** (p.236), pour sa cuisine savoureuse et saine.

**Après-midi** Faites une première étape à **Port-Pothuau** (p.234), petit port plein de charme. Selon vos envies, prélassez-vous sur la plage sauvage du **Pentagone** (p.235) ou visitez l'**Espace nature des Vieux Salins d'Hyères** (p.234). Rejoignez ensuite la **presqu'île de Giens** (p.233) par la **route du Sel** (p.236), qui se faufile entre la plage de l'Almanarre et les Salins des Pesquiers. Après la visite du village et du ravissant port du Niel, dirigez-vous vers la Madrague. Traversez le site naturel des Chevaliers pour vous rafraîchir dans les eaux turquoise de la plage de l'**anse du Four-à-Chaux** (p.235).

**La plage de la Courtade, Porquerolles**

**Soirée** Dînez au **Pradeau Plage** (p.237) : vous savourerez, dans ce restaurant dominant une petite anse, une succulente cuisine de la mer.

## JOUR 2

**Matinée** Embarquez à la Tour-Fondue pour voguer vers **Porquerolles** (p.238). En arrivant sur l'île, profitez de la visite guidée du **fort Sainte-Agathe** (p.238). Achetez de quoi pique-niquer et louez un vélo (nombreux loueurs dans le village).
**Après-midi** Conciliez balade à vélo et baignade sur des plages de rêve en parcourant l'un des quatre circuits proposés sur l'île. Si vous préférez la marche à pied, évadez-vous sur la côte sud de l'île, plus sauvage et tranquille que la côte nord, et faites des haltes dans les criques.
**Soirée** Offrez-vous un apéritif mérité à **L'Escale** (p.242) : moment de détente assuré, en terrasse au milieu des locaux, dans ce café ouvert été comme hiver. Au moment de dîner, prenez la direction du **Pélagos** (p.243), dont la cuisine de la mer, simple et délicieuse, offre l'un des meilleurs rapports qualité-prix de Porquerolles. Enfin, profitez d'une **nuit sur l'île**, mais ayez pris le soin de réserver bien à l'avance : les solutions d'hébergement sont limitées, et les prix s'en ressentent, surtout en été !

## JOUR 3

**Matinée** Prenez le bateau pour **Port-Cros** (p.239) – attention, les navettes publiques entre les deux îles ne fonctionnent qu'en été ! Pique-nique dans le sac à dos, attaquez-vous au circuit des crêtes, sur la côte sud : il réserve des

panoramas inoubliables. L'heure de midi approchant, rejoignez la **plage du Sud** (p.241), idéale pour la pause déjeuner… sans oublier une parenthèse baignade avant de rentrer au village.

**Après-midi** Prenez la direction de l'est de l'île en empruntant le sentier des Plantes jusqu'à la **plage de la Palud** (p.241), délicieuse pour un long moment de farniente. La balade pourra se poursuivre sous l'eau, par l'exploration des fonds très riches du **sentier sous-marin** (p.242), à condition de ne pas oublier vos palmes et votre masque ! Rentrez au village en fin d'après-midi.

**Soirée** Dînez sur le port, au restaurant **La Trinquette** (p.243), dont la cuisine provençale est des plus succulentes. Comme pour Porquerolles, vous aurez pris vos précautions pour pouvoir passer la **nuit sur l'île**, qui ne compte qu'une poignée d'hôtels et de chambres d'hôtes : ayez réservé longtemps à l'avance, ou optez pour l'île du Levant, facilement accessible et meilleur marché.

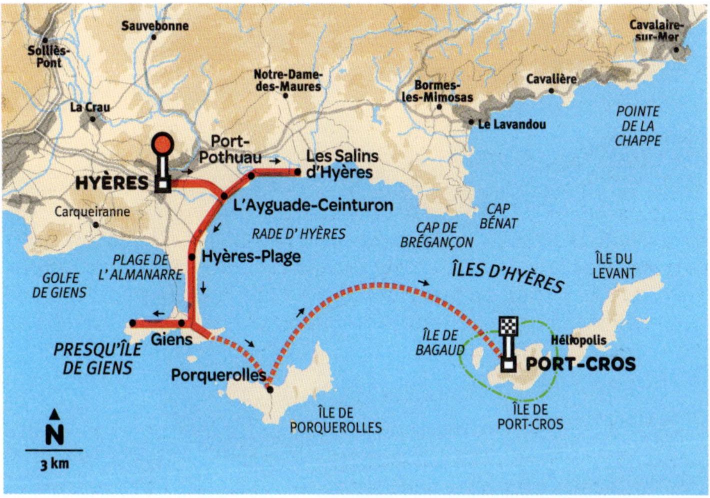

De Nice, capitale vibrionnante, à Menton, cité des jardins et des citrons, en passant par l'enclave mythique de Monaco, la montagne tombe dans la mer, formant un littoral abrupt et découpé : voici la Riviera française, célébrée dès le 19e s. par les riches Anglais qui en ont fait l'une des destinations les plus chics d'Europe. Elle est traversée par de vertigineuses routes, les corniches, qui délivrent de sublimes panoramas.

# Nice et la Riviera

**Piscine panoramique, Èze**

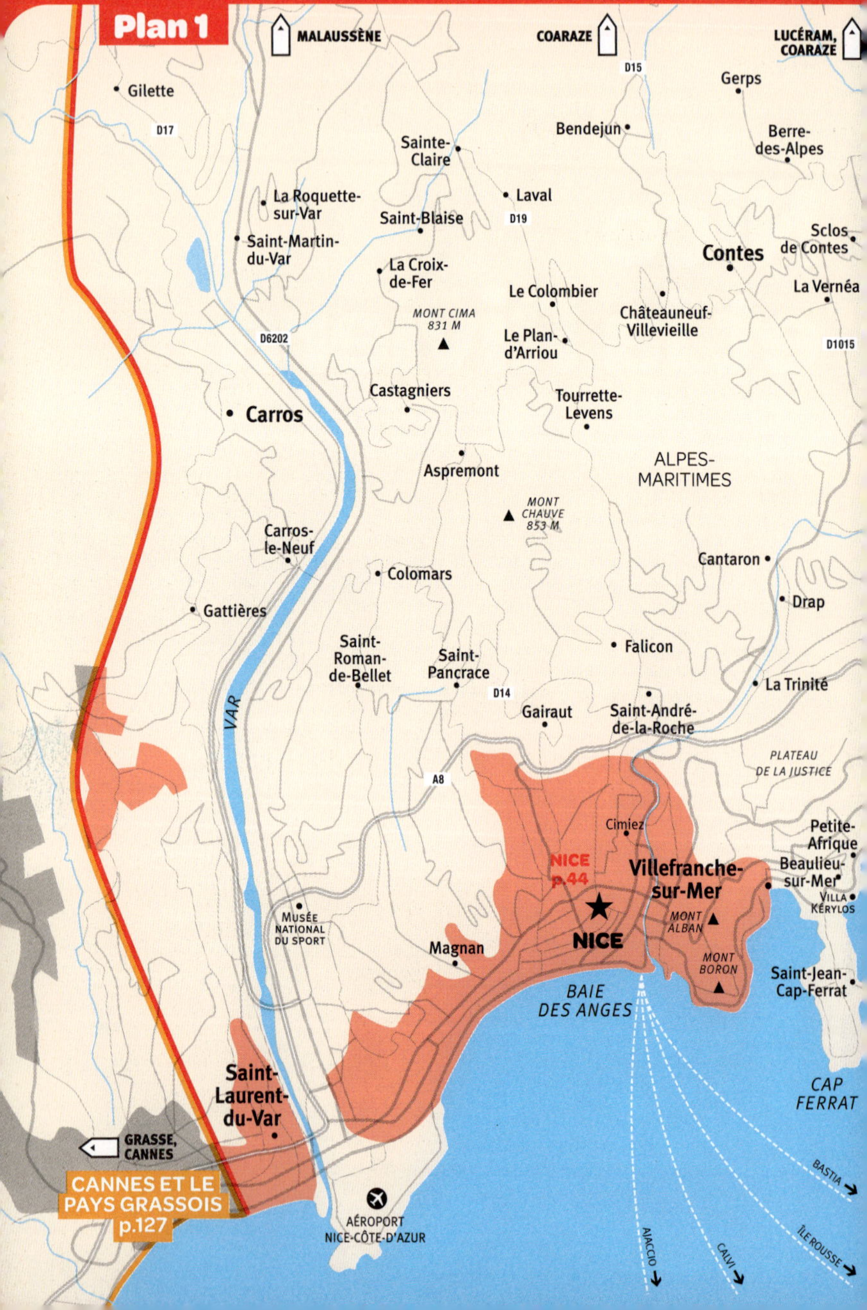
Plan 1
MALAUSSÈNE
COARAZE
LUCÉRAM, COARAZE
D15
Gerps
Gilette
D17
Bendejun
Berre-des-Alpes
Sainte-Claire
Laval
La Roquette-sur-Var
Saint-Blaise
D19
Saint-Martin-du-Var
Contes
Sclos de Contes
La Croix-de-Fer
La Vernéa
Le Colombier
Châteauneuf-Villevieille
MONT CIMA 831 M
D6202
Le Plan-d'Arriou
D1015
Castagniers
Tourrette-Levens
Carros
Aspremont
ALPES-MARITIMES
MONT CHAUVE 853 M
Carros-le-Neuf
Cantaron
Colomars
Drap
Gattières
Falicon
Saint-Roman-de-Bellet
Saint-Pancrace
La Trinité
D14
VAR
Gairaut
Saint-André-de-la-Roche
PLATEAU DE LA JUSTICE
A8
Cimiez
Petite-Afrique
NICE p.44
Villefranche-sur-Mer
Beaulieu-sur-Mer
VILLA KÉRYLOS
MONT ALBAN
MUSÉE NATIONAL DU SPORT
NICE
Magnan
MONT BORON
Saint-Jean-Cap-Ferrat
BAIE DES ANGES
CAP FERRAT
Saint-Laurent-du-Var
GRASSE, CANNES
CANNES ET LE PAYS GRASSOIS p.127
BASTIA
AÉROPORT NICE-CÔTE-D'AZUR
AJACCIO
CALVI
ÎLE ROUSSE

Touët-de-l'Escarène
D6202
L'Escarène
D256
MONT RAZET 1 281 M
COL DE CASTILLON
Castillon
Gazouil
ITALIE
GORGES DU PAILLON
D21
Gaudissart
Monti
Castellar
Sainte-Agnès
D22
D24
SAN REMO
Blausasc
Peille
A8
La Grave-de-Peille
D2204
Gorbio
LE PAYS MENTONNAIS p.82
Garavan
D6007
D23
Peillon
MENTON
D52
Saint-Martin-de-Peille
Sainte-Thècle
PAILLON
Carnolès
Roquebrune-Cap-Martin
Laghet
CAP MARTIN
La Turbie
A8
Beausoleil
GRANDE CORNICHE
LE TROPHÉE DES ALPES
Monte-Carlo
COL D'ÈZE
Monaco
Èze
LA PRINCIPAUTÉ DE MONACO p.76
MOYENNE CORNICHE
BASSE CORNICHE
Cap-d'Ail
D6098
LES CORNICHES DE LA RIVIERA p.68
BAIE DES FOURMIS
CORNICHES DE LA RIVIERA
GOLFE DE ST-HOSPICE
MER MÉDITERRANÉE
N
3 km

# SEPT BONNES RAISONS...

... de découvrir Nice et la Riviera, leurs décors grandioses et leurs airs de dolce vita.

**LE MAMAC** (p.45), **LA VILLA ARSON** (p.44), **LA STATION** (p.42), pour jouer l'avant-garde à Nice, capitale de l'art contemporain !

**LES MARCHÉS DE LA RIVIERA** à Nice, Villefranche, Èze, Menton..., pour faire le plein de couleurs et de produits frais gorgés de soleil.

☀ **LE CAP FERRAT** (p.69), pour s'enivrer de senteurs au fil des sentiers de la plus privilégiée des enclaves, avec ses jardins secrets et ses luxueuses villas...

☀ **MENTON** (p.342) pour flirter avec la voisine transalpine par ses façades chatoyantes qui nous transportent résolument *in Italia* !

☀ **ÈZE** (p.71), pour tutoyer les sommets du haut du piton sur lequel est perché ce village, d'une beauté... vertigineuse.

☀ **LA PROMENADE DES ANGLAIS DE NICE** (p.52), pour parcourir le plus iconique des fronts de mer de la Côte d'Azur, face à la baie des Anges.

☀ **LA VILLA KÉRYLOS** (p.71), pour réviser ses classiques avec cette reconstitution d'un palais grec antique qui résume tous les mythes du monde méditerranéen.

# RENDEZ-VOUS AVEC...

Fille du fameux artiste Ben, **Eva Vautier** a ouvert sa galerie contemporaine dans le quartier Libération, à Nice, où elle expose la fine fleur de l'art émergent et international. Elle nous livre ses coups de cœur dans *Nissa la bella* et alentour.

## Ma boutique de créateurs

### B Les Pépites

C'est un espace tout nouveau ouvert par une association d'art contemporain. On y déniche des choses qu'on ne voit pas ailleurs : des créations originales uniques, des objets d'artistes, des éditions multiples, des livres, des disques, des bijoux, des T-shirts, de la déco...

**NICE 22, rue Vernier 04 93 84 81 30**
**Jeu.-sam. 14h-19h**

## Mon pan-bagnat

### C Kiosque Tintin

Le pan-bagnat, c'est un sujet important à Nice, une institution. Le meilleur, préparé avec tous les légumes qu'il faut et la bonne huile d'olive qui va avec, c'est celui du Kiosque Tintin. L'idéal, c'est de faire son marché à la Libération, avenue Malausséna, et de s'attabler pour en déguster un avec un petit verre de rosé !

**3, pl. du Général-de-Gaulle 04 92 09 16 19**
**Mar.-dim. 6h-16h**

## Mon glacier

### D Arlequin Gelati

C'est chez Arlequin Gelati que se dégustent selon moi les meilleures glaces de Nice. On a vraiment l'impression de manger des fruits. Ma préférée est sans aucun doute la Divine, à la pistache et au chocolat. Cet artisan italien prépare aussi

toutes sortes de desserts et gâteaux glacés.

**NICE 9, av. Malausséna 04 93 04 69 88 www.arlequingelati.com Mar.-dim. 11h-20h (ven.-sam. jusqu'à 21h)**

## Mon lieu culturel

### E La Station

La Station se trouve à l'intérieur du Chantier 109, un pôle artistique en cours de création au sein des anciens abattoirs de Nice. Voilà un

**LA GALERIE D'EVA**

Un bel espace inondé de lumière, où se succèdent des expositions de solos (Forstner, Castelli, Combas...) mais aussi de duos : un artiste invité par Eva invite un autre artiste...

**A Galerie Eva Vautier**

**NICE 2, rue Vernier 09 80 84 96 76 www.eva-vautier.com Sept.-juin : mar.-sam. 14h-19h Fermé en août**

**Nouveau musée national de Monaco**

**SI NICE ÉTAIT...**

**Une couleur** Ce serait le bleu, multiple, celui de l'artiste niçois Yves Klein, celui de l'azur bien sûr, celui des iris aussi, parce que la culture florale a longtemps fait la réputation de Nice ; et un bleu qui, ici, sent la mer.

lieu parfait pour découvrir de l'art contemporain, avec une prise de risque à saluer.

**NICE Halle sud du Chantier 109 89, route de Turin ☎ 04 93 56 99 57 www.lastation.org ⌚ Mer.-sam. 14h-19h**

## Mon hôtel

### F Le WindsoR

Odile Payen, qui tient cet établissement, est une passionnée d'art contemporain et elle ne manque jamais une occasion de le mettre en avant. Elle a fait décorer plusieurs chambres par des artistes, et propose des expositions ou des performances dans le hall...

**NICE 11, rue Dalpozzo ☎ 04 93 88 59 35 www.hotelwindsornice.com**

## Mon musée

### G Nouveau musée national de Monaco-Villa Paloma

Encore envie d'art ? Rejoignez la villa Paloma, l'une des deux entités du Nouveau musée national de Monaco. Le bâtiment offre une vue imprenable sur la Principauté et propose toujours des expositions de grande qualité.

**MONACO 56, bd du Jardin-Exotique (18km au nord-est de Nice) ☎ (00 377) 98 98 19 62 www.nmnm.mc ⌚ Tlj. 10h-18h en période d'exposition € 6€**

## Ma cave

### H À l'AnqueVin

Une cave à vins et à spiritueux doublée d'une épicerie fine où la gérante met en avant des crus de petits vignerons, le plus souvent produits en biodynamie. Dégustations et ateliers découverte le samedi !

**NICE 10, rue Cassini ☎ 04 93 58 46 12 www.alanquevin.fr ⌚ Mar.-sam. 10h-19h**

# NICE ★

Serrée entre le piémont alpin et la Méditerranée, Nice est souvent résumée au galbe parfait de sa vitrine, la baie des Anges, et à sa promenade des Anglais. Elle a pourtant bien d'autres charmes : le riche kaléidoscope de ses quartiers, sa colline Belle Époque, ses musées... Moins provençale que Marseille, elle est aussi plus montagnarde : son arrière-pays ponctué de villages perchés mérite plus qu'un détour.

**ACCÈS ET TRANSPORTS**

- En voiture, circulation et stationnement difficiles : garez-vous dès que possible dans l'un des nombreux (et chers) parkings payants.
- Liaison entre l'aéroport de Nice (p.330) et le centre-ville par la ligne 2 du tramway (20 min env.).
- Lignes d'Azur Le réseau des bus et trams de la région. 08 1006 1006 www.lignesdazur.com

## À VOIR

### LE CENTRE-VILLE

Ce sont les Anglais qui, au début du 19e s., ont posé la première pierre de ce quartier, baptisé par Alexandre Dumas la “Nice new” – la “ville moderne”, par opposition au Vieux Nice –, “avec ses rues tirées au cordeau et toute sa population à ombrelles qui dit yes”. Aujourd'hui, ce centre-ville animé s'est offert un quartier piéton autour de la **place Masséna** (plan 2, B2), où transite un flot ininterrompu de badauds, entre les rues Masséna et de France, artères commerçantes, et l'avenue Jean-Médecin, les Champs-Élysées locaux.

#### L'expression de l'âme slave

**Cathédrale orthodoxe russe Saint-Nicolas** (plan 2, A1)

Coupoles à bulbe couronnées de croix dorées habillées de tuiles vernissées ou de feuilles d'or, façade ocre surlignée de frises émeraude en mosaïques... elle porte les couleurs des sucres d'orge de notre enfance ! L'intérieur étonne par la richesse de ses décors : l'ambition de la veuve du tsar Alexandre II, qui a commandité l'édifice, était de réaliser l'une des plus grandes cathédrales orthodoxes du monde ; et l'on n'a pas lésiné sur les fresques, les boiseries et les icônes, rehaussées ici d'orfèvreries et de métaux précieux.

**Av. Nicolas-II ⌚ Lun.-ven. 10h-18h, sam. 10h-17h, dim. 12h-18h € Entrée libre Visite guidée (rés. recommandée) 10€**

#### Refuge artistique

**Villa Arson** (plan 2, A1)

Pierre Joseph Arson, banquier monarchiste excentrique, vécut au 19e s. dans cette villa rose dont il arpentait les allées travesti en alchimiste et déclamant des poèmes symbolistes. Tour à tour hôtel, clinique puis maison de repos, le domaine est aujourd'hui une école d'art pilote doublée d'une résidence pour artistes internationaux, et accueille de grandes expositions d'art contemporain.

**À NE PAS MANQUER**

- Musée d'Art moderne et d'Art contemporain (MAMAC)
- Cours Saleya
- Palais Lascaris
- Place Garibaldi
- Promenade des Anglais
- Musée Marc-Chagall
- Musée Matisse

**Le port de Nice**

Terminez par une promenade dans le parc, derrière le rideau de cyprès géants, jusqu'à la terrasse et aux jardins suspendus, d'où l'on domine Nice.

**20, av. Stéphen-Liégeard** 04 92 07 73 73 https://villa-arson.fr **Expositions** Mer.-lun. 14h-18h **Jardins** Tlj. 14h-17h Entrée libre

## Coulée verte

### Promenade du Paillon (plan 3, A1-B1)

Maigrelet mais capricieux fleuve côtier, le Paillon peut soudain avoir le débit du Rhône ! Son lit fut donc recouvert et transformé en une agréable promenade, véritable trait d'union entre le centre-ville moderne et la cité historique aux façades colorées qui compose le charmant arrière-plan de ces jardins verdoyants et rafraîchissants. Jalonnée d'œuvres d'art et d'esplanades, dont un plan d'eau qui fait le bonheur des enfants, cette aimable trouée verte court de la mer jusqu'au Théâtre national de Nice. Coupée par la **place Masséna** (plan 2, B2), véritable cœur piéton de la ville, elle se poursuit au nord par la promenade des Arts, après le vaste parvis où se concentre une partie de l'activité culturelle de la ville (théâtre, musée d'Art moderne et bibliothèque).

## D'Andy Warhol à Niki de Saint Phalle

### Musée d'Art moderne et d'Art contemporain (MAMAC) (plan 3, B1)

Un survol de l'art depuis 1960, européen et d'outre-Atlantique, qui s'attarde sur les mouvements niçois. Avec leurs emballages et leurs sculptures de résine, Christo et Malaval occupent la passerelle qui mène à une première salle "Nouveau Réalisme – pop art", où Martial Raysse voisine avec Roy Lichtenstein et Andy Warhol. La suivante est consacrée à Niki de Saint Phalle et Tinguely, unis pour l'art et pour la vie. Le musée voue une tendresse particulière à Yves

Klein, enfant du pays qui voulait se partager le monde avec ses amis Pascal et Arman et s'était réservé le ciel. D'autres mouvements picturaux plus récents sont représentés, sans oublier l'inévitable Ben, Niçois d'adoption, qui a ici "sa chambre". Des terrasses, la vue est superbe sur le Vieux Nice.

**Place Yves-Klein 04 97 13 42 01 www.mamac-nice.org Mai-oct. : mar.-dim. 10h-18h ; nov.-avr. : mar.-dim. 11h-18h 15€ (pass valable 72h dans tous les musées municipaux) - Musée seul 10€**

**BON À SAVOIR**

L'accès à tous les musées de la ville de Nice (hors musée Chagall, qui est un musée national) se fait grâce à un **ticket unique** (10€/24h, 20€/7 j.). Par ailleurs, le **French Riviera Pass** (26€/24h, 38€/48h, 56€/72h) offre des accès gratuits à une trentaine de sites et activités, de Nice à Monaco en passant par Èze, Antibes, etc. (www.frenchrivierapass.com).

## LE VIEUX NICE

Délimité par le cours Saleya, le parc du château et la promenade du Paillon, cet entrelacs de ruelles étroites (plan 3, A2-B1-B2) qui restent toujours fraîches oppose un tissu urbain ramassé aux assauts du vent et du soleil. Sobres dans leurs volumes, volubiles dans leurs couleurs, les hautes façades déclinent la gamme des ocres, rouges et jaunes, que l'on retrouve de Gênes à Turin, alors que les volets affichent le même ton doux de vert amande, une couleur imposée depuis le 19e s. C'est un quartier où le baroque tient le haut du pavé, un style architectural marqué ici d'influences italiennes : dans les églises, le riche décor intérieur s'envole vers la démesure et ce foisonnement distingue Nice de ses consœurs provençales.

**Nice et ses airs italiens**

### Artère historique

**Cours Saleya** (plan 3, A2-B2)

Au 16e s., le cours Saleya occupait déjà un espace laissé vacant par la construction des remparts. On finit toujours par déboucher sur ce cours, sorte d'antichambre du front de mer où tout converge. Esplanade commerçante, il prit son visage actuel au 18e s. Il fut le théâtre des premiers carnavals, et l'un des rendez-vous favoris des mondaines qui paradaient le long d'une promenade aménagée sur le toit des "ponchettes" – ces maisons basses

**Restaurants (n°10 à 13)**
*10* Blue Beach - *p.64* ............ A2
*11* Keisuke Matsushima - *p.64* .. B2
*12* La Maison de Marie - *p.64*.... B2
*13* La Réserve - *p.65* ............ C2

**Sorties (n°30 et 31)**
*30* Bar du Negresco - *p.67*....... A2
*31* High Club - *p.67*............... A2

**Hébergements (n°40 à 44)**
*40* Hôtel Impérial - *p.340*......... B1
*42* Le Petit Palais - *p.341*.......... B1
*41* Share Inn - *p.340* ............. B2
*43* Villa Éden - *p.341*.............. A2
*44* Villa Saint-Hubert - *p.340*..... A1

**RENDEZ-VOUS AVEC...**
Les adresses d'Eva Vautier

**Pauses**
D Arlequin Gelati - *p.42*.......... B1
C Kiosque Tintin - *p.42* .......... A1

**Shopping**
A Galerie Eva Vautier - *p.42*..... A1
B Les Pépites - *p.42* ............. A1

**Hébergements**
F Le WindsoR - *p.43*............ B2

Plan 3
1
2
A
B
C
D
N
150 m
DURANDY
Place Wilson
Rue de l'Hôtel-des-Postes
Gioffredo
Rue Alberti
R. Chauvain
TEMPLE VAUDOIS
6
LYCÉE MASSÉNA
SAINT-JEAN-BAPTISTE-DU-VŒU
R. Tonduti-de-l'Escarène
Av. Saint-Jean-Baptiste
Rue de la Tour
TOUR ST-FRANÇOIS
Jean Jaurès
Avenue Félix-Faure
Promenade du Paillon
Boulevard
OPÉRA - VIEILLE VILLE
CATHÉDRALE - VIEILLE VILLE
Rue de l'Hôtel-de-Ville
HÔTEL-DE-VILLE
R. St-François-de-Paule
SAINT-FRANÇOIS-DE-PAULE
27
25
20
OPÉRA
R. de la Terrasse
Rue de la Préfecture
3
12
POSTE
PALAIS DE JUSTICE
PALAIS DE LA PRÉFECTURE
CHAPELLE DE LA MISÉRICORDE
Cours Saleya
Quai des États-Unis
R. St-Vincent
CATHÉDRALE STE-RÉPARATE
2
13
26
Place Rossetti
PALAIS LASCARIS
21
11
Rue Droite
R. de la Croix
8
10
CHAPELLE SAINTE-RITA
5
COURS SALEYA
MUSÉE MOSSA
ÉGLISE DU GESÙ
CENTRE-VILLE
CHAPELLE DU SAINT-SUAIRE
FRONT DE MER
Pl. St-François
THÉÂTRE F.-GAG
Rue de la Loge
CHAPELLE DE LA VISITATION
CIMETIÈRE CATHOLIQUE
POINTE DES PONCHETTES
MAMAC
THÉÂTRE DE NICE
Place J.-Toja
40
4
R. Pairolière
CRYPTE ARCHÉOLOGIQUE
PLACE GARIBALDI
GARIBALDI
CHAPELLE DU SAINT-SÉPULCRE
ÉGLISE ST-MARTIN
GARIBALDI LE CHÂTEAU
Place Saint-Augustin
Rue Martin-Seytour
Rue Cassini
Rue Catherine-Ségurane
Terrasse Frédéric-Nietzsche
CHÂTEAU (RUINES)
PARC DU CHÂTEAU
MUSÉE DE LA MARINE
TOUR BELLANDA
Quai Rauba Capeu
17
Place du Pin
Rue Emmanuel-Philibert
MARCHÉ AUX PUCES
Rue de Foresta
Quai Lunel
Place Guynemer
Quai Papacino
Quai Cassini
22
Quai de la Douane
Quai Amiral-Infernet
Rue François-Guizol
Rue Bonaparte
16
PORT LYMPIA
BASSIN LYMPIA
PORT
BASSIN DES AMIRAUX
NOTRE-DAME-DU-PORT
Place Île-de-Beauté
Rue Barla
28
1
Rue Bavastro
Rue Lascaris
Rue Arson
Quai d'Entrecasteaux
Quai des Docks
Quai des Deux-Emmanuel
BASSIN DU COMMERCE
Boulevard Carnot
15
Boulevard de Stalingrad
Rue des Moulins
Rue Fodéré
VIEUX NICE
COLLÈGE PORT-LYMPIA
Quai du Commerce
AJACCIO, BASTIA, L'ÎLE-ROUSSE
Boulevard Franck-Pilatte
Avenue Lympia
MUSÉE TERRA AMATA
Impasse Terra Amata
Av. du Capitaine-Scott
Rue d'Alicante
Avenue Gustavin
Bd W.-Churchill
Av. du Parc Vigier
PARC VIGIER
LYCÉE LES PALMIERS
PARC DU CASTEL-DES-DEUX-ROIS
Corniche André-de-Joly

**Pauses (n°1 à 8)**
1 Chez Pipo - p.61 ... C1
2 Fenocchio - p.61 ... B2
3 L'Art gourmand - p.60 ... A2
4 La Cave de la Tour - p.62 ... B1
5 La Civette du Cours - p.62 ... B2
6 La Part des anges - p.62 ... A1
8 Les Distilleries idéales - p.60 ... B2

**Restaurants (n°10 à 17)**
10 Acchiardo - p.63 ... B2
17 Brut - p.62 ... C1
11 Chez Palmyre - p.62 ... B1
12 Le Bar des oiseaux - p.63 ... A2
13 Le Bistrot d'Antoine - p.63 ... B2
15 Les Amoureux - p.62 ... D2
16 Maison Gusto - p.64 ... C1

**Shopping (n°20 à 28)**
20 À l'olivier - p.66 ... A2
21 Atelier Sylvie T. - p.67 ... B1
22 Confiserie Florian - p.67 ... C1
25 Maison Auer - p.66 ... A2
26 Maison Barale - p.66 ... A2
27 Nicolas Alziari - p.66 ... A2
28 Pâtissier-chocolatier Lac - p.66 ... C1

**Hébergements (n°40)**
40 Apparthôtel Ammi Vieux-Nice - p.340 ... B1

**RENDEZ-VOUS AVEC...**
Les adresses d'Eva Vautier
**Shopping**
H À l'AnqueVin - p.43 ... B1

abritent aujourd'hui, pour la plupart, des restaurants. L'ambiance du cours s'est démocratisée : on y trouve des terrasses de bistrots et les plus célèbres marchés de Nice (aux fleurs, aux comestibles, à la brocante). Au milieu du cours, la place Pierre-Gautier est le refuge des petits producteurs.

## Dévotion locale

### Chapelle Sainte-Rita (plan 3, B2)

Également appelé Notre-Dame de l'Annonciation, ce sanctuaire du 17e s. célèbre le plus populaire des cultes niçois, celui de sainte Rita, la patronne des cas désespérés et des maladies contagieuses, popularisée par les immigrés transalpins dans les années 1930. Un autel honore la sainte dans la première chapelle à gauche, et une porte dérobée de la chapelle voisine mène à une autre, plus secrète, où se bousculent les Niçois pour lui écrire vœux et remerciements, sur un cahier d'écolier.

**1, rue de la Poissonnerie ◷ Lun.-sam. 7h-12h et 14h30-18h, dim. 8h-12h et 15h-18h**

## L'exubérance du baroque

### Cathédrale Sainte-Réparate (plan 3, A2)

Jeune martyre de Palestine, sainte Réparate aurait dérivé dans une barque halée par des anges jusqu'à la baie niçoise, en 250. La cathédrale qui lui est consacrée, achevée au 18e s., se repère de loin à son dôme à lanterne aux 14 000 tuiles vernissées. Elle constitue un témoignage magistral de l'art baroque, avec sa façade très théâtralisée, creusée de niches où prennent place les saints tutélaires de la ville. Inspiré du plan de Saint-Pierre de Rome (triple nef et coupole), l'intérieur est lui aussi follement baroque (gypseries polychromes,

**La cathédrale Sainte-Réparate**

**La place Garibaldi**

stucs, marbres, trompe-l'œil), atteignant des sommets dans la chapelle du Saint-Sacrement (transept nord).

**Pl. Rossetti ◷ Lun.-ven. 9h-12h et 14h-18h, sam. 9h-12h et 14h-19h30, dim. 9h-13h et 15h-18h**

## Le charme d'un décor de théâtre

### Palais Lascaris (plan 3, B1)

La demeure de la famille Lascaris Vintimille, de style baroque génois, révèle des intérieurs splendides, où l'on a le sentiment amusé de pénétrer l'intimité (bien mise en scène) des grands notables du 17e s. Un escalier à balustres (colonnettes) permet d'accéder aux étages, où se déploient les salons de parade, au riche mobilier et aux plafonds peints de fresques en trompe-l'œil. Une merveilleuse **collection d'instruments de musique** occupe aujourd'hui les lieux. On tombe sous le charme des raretés présentées, comme la saqueboute, l'ancêtre du trombone, les guitares espagnoles baroques du 17e s., ou encore des lyres du 19e s.

**15, rue Droite 04 93 62 72 40 www.nice.fr ◷ Mer.-lun. 10h-18h € 15€ (pass valable 72h dans tous les musées municipaux) - Palais seul 5€**

## La grâce des anges

### Église du Gesù (plan 3, B2)

Un exemple de l'architecture baroque de la Contre-Réforme proclamant au 17e s., en réaction à l'austérité des protestants, le caractère affectif et flamboyant de la foi catholique. Nef unique, strictement rectangulaire, dont la sévérité est démentie par une décoration foisonnante, alignant, outre les stucs dorés et les fresques racontant la vie de saint Jacques, tout un ciel d'anges peints ou sculptés.

**34, rue Droite ◷ Tlj. 9h-12h et 14h-18h**

## Le plus ancien lieu de culte niçois

### Église Saint-Martin (Saint-Augustin) (plan 3, B1)

Construite sur les vestiges d'une chapelle du 13e s., elle est souvent présentée comme un condensé de l'art sacré baroque : chœur réduit à sa plus simple expression, absence de transept, lumière naturelle, travées alternant petites et grandes chapelles, balcon courant autour de l'édifice, à mi-hauteur, pour marquer symboliquement la frontière entre terre et ciel... Et, enfin, sol en pente : une fois assis, le fidèle est naturellement incliné vers le divin. Sur les murs, tous les artifices ornementaux du baroque, des faux marbres aux angelots coiffés de perruques, jusqu'à ces curieux tableaux-sculptures qui ressemblent à des vitrines.

**Pl. Saint-Augustin ◷ Mar.-dim. 8h-12h et 14h-18h**

## Une place à l'italienne

### Place Garibaldi 👍 (plan 3, B1)

Livrée en majeure partie aux piétons, et donc aux terrasses de cafés et de restaurants, cette grande place délimite la vieille ville au nord et commande l'accès au port. Dessinée au 18e s., elle a gardé tout son panache, avec ses façades jaunes, ses immeubles à arcades et ses intrigants trompe-l'œil. Au centre, la statue de Garibaldi se tourne ostensiblement vers l'Italie. Sous la place même, la **crypte archéologique** révèle des vestiges médiévaux bien conservés (fortifications) et quelques vestiges antiques à 6m sous terre, dans un dédale labyrinthique équipé de vidéos et d'écrans tactiles.

**Crypte archéologique** **Entrée pl. Jacques-Toja ☎ 04 92 00 41 90 (Centre du patrimoine) ◷ Visites guidées Mer. et sam.-dim. 14h, 15h et 16h (sur rés.) € 6€**

> **SUR LES TRACES DE...**
> La mise en place du **tramway** de Nice, en 2007, s'est accompagnée d'une initiative culturelle pour que les habitants s'approprient le nouvel équipement. Treize artistes de renom ont ainsi réalisé autant d'œuvres qui jalonnent le parcours de la ligne 1 sur 8,7km. Ce véritable musée à ciel ouvert est à découvrir à pied ou... en tramway.

## Panoramas sur la baie des Anges

### Parc du château (plan 3, B2-C2)

S'il n'y a plus de château depuis longtemps (seules quelques pierres subsistent), cette colline haute de 93m, ancien oppidum phocéen et berceau de la ville, offre toujours l'occasion de belles promenades sous les frondaisons des pins d'Alep et des chênes verts, ainsi que l'agrément d'une cascade romantique, rafraîchissante lors des chaleurs estivales. Point culminant du parc, la **terrasse Frédéric-Nietzsche** domine la Méditerranée et dévoile de belles vues sur le mont Boron et la baie des Anges. Près des vestiges du château est tiré chaque jour à midi un coup de canon, une coutume importée d'Écosse à la fin du 19e s.

**Colline du Château ◷ Avr.-sept. : tlj. 8h30-20h ; oct.-mars : tlj. 8h30-18h**

## Ici vivaient les premiers Niçois

### Musée de Terra Amata (plan 3, D1)

Découverts par hasard lors de travaux, les restes d'un campement de chasseurs préhistoriques parmi les plus anciens d'Europe – datant de l'acheuléen diront les connaisseurs, vieux de 400 000 ans diront les autres – sont aujourd'hui présentés dans un musée installé à l'emplacement même du gisement fossile. Voyage intéressant à la rencontre des premiers hommes de la Riviera, qui se nourrissaient d'éléphants et de rhinocéros, avec reconstitutions, ossements, outils... Bref, tout sur le quotidien de notre cousin, l'*Homo erectus*, jusqu'à ses excréments fossilisés !

**25, bd Carnot 04 93 55 59 93 Mai-oct. : mer.-lun. 10h-18h ; nov.-avr. : mer.-lun. 10h-17h**
**€ 15€ (pass valable 72h dans tous les musées municipaux) - Musée seul 5€**

**BON À SAVOIR**

À Nice, aux beaux jours, montez à bord de la **navette gratuite *Lou Passagin*** pour éviter le contournement du bassin portuaire. Ce pointu à moteur électrique fait l'aller-retour entre le quai de la Douane et celui d'Entrecasteaux. Une solution amusante et reposante pour les enfants.

**(plan 3, C2) www.departement06.fr Mi-mai-fin sept. : tlj. 10h-19h**

## LE FRONT DE MER

Une quintessence de Côte d'Azur, une courbe idéale : le regard glisse tout au long de la baie des Anges. L'azur parfait, le clapotis des vagues sur les galets, le frou-frou des palmiers : on a l'impression d'être arrivé au pays des merveilles (ou du moins des plaisirs). Le chemin modeste qui longeait la mer, aménagé au début des années 1820 grâce au révérend Lewis Way, pasteur de la colonie anglaise, devint rapidement le rendez-vous incontournable d'aristocrates rivalisant d'élégance et parfois d'excentricité. Les palmiers apparaissent à la fin du 19e s., les lampadaires en 1930, et dans les années 1960 la voie prend l'aspect qu'on lui connaît aujourd'hui, avec ses fameuses chaises bleues. Elles sont les emblèmes d'un lieu à l'origine dédié à la flânerie et au divertissement, à jamais meurtri par le souvenir du terrible attentat du 14 juillet 2016, dont on peine à concevoir la réalité tant la Prom', comme l'appellent les Niçois, s'offre comme le cadre de vie le plus riant.

## Un défilé de palaces

### Promenade des Anglais (plan 2, A2-B2)

Pour une promenade architecturale en front de mer, on partira du jardin Albert-Ier (promenade du Paillon). Au n°13, le **Palais de la Méditerranée** fait triompher le style Art déco des années 1920-1930. "Le phare de Nice" reçut les stars, abrita un théâtre, une salle de jeu, des suites, avant d'être vandalisé, puis transformé en 5-étoiles. Ensuite, par ordre d'apparition sur l'écran azur du ciel niçois : le Royal (n°23), œuvre grandiloquente de Dalmas père en 1905, l'hôtel Westminster (n°27), à la majestueuse façade néoclassique, le très élégant West End (n°31) et la villa Masséna (n°35, cf. ci-après). Elle précède de peu l'illustre **Negresco** (n°37), que Dalí, amoureux des lieux, appelait pompeusement le "Palace-Étoile". Rehaussé d'une coupole monumentale, tel un château, cet hôtel de luxe se double d'un véritable musée, beaucoup d'œuvres d'art (tapisseries flamandes, tapis d'Aubusson, un Saint Phalle, des Moretti) participant à sa décoration. Vraiment royal ! On peut approcher ce luxe en prenant un verre au bar (p.67). Enfin, au n°63, la **Gloria Mansions** (on y entre plus aisément par le 125, rue de France), extraordinaire immeuble des Années folles (1934), où le béton armé ondule avec grâce pour dessiner des balcons en forme de vagues.

## Souvenirs de la Belle Époque

### Musée d'Art et d'Histoire Masséna (plan 2, A2)

Construit sur le modèle des villas italiennes du Premier Empire, ce bijou architectural conserve toute sa superbe. Témoin éloquent de l'histoire de Nice, il abrite une impressionnante collection de peintures, vêtements, objets, mobilier, qui nous font comprendre ce que fut le rayonnement de Nice de la fin du 18e s. à l'aube de la Seconde Guerre mondiale. Aménagé à l'anglaise, le jardin donne au visiteur la fugace impression d'être l'un de ces hivernants fortunés de la Belle Époque... Il abrite le mémorial des victimes des attentats du 14 juillet 2016.

**65, rue de France 04 93 91 19 10 Mai-oct. : mer.-lun. 10h-18h ; nov.-avr. : mer.-lun. 11h-18h**
**€ 15€ (pass valable 72h dans tous les musées municipaux) - Musée seul 10€**

**L'hôtel Negresco et la promenade des Anglais**

### Panorama artistique

**Musée des Beaux-Arts** (plan 2, A2)

On y va pour la villa (fin 19e s.), une fantaisie néoclassique, caprice d'une princesse ukrainienne. Et pour la collection, léguée en partie par Napoléon III. Le rez-de-chaussée est occupé par les 16e-18e s. : retables du Niçois Louis Bréa, tableaux de Jean-Baptiste Van Loo (portraitiste de Louis XV), un superbe Fragonard, quelques Italiens et des Flamands, dont le minutieux Bruegel. À l'étage, petite collection d'art sacré du 14e au 16e s., avec des retables figurant des saints martyrs et une remarquable peinture de la *Crucifixion*, exécutée par le maniériste Agnolo Bronzino vers 1545. Puis, sans transition, on s'imprègne d'art moderne, avec notamment Jules Chéret, qui, avant de devenir peintre, avait révolutionné l'art de l'affiche. On découvrira également des impressionnistes (Boudin, Monet, Bonnard...), Dufy avec un *Mai à Nice* où éclate la jubilatoire lumière locale, Van Dongen, fauve amoureux des couleurs percutantes, et enfin Marie Bashkirtseff, auteure d'un journal révélé par Maurice Barrès, qui l'avait baptisée "Notre-Dame des sleepings", pour ses incessants voyages.

**33, av. des Baumettes 📱 04 92 15 28 28 www.musee-beaux-arts-nice.org 🕒 Mai-oct. : mar.-dim. 10h-18h ; nov.-avr. : mar.-dim. 11h-18h € 15€ (pass valable 24h dans tous les musées municipaux) - Musée seul 10€**

### Pour une pause fraîcheur

**Parc Phoenix** (hors plan 2 par A2)

Ce jardin botanique reconstitue sur 7ha en un raccourci stupéfiant des milieux naturels qui ne lui sont pas très naturels, comme le torrent alpin, l'oued-oasis, ou la jungle (sans les moustiques, mais avec un environnement sonore). Au milieu d'un lac, l'île des Temps-Révolus abrite des plantes d'un autre temps, fossiles vivants qui remontent aux origines de la vie. À côté, vous pourrez voir une volière à perroquets, puis la plus grande serre d'Europe (7 000m$^2$), pyramide de métal et de verre qui renferme un vaste jardin tropical, de toujours distrayantes plantes carnivores, des orchidées, et, dans l'insectarium, phasmes et mygales. Un espace de verdure bien accueillant. Dans le parc, le **musée des Arts asiatiques** ressemble à un chapeau de papier flottant sur l'eau : quatre cubes comme posés sur le lac, chacun étant consacré à une civilisation (chinoise, japonaise, indienne et asiatique du Sud-Est). Architecture intérieure désincarnée, lumineuse, afin de sublimer des pièces rares et anciennes, mises en regard avec des objets contemporains. Nombreuses animations (cérémonie du thé, origami, calligraphie, danse indienne...).

**405, promenade des Anglais 📱 04 92 29 77 00 www.parc-phoenix.org 🕒 Avr.-oct. : tlj. 9h30-19h30 ; nov.-mars : tlj. 9h30-18h (fermeture des caisses 1h avant) € 5,10€ Musée des Arts asiatiques 📱 04 89 04 55 20 https://maa.departement06.fr 🕒 Juil.-août : mer.-lun. 10h-18h ; sept.-juin : mer.-lun. 10h-17h € Entrée libre**

## LA COLLINE DE CIMIEZ

On arrive à cette éminence (plan 2, B1) par un boulevard (celui de Cimiez) de 20m de largeur, ouvert pour desservir un quartier chic, élégant, paisible et boisé. Le regard porte loin et les Romains qui l'avaient bien compris y installèrent un campement appelé Cemenelum. Modeste à ses débuts, il comptait

**Sur la colline de Cimiez**

15 000 habitants au 3e s., avant d'être abandonné au 6e s. Les vestiges antiques accueillent désormais flâneurs et manifestations. Entièrement dédiée au plaisir, l'architecture éclectique de la colline invite à de belles rêveries exotiques. Les palaces et villas cossues de la Belle Époque imposent des volumes et des lignes certes monumentales mais classiques, voire haussmanniennes sur le boulevard de Cimiez, l'avenue Bieckert, le boulevard Édouard-VII (ne manquez pas, au n°5, le **manoir Belgrano** et son décor néogothique d'opérette). Enfin, attardons-nous devant le seigneur des lieux, qui coiffe la colline de son impressionnante stature : l'**Excelsior Regina**, 400 chambres, converties aujourd'hui en appartements. Propriétés privées, aucun de ces palaces ne se visite, on se contente de les contempler, superbes, derrière leur rideau d'arbres.

## Œuvres bibliques

### Musée Marc-Chagall (plan 2, B1)

Caché dans une belle oliveraie, un bâtiment aux lignes modernes et aux larges baies où la lumière s'engouffre pour venir flatter la riche palette du peintre. Chagall (1887-1985) participa lui-même à l'agencement du musée et a supervisé l'accrochage des œuvres, consacrées aux thèmes bibliques de l'Ancien Testament – selon lui "la plus grande source de poésie de tous les temps". En tout, 17 tableaux, où le chatoiement des couleurs est à lui seul pur plaisir... Expositions temporaires et concerts d'octobre à juin, avec l'orchestre de l'Opéra de Nice. Dans le jardin, très agréable buvette pour une pause.

**Av. du Docteur-Ménard 04 93 53 87 20 www.musee-chagall.fr Mai-oct. : mer.-lun. 10h-18h ; nov.-avr. : mer.-lun. 10h-17h 8€**

## Bains antiques

### Musée archéologique et thermes (plan 2, B1)

Si les vestiges des thermes (3e s.) ne sont pas très impressionnants, le site possède beaucoup de charme. Belles collections organisées par thèmes : au sous-sol, un cimetière romain avec stèles et sarcophages ; au rez-de-chaussée, une salle lumineuse réunissant céramiques étrusques, amphores, bijoux et statuettes romaines dont l'inoubliable *Faune dansant*. À l'extérieur, les ruines des thermes et le jardin invitent à la flânerie. Les thermes sont composés de trois ensembles, dont celui des femmes, où les premiers chrétiens creusèrent au 5e s. un baptistère toujours visible.

**160, av. des Arènes-de-Cimiez 04 93 81 59 57 www.musee-archeologie-nice.org Mai-oct. : mer.-lun. 10h-18h ; nov.-avr. : mer.-lun. 10h-17h 15€ (pass valable 72h dans tous les musées municipaux) - Musée seul 5€**

**SUR LES TRACES DE...**

Né dans le Pas-de-Calais, **Henri Matisse** (1869-1954) découvre Nice en 1917, après des voyages en Méditerranée qui le font basculer vers la couleur et la simplification des formes : c'est le fauvisme, dont il sera le chef de file. La Côte d'Azur l'inspirera fortement jusqu'à son dernier chef-d'œuvre, la chapelle du Rosaire de Vence (p.167).

## Le peintre de la couleur

### Musée Matisse (plan 2, B1)

Installé dans une belle demeure (17e s.) de type génois, il dégage une atmosphère intime et bourgeoise qui sied bien à Matisse. Et si nombre de ses œuvres majeures sont ailleurs, de Paris à New York, ce musée a l'avantage de proposer un survol complet de l'itinéraire du peintre, une genèse de son art, de *La Nature*

**Le musée Matisse**

*morte aux livres* (1890) jusqu'aux gouaches découpées en passant par ses sculptures de bronze. On ressort heureux de cette intimité avec un artiste qui, loin du pathos ou de l'idéologie, parvient à créer un art de la tranquillité et de la volupté.

**164, av. des Arènes-de-Cimiez ☎ 04 93 81 08 08 www.musee-matisse-nice.org 🕒 Mai-oct. : mer.-lun. 10h-18h ; nov.-avr. : mer.-lun. 10h-17h € 15€ (pass valable 72h dans tous les musées municipaux) - Musée seul 10€**

### Un havre de paix

**Monastère de Cimiez (plan 2, B1)**

Des moines franciscains s'installent à Cimiez au 16e s. dans un ancien monastère bénédictin qu'ils réaménagent. Ils l'enrichissent d'un cloître, modeste mais touchant avec son puits fleuri, et d'un beau jardin à l'italienne aux allées bordées de citronniers, pergolas et tonnelles d'où cascadent les roses par milliers (superbes en mai, période de pleine floraison). Calme et sérénité y règnent. D'une éminence boisée, on domine les thermes et le musée Matisse. Ailleurs, on profite de belles vues sur Nice. Un musée présente le mouvement franciscain, tandis que l'église réunit plusieurs œuvres majeures (retables) du primitif niçois Louis Bréa, dont une Pietà (1475), une déposition de croix, et une crucifixion. Belles tombes très expressives dans le cimetière jouxtant l'église, celles de Matisse et de Raoul Dufy se trouvant hors de l'enceinte.

Pl. Jean-Paul-II ☎ 04 93 81 00 04 🕒 **Cloître, jardin, musée** Lun.-sam. 10h-12h et 15h-17h30 **Église** Lun.-mar. et jeu.-ven. 7h30-18h € Entrée libre

## LES VILLAGES DE L'ARRIÈRE-PAYS

### Site romanesque

**Falicon**

Délicieux village, avec ses façades en trompe-l'œil, son église à clocher carré, ses ruelles où fleurissent les bougainvillées. Un lieu célébré par Jules Romains dans son roman *La Douceur de vivre*, et apprécié par la reine Victoria, qui allait y prendre le thé ! Les amateurs d'énigmes pousseront jusqu'à la grotte des Chauves-Souris (3km à l'ouest), dominée par une pyramide très abîmée et envahie de broussailles, qui a suscité les plus folles hypothèses.

**8km au nord de Nice**

### Joyau perché

**Peillon**

Il s'arrime à un piton blanc, tenant debout par miracle, telle une miniature médiévale qu'aucune construction parasite ne vient distraire de sa beauté. Un nid d'aigle restauré par de riches Monégasques et Niçois qui en ont fait leur résidence secondaire. Au sommet, l'église Saint-Sauveur, joliment coloriée, et une place pavée de galets. De là, les ruelles dégringolent vers le bas du village, aussi raides que des échelles. Près du parking, la chapelle des Pénitents-Blancs cache des fresques du 15e s. représentant la Passion, dont un Judas d'une très réaliste abjection.

**20km au nord-est de Nice**

Les toits du village de Peille

## Comme le chantait Léo Ferré...

### Peille

Le site de Peille résume tous les charmes de l'arrière-pays niçois, entre crêtes bousculées de failles calcaires et charmants vallons piquetés d'oliviers. Le village s'offre le luxe de vivre tranquille, sans esbroufe : "on y rencontre l'art de vivre et d'être bien", disait Léo Ferré qui aimait s'y réfugier. Promenez-vous dans le dédale de ruelles caladées (pentues et pavées), où se remarquent des voûtes d'étayages construites au 17$^{e}$ s. après un mémorable tremblement de terre, pour découvrir ses 17 chapelles, son donjon carré, ses humbles maisons enchevêtrées à flanc de montagne, sa collégiale au svelte clocher lombard et, pour les amateurs d'architecture 1960, l'école prototype du Castellet et l'église Saint-Martin.

**25km au nord-est de Nice**

## Le charme de la montagne

### Lucéram

Un village loin des clichés provençaux, tourné vers la montagne : de grandes maisons de pierre (certaines du 15$^{e}$ s.) un brin austères, de lourdes portes de bois, des venelles secrètes, des piles de bois pour l'hiver... et de fortes pentes ! Dans l'église Sainte-Marguerite, de vrais trésors, dont deux retables de Louis Bréa et une riche collection d'art sacré. On trouvera aussi dans le village un musée de la Crèche et un autre des Vieux Outils, et on jettera un coup d'œil à la tour de gardes, dite "ouverte à la gorge" pour que l'assaillant soit à la vue des villageois au cas où il envisagerait de s'emparer de la place forte.

**27km au nord de Nice**

### Le village du soleil

**Coaraze**

Un ensoleillement exceptionnel et une lumière limpide ont fait de ce village l'aimable capitale du cadran solaire. Voyez, sur la place, ces cadrans dessinés par Cocteau (des arabesques de lézards !), Goetz ou Ponce de León, et enfoncez-vous dans ces ruelles labyrinthiques bordées de maisons enduites à la façon italienne où recouvertes de végétation. Son église accueille des fresques récentes (1962) racontant la vie du Christ en un beau camaïeu de bleu (clé à la Maison du tourisme), tandis que la chapelle Saint-Sébastien, 2km au sud, veille sur un saint Sébastien d'un raffinement extrême (fresques du 16e s.).

**26km au nord de Nice**

## À FAIRE

### Fêtez le carnaval

Né en 1873, le carnaval de Nice attire chaque année en février plus d'un million de visiteurs, venus se défouler autour de l'impressionnant corso (défilé de chars) du Mardi gras, lors des célèbres batailles de fleurs, ou pendant le défilé aux lumières. La fête s'achève le dernier dimanche du mois, avec l'incinération de Sa Majesté Carnaval sur un bûcher géant, sur fond de feux d'artifices.

**www.nicecarnaval.com**

**Le carnaval de Nice**

### Profitez des plaisirs de la plage

À Nice, le bord de mer roule ses galets, comme dit la chanson, sur 8km. Et déroule une alternance de plages publiques et de plages privées (une quinzaine) qui, d'avril à octobre, proposent à la location matelas (de 15 à 25€/j.), parasols et cabines. Plus sportif, moins familial parce que la côte est rocheuse (mais si belle), on peut se baigner tout au long du cap de Nice (plan 2, C2) en contrebas des boulevards Pilatte et Jean-Lorrain (attention, la pointe des Sans-Culottes n'est pas naturiste, même si on peut y prendre quelques libertés).

### Faites une sortie en mer

**Trans Côte d'Azur**

Pour voir la côte depuis les flots. Minicroisières (19€/1h) pour longer la baie des Anges, le cap de Nice, le cap Ferrat et pénétrer dans la rade de Villefranche. Également des croisières plus longues (jusqu'à Monaco, les îles de Lérins, Saint-Tropez, etc.). Réservation impérative.

**Quai Lunel Nice 04 92 00 42 30 www.trans-cote-azur.com Avr.-oct. : mar.-dim.**

### Lancez-vous d'une tyrolienne

**Peïra Cava Aventures**

Ce parc acrobatique, au nord de Lucéram, propose des parcours dans les arbres (6-17€) et des descentes en tyroliennes de plus de 300m (12-37€). Également des balades à poney. Pour profiter pleinement du décor de la montagne, on dormira sur place, dans une cabane ou des yourtes (95€ pour 4 pers.).

**Les Granges du lac Peïra Cava (13km au nord de Lucéram) 06 40 55 48 22 Mi-avr.-juin, sept.-oct. : w.-e. et j. fér. 11h-18h (vac. scol. tlj. 13h-18h) ; juil.-août : tlj. 10h-19h**

## NOS ADRESSES

## PAUSES

### Troquet à l'ancienne

**Les Distilleries idéales ♥**

Le cachet intact d'un beau bar sans âge. Les Niçois l'appellent tout simplement L'Idéal : en coulisses du cours Saleya, ce bistrot fédère aussi bien la jeunesse bohème du Vieux Nice que les cadres en mal de détente. Autour d'une planche charcutière ou fromagère (9,50€), l'apéritif prend volontiers des airs de dolce vita.

**NICE (plan 3, B2 n°8) 24, rue de la Préfecture 04 93 62 10 66 Tlj. 9h-0h**

### Frais et goûteux

**L'Art gourmand**

Cette discrète épicerie, gourmande comme son nom l'indique, cache une jolie surprise : au fond de la boutique, un délicieux petit comptoir à glaces. Une trentaine de parfums seulement (mirabelle, chocolat noir, violette, rose, miel et pignons de pin, etc.), mais tout est riche en saveurs. Salon de thé à l'étage.

**NICE (plan 3, A2 n°3) 21, rue du Marché 04 93 62 51 79 Tlj. 10h-19h (nocturnes en été et le w.-e.) Fermé mar. et mer. en nov.**

## TESTEZ LA SOCCA

La réputation de la cuisine niçoise n'est pas usurpée, qu'il s'agisse de haute gastronomie ou de spécialités populaires, telle l'incontournable socca : cette galette fabriquée à partir de farine de pois chiches est cuite sur une plaque ronde dans un four à bois. On la déguste sans attendre, accompagnée de poivre, le plus souvent à l'apéritif. À découvrir impérativement chez Pipo (p.61) !

### Plaisirs glacés

**Fenocchio**

Un glacier incontournable. Sur la place de la cathédrale, la file d'attente s'allonge immanquablement aux beaux jours, devant le vaste choix de parfums (classiques ou plus inattendus : cactus, Tagada, romarin, basilic-tomate, vanille-poivre-rose, etc.). Coupes à partir de 8€, 2,50€ la boule. Plusieurs points de vente dans la ville.

**NICE (plan 3, B2 n°2) 2, pl. Rossetti 04 93 80 72 52 www.fenocchio.fr Mars-nov. : tlj. 9h-0h**

### Socca 100% tradition

**Chez Pipo ♥**

C'est ici que les authentiques Niçois mangent la socca, LA spécialité niçoise par excellence : une galette à la farine de pois chiche cuite au feu de bois. Et celle de Pipo est délicieuse, tout comme sa tapenade, sa pissaladière, son pan-bagnat, etc. Part de socca 2,90€, à emporter ou à déguster sur la jolie terrasse.

**NICE (plan 3, C1 n°1) 13, rue Bavastro 04 93 55 88 82 www.chezpipo.fr Mer.-dim. 11h30-14h30 et 17h30-22h (et mar. en été)**

### Indémodable niçois

**La Civette du Cours**

Une petite institution du cours Saleya (p.46). On y potine, on y sirote, on y grignote (club-sandwichs, pâtes, bruschettas, etc.), on s'y retrouve, on s'y montre... Bref, c'est l'un des cœurs battants de Nice, qui ne désemplit pas jusqu'à la nuit.

**NICE (plan 3, B2 n°5) 1, cours Saleya 04 93 80 80 59 Été : tlj. 8h-2h30 ; reste de l'année : tlj. 8h-0h**

### Pour un verre entre amis

**La Cave de la Tour ♥**

Une cave comme on les aime, avec un comptoir que parfument brousse et pissaladière, et qu'animent les voisins venus en habitués. On déjeune autour du tonneau, d'un plat unique (12-16€). Bellet au verre à partir de 6€, comptez 3€ pour les autres crus.

**NICE (plan 3, B1 n°4) 3, rue de la Tour 04 93 80 03 31 https://cavedelatour.com Mar.-sam. 8h-21h, dim. 8h-15h30**

### Le temple du vin nature

**La Part des anges ♥**

Séduisant bar à vins qui renouvelle tous les codes de la dégustation. Le patron prend le temps d'expliquer le travail de propriétaires récoltants et fait goûter les produits qu'il déniche avec passion, surtout les vins bio ou naturels. Verres 5-7€. Planches de charcuteries et tapas (6-13€).

**NICE (plan 3, A1 n°6) 17, rue Gubernatis 04 93 62 69 80 https://lapartdesanges-nice.com Lun.-jeu. 10h-20h ; ven.-sam. 10h-0h (rés. recommandée)**

Voir aussi **Kiosque Tintin** et **Arlequin Gelati** (p.42).

## RESTAURANTS

### Pour l'amour de la pizza

**Les Amoureux €**

Rien de sophistiqué chez ces Amoureux, mais la tradition populaire la plus exigeante, défendue par un Napolitain pur jus, Ivan Pasquariello, pour qui la pizza est un art, sinon une histoire... d'amour ! On mange au coude-à-coude, dans un décor tout simple et sans chichis, évoquant une taverne napolitaine. Comptez 11-17€.

**NICE (plan 3, D2 n°15) 46, bd Stalingrad www.pizzerialesamoureux.com Mar.-sam. soir**

### Viva Italia !

**Brut ♥€**

Un petit coin d'Italie dans cette belle épicerie bio située non loin du port, où l'on déniche les meilleures spécialités de la Botte, et de bons fruits et légumes "locavores". À midi, l'arrière-salle lumineuse régale les convives de daurade royale sauce matelote, de gnocchis à la crème de fleurs de courgette, de *porchetta* de cochon de lait aux cardons et à la verveine... Entrées 6-9€, viandes 16€ env., desserts 8€.

**NICE (plan 3, C1 n°17) 2, rue Martin-Seytour 09 66 88 37 21 Page FB Mar.-sam. 8h30-22h**

### Une institution

**Chez Palmyre €€**

Ici, le temps n'a pas de prise. Sourire discret mais bienveillant aux lèvres, les patrons traitent chaque client comme s'il s'agissait d'un membre de la famille. La cuisine est simplissime mais exquise (bœuf bourguignon,

Chez Palmyre

*linguine* au pesto rouge, tiramisu aux fraises). Menu unique 20€.

**NICE (plan 3, B1 n°11) 5, rue Droite 04 93 85 72 32 Lun.-ven. midi et soir**

## Affaire familiale

### Acchiardo €€

Une vieille institution, tenue par la même famille depuis 1927. La salle, où des dynasties d'habitués ont défilé, conserve toute son âme ; quant à l'ardoise, elle fait honneur aux délices locaux : soupes au pistou ou au poisson du patron, assiette niçoise avec ses petits farcis et sa pissaladière, etc., le tout délicieux et entièrement maison. Entrées 10-15€, plats 18-20€.

**NICE (plan 3, B2 n°10) 38, rue Droite 04 93 85 51 16 Lun.-ven. 12h-14h et 19h-22h**

## Bistronomique

### Le Bistrot d'Antoine ♥€€

Le rez-de-chaussée est animé avec ses cuisines ouvertes, son patron qui distille de bons conseils, ses échanges d'ardoises à la liste inamovible de grands classiques, comme les lentilles du Berry saucisse perugine ou la cocotte de cochon, et des suggestions du jour qui honorent les produits du terroir et la bonne tradition. Excellent rapport gourmandise-prix : entrées 9-17€, plats 15-28€. Réservation conseillée.

**NICE (plan 3, B2 n°13) 27, rue de la Préfecture 04 93 85 29 57 Mar.-sam. 12h15-13h30 et 19h15-21h30 Fermé 3 sem. en août et à Noël**

## Pour les becs fins

### Le Bar des oiseaux ♥€€

Le décor est avenant : une terrasse profitant du charme du Vieux Nice et deux salles dont les boiseries blanchies s'ornent de fresques colorées et décalées. Et les papilles sont à la fête : bourride avec plusieurs types de poisson et une sauce citronnelle, gingembre et lait de coco, risotto de pâtes langues d'oiseau aux produits du moment, ou, en dessert, une tarte au citron ou une truffe de tiramisu. Entrées 10-16€, plats 16-24€. Menu déj. 20€.

**NICE (plan 3, A2 n°12) 5, rue Saint-Vincent 04 93 80 27 33 Mar.-sam. midi et soir Fermé 3 sem. en août et à Noël**

### Dîner sous la tonnelle

**La Maison de Marie ♥€€**

Une vaste cour aux allures montmartroises, où Marie dresse sa terrasse sous une ravissante pergola fleurie. Elle y cultive de belles idées campagnardes et raffinées, comme cette ballotine de foie gras de canard du cap Corse ou la pissaladière d'escargots. L'irréprochable menu niçois à 26,90€, la formule déjeuner à 16,90€ (en semaine), ou les jolies assiettes de pâtes permettent de contourner une carte aux tarifs un peu élevés (entrées 14-19€, plats 15-35€).

**NICE (plan 2, B2 n°12) 5, rue Masséna ☎04 93 82 15 93 www.lamaisondemarie.com ⏲Tlj. 12h-14h30 et 19h-23h**

### Cuisine niçoise sur les collines

**L'Autobus €€**

Cet établissement aux airs de bistrot et aux prix doux dispose sur les hauteurs de Nice d'une terrasse-jardin pour la belle saison. L'hiver, on profite de la vue sur les vallons de la chaleureuse salle carrelée, réchauffée par la cheminée. À la carte, recettes du cru à base de produits frais, comme ces beignets d'aubergine en entrée (env. 12€), suivis de gnocchis au pistou ou d'une daube et sa polenta (env. 16-18€). Simple et bon.

**NICE 142, av. de Gairaut (5km env. au nord du centre-ville) ☎04 93 84 49 88 ⏲Juil.-août : jeu.-mar. midi ; sept.-juin : jeu. et dim.-mar. midi, ven.-sam. midi et soir**

### Une histoire de goût

**Maison Gusto ♥€€€**

Au cœur du Nice branché, cette maison a assurément du *gusto* ! Charmant décor et cuisine non moins soignée. En entrée, laissez-vous tenter par l'incontournable duo tomates-mozzarella, puis enchaînez par un plat de pâtes (raviolis au citron confit et gingembre, *scialatielli* aux palourdes, etc.), ou une spécialité saisonnière. Pour finir, le tiramisu maison est un must. Joli choix de vins. Comptez 30-40€ à la carte.

**NICE (plan 3, C1 n°16) 12, rue Lascaris ☎04 93 07 28 68 www.maisongusto.com ⏲Lun.-sam. soir**

### Bleu horizon

**Blue Beach €€€**

On vient ici pour le cadre : au pied de la promenade des Anglais, directement sur les galets, avec la seule Méditerranée pour perspective... Spectacle privilégié à l'heure du coucher du soleil, quand la mer se fait lac. Mais qui a son prix : entrées 17-20€, plats 16-35€, desserts 8-12€. On peut aussi se contenter d'un simple verre, ou profiter de la formule snack à moindre coût au déjeuner.

**NICE (plan 2, A2 n°10) 32, promenade des Anglais ☎04 93 87 10 36 www.bluebeach.fr ⏲Fin mai-fin sept. : tlj. 9h-0h30 ; fin sept.-mi-nov., mi-déc.-fin mai : tlj. 9h-17h**

### Tendance zen

**Keisuke Matsushima ♥€€€**

Superbe bistrot tendance : déco zen, lumières délicates, musique soft, vaisselle raffinée... Le chef Keisuke Matsushima laisse les produits du terroir, choisis avec vigilance, exprimer leur saveur, dans de savants mariages entre gastronomies d'ici et d'Asie, à l'image de la daurade royale en tartare, gelée de bouillabaisse à la japonaise, gingembre et wasabi. Carte changeante au gré des saisons. Formule déjeuner 30€, menus 43€ midi et soir, menus dégustation 69-90€.

**NICE (plan 2, B2 n°11) 22ter, rue de France ☎04 93 82 26 06 https://keisukematsushima.com ⏲Mar.-sam. midi et soir, lun. soir (fermé dim. et lun. hors saison)**

**Au restaurant La Réserve**

### Classique et innovant

## La Réserve ♥€€€

Posté sur son rocher, un hôtel restaurant historique, avec ses deux terrasses semblant posées sur l'eau, où l'on déguste une cuisine simple et créative concoctée par le chef Sébastien Mahuet, qui dépouille les classiques niçois de leur rusticité : fine tartelette de légumes "crus et cuits", raviole de ricotta aux saveurs d'automne et truffe, gnocchis gratinés au vieux parmesan... Formules déjeuner 38-45€ (en semaine), menus 79-100€.

**NICE (plan 2, C2 n°13) 60, bd Franck-Pilatte 04 97 08 14 80 www.lareservedenice.fr Avr.-sept. : tlj. 12h15-14h et 19h15-22h ; oct.-mars : mar.-sam. 12h15-14h et 19h15-22h**

### Authentique

## Auberge de la Madone €€

Héritiers d'une dynastie de paysans-aubergistes, les Millo père et fils ont la passion des bons produits régionaux. Mais la tentation est grande, pour ces imaginatifs, de taquiner la tradition en y apportant un grain de fantaisie. Leurs innovations sont savoureuses. Deux options : esprit bistrot à midi (à partir de 40€), gastronomique (comptez 50-80€ à la carte). Chambres au charme intemporel (98-180€).

**PEILLON 3, place Auguste-Arnulf 04 93 79 91 17 Jeu.-mar. midi et soir (tlj. de juin à sept. ; réserver le soir)**

## SHOPPING

La visite du Vieux Nice reste incomplète sans la découverte de ses nombreuses adresses de bouche, véritable patrimoine local... et gourmand.

### La tradition de l'huile

**Nicolas Alziari**

Une vieille maison qui a passé la main en 1991, mais dont les propriétaires actuels fabriquent toujours au moulin, selon la tradition, une huile honorable, de la tapenade et des savons. Jolie boutique en bric-à-brac.

**NICE (plan 3, A2 n°27) 14, rue Saint-François-de-Paule ☎ 04 93 62 94 03 www.alziari.com.fr ⌚ Lun.-sam. 9h-19h, dim. 10h-19h**

### Chocolatiers de pères en fils

**Maison Auer ♥**

Thierry Auer représente la cinquième génération d'une dynastie de confiseurs-chocolatiers d'un grand raffinement. Boutique rococo à souhait. Poire et gingembre confits (ce sont nos préférés), pâtes de fruits, chocolats, orangettes cristallisées, marrons glacés et amandes enrobées de chocolat.

**NICE (plan 3, A2 n°25) 7, rue Saint-François-de-Paule ☎ 04 93 85 77 98 www.maison-auer.com ⌚ Mar.-sam. 9h-18h**

### Extra vierge

**À l'olivier**

Sensualité des olives qui donnent au laboratoire son air d'opulence, élégance des grands bidons de tôle rutilante où le nectar attend la consécration des fourneaux... Une huilerie de qualité (excellentes huiles primeur), fondée en 1822, plusieurs fois médaillée et dont la grande spécialité demeure les huiles macérées, en particulier une délicieuse huile d'olive au basilic frais, véritable best-seller.

**Les raviolis de la Maison Barale**

**NICE (plan 3, A2 n°20) 7, rue Saint-François-de-Paule ☎ 04 93 13 44 97 https://alolivier.com ⌚ Lun.-sam. 10h-19h, dim. 9h-18h**

### L'art du ravioli

**Maison Barale**

“Artisan vermicellier” depuis quatre générations, cette institution ne démérite pas depuis 1892 ! Héritier d'un rigoureux savoir-faire, le patron concocte raviolis à la daube, pâtes aux épinards, tortellinis, gnocchis, etc., et n'hésite pas à enrichir le répertoire local de farces nouvelles. Un véritable délice, qui résume toute l'âme gourmande de la vieille ville.

**NICE (plan 3, A2 n°26) 7, rue Sainte-Réparate ☎ 04 93 85 63 08 www.maison-barale.fr ⌚ Mer.-jeu. 8h-13h et 15h-19h, ven.-sam. 8h-13h et 14h-19h, dim. 8h-13h**

### Gourmandises d'exception

**Pâtissier-chocolatier Lac ♥**

Sans doute le meilleur chocolatier-pâtissier de Nice, dont les douceurs s'abordent avec respect. Chaque ganache, cacahuète enrobée, truffe au cacao amer, bouchée, réserve sa touche de raffinement, avec çà et là un soupçon de pistache, une pincée de graines de sésame, quelques éclats de fèves décoratifs. Idem pour les pâtisseries, les crèmes glacées et les sorbets. Chocolats à partir de 8€ les 100g. Deux autres adresses.

**NICE (plan 3, C1 n°28) 18, rue Barla 04 93 55 37 74 www.patisseries-lac.com Tlj. 9h-19h**

### Aquarelles du Vieux Nice
**Atelier Sylvie T.**

Les œuvres de Sylvie Tumorticchi, aquarelliste niçoise pur jus passionnée par sa ville, attirent l'œil : ses créations sont avant tout de superbes dessins d'architecture, d'une grande finesse et d'une saisissante profondeur. Œuvres originales un peu chères évidemment, mais aussi impressions, cartes, marque-pages, astucieux cahiers de coloriage (10€). De parfaits souvenirs.

**NICE (plan 3, B1 n°21) 14, rue Droite 04 93 62 59 15 www.sylvie-t.com Sur rdv**

### Délicieusement sucré
**Confiserie Florian ♥**

"Bonbon, caramel et chocolat", un confiseur qui tient "parole, parole", c'est bon (coupe d'or du bon goût français) et original, car au-delà des habituels fruits confits, bonbons, chocolats et confitures d'agrumes, Florian confit aussi des fleurs. Visite des ateliers, dégustation (gratuite) et vente à prix d'usine.

**NICE (plan 3, C1 n°22) 14, quai Papacino 04 93 55 43 50 www.confiserieflorian.com Lun.-sam. 9h-13h et 14h-18h30 ; dim. et j. fér. 10h-13h et 14h-18h**

Voir aussi **Galerie Eva Vautier**, **L'AnqueVin** et **Les Pépites** (p.42).

## SORTIES

### Pause mythique
**Bar du Negresco**

Il faut aller boire une coupe au bar du célébrissime Negresco, au style bibliothèque *British*. Boiseries cossues, murs ornés d'une immense tapisserie bruxelloise (*Le Temps enchaîné à l'Amour*), de tableaux et de fontaines à whisky en cristal. Musique sirupeuse et service détendu. Cocktails à partir de 22€, café 7€, champagne 26€ la coupe. Ne pas oublier d'aller "se rafraîchir" aux toilettes (l'un des temples du kitsch hexagonal).

**NICE (plan 2, A2 n°30) 37, promenade des Anglais 04 93 16 64 12 Juin-août : tlj. 14h30-1h ; sept.-mai : tlj. 10h30-0h**

### *The place to be*
**High Club**

La boîte de nuit en vogue, implantée sur la promenade des Anglais, face à la mer. Pour vous sentir à l'unisson avec la jeunesse dorée ou gay qui la fréquente, lookez-vous comme elle dans un esprit estival, avant de vous laisser prendre par le très bon son techno, que viennent adoucir çà et là quelques mixes de tubes. Un autre espace plus intime (disco, rock).

**NICE (plan 2, A2 n°31) 45, promenade des Anglais 07 81 88 42 04 www.highclub.fr Ven.-dim. 23h45-6h**

# LES CORNICHES DE LA RIVIERA

Entre Nice et Menton, la falaise littorale est sillonnée par trois routes vertigineuses, chacune tracée à une hauteur différente : la Grande, la Moyenne et la Basse Corniche. Elles louvoient au gré des caps et des précipices en survolant la Méditerranée, dévoilant des panoramas parmi les plus spectaculaires de la Côte d'Azur.

**ACCÈS**

- Les trois itinéraires font moins de 30km chacun, mais comptez 1h, voire 2h en voiture.
- Train TER entre Nice et Menton desservant notamment Villefranche, Beaulieu, Èze et Monaco.

## À VOIR

Au-dessus des flots, la **Basse Corniche** (D6098) traverse toutes les localités côtières, dont Monaco (p.76). C'est celle où les embouteillages sont les plus fréquents. Au-dessus, la **Moyenne Corniche** (D6007), sans doute la plus belle, ne quitte jamais la Méditerranée des yeux, au fil de virages grandioses. Tout en haut, la **Grande** ou **Haute Corniche** (D2564) zigzague entre les sommets. Plusieurs routes secondaires relient les différentes corniches, dont la D37, entre La Turbie et Cap-d'Ail.

### VILLEFRANCHE-SUR-MER

Une ville blanche étagée en amphithéâtre, autour d'une des plus belles rades du monde ! Le cadre est enchanteur, mais n'hésitez pas à détacher vos yeux du bleu de la mer pour parcourir les vieilles ruelles, comme la commerçante **rue du Poilu**, bordée de hautes maisons dont la taille des fenêtres va décroissant vers les étages supérieurs, ou l'étonnante **rue Obscure** voûtée de bout en bout : les habitants s'y réfugiaient quand les bateaux ennemis canardaient. En bout de port, la place du Conseil, où jadis le village délibérait. Dominant la vieille ville de sa façade baroque, l'**église Saint-Michel** renferme un étonnant christ gisant sculpté par un galérien à la fin du 17e s.

**7km à l'est de Nice**

#### Par la grâce de Cocteau

#### Chapelle Saint-Pierre

Hôte régulier de Villefranche, Jean Cocteau s'intéresse au sort de cette chapelle désaffectée (14e s.) que les pêcheurs utilisent alors comme entrepôt. Il se propose de la décorer en hommage à Pierre, apôtre et patron des pêcheurs. La vie du saint est contée en de vastes fresques où le dessinateur prend le pas sur le coloriste. D'une maîtrise exceptionnelle, le trait utilise merveilleusement l'espace, multipliant les allusions à la pêche. Des thèmes profanes, comme les jeunes filles de Villefranche et les Gitans, sont également abordés par l'artiste.

**Quai Amiral-Courbert 04 93 76 90 70 Mer.-dim. 9h30-12h30 et 14h-18h Fermé mi-nov.-Noël 3€**

**À NE PAS MANQUER**

- Chapelle Saint-Pierre
- Cap Ferrat
- Villa et jardins Ephrussi de Rothschild
- Villa Kérylos
- Èze

**Le jardin exotique d'Èze**

## Architecture militaire

### Citadelle

Un chef-d'œuvre de l'art militaire du 16e s., qui réunit aujourd'hui l'hôtel de ville, un théâtre de verdure et plusieurs petits musées. L'un d'eux rend hommage à **Volti** (de son vrai nom Voltigerno Antoniucci, 1915-1989), sculpteur du corps féminin, dont certaines œuvres, monumentales, sont exposées entre les remparts et dans les anciennes poudrières. Un autre est dédié à **Henri Goetz** (1909-1989), graveur transfuge des surréalistes, et à **Christine Boumeester** (1904-1971), peintre. Deux œuvres attachantes, accompagnées de croquis de Picasso, Picabia, Miró... Enfin, dans une cour voisine, la collection Roux regroupe des statuettes de céramique vernie évoquant la vie quotidienne au Moyen Âge et à la Renaissance.

**Fondation-musée Volti et musée Goetz-Boumeester 04 93 76 33 27 Juin-sept. : lun.-sam. 10h-12h et 15h-18h30, dim. 15h-18h30 ; oct.-mai : lun.-sam. 10h-12h et 14h-17h30, dim. 14h-17h30 (fermé temporairement pour rénovation) Entrée libre**

## LE CAP FERRAT

Ici, quelques privilégiés ont su préserver leur environnement : il ne peut y avoir plus d'une villa par hectare ! Voilà pourquoi tout est vert, et "idyllique", comme disait Frédéric Nietzsche, qui allait y admirer les "roses fraîchement écloses, les géraniums" et "parler aux vagues comme à des poules". Il faut marcher le long des sentiers pour profiter du charme fou de ces criques, si sauvages et pourtant à deux pas de Nice. Le cap est mis à la mode à la fin du 19e s. par Léopold II, roi des Belges, qui achète une grande partie des terres et déniche la plus rêveuse des demeures, la villa Les Cèdres. Suivront bientôt notamment les villas Ephrussi et Kérylos.

**4km au sud-est de Villefranche-sur-Mer**

Villa Ephrussi de Rothschild

## Au cœur du cap

### Saint-Jean-Cap-Ferrat

Cette petite cité balnéaire constitue le lieu de vie principal du cap. Sur ses quais, une galerie abrite bars et restaurants, avec pour toile de fond le décor presque irréel des falaises de la Riviera. À deux pas se cachent des criques idylliques et, partout, de riches villas se retranchent derrière des rideaux d'arbres et de hauts portails. Faites un tour au charmant **musée des Coquillages**, qui rassemble une collection unique de 7 000 spécimens exotiques et méditerranéens, et sur la pointe Saint-Hospice, où une émouvante chapelle (17e s.) recèle quelques ex-voto, et une impressionnante statue en bronze de la Vierge à l'Enfant, haute de 11,50m, commanditée en 1903 par un riche négociant en huile d'olive.

**Musée des Coquillages** Quai Lindbergh **04 93 76 08 90 Lun.-jeu. 9h-12h et 14h-16h30, ven. 19h-12h et 14h-17h € Entrée libre**

## Rêve de milliardaire

### Villa et jardins Ephrussi de Rothschild

Ce palais vénitien à la façade rose sertie de marbre blanc a été voulu et conçu par la baronne Ephrussi (née Rothschild). Esthète exigeante, cette dernière épuisa nombre d'architectes pendant les 7 ans que durèrent les travaux (jusqu'en 1912). On entre dans sa villa par un patio aux dimensions rocambolesques, cerné d'arcades aux colonnes de marbre, qui ouvre sur des salons richement meublés (tapisseries d'Aubusson, boiseries peintes...). À ne pas manquer, les appartements privés de la baronne, très modernes pour l'époque avec eau chaude et ascenseur, les remarquables collections (porcelaines de Saxe, art oriental...) et les jardins (à la française, japonais, espagnol, florentin...), qui offrent une vue panoramique sur la rade de Villefranche d'un côté et de l'autre la baie de Beaulieu.

**1, av. de Rothschild Saint-Jean-Cap-Ferrat 04 93 01 33 09 www.villa-ephrussi.com Fév.-juin, sept.-oct. : tlj. 10h-18h ; juil.-août : tlj. 10h-19h ; nov.-jan. : lun.-ven. 14h-18h, w.-e. et vac. scol. 10h-18h 16€**

## BEAULIEU-SUR-MER

Une ville qui a su garder son cachet et nombre de ses palaces, tout en étant joyeusement animée (un vrai marché provençal et quelques boutiques intéressantes, sur le port de plaisance notamment). Avenue Fernand-Dunan, entre le rivage et le parc municipal, l'élégante rotonde (1886), jadis un grand restaurant, puis un hôpital militaire, avant d'être rachetée par la ville, résume tout le charme de la Belle Époque.

**3km au nord de Saint-Jean-Cap-Ferrat**

### Hommage à l'Antiquité

### Villa Kérylos

Cette œuvre unique est née en 1902 d'une passion monomaniaque pour la Grèce antique que partageaient deux esthètes, le baron Théodore Reinach, homme d'affaires fortuné, et Emmanuel Pontremoli, jeune architecte féru d'archéologie. Leur ambition, scrupuleusement et superbement réalisée, fut de recréer une villa grecque telle qu'il s'en construisait à Delos (île grecque des Cyclades) au 2e s. av. J.-C. Une demeure blanche, géométrique, cernée par la mer turquoise... On est saisi par le raffinement de ce lieu, de son artisanat d'art, et au-delà de la civilisation grecque : péristyle élégant, superbes statuaire, fresques et mosaïques, bancs en cuir tressé pour dîner allongé, matériaux nobles... Dans ce décor saisissant de vérité, M. et Mme Reinach imposaient à leurs invités l'art de vivre ritualisé des Grecs de l'Antiquité. Un jeu de rôles très distrayant !

**Impasse Gustave-Eiffel 04 93 01 01 44 www.villakerylos.fr Mi-mai-août : tlj. 10h-18h ; sept.-avr. : tlj. 10h-17h 11,50€**

## ÈZE

Village funambule perché sur un piton en forme de pyramide, Èze se signale de loin par la fière silhouette de son église baroque. D'où que l'on vienne, le village est superbe, vertigineux nid d'aigle dont les toits de tuiles rousses dominent outrageusement la mer azur... Passé la porte fortifiée, le promeneur pénètre dans une ambiance médiévale, où la pierre est brute et les façades sont envahies de bougainvillées. Du sommet du village, dans le jardin d'Èze, on touche du doigt le ciel immense, tandis qu'au loin la Méditerranée monopolise l'horizon. Grandiose !

**7,5km au nord-est de Beaulieu-sur-Mer**

### Cactus et panorama

**Jardin exotique d'Èze**

Un site extraordinaire suspendu entre ciel et mer, qui s'insinue entre les rocs calcaires de la montagne. Décor minéral chauffé par le soleil, évoquant par endroits un désert, où croît une étrange population de cactées et d'autres plantes succulentes, dont le fameux coussin de belle-mère. Tout en haut, quelques ruines romantiques et une vue des plus ébouriffantes sur la côte, encore plus mémorable dans la lumière dorée de la fin de journée...

**20, rue du Château 04 93 41 10 30 www.jardinexotique-eze.fr Avr.-juin, oct. : tlj. 9h-18h30 ; juil.-sept. : tlj. 9h-19h30 ; nov.-mars : tlj. 9h-16h30 4-6€**

## VERS LA TURBIE

### Monument romain

**Trophée des Alpes (ou Trophée d'Auguste)**

Posé en majesté au point culminant de la via Julia Augusta, cet imposant édifice domine la côte de sa masse (35m de hauteur, 50m à l'origine, et 40m de longueur). Construit en l'an 6 av. J.-C. pour célébrer les victoires militaires de l'empereur Auguste, il a connu des fortunes diverses : dynamité par Louis XIV, pillé pour servir de carrière, puis restauré au 20e s. Après sa visite, on peut se rendre au petit musée, puis s'attarder dans le parc en contemplant au loin Monaco.

**Av. Albert-Ier La Turbie (5,5km à l'est d'Èze) 04 93 41 20 84 www.trophee-auguste.fr Mi-mai-mi-sept. : mar.-dim. 9h30-13h et 14h30-18h30 ; mi-sept.-mi-mai : mar.-dim. 10h-13h30 et 14h30-17h 6€**

## À FAIRE

### Étendez votre serviette dans une belle crique

C'est l'atout charme du **cap Ferrat** : un chapelet de criques ourlées d'eaux translucides et relativement peu fréquentées ! Les plus belles se découvrent du côté de la pointe Saint-Hospice, comme la plage de Paloma, avec son restaurant idyllique (p.74). Dans la partie sud de la presqu'île, deux autres anses plus étroites : la plage des Fosses et, encore plus jolie et intime, la plage des Fossettes, où s'installe une buvette aux beaux jours et d'où part un sentier sous-marin. Si vous ne souhaitez pas prendre la voiture, profitez de la sympathique plage des Marinières à **Villefranche** (nord-est de la vieille ville), ou de celle, jamais bondée, d'**Èze-Bord-de-Mer** (galets). Autres jolies criques avant Saint-Laurent-d'Èze (2km à l'est d'Èze-Bord-de-Mer, accessibles par des chemins peu commodes).

### Décryptez les étoiles

**Astrorama**

Géré par une association, ce lieu dédié à la contemplation du ciel propose des séances de planétarium, des observations, des animations : bref, l'astronomie pour tous dans une ambiance festive, à 650m d'altitude (prévoyez une petite laine). Tarif 11€.

**Èze (à 3km du col d'Èze) 04 93 85 85 58 https://astrorama.net Mars-juin, sept.-oct. : ven.-sam. 18h-23h ; juil.-août : mar.-sam. 19h-23h ; nov.-fév. : ven.-sam. 18h-22h (vac. scol.)**

## Partez à la rencontre des dauphins

### Affrètement maritime villefranchois

Sorties en mer avec la vedette *Sirène V* pour un safari photos d'environ 4h. Vie sauvage oblige, la rencontre des dauphins (ou rorquals, globicéphales, cachalots, tortues de mer, etc.) n'est jamais assurée mais très fréquente. Départs mi-juin-mi-sept. : sam. 9h30, plus lun. et mer. en juil.-août (sur rés.). Tarif 52€.

**Port de la Santé Villefranche-sur-Mer 04 93 76 65 65 http://amv-sirenes.com**

### SOS Grand Bleu

À bord du *Santo Sospir*, magnifique caïque à voiles, on observe, sans les déranger, les dauphins et les baleines. Sorties (sur demande) mi-avr.-mi-nov. : 9h-17h, 20 pers. maximum. Tarif 60€. Également des sorties à la voile d'une demi-journée.

**Grande digue du port Saint-Jean-Cap-Ferrat 04 93 76 17 61 www.sosgrandbleu.asso.fr Mi-avr.-mi-nov.**

## Faites le tour du cap Ferrat à pied

### Sentier littoral

Cet ancien chemin de douaniers, souvent ombragé, longe la côte, les somptueuses villas du cap, passe par le Grand Hôtel et le phare, et progresse de crique en crique en dominant la mer. Une merveille. Départ du port de Saint-Jean (prendre l'av. Vignon), distance 7km (2h), passages un peu escarpés, dangereux par mer forte. Un autre sentier fait le tour de la pointe Saint-Hospice (3km, 1h).

**Sur le pont du *Santo Sospir*, avec SOS Grand Bleu**

# NOS ADRESSES

## PAUSES

### Pour un thé avec vue

**Le Café du jardin-Château de la Chèvre d'or**

Sans doute l'un des plus beaux sites de la Riviera, véritable balcon suspendu au-dessus de la Méditerranée... Ce salon de thé est l'occasion rêvée de pénétrer dans le château de la Chèvre d'Or, hôtel ultra-luxueux d'Èze, et de profiter de sa terrasse vertigineuse. Belle carte de thés, champagnes et cognacs, et divines pâtisseries maison. Cher, mais avec cette vue on ne compte pas...

**ÈZE** Rue du Barri 04 92 10 66 61 www.chevredor.com Mars-nov. : tlj. 11h-1h

## RESTAURANTS

### Bonne humeur

**The Good Mood Café €**

Difficile de ne pas se sentir dans un "good mood" ici ! À mi-chemin de la vieille ville et de la plage, la terrasse se déploie en bord de mer, et l'on s'y attable pour un repas aussi simple qu'efficace : sandwichs, omelettes (8-10€), bagels (8-11€) et surtout des salades, chères (16-18€), mais généreuses. Accueil sympathique.

**VILLEFRANCHE-SUR-MER** 3, promenade des Marinières 06 09 84 19 03 Mars-oct. : tlj. 8h-20h

### Table fraternelle

**Les Garçons €€€**

Poulpe poêlé, daurade grillée, souris d'agneau braisée à l'ail confit : cette table-là a le goût de la Provence ! Deux frères sont aux commandes, l'un aux fourneaux, l'autre en salle ; deux garçons qui savent recevoir, au cœur même du vieux Villefranche. Entrées 16-20€, plats 23-30€ ; intéressante formule déjeuner 17€.

**VILLEFRANCHE-SUR-MER** 18, rue du Poilu 04 93 76 62 40 Mi-mars-nov. : jeu.-mar. midi et soir

### Cap sur l'essentiel

**Le Capitaine Cook €€**

On ne vient pas là pour la vue, ni pour la déco, mais parce que tout est sincère et généreux, frais et de saison : sardines farcies, ravioles de saumon maison, pintade fermière en cocotte à la crème d'olive verte, sans oublier la "bisque-bouille" (petite bouillabaisse), ni les fruits de mer. Menus 30 et 34€.

**SAINT-JEAN-CAP-FERRAT** 11, av. Jean-Mermoz 04 93 76 02 66 Fin déc.-mi-oct. : ven.-mar. midi et soir, jeu. soir

### Site enchanteur

**Paloma Beach ♥€€€**

Vivez un moment d'exception sur la plage de Paloma (p.72), une crique enchanteresse. Au bout du ponton, une table solitaire accueille les amoureux, mais l'on peut préférer dîner les pieds dans le sable. Poissons grillés (27-60€), plats de pâtes et risottos à moindre coût (21-31€).

**SAINT-JEAN-CAP-FERRAT** 1, route de Saint-Hospice 04 93 01 64 71 www.paloma-beach.com Mai, sept. : tlj. midi ; juin-août : tlj. midi et soir Rés. conseillée

### Sans chichis

**La Pignatelle €€**

Une adresse qui draine une clientèle d'habitués de longue date. Ils en apprécient l'accueil simple et sympathique, les pièces du boucher et les poissons de la criée, cuisinés comme à la maison. Menus 30 et 40€ ; à la carte, entrées 15-22€, plats 20-30€.

**BEAULIEU-SUR-MER 10, rue Quincenet ☎ 04 93 01 03 37 www.lapignatelle.fr ⌚ Mer.-dim. midi et soir ; lun. midi (sauf mer. et jeu. soir hors saison)**

### Une cuisine à la hauteur

**Le Nid d'aigle ♥€**

Perché en haut d'Èze-village, ce restaurant-salon de thé étage ses terrasses ombragées sur plusieurs niveaux, et de la salle, la vue plonge sur les toits d'Èze. Carte simple où la fraîcheur domine : salades variées (14€), plats de pâtes (14-18€), etc. Prix aimables, comme le service. Petit déjeuner très complet (10-12€).

**ÈZE-VILLAGE 1, rue du Château ☎ 04 93 41 19 08 www.leniddaigle-eze.com ⌚ Juil.-août : mer. 9h-17h, ven.-mar. 9h-22h ; sept.-juin : jeu.-mar. 9h-17h**

### Cadre idyllique

**Anjuna ♥€€€**

Le lieu s'est bâti avec les matériaux et le mobilier que les propriétaires rapportaient de leurs voyages. En cuisine, plats d'inspiration buissonnière : tagliata de bœuf à l'huile de truffe, poêlée de gambas au beurre de thym, etc. Entrées 16-38€, plats 25-45€, desserts 16-25€.

**ÈZE-BORD-DE-MER ☎ 04 93 01 58 21 www.anjunabay.com ⌚ Avr.-sept. : tlj. 12h-23h**

### Tradition bistrotière

**Café de la Fontaine ♥€**

Un café, un vrai, avec des tables en bois, un bon vieux zinc et une ardoise

**Au Paloma Beach**

pour choisir son repas. Cuisine maison et de qualité, dans une solide veine traditionnelle : gaspacho andalou, lapin fermier à la niçoise, tarte aux figues, etc. Délice sur toute la ligne ! Entrées 12-14€, plats 14-28€, desserts 7€. Réservation obligatoire le soir.

**LA TURBIE Av. du Général-de-Gaulle (6km à l'est d'Èze par la Grande Corniche) ☎ 04 93 28 52 79 ⌚ Ven.-mer. midi et soir**

### Gastronomique

**Hostellerie Jérôme ♥€€€**

À l'entrée de l'enceinte médiévale de La Turbie, l'un des restaurants les plus prisés de la côte, sous la toque de Bruno Cirino. Sa carte varie selon l'inspiration et les marchés, dans des menus de 98 et 159€, avec par exemple une belle langoustine en croûte d'amande et verveine, suivie d'un loup au citron de Menton et de figues rôties dans leur feuille avec ricotta caramélisée. Et, griffé Cirino, tout a un brin de génie !

**LA TURBIE 20, rue Comte-de-Cessole ☎ 04 92 41 51 51 www.hostellerie-jerome.com ⌚ Mars-juin : mar.-sam. soir ; juil.-août : tlj. soir**

# LA PRINCIPAUTÉ DE MONACO

Avec ses 2km² et ses 37 000 habitants, le plus petit État souverain du monde (si l'on excepte le Vatican) suscite une cascade d'images : princesses et jet-set, argent, gratte-ciel, défilé de berlines de luxe et de yachts... Mais derrière cette façade se cachent le Rocher et ses ruelles historiques, un casino délicieusement rococo, le plus "cacté" des jardins et un musée océanographique d'exception.

**ACCÈS**

- De Nice, comptez 50min de voiture par la Moyenne Corniche (D6007). Routes et tunnels labyrinthiques rendent la circulation difficile dans Monaco : garez-vous directement au parking de la vieille ville.
- Trains TER Nice-Vintimille et TGV Paris-Vintimille.

## À VOIR

Taillé à la serpe et avançant en presqu'île dans les eaux, le **Rocher** est le berceau de la cité. On y trouve le Palais, le Musée océanographique et la vieille ville, entrelacs de ruelles aux maisons ocre et roses dont les premières, comme la rue Basse, la rue du Milieu ou la rue des Briques, furent tracées au Moyen Âge. À son pied, le port et le quartier de **La Condamine** vivent autour d'un marché étonnamment coloré, tandis que plus à l'est **Monte-Carlo** demeure le centre animé de la principauté, avec son casino, ses palaces, ses boutiques chic, son Grimaldi Forum et l'étonnant Jardin japonais, dont la cascade et les ponts shintoïstes ne laissent d'étonner dans cet univers bétonné. À l'ouest, le quartier de **Fontvieille**, séparé du Rocher par un port de plaisance, a été gagné sur la mer dans les années 1960 et 1970.

**IL ÉTAIT UNE FOIS**

En 1860, Menton et Roquebrune, villes monégasques, sont rattachées à la France : Monaco perd alors 80% de son territoire. Soucieux de sa survie financière, le prince Charles III décide d'autoriser les jeux d'argent (interdits par ses voisins) et d'alléger impôts et taxes. Depuis, l'aura de Monaco auprès des grandes fortunes ne s'est jamais démentie...

### Pour l'amour de la mer

**Musée océanographique** (plan 4, B4)

Créé par le prince Albert Ier en 1910, longtemps dirigé par le commandant Cousteau, le plus impressionnant édifice de la principauté domine vertigineusement la mer de son imposante silhouette. Un lieu à ne pas manquer, notamment pour son **aquarium** au sous-sol : une centaine de bassins accueillent 6 000 spécimens, organisés autour de deux grands thèmes, la Méditerranée et les mers tropicales, avec comme clou de la visite le **lagon aux requins**, bassin géant représentant une passe récifale. Autre prouesse biologique et technologique, le récif de Djibouti, écosystème corallien unique au monde. Nombreuses

**À NE PAS MANQUER**

- Musée océanographique
- Casino

**La galerie d'Hercule, Palais princier de Monaco**

animations destinées aux enfants. À l'étage sont exposées les collections du prince Albert Ier, visionnaire hanté par le fantôme de Jules Verne : squelettes de mammifères marins (baleines, orques, lamantins, narval...), fossiles, scaphandres, ours blanc naturalisé... Un véritable cabinet de curiosités ! Enfin, la terrasse panoramique est dotée d'un espace pour les enfants, d'un bar, d'un restaurant, et depuis peu d'une île aux tortues où évoluent des spécimens terrestres parmi les plus gros du monde.

**Av. Saint-Martin (00 377) 93 15 36 00 musee.oceano.org Avr.-juin, sept. : tlj. 10h-19h ; juil.-août : tlj. 9h30-20h ; oct.-mars : tlj. 10h-18h 10-16€**

## Résidence officielle

### Palais princier (plan 4, A3)

Il trône sur le Rocher, construit sur les bases d'un château fort génois (13e s.) dont il reste trois tours à créneaux. Transformé par les Grimaldi en palais d'agrément, il est surtout remarquable pour ses appartements d'apparat, galeries, chambres et salons richement meublés. La salle du Trône est toujours utilisée pour les prestations de serment et les mariages.

**Pl. du Palais (00 377) 93 25 18 31 www.palais.mc Avr.-juin, sept.-mi-oct. : lun.-ven. 10h-17h30 ; juil.-août : lun.-ven. 10h-18h30 Fermé mi-oct.-fin mars 8€**

## Sanctuaire néobyzantin

### Cathédrale de l'Immaculée-Conception (plan 4, A3)

Derrière sa façade blanche de style roman-byzantin, très prisé à la fin du 19e s., elle abrite trois retables, dont deux de Louis Bréa : celui de Saint-Nicolas, un chef-d'œuvre (chapelle des Princes), et un autre représentant une pietà, dite "du curé de Teste" (le donateur), sur fond de paysage monégasque (entrée

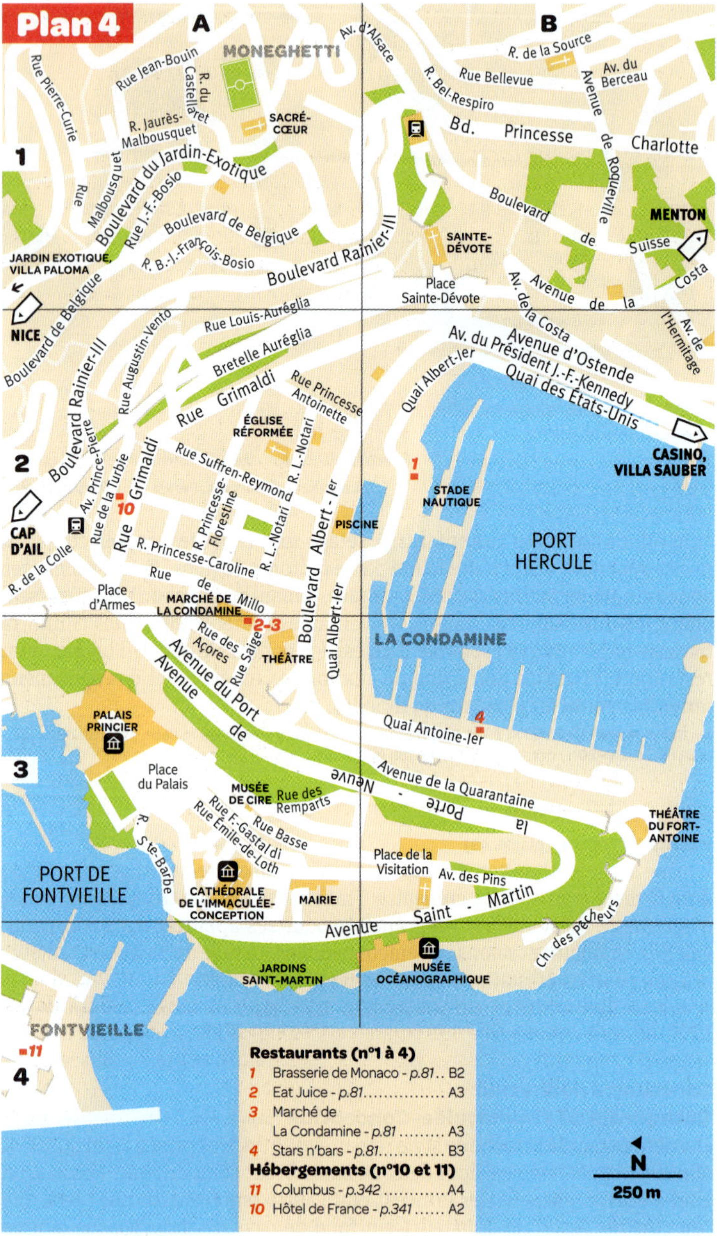


**Restaurants (n°1 à 4)**

*1* Brasserie de Monaco - *p.81* .. B2
*2* Eat Juice - *p.81* ............... A3
*3* Marché de La Condamine - *p.81* ......... A3
*4* Stars n'bars - *p.81* ............ B3

**Hébergements (n°10 et 11)**

*11* Columbus - *p.342* ........... A4
*10* Hôtel de France - *p.341* ...... A2

du déambulatoire). Notez aussi les sépultures des princes, dont celles de la princesse Grace et du prince Rainier III.

**Av. Saint-Martin ⏱ Mai-sept. : tlj. 8h30-19h ; oct.-avr. : tlj. 8h30-18h € Entrée libre**

## Œuvres monumentales

### Chemin des sculptures (hors plan 4 par A4)

Passionné d'art, le prince Rainier III avait acquis une importante collection de sculptures contemporaines. Certaines sont disséminées dans les jardins de la Principauté, en front de mer, quartier Larvotto. D'autres, plus nombreuses, se découvrent à Fontvieille, de la place du Canton jusqu'au bord de mer via le parc paysager. On y croise Arman, Blake, Botero, Calder, César, Léger... L'occasion d'admirer aussi la roseraie Grace-de-Monaco.

**Entre les av. des Papalins et Albert-II**

## Le royaume des cactées

### Jardin exotique (hors plan 4 par A1)

Une originale collection de cactus : quelque 7 000 spécimens hauts de 6cm à 14m, déployés en terrasses le long d'une falaise. Ces plantes échappées des déserts mexicains ou d'Afrique australe possèdent des formes surréalistes et spectaculaires. En bas du jardin, la grotte de l'Observatoire, l'un des premiers lieux habités de Monaco, il y a 227 000 ans. Très beau panorama sur la principauté et jusqu'à l'île d'Elbe.

**62, bd du Jardin-Exotique ☎ (00 377) 93 15 29 80 www.jardin-exotique.mc ⏱ Jan., nov.-déc. : tlj. 9h-17h ; fév.-avr., oct. : tlj. 9h-18h ; mai-sept. : tlj. 9h-19h € 7,40€**

**Vue du jardin exotique**

## Musée à deux têtes

### Nouveau musée national de Monaco (hors plan 4 par A1 et B2)

Le NMNM dispose de deux lieux d'exposition, permettant de valoriser l'important patrimoine artistique de la principauté, dont le fonds s'enrichit chaque année de nouvelles œuvres contemporaines. Le premier est la **villa Paloma**, près du Jardin exotique. Au programme, des expositions temporaires assez pointues et interdisciplinaires sur l'art actuel. L'autre entité du Musée national occupe la **villa Sauber**, œuvre une nouvelle fois de Charles Garnier, un hôtel particulier entouré d'un parc paysager aux roses superbes ! Là aussi, nombreuses expositions thématiques ou monographiques à la scénographie soignée.

**☎ (00 377) 98 98 19 62 www.nmnm.mc ⏱ Tlj. 10h-18h en période d'exposition € 6€ Villa Paloma 56, bd du Jardin-Exotique Villa Sauber 17, av. Princesse-Grace**

Le casino de Monte-Carlo

## Le temple du jeu

### Casino (hors plan 4 par B2)

Cet établissement légendaire (1878) est l'œuvre de Charles Garnier, architecte de l'Opéra de Paris. On y retrouve ainsi un fastueux mélange des genres architecturaux, où des mosaïques byzantines côtoient des références aux styles Louis XV et Louis XVI. Le hall, libre d'accès, est décoré de grands panneaux, tandis que les salles de jeu sont somptueuses, comme la salle Blanche, avec ses immenses cariatides et une œuvre de Paul Gervais, *Les Grâces florentines*. Garnier est également l'architecte de l'opéra attenant.

**Pl. du Casino (00 377) 98 06 20 00 www.montecarlosbm.com Visite libre des salons privés Tlj. 9h-13h, tarif 17€ Salles de jeu Ouvert tlj. à partir de 14h, droit de jouer 17€, prévoir une pièce d'identité, interdit aux moins de 18 ans**

# À FAIRE

## Randonnez autour du cap d'Ail

### Sentier littoral

Il longe la côte au milieu d'une belle végétation méditerranéenne, jusqu'à la plage de la pointe des Douaniers, une aire de pique-nique après le cap Rognoso, et la superbe plage de la Mala, cernée de falaises sauvages et accessible par un escalier de 160 marches... Départ du parking de la plage Marquet (derrière le stade de Fontvieille), distance 6km AR, durée 1h30, niveau facile.

# NOS ADRESSES

## PAUSES

### Plage privée

**Éden Plage Mala**

La plus belle plage de Monaco se trouve en France, à Cap-d'Ail : la crique de la Mala, accessible par un escalier de 160 marches. Dans cet écrin, L'Éden joue la carte du havre privilégié, alchimie réussie entre *chill-out* contemporain et langueurs balinaises. Clientèle chic et halée. Boissons fraîches 5-10€, cocktails 14-18€. Restauration (chère), plats 22-42€.

**CAP-D'AIL Plage Mala Allée Mala 04 93 78 17 06 www.edenplagelamala.com Avr.-mai, sept. : tlj. 9h-18h ; juin-août : tlj. 9h-0h**

## RESTAURANTS

### Mousse princière

**Brasserie de Monaco €**

Eh oui, Monaco a sa bière ! Face au port, vous pouvez la déguster ambrée, blonde ou blanche (demi 5€). Pour l'accompagner, une assiette monégasque à 12€ ou une formule déjeuner à 16€. Le soir, DJ's et groupes live se produisent régulièrement ici. Possibilité de visiter la fabrique (sur réservation).

**MONACO (plan 4, B2 n°1) Port Hercule 36, route de la Piscine (00 377) 97 98 51 20 https://brasseriedemonaco.com Tlj. 12h-2h**

### Ambiance locale

**Marché de La Condamine ♥€**

Dès la fin de la matinée, les halles de La Condamine sont un rendez-vous incontournable des habitants qui profitent, au milieu des étals de viande et de légumes, des nombreux comptoirs de vente proposant plats de pâtes, pizzas, sandwichs, etc. Grandes tables communes, parfaites pour palabrer avec des Monégasques pur jus !

**MONACO (plan 4, A3 n°3) Pl. d'Armes Lun.-sam. 7h-15h, dim. 7h-14h**

### Frais et sain

**Eat Juice ♥€**

Un peu plus cher que la moyenne, certes, mais ici, tout est bio. Au choix : de bonnes soupes, de belles salades, un plat du jour et des fruits frais en dessert. Le tout accompagné de jus composés à la demande, directement passés à la centrifugeuse. Formules déjeuner, jus à partir de 6€.

**MONACO (plan 4, A3 n°2) Marché de La Condamine Pl. d'Armes 06 78 63 90 67 Lun.-ven. 8h30-15h, sam.-dim. 9h-15h**

### Cuisine du monde

**Stars n'bars €€**

Sur le port, un incontournable pour baigner dans l'ambiance monégasque... sans casser sa tirelire. Immense terrasse sur les quais, grande terrasse à l'étage... Le clinquant monégasque épouse le rêve américain, et les serveurs courent en tout sens, les bras chargés de burgers appétissants (16,50-25€), et de moult spécialités internationales.

**MONACO (plan 4, B3 n°4) 6, quai Antoine-Ier (00 377) 97 97 95 95 www.starsnbars.com Tlj. 11h-0h (service non-stop)**

# LE PAYS MENTONNAIS

Trois cent vingt jours de soleil par an : à Menton, les jardins ne défleurissent pas, les citronniers et les orangers dispensent toute l'année, par vagues d'effluves sucrés, ce parfum entêtant qui est la plus sûre publicité pour la ville. La Riviera française fait ici ses adieux, plus coquette que jamais, renouant avec la magie qui fit sa gloire. "Un parfum d'Italie" disait Flaubert : de fait, la frontière est là, au bout du quai...

**ACCÈS**

- En voiture, comptez 40min de Nice par l'A8, 1h par la D6007 (Moyenne Corniche).
- Trains TGV Paris-Vintimille et TER Marseille-Vintimille.

## À VOIR

### MENTON ★

Il faut parcourir ses ruelles secrètes et labyrinthiques, désertées à l'heure de la sieste : rues Longue, du Vieux-Château, de la Côte, de l'Agriculture (en forme d'escaliers), et Capodana et Mattoni. Ne manquez pas le **parvis Saint-Michel**, celui de la basilique (plan 5, B1), une merveille de l'urbanisme baroque, pavé de mosaïques en galets noirs et blancs et suspendu entre ciel et mer. On y accède par la rue des Logettes ou, mieux, par les majestueuses rampes Saint-Michel et Chanoine-Gouge. Finissez la promenade dans la ville basse, place aux Herbes, et faites une pause en terrasse. Pour une vue d'ensemble, rendez-vous au phare en bout de jetée, sur le vieux port.

#### Joyau de l'art baroque

**Basilique Saint-Michel-Archange** 👍 (plan 5, B1)

Sa très belle façade baroque à deux niveaux est dominée par un campanile (début 18e s.) qui est l'emblème du vieux Menton avec son architecture raffinée, passant avec élégance du plan carré au cylindre. À l'intérieur, la nef, ample, aérienne, est supportée par des colonnes toscanes, dans un décor d'ors et de trompe-l'œil. À voir dans les chapelles à gauche en entrant, des retables des peintres mentonnais Bernardin Puppo et génois Orazio de Ferrari.

**Parvis Saint-Michel ⏲ Juil.-août : lun.-ven. 10h-12h et 16h-18h ; sept.-juin : lun., mer., ven. et dim. 15h-17h**

#### L'œuvre d'un poète

**Musée Jean-Cocteau** 👍 (plan 5, B2)

Un musée, deux lieux et... les multiples facettes d'un touche-à-tout génial. Le premier site, le **Bastion**, est né de la volonté de Cocteau d'aménager un fortin abandonné. Il a lui-même conçu les mosaïques du sol et les vitrines en fer forgé, avant de léguer à la ville une grande partie de son œuvre graphique, exposée ici par roulement (pastels, tapisseries, etc.). L'artiste, qui se définit comme "poète qui dessine", s'essaie aussi à la joaillerie et surtout à la céramique. La

**À NE PAS MANQUER**

- Vieille ville de Menton
- Basilique Saint-Michel-Archange
- Musée Jean-Cocteau
- Jardins du quartier Garavan

**Parvis Saint-Michel, Menton**

visite se poursuit à 200m de là, dans un énigmatique écrin contemporain, dont les murs filtrent la lumière du jour pour mettre en valeur la **collection Wunderman**, un riche fonds de dessins, portraits et peintures de Cocteau.

**Quai Napoléon-III / 2, quai de Monléon 04 93 18 82 61 www.museecocteaumenton.fr Mer.-lun. 10h-18h Collection Wunderman fermée temporairement 8€**

## Pour des noces bénies par Cocteau

### Salle des Mariages de l'hôtel de ville (plan 5, A1)

Citoyen d'honneur de la ville, Jean Cocteau décore la salle des Mariages entre 1957 et 1958. Il y installe des ors, un chemin de peaux de panthère, des torchères qui évoquent figues de Barbarie et aloès. Mais le plus spectaculaire, ce sont les fresques qui ornent murs et plafond : le profil des mariés sur le mur du fond, une noce villageoise joyeuse à droite, et Eurydice et Orphée cernés de centaures, vision antique et emblématique de l'amour conjugal, à gauche.

**Pl. Ardoïno 04 92 10 50 00 Lun.-ven. 8h30-12h et 13h30-16h30 2€**

## Sur les traces de l'*Homo sapiens* mentonnais

### Musée de Préhistoire régionale (plan 5, A1)

Il conte la vie des hommes préhistoriques depuis l'arrivée des nomades-pêcheurs qui bivouaquaient dans la grotte du Vallonet (il y a 90 000 ans) jusqu'à la sédentarisation (3 800 ans). Au rez-de-chaussée, c'est l'homme de Menton qui vous accueille, puis des vitrines exposent le fruit des fouilles réalisées dans les grottes de la Côte d'Azur. Au sous-sol, une salle présente la géologie marine du Mentonnais avant l'arrivée de l'homme. Parmi les fossiles, un œuf de dinosaure trouvé vers Aix-en-Provence !

**Rue Loredan-Larchey 04 89 81 52 12 Mer.-lun. 10h-12h et 14h-18h 3€**

| Restaurants (n°1 et 2) | Shopping (n°10 et 11) | Hébergements (n°20 et 21) |
|---|---|---|
| *1* Chez Mimi - *p.87*........... B1-B2 | *10* Maison Herbin - *p.89*......... A2 | *20* Hôtel de Londres - *p.342*.... A2 |
| *2* La Mandragore - *p.87*.......... B1 | *11* Marché couvert - *p.89*....... B2 | *21* Hôtel Lemon - *p.342*......... A2 |

## Pour ses tableaux et ses oranges

### Musée des Beaux-Arts-Palais Carnolès (hors plan 5 par A2)

L'ancienne villégiature du prince Albert I^er de Monaco abrite aujourd'hui une riche collection de peintures des écoles italienne, flamande et espagnole, ainsi que quelques œuvres modernes, dont *La Négresse nue* de Suzanne Valadon. À l'extérieur, le parc est planté d'agrumes rares (137 espèces au total).

**3, av. de la Madone 04 93 35 49 71 Fermé pour travaux jusqu'en 2022 ou 2023, accès aux jardins uniquement**

## Des serres à ciel ouvert

### Jardins du quartier Garavan (hors plan 5 par B1)

Le climat exceptionnellement doux de Menton, et l'attrait exercé par la Riviera sur des Anglais férus de botanique, ont abouti à la création de superbes jardins, notamment dans le quartier Garavan, à l'est de la ville. L'un des plus beaux, le jardin **Val Rahmeh**, créé en 1905 par Lord Radcliffe, devint vite un lieu d'expérimentation où sont acclimatées des essences importées d'Afrique, du Japon et d'Océanie. Une véritable "ode à la verdoyance" que l'on parcourt de tonnelles en bassins, sous les frondaisons d'arbres à fruits comestibles, en suivant des parcours thématiques. L'un des joyaux de la collection : l'arbre mythique de l'île de Pâques (*Sophora toromiro*). Autres lieux remarquables, le jardin **Fontana Rosa** et ses mosaïques multicolores, la **villa Maria Serena** et ses terrasses couvertes d'espèces tropicales. Ces deux derniers se visitent sur réservation auprès du Service du patrimoine (p.87).

**Jardin Val Rahmeh** Av. Saint-Jacques 04 93 35 86 72 Avr.-sept. : mer.-lun. 9h30-12h30 et 14h-18h ; oct.-mars : mer.-lun. 9h30-12h30 et 14h-17h 7€

## ROQUEBRUNE-CAP-MARTIN

Son centre médiéval se découvre au gré de ses passages voûtés, de ses ruelles partiellement taillées dans le roc (venelle Moncollet) et de ses escaliers. Au sommet, le **château féodal**, dont les fondations remontent au 10e s., vaut surtout pour le panorama. En sortant, ne manquez pas d'aller saluer, chemin de Menton, l'olivier dont les plus optimistes affirment qu'il a... 4 000 ans ! La commune de Roquebrune englobe aussi le **cap Martin**, site préservé et parsemé de somptueuses villas Belle Époque, fréquentées par des hôtes illustres.

6km env. à l'ouest de Menton **Château** 04 93 35 07 22 Fév.-avr. : tlj. 10h-17h ; mai-sept. : tlj. 10h-18h30 ; oct.-jan. : sam.-mer. 10h-17h 5€

### Architecture moderniste

### Cabanon Le Corbusier

Le célèbre architecte Le Corbusier (1887-1965), amoureux du cap, s'y construisit un modeste cabanon en bois : 15m$^2$ seulement, mais un modèle de fonctionnalité. Son luxe : l'ombre d'un caroubier et la vue sur l'anse de Cabbé... où il mourra noyé. La bicoque s'admire de l'extérieur, ou à l'occasion de visites guidées qui permettent de découvrir le beau patrimoine moderniste du cap, dont la villa voisine E-1027, une œuvre exemplaire signée Eileen Gray, ou la guinguette l'Étoile de mer, également de Le Corbusier. Tous sont desservis par l'ancien sentier des douaniers, rebaptisé **promenade Le Corbusier** : profitez-en pour faire une superbe balade sur le front de mer (1h, au départ de l'extrémité du cap Martin par l'avenue Winston-Churchill). Autre accès, plus rapide, de la gare de Cabbé, à l'ouest du cap.

https://capmoderne.monuments-nationaux.fr Mars-nov. : mar.-dim. 10h et 14h sur rdv sur le site Internet

## LES VILLAGES PERCHÉS

L'un des attraits du Mentonnais réside dans ses villages perchés qui dévoilent à la fois des panoramas sur la côte et sur les sommets alpins. Les routes sont intrépides, sinueuses, mais belles, et mènent vite à des villages aux ambiances sereines, méridionales quoique déjà presque montagnardes.

Sainte-Agnès

## Charme médiéval

### Gorbio

Il est perché sur son rocher, loin des mondanités. À l'entrée de ce village médiéval, un orme affiche fièrement son âge : 300 ans. Puis, on passe sous un porche à ogives pour aborder les ruelles conduisant au château des comtes Alziari de Malaussène et aux ruines du palais des Lascaris (12e s.), dont il ne subsiste qu'une tour. Gorbio est célèbre pour sa fête aux limaces, en juin : les habitants éclairent le village d'une multitude de coquilles lumineuses, cependant que les pénitents avancent en procession munis du Saint-Sacrement.

**9km au nord-est de Menton**

## Site exceptionnel

### Sainte-Agnès

La route ne nous épargne pas les lacets, mais la récompense est là : planté sur un ressaut de la montagne, au pied d'un amphithéâtre calcaire, Sainte-Agnès dévoile un ravissant dédale de ruelles pavées. Un chemin ombragé mène à un beau jardin médiéval puis aux ruines du château, point culminant du site (800m). À voir également, le **fort de Sainte-Agnès**, véritable ville souterraine, vestige de la ligne Maginot. La route qui mène à Peille (10km à l'ouest par la D22) franchit le col de la Madone de Gorbio dans un superbe décor rocailleux.

**13km au nord-est de Menton par la D22 Fort de Sainte-Agnès ☎ 04 93 51 62 31 ou 04 93 35 84 58 ◷ Juil.-sept. : mar.-dim. visites guidées uniquement 10h30, 14h30, 16h ; oct.-juin : w.-e. 14h30 et 16h visites guidées uniquement € 6€**

# À FAIRE

## Allez à la plage

Au pied même de la vieille ville de Menton, la **plage des Sablettes** (plan 5, B1), publique et très agréable, propose son banc de petits galets bien polis où les scooters des mers sont interdits. Vers l'ouest, le long ruban de la plage du centre-ville, longé par la promenade du Soleil, déroule sable et cailloux.

### Profitez du mois des jardins

Les jardins de Menton sont réputés dans le monde entier, mais beaucoup sont privés, et n'ouvrent qu'en de rares occasions. L'une d'elles est le mois des jardins, en juin, où ils se dévoilent au travers de visites guidées par des spécialistes, en particulier ceux du Service du patrimoine. Celle-ci propose en outre, toute l'année, des visites thématiques passionnantes de la ville.

**Service du patrimoine** (plan 5, B1) 5, rue Ciapetta 04 92 10 33 66 www.menton.fr

## NOS ADRESSES

### RESTAURANTS

#### Spécialités locales

**Chez Mimi ♥€**

À l'un des angles du marché de Menton, ce stand en plein air cuisine des *barbajuans* (beignets farcis aux légumes et au riz) en version courge, poireau ou blette (1,50€ pièce), et un joli choix de pissaladières, pizzas, tourtes et socca. À déguster sur la plage toute proche !

MENTON (plan 5, B1-B2 n°1) Marché couvert, côté rue des Marins 06 60 22 63 84 Haute saison : mar.-dim. 8h30-13h ; basse saison : mer.-dim. 8h30-13h

À la table du Mirazur

#### Simple et sincère

**La Mandragore ♥€**

Ce bar à vins vaut certes pour ses petits farcis, ses moules au beurre d'ail (12,50€) ou sa salade de chèvre enroulée de speck (12€), mais aussi pour sa terrasse à l'ombre des arcades de la place aux Herbes. Plats à l'ardoise et menus à 19€ et 22€ au déjeuner. Cocktails l'été.

MENTON (plan 5, B1 n°2) Pl. aux Herbes 04 93 35 43 19 Avr.-mai, sept.-oct. : mar.-dim. 9h-19h30 ; juin-août : mar.-dim. 9h-21h ; nov.-mars : mar.-dim. 9h-18h

#### Au firmament

**Le Mirazur ♥€€€**

Classé parmi les meilleurs établissements au monde, le Mirazur fait partie de ces tables d'exception où la cuisine se fait grand art. Parfum d'éternité dans la demeure, dont la rotonde années 1930 offre une vue incomparable sur la baie de Menton... Aux commandes, un jeune chef argentin, Mauro Colagreco, qui abolit les frontières et accommode les meilleurs produits de la région et de l'Italie voisine. Un fabuleux voyage

## LE CITRON, ROI DE MENTON

"Parfum unique, saveur délicatement acidulée, écorce très parfumée" : le compliment venait de Joël Robuchon. Mais le citron de Menton est également chéri par Alain Ducasse, Joël Garault, Cyril Lignac ou Mauro Colagreco, chef du Mirazur (p.87). Cette qualité gustative tiendrait autant du terroir que de la variété, et le constat est là : meilleur rendement en jus, arôme plus subtil, zeste gorgé d'huiles essentielles... L'agrumiculture locale remonterait au 15e s., son âge d'or se situant entre 1740 à 1840, avant que l'Espagne et l'Italie, plus compétitives, n'imposent leurs fruits, et qu'en 1956, le gel et la maladie ne détruisent les derniers arbres. Aujourd'hui, des terrains peu favorables à la construction autour de la ville sont le théâtre du renouveau d'une culture raisonnée et subventionnée. Une petite dizaine de passionnés relance une production encore symbolique, mais de qualité, que l'on retrouve sur les marchés et les grandes tables. En outre, si vous visitez la ville au mois de février, ne manquez pas la célèbre fête du Citron (p.327), avec son spectaculaire défilé de chars ornés d'agrumes !

**Le citron de Menton, recommandé par les plus grands chefs**

des sens entre terre et mer. Menu 380€ (9 plats).

**MENTON (hors plan 5 par B1) 30, av. Aristide-Briand 04 92 41 86 86 www.mirazur.fr Juil.-août : lun.-mar. soir, mer.-dim. midi et soir ; reste de l'année : lun.-mer. soir, jeu.-dim. midi et soir Rés. impérative**

### Stylé

### Le Galion €€€

Un décor chaleureux fait de cuivres et de boiseries vernies, un service stylé et réjouissant, mais surtout un état d'esprit : ici, on travaille les produits de choix, sans transiger, tels cette salade de homard aux asperges sauvages, ce *finissimo* de poulpes roquette et tomates, ou une simple grillade de poissons. Entrées 18-29€, plats 20-35€, desserts env. 9€.

**MENTON (hors plan 5 par B1) Nouveau port de Menton-Garavan 04 93 35 89 73 Lun.-jeu. midi, ven.-dim. midi et soir**

### Familial

### Les Deux Frères €€€

Au restaurant de l'hôtel du même nom, on s'attable en terrasse en été ou près de la cheminée en hiver. Cuisine goûteuse concoctée par Giuseppe Crespa, produits choisis et traités avec simplicité et gourmandise : thon mi-cuit, paleron de bœuf, raviolis frais à la truffe noire, filet de daurade aux légumes de saison, dans un menu à 29€ à midi en semaine (à la carte le soir). Plats 24-35€.

**ROQUEBRUNE-CAP-MARTIN 1, pl. des Deux-Frères (5km au sud-ouest de Menton) 04 93 28 99 00 https://lesdeuxfreres.com Mer.-dim. midi et soir Fermé 2 sem. en mars et fin oct.-fin nov.**

### Panorama de choix

### Le Righi €€

Au bout du village de Sainte-Agnès, l'une des terrasses les plus spectaculaires des environs : littéralement perché au-dessus du vide, on balaie du regard le littoral ! À la carte, sans surprises, choix de raviolis ou pâtes maison (13-17€), belles salades (16€ env.) et plats de tradition (dos de saumon en papillote, daube de bœuf, etc.). Formules déj. à 20 et 25€.

**SAINTE-AGNÈS 1, pl. du Fort (13km au nord-est de Menton) 04 92 10 90 88 www.restaurant-lerighi.fr Juil.-août : jeu.-mar. 9h-22h ; sept.-juin : jeu.-mar. 9h-18h (fermé mar. de nov. à mi-déc.) Fermé mi-déc.-fin jan.**

## SHOPPING

### Plaisirs sucrés

### Maison Herbin

Une multitude de confitures, classiques et originales (citron vert-vodka, citron-thym, courgette-ananas, etc.). Pots de 350g autour de 6-7€. Mme Bineau, maître-confiturier, officie à la fabrique, où vous pourrez jeter un coup d'œil.

**MENTON (plan 5, A2 n°10) 2, rue du Vieux-Collège 04 93 57 20 29 www.confitures-herbin.com Lun.-sam. 9h30-12h30 et 14h-19h, dim. 10h-12h30 et 15h-18h**

### Couleurs locales

### Marché couvert ♥

L'un des marchés les plus festifs et les plus colorés de la côte, le rendez-vous des Mentonnais et des Italiens. Nombreux petits producteurs installés autour des halles, qui dispensent généreusement de bons produits et le meilleur du folklore provençal. Particulièrement spectaculaire le samedi.

**MENTON (plan 5, B2 n°11) Quai de Monléon Tlj. 9h-13h**

XII
I
II
III
IIII
V
VI
VII
VIII
IX
X
XI

Tout près de la mer, et pourtant déjà en haute montagne... Roya, Bévéra, Vésubie, Tinée, Var : les hautes vallées des Alpes-Maritimes, dominées par le parc du Mercantour, offrent un contraste saisissant avec la frénésie du littoral. Ici, les villages sont rares et isolés, le climat se fait plus rude et la nature indomptable. On est au paradis des amateurs de randonnées, de paysages préservés, mais aussi de chapelles secrètes.

# Les Alpes d'Azur

**Notre-Dame-de-l'Assomption, Tende**

Plan 6
ALPES-DE-HAUTE-PROVENCE
BARCELONNETTE, EMBRUN, GAP
S21
Camp des Fourches
Le Pra
Bousiéyas
Col de la Bonette 2 802 m
D902
D64
Lacs de Vens
Mont Tenibre 3 031 m
Route de la Bonette
Pont-Haut
Saint-Dalmas-le-Selvage
D2205
Saint-Étienne-de-Tinée
Mont Pelat 3 053 m
Col de la Cayolle 2 326 m
Estenc
Auron
D39
Douans
D62
Col de la Lombarde 2 350 m
LA VALLÉE DE LA TINÉE p.114
D97
Isola
Isola 2000
Roya
Tinée
D2205
D2202
Entraunes
LA VALLÉE DU VAR p.120
Var
D2
PARC NATIONAL DU MERCANTOUR
Mont Mounier 2 818 m
Saint-Martin-d'Entraunes
Châteauneuf-d'Entraunes
Gorges Valabres
Val Pelens
D2202
Péone
Forêt de la Fracha
Mont Pepoiur 2 674 m
Col de la Couillole
Villeneuve-d'Entraunes
Valberg
Roure
D30
Saint-Sauveur-sur-Tinée
Guillaumes
D28
Beuil
Roubion
Sauze
D2565
Rimplas
Val de Blore
Gorges du Cians
Gorges de Daluis
Cascade d'Amen
Pierlas
Ilonse
D59
Marie
Pont de la Mariée
D2202
D428
Vallée de la Basse Tinée
Daluis
Sausses
La Croix-sur-Roudoule
Lieuche
Clans
Puget-Rostang
Rigaud
D2205
Thiéry
Bairols
D902
D28
Pont-de-Clans
D332
Braux
Puget-théniers
Touët-sur-Var
Villars-Sur-var
La Tour-sur-Tinée
D4202
D6202
D26
CASTELLANE
Entrevaux
Var
Tinée
La Penne
Malaussène
ALPES-DE-HAUTE-PROVENCE
Ascros
L'Arbouin
D10
D17
D27
Toudon
Mont Vial
Clue du Riolan
D6202
Collongues
Clue d'Aiglun
Roquesteron
Revest-les-Roches
D10
Sigale
Pierrefeu
Bonson
Aiglun
Roquesteron-Grasse
D17
Gilette
Clue de Saint-Auban
Esteron
Cascade de Vegay
Cime de la Bouisse
D80
D10
D1
Les Ferres
Saint-Auban
D1
CANNES ET LE PAYS GRASSOIS p.127
Le Broc
D2211
Montagne du Cheiron 1 778 m
Gréolières
Coursegoules

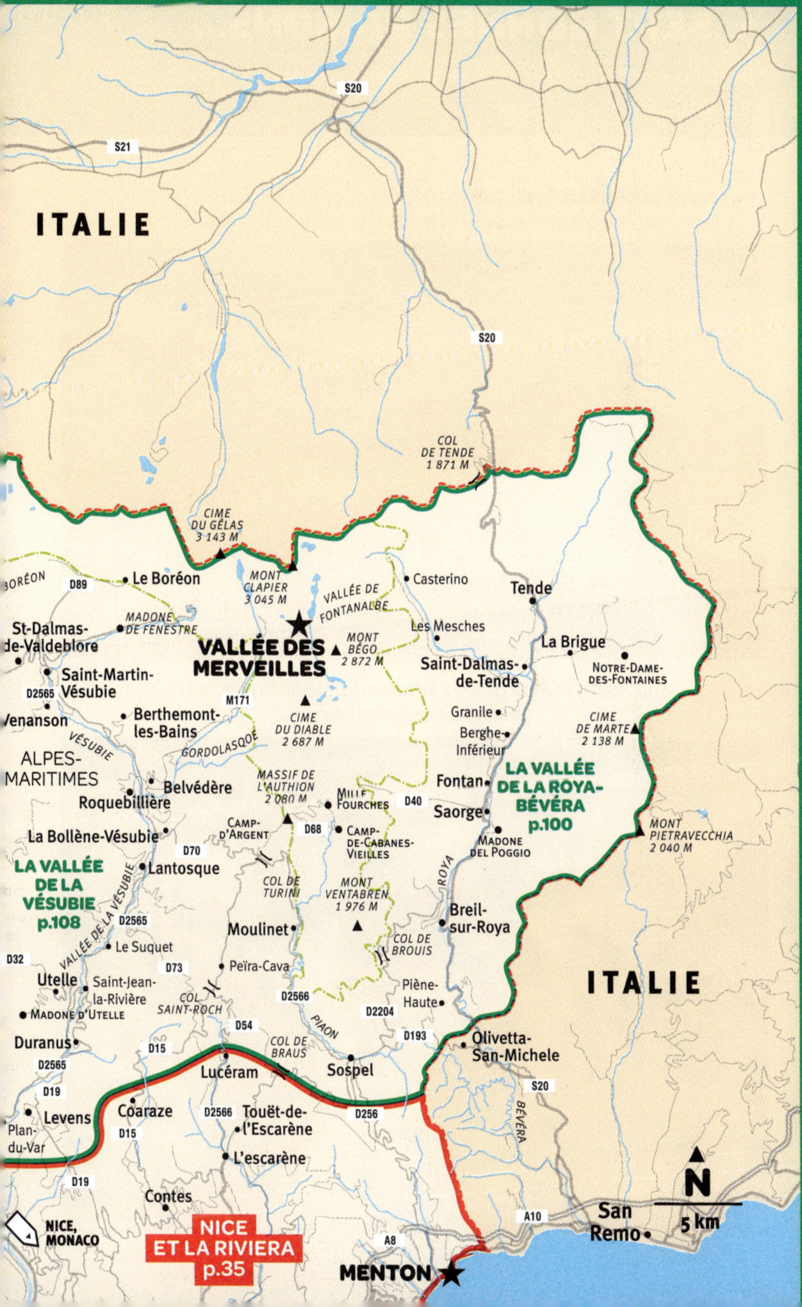

ITALIE
S20
S21
S20
COL DE TENDE 1 871 M
CIME DU GÉLAS 3 143 M
MONT CLAPIER 3 045 M
BORÉON
D89
Le Boréon
VALLÉE DE FONTANALBE
Casterino
Tende
St-Dalmas-de-Valdeblore
MADONE DE FENESTRE
VALLÉE DES MERVEILLES
MONT BÉGO 2 872 M
Les Mesches
La Brigue
Saint-Dalmas-de-Tende
NOTRE-DAME-DES-FONTAINES
Saint-Martin-Vésubie
D2565
M171
Venanson
Berthemont-les-Bains
CIME DU DIABLE 2 687 M
Granile
Berghe-Inférieur
CIME DE MARTE 2 138 M
VÉSUBIE
GORDOLASQUE
ALPES-MARITIMES
MASSIF DE L'AUTHION 2 080 M
Fontan
LA VALLÉE DE LA ROYA-BÉVÉRA p.100
Belvédère
Roquebillière
MILLE FOURCHES
D40
Saorge
CAMP-D'ARGENT
D68
CAMP-DE-CABANES-VIEILLES
MADONE DEL POGGIO
MONT PIETRAVECCHIA 2 040 M
La Bollène-Vésubie
D70
LA VALLÉE DE LA VÉSUBIE p.108
Lantosque
COL DE TURINI
MONT VENTABREN 1 976 M
ROYA
Breil-sur-Roya
D2565
VALLÉE DE LA VÉSUBIE
Moulinet
Le Suquet
COL DE BROUIS
D32
D73
Peïra-Cava
ITALIE
Utelle
Saint-Jean-la-Rivière
COL SAINT-ROCH
Piène-Haute
MADONE D'UTELLE
D2566
D2204
D54
PIAON
D193
Duranus
D15
COL DE BRAUS
Olivetta-San-Michele
D2565
Lucéram
Sospel
S20
D19
Levens
Coaraze
D2566
Touët-de-l'Escarène
D256
BÉVÉRA
Plan-du-Var
D15
L'escarène
D19
N
Contes
San Remo
5 km
NICE, MONACO
NICE ET LA RIVIERA p.35
A10
A8
MENTON

# SEPT BONNES RAISONS...

... de découvrir les Alpes d'Azur, leurs vallées reculées, leurs villages farouches, leur vie sauvage.

**LA VALLÉE DES MERVEILLES** (p.104), pour écouter les pierres avec émotion : ses milliers de gravures rupestres gardent la mémoire de l'âge du bronze...

**LE PARC ALPHA** (p.109), au cœur du massif du Mercantour, pour penser avec les loups...

**LE PARC DU MERCANTOUR** (p.109), pour un grand bol d'air au milieu d'une faune et d'une flore exceptionnelles.

**LES GORGES DE DALUIS** (p.122) et du **CIANS** (p.122), pour se croire au Colorado, grâce au spectacle grandiose de leurs roches rouges !

☀ **LES TRAINS DES PIGNES** (p.124) et des **MERVEILLES** (p.105), pour oublier le train du progrès dans des paysages enchanteurs... et jusqu'à 1 000m d'altitude !

☀ **LES STATIONS D'ISOLA 2000** (p.118), d'**AURON** (p.118) ou de **VALBERG** (p.124), pour une pause fraîcheur à une heure de la Méditerranée !

☀ **LE TERROIR**, et les auberges sans âge, mielleries ou bergeries fromagères des Alpes d'Azur (p.106), (p.118), (p.113) et (p.124), pour des sommets de plaisir !

# RENDEZ-VOUS AVEC...

**Christophe Billau**, chef renommé à Roure, a repris avec sa compagne **Pauline** l'auberge Quintessence, nichée à 1 700m d'altitude à Roubion (p.116). Ces jeunes aubergistes nous font découvrir leurs spots favoris dans le Mercantour.

## Notre lieu de séjour

### A Auberge Quintessence

Bien évidemment notre auberge Quintessence, qui compte sept chambres et un restaurant gastronomique. Un établissement que nous avons repris en 2017 (il s'appelait auparavant La Fripounière), et entièrement refait à neuf. Nous sommes situés au col de la Couillole, à 1 678m d'altitude. C'est un point de départ parfait pour profiter de randonnées dans les alpages, essayer le VTT électrique dans la station de ski voisine de Roubion, faire de la raquette ou du ski de fond à travers les forêts de mélèzes. On peut aussi tout simplement se reposer en terrasse ou devant la cheminée, autour d'un apéritif maison au sirop d'épicéa ou d'un chocolat chaud grand cru.

**Col de la Couillole (à 5km de Roubion) 04 93 02 02 60 https://auberge-quintessence.com Jeu.-lun. soir**

## Notre spot de raquettes

### B Mont Brussière

Le tour du mont Brussière par les granges d'Ars. Il s'agit d'une randonnée pas très difficile et pratique d'accès par le col de la Couillole. À l'arrivée, un superbe panorama vous attend, avec une vue sur le mont Mounier, un gros morceau de calcaire et l'un de nos sommets

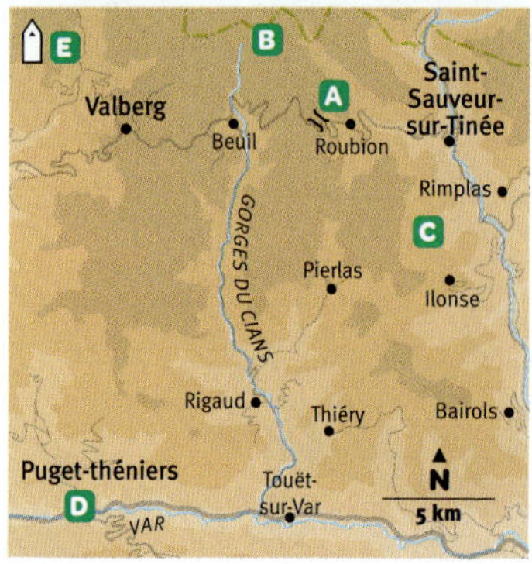


préférés à 2 800m d'altitude. Les sportifs les plus confirmés peuvent également emprunter cet itinéraire à ski de randonnée.

**Départ du col de la Couillole**

## Notre parcours de VTT

### C Lauvet d'Ilonse

Là aussi, le départ s'effectue au col de la Couillole. Jusqu'au col de la Sinne, vous longez le cours de la Tinée par le haut des crêtes ; vous empruntez ensuite la piste de Pierlas jusqu'à la baisse de Tavanières, avant de revenir au

**SI LES ALPES D'AZUR ÉTAIENT...**

**Une senteur** Ce serait celle du bois de mélèze qui se dégage quand on commence à allumer la cheminée à la fin de l'été, une odeur de montagne...

**Route de la Bonette, parc du Mercantour**

point de départ. C'est une superbe sortie qui dure presque la journée entière. Tout y est pour en prendre plein les yeux !

**Vallée de la Tinée (départ du col de la Couillole)**

## Nos producteurs

### D Montagnes paysannes

Ce regroupement de producteurs locaux est établi à Puget-Théniers (p.122) depuis 2016. Il réunit des maraîchers et des éleveurs qui vendent leur production en direct. Vous y trouverez tous les produits bio du haut pays (légumes, œufs, pains, olives, confitures, bières, artisanat...). Des artisans locaux proposent aussi poteries, huiles essentielles, etc. Cette association est en pleine expansion grâce au travail de qualité qu'elle fournit.

**PUGET-THÉNIERS 19, rue Alexandre-Baréty**
**🕒 Juin-mi-oct. : mer.-jeu. et sam.-dim. 9h30-12h30, ven. 9h30-12h30 et 15h30-19h ; mi-oct.-mai : ven. 9h30-12h30 et 15h30-19h, sam.-dim. 9h30-12h30**

## Notre balade

### E Route de la Bonette

Une virée sur la plus haute route d'Europe, qui passe par le col de la Bonette (plan 6) à 2 802m d'altitude. En redescendant, on peut boire un verre et surtout manger au restaurant Halte 2000 avant de visiter Barcelonnette, très beau village de montagne. On rentrera ensuite par le col de la Cayolle. Cette virée de 200km est à faire en moto, en voiture ou, pour les plus sportifs, à vélo, pourquoi pas en deux jours. Sur cette boucle, on reste quasiment tout le temps dans le parc national du Mercantour, donc pensez à respecter les règles du parc. Attention aux marmottes sur la route !

**D2205/D64 dir. Barcelonnette**

# LA VALLÉE DE LA ROYA-BÉVÉRA

Vallée la plus orientale de France, la Roya fut le terrain de chasse du roi Victor-Emmanuel II d'Italie, pays dont l'influence est toujours présente dans certains villages. Sa tumultueuse rivière, qui passe progressivement des pinèdes aux oliveraies, fait la joie des randonneurs, des pêcheurs et des kayakistes, tandis que plus à l'ouest son affluent, la Bévéra, offre un visage plus méditerranéen.

**ACCÈS**

- Sospel, porte d'entrée des deux vallées, se trouve à 30min de voiture de Menton (D2566) et 50min de Nice (D2204).
- Trains TER Nice-Tende (haltes à Sospel, Breil-sur-Roya et La Brigue), cf. train des Merveilles (p.105).

## À VOIR

### SOSPEL

Le **pont Vieux**, avec sa tour de deux étages, emblème du village, enjambe le torrent de la Bévéra. Rive gauche, plongeant du nez dans l'eau, un chapelet de façades polychromes attire l'œil : crépis cuits par le soleil, délavés par les orages. Nous sommes encore près de la côte, mais déjà la vie change. On renoue avec les ambiances de bistrot, les déambulations paisibles, les parlotes détendues avec des villageois. Bel ensemble médiéval à arcades avec, au centre, le palais communal (17e s.) devenu hôtel de ville, la **place Saint-Nicolas** se prolonge par la rue de la République où l'on peut observer de belles demeures des 14e et 15e s.

#### Imposant sanctuaire
**Cathédrale Saint-Michel**

Elle domine un très joli parvis bordé de maisons à arcades, dont le palais Ricci, qui hébergea le pape Pie VII en 1809. De l'édifice primitif, il ne reste que le clocher roman, l'église ayant été remaniée au 17e s. dans le style baroque. Ses dimensions surprenantes (elle est la plus grande église du département) et sa magnificence rappellent la richesse passée de Sospel. À l'intérieur, un chef-d'œuvre : le retable de l'*Immaculée Conception* (François Bréa, 16e s.).

**Rive droite ⏲ Tlj. 9h-12h et 14h-17h**

#### Citadelle souterraine
**Fort Saint-Roch**

Cet important ouvrage de la ligne Maginot fut conçu pour accueillir 220 hommes en totale autonomie. Au-delà de la performance technique, vous découvrirez, sur 1km de galeries, la multiplicité des équipements, ici parfaitement restaurés : casernements, locaux techniques, optique et transmissions, postes de tir, etc. Tout le nécessaire à 50m sous terre !

**À la sortie de Sospel, dir. L'Escarène et Nice (D2204) ☎ 04 93 04 14 41 ⏲ Juil.-août : mar.-dim. et j. fér. 14h-18h ; sept. : w.-e. 13h30-18h € 9€**

**À NE PAS MANQUER**

- Saorge
- Chapelle Notre-Dame-des-Fontaines
- Tende
- Vallées des Merveilles et de Fontanalbe

Ancien moulin à huile, Breil-sur-Roya

**BON À SAVOIR**
La **tempête Alex** d'octobre 2020 a engendré dans la région de nombreuses victimes et des dégâts considérables. Plusieurs commerces n'ont pas rouverts, et il faudra des années avant que les vallées ne retrouvent toutes leurs infrastructures. Mais habitants et commerçants n'ont pas baissé les bras, misant sur un tourisme vert pour accueillir les touristes. Alors, n'hésitez pas à leur rendre visite !

### Elle a tout d'une grande

**Notre-Dame de la Menour**

Petit sanctuaire accroché au bord d'un précipice, Notre-Dame de la Menour (12e s. environ) en impose avec son monumental escalier et son viaduc barrant le défilé de la Bévéra. L'ensemble a des allures de petite muraille de Chine, et ménage de magnifiques points de vue sur les versants et goulets en amont et en aval, ainsi que sur la route, véritable ouvrage d'art continu qui relie Sospel à La Bollène.

**12km au nord-ouest de Sospel**

## BREIL-SUR-ROYA

Les plus chanceux arriveront à Breil par la route du col de Brouis, qui descend parmi les oliveraies et offre, au détour de ses lacets, de belles vues sur le village, blotti sur une mince frange de terre entre les cimes de l'Arpette et la Roya. Ici, l'empreinte méditerranéenne tempère la rudesse alpine. La **place Brancion**, avec sa magnifique ordonnance baroque aux influences ligures, est ornée de maisons dont les arcades et la couleur des enduits sont caractéristiques de l'urbanisme transalpin. Parachevant le site, l'église Sancta-Maria-in-Albis dévoile, derrière sa façade en lever de rideau, un archétype de l'exubérance décorative de l'époque rococo (19e s.).

**23km au nord de Sospel**

## À toute vapeur !
### Écomusée du Haut-Pays et des Transports

Cet ancien dépôt de locomotives est essentiellement destiné à la conservation de véhicules de transport, matériel ferroviaire en tête. Motrices à vapeur et Diesel, wagons et tramway côtoient de nombreux véhicules utilitaires ou autocars, et quelques voitures anciennes.

**Plateau de la gare 04 93 04 42 75 www.ecomusee-breil.fr Mai-sept. : mar.-dim. 14h-18h 3€**

## Village de crête
### Piène-Haute

Un bout du monde, rafraîchi par les vents, serti dans un silence sans âge. Les modestes maisons de ce village en cul-de-sac se pressent sur l'échine d'une crête rocheuse (615m). Les rues fleuries serpentent jusqu'à l'église baroque qui domine les gorges de la Roya. À l'intérieur, un étrange retable en marbre rose.

**10km au nord-est de Sospel par la D93**

## SAORGE

A-t-on jamais vu village plus audacieusement arrimé à flanc de montagne ? La pente est tellement abrupte que Saorge, collé à la paroi, évoque un mur compact de maisons soudées. Dans ce village forteresse, les rues s'imbriquent en labyrinthe aux venelles pentues, abritant un riche patrimoine religieux, dont l'église Saint-Sauveur (15e s.) et son clocher en bulbe. Vigie de la vallée, Saorge eut son heure de gloire au Moyen Âge. Aujourd'hui, on y flâne avec bonheur de traverses en rues voûtées bordées de maisons coiffées de lauzes.

**7,5km au nord-est de Breil-sur-Roya**

## Monastère de montagne
### Couvent des Franciscains ou des "Récollets"

Ce bel ensemble baroque s'organise autour d'un cloître à deux niveaux orné de nombreux cadrans solaires (17e-19e s.), et de fresques naïves de toute beauté relatant la vie de saint François d'Assise. Vous y croiserez peut-être l'un ou l'autre des artistes et écrivains en résidence dans les cellules désertées par les moines en 1988.

**04 93 04 55 55 www.monastere-saorge.fr Fév.-mai, oct. : mer.-lun. 10h-12h30 et 14h30-17h30 ; juin-sept. : tlj. 10h-12h30 et 14h30-18h 5€**

## LA BRIGUE

Un superbe village, touchant d'harmonie, entre France et Italie : intégré au comté de Nice à la fin du Moyen Âge, il dut attendre 1947 pour être rattaché (ainsi que Tende) à la France. De ce passé, il a gardé un riche patrimoine architectural : la collégiale Saint-Martin, la chapelle Notre-Dame-des-Fontaines et les ruines du château Lascaris. Un lieu de séjour idéal pour découvrir la haute Roya ou la vallée des Merveilles.

**Env. 20km au nord de Breil-sur-Roya**

### Peintres primitifs
### Collégiale Saint-Martin

Ses polychromies, dorures et stucs forment l'écrin d'une très belle collection de retables Renaissance : une *Adoration*, une *Assomption*, une *Crucifixion* et une *Nativité*, cette dernière étant attribuée à Louis Bréa. Ne manquez pas le retable dédié au martyre de saint Elme, montrant l'évêque les entrailles arrachées. Le trésor de la collégiale est exposé dans la chapelle voisine de l'Annonciade.

**Juin-oct. : tlj. 9h-18h ; nov.-mai : tlj. 10h-17h**

### Un sanctuaire artistique
### Chapelle Notre-Dame-des-Fontaines

Entourée de sources intermittentes, dites miraculeuses, elle fut le cadre d'un culte de l'eau. Le site est charmant, avec sa modeste chapelle qui doit son succès actuel non plus à ses sources, mais à ses fresques exceptionnelles du 15e s., qui lui valent d'être surnommée la "chapelle Sixtine des Alpes". Ces œuvres saisissantes évoquent la vie de Marie, la Passion du Christ et le Jugement dernier.

**4km à l'est de La Brigue Mai-sept. : tlj. 10h-12h30 et 14h-17h30 (réservé au culte jeu.) ; oct.-avr. sur rés. à l'OT € 4€**

### Un bout du monde
### Granile

Au début de la montée vers Casterino, une petite route discrète part sur la gauche. Elle mène à Granile, hameau accroché au creux d'un vallon où le temps et le monde semblent s'être arrêtés. Ensemble quasi intact de maisons traditionnelles aux toits de lauze et balcons de bois, Granile fait partie de ces villages où l'on pense pouvoir poser ses valises et se nourrir de contemplation.

**9km au sud-ouest de La Brigue**

**L'église Sainte-Anne à Granile**

## TENDE

Fière, montagnarde, dominée par un cimetière en étages à l'italienne et des vestiges médiévaux, Tende offre un visage monumental : celui de ses maisons perchées en amphithéâtre entre le ciel et la Roya. Pour en percer les secrets, empruntez la rue de France au moins jusqu'à la rue Cotta, au fil d'un parcours médiéval parsemé de richesses architecturales (austères maisons de schiste vert et violine, coiffées de lourds toits de lauzes, chapelles aux décors baroques, collégiale Renaissance du 16e s.). Le retour par la place du marché médiéval et le quartier des Châtelains vous permettra de rejoindre les vestiges du château Lascaris et ses points de vue sur la cité.

**6km au nord de La Brigue**

### Pour tout savoir sur les roches gravées

**Musée des Merveilles**

La vallée des Merveilles, grand site d'art rupestre, méritait ce passionnant musée, tout de son et lumière, qui met en scène de manière magistrale le travail de recherche accompli depuis un siècle. Nous y est contée l'histoire du mont Bégo et de ses vallées, du néolithique au 19e s., en passant par l'âge du bronze, lorsque apparurent les gravures rupestres. Un récit captivant, organisé en trois sections : géologie du mont Bégo, archéologie et ethnologie.

**Av. du 16-Septembre-1947 📱 04 89 04 57 00 https://museedesmerveilles.departement06.fr 🕒 Mer.-lun. 10h-18h (17h mi-sept.-mi-juin) € Entrée libre**

L'art rupestre de la vallée des Merveilles

## LES VALLÉES DES MERVEILLES ET DE FONTANALBE ★

Il y a près de 5 000 ans, le **mont Bégo** (2 872m), sommet qui retenait les nuages et d'où tombait l'orage, fascinait les hommes qui vivaient en ces lieux. Dès l'âge du bronze, il devint ainsi une divinité, des prêtres gravissant ses pentes sacrées pour accomplir des rites qui consistaient notamment à graver les signes d'un langage symbolique. Ces hiéroglyphes honorent le couple divin primordial, Ciel-homme et Terre-femme. On en dénombre près de 36 000, gravures creusées avec un poinçon de silex sur des dalles polies par les glaciers du quaternaire. Ils forment aujourd'hui le plus vaste site archéologique européen à ciel ouvert. Pour les apprécier, empruntez la D91 à partir de Saint-Dalmas-de-Tende jusqu'au lac des Mesches pour la vallée des Merveilles, ou jusqu'au hameau de Casterino pour la vallée de Fontanalbe. L'accès aux vallées se fait librement, mais sur des sentiers strictement balisés. Pour une découverte de l'ensemble des sites, adressez-vous à Merveilles Gravures & Découverte (p.105).

**Départ pour la vallée des Merveilles du lac des Mesches (12km à l'ouest de La Brigue), puis 3h à pied ; départ pour Fontanalbe de Casterino (16km à l'ouest de La Brigue), puis 2h à pied (accès difficile depuis la tempête Alex, la RD91 ayant été détruite. Se rens. à l'OT de Tende, tél. 04 83 93 98 82, ou sur www.inforoutes06.fr)**

### Station nature

**Casterino**

Perché à 1 500m d'altitude, Casterino est un bon point de départ pour les excursions vers les vallées des Merveilles et de Fontanalbe. Très fréquenté en saison, le hameau bénéficie d'une atmosphère apaisante, et d'un climat plus sec qu'à Tende. De quoi profiter de ses bonnes tables au retour d'une randonnée ou d'une simple promenade dans les alentours. Ski nordique en hiver.

**16km à l'ouest de Tende (accès difficile depuis la tempête Alex, la RD91 ayant été détruite. Se rens. à l'OT de Tende, tél. 04 83 93 98 82, ou sur www.inforoutes06.fr)**

## À FAIRE

### Déchiffrez les gravures avec un guide

**Merveilles Gravures & Découverte**

Un organisme chargé par le parc du Mercantour d'assurer les visites des sites des Merveilles et de Fontanalbe. Départ du lac des Mesches pour les Merveilles tlj. à 8h et 13h (et 11h et 15h en été), et des lacs Jumeaux pour Fontanalbe tlj. à 11h et 13h (juil.-août seulement). Pas besoin de réserver, il suffit d'être à la bonne heure au point de rendez-vous. Tarif 15€.

**Auberge de Casterino Tende www.vallee-merveilles.com Mi-juin-sept. : tlj.**

### Faites une escapade spectaculaire en train

**Train des Merveilles**

Au départ de Nice et à destination de Tende, le train des Merveilles est un service spécial TER à vocation touristique. À son bord, un guide-conférencier initie aux richesses naturelles, patrimoniales et culturelles de l'arrière-pays niçois et de la Roya, avec la vallée des Merveilles en point d'orgue. Trajet splendide, avec un passage à plus de 1 000m d'altitude. Tarif 15€.

**0 800 11 40 23 www.ter.sncf.com/paca Mai, oct. : w.-e. et j. fér. ; mai-sept. : tlj.**

### Apprenez le ski aux plus petits

**Turini-Camp-d'Argent**

À un plus d'une heure de la côte, voilà la station de ski la plus proche de la Méditerranée ! Petite et paisible, elle est idéale pour l'apprentissage des plus jeunes, superbes panoramas en prime. Le domaine compte trois téléskis pour six pistes, ainsi qu'une offre de restauration et d'hôtellerie (sur place et au col de Turini). Forfait 13€/j.

**25km au nord de Sospel 09 88 77 47 13 www.puremontagne.fr**

### Montez à cheval
**Écuries de la Roya**
Ce centre équestre complet propose stages et promenades à cheval (20€/1h, 50€/demi-j.) ou à dos de poney (20€/h). Avec des parcours pour tous niveaux, l'occasion est belle de monter en profitant des magnifiques vues qu'offre le col de Brouis. L'été, une antenne est ouverte à Casterino, dans la vallée des Merveilles. Également des randonnées dans le Mercantour.
**Route du Col de Brouis (à 10km de Breil-sur-Roya) 06 86 83 14 34**

## NOS ADRESSES

### RESTAURANTS

### Spécialités locales
**La Bonne Auberge ♥€**
Le chef, Franck, travaille les fleurs de courgettes ou d'acacias pour ses beignets, pétrit la blette ou l'épinard pour les *quiques* (pâtes à base de farine et de verdure) ou le plateau breillois (12,50€), composé notamment de *boursouze* (ravioles aux légumes de saison). Plat du jour 10€.
**BREIL-SUR-ROYA 52, rue Pasteur 04 93 04 41 50 Lun.-sam. 12h-13h45 et 19h-20h30**

### Ambiance sympathique
**La Petite Épicerie ♥€**
Le drugstore de Saorge. Épicerie fine autant que de dépannage, l'adresse constitue le rendez-vous des villageois, qui vont s'y sustenter à toute heure. C'est bon, pas cher et servi avec sourire et humour. Salades et steak frites 8-12,50€, et plat du jour finement travaillé 12,50€. Généreux.
**SAORGE 68, rue du Lieutenant-Jean-Revelli 04 93 82 10 83 Page FB Avr.-juin, sept.-déc. : ven.-mer. 8h-14h30 et 17h-20h ; juil.-août : tlj. 8h-21h30**

### Tradition montagnarde
**Auberge Saint-Martin €**
Cet hôtel-restaurant abrite une jolie salle voûtée, mais on peut aussi manger sur sa terrasse, posée sur une petite place de La Brigue. Cuisine maison et bon esprit, d'obédience locale : spécialités de pâtes (*sugelli* et lasagnes), excellente daube à la polenta. Entrées 10€, plats 13-15€, desserts 6€.
**LA BRIGUE 2, pl. Saint-Martin 04 93 53 97 15 www.hotel-la-brigue.fr Juil.-août : tlj. 12h-14h30 et 19h-21h ; sept.-juin : mer.-dim. 12h-14h30 et 19h-21h Fermé mi-nov.-mi-déc.**

**La Petite Épicerie de Saorge**

### Comme à la maison

**Les Mélèzes ♥**

Dans les alpages (1 550m), au point de départ des balades de la vallée des Merveilles, André (aux fourneaux) et Nathalie tiennent la plus délicieuse des auberges de montagne. Raviolis à la niçoise, magret au miel et fruits rouges, truite au pistou de persil... et une très fameuse tarte aux myrtilles en dessert. Menus 29 et 36€, plats 18-22€.

**CASTERINO (17km au nord-ouest de Tende) Accès difficile suite à la tempête Alex : se rens. avant 04 93 04 95 95 www.hotelrestaurant-lesmelezes.fr Jan.-mars, oct.-mi-nov. : jeu.-lun. 12h-14h et 19h30-21h ; avr.-sept. : tlj. 12h-14h et 19h30-21h**

### Un snack et ça repart

**A' Coulassioun €**

Une petite terrasse sous un cerisier, une vue sur le versant opposé de la Roya, des boissons, quelques sandwichs aux fromages ou aux charcuteries du pays (3,80-4,50€), la salade du jardin... A' Coulassioun vous permettra de vous ressaisir, avant de quitter le charmant village de Granile.

**GRANILE 04 93 04 78 66 Mi-mai-mi-oct. : tlj. 8h30-18h (fermé mer. matin)**

### La montagne dans l'assiette

**L'Authion, chez Jean-Jean ♥€€**

De la salle du chalet (1 780m), on aperçoit la Méditerranée ! Jan-Jan glane dans la nature plantes sauvages et ingrédients pour sa cuisine : cassolette aux chénopodes Bon-Henri (épinards sauvages) et champignons de la daube forestière, tout vient du coin. Une halte idéale après une balade dans l'Authion. Menu 25€.

**CAMP D'ARGENT (25km au nord de Sospel via le col de Turini) 04 93 91 57 61 Été : mer.-dim. midi ; hiver : tlj. midi**

## SHOPPING

### Nectars d'abeilles

**Les Ruchers des Oliviers ♥**

Quintessence des parfums de montagne, le miel de Sospel, au goût capiteux, est sombre comme une nuit sans lune, et les Ruchers des Oliviers perpétuent avec passion la tradition de ce nectar. Ils produisent d'autres crus : lavande, acacia, rhododendron... Également du nougat noir et du pain d'épice. Vente sur place et au marché de Sospel, jeu. et dim. matin.

**LA VASTA INFÉRIEURE Ferme Lavoriero Route du Moulinet (D2566, à 3km de Sospel) 04 93 04 02 46 https://lesruchersdesoliviers.com Sur rdv**

### Courses à l'Italienne

**La Casa di Remo**

Installée du côté italien, quelques mètres seulement après la frontière, la famille Muratore a aménagé des hébergements (camping, gîtes, chambre d'hôtes), mais aussi une boutique de dégustation où retrouver sa production oléicole et une belle sélection de produits du Piémont, de Ligurie et de toute l'Italie.

**OLIVETTA SAN MICHELE Via serro, 5 (10km à l'est de Sospel par la D93, accessible également par la route de Breil à Vintimille) +39 (0)184 20257 ou 06 10 09 82 65 www.remolidays.it Tlj. (porte souvent fermée entre 13h et 15h et après 20h : utilisez la sonnette)**

# LA VALLÉE DE LA VÉSUBIE

L'une des plus petites vallées de la région (35km), mais aussi l'une des plus belles, grâce à la diversité de ses paysages. Au sud, la Vésubie se fait torrent, étranglée dans des gorges profondes, tandis que plus au nord les dernières oliveraies cèdent la place aux forêts de résineux, puis aux paysages de haute montagne qui attirèrent à la fin du 19e s. les premiers adeptes de l'alpinisme.

**ACCÈS**

- Comptez 1h20 de voiture de Nice à Saint-Martin-Vésubie.
- Pas de trains, mais car 730 des Lignes d'Azur au départ de Nice. Autres cars desservant les vallées : 731, 733 et 746. 08 1006 1006 www.lignesdazur.com

## À VOIR

### LA BASSE VALLÉE

On y pénètre à Plan-du-Var, 30km au nord de Nice, par la M2565 qui s'enfonce dans des gorges profondes, bordées de falaises verticales. À Saint-Jean-la-Rivière, la vertigineuse D132 rejoint le **plateau d'Utelle** qui offre, à 1 000m d'altitude, l'un des plus beaux panoramas des Alpes-Maritimes sur la Méditerranée et les sommets du Mercantour. Un modeste sanctuaire, Notre-Dame des Miracles, attire ici les pèlerins depuis l'an 850. De retour dans la vallée, continuez vers le nord jusqu'à **Lantosque** (8km), village qui joue les funambules sur une étroite crête calcaire. En bordure de route, quelques bistrots aux terrasses ombragées et panoramiques, et une épicerie où vous trouverez de quoi remplir votre panier pique-nique. Plus loin, à 9km, après une série de lacets, la route parvient à **Belvédère**, cité construite en balcon sur la Vésubie, autour d'une église baroque du 17e s. De là part la sinueuse et spectaculaire M171 vers le **vallon de la Gordolasque**. On croise à mi-parcours la cascade du Rey : belles vasques, petits lacs et ombrages favorables à la sieste. La route se termine par un parking, point de départ de nombreux sentiers de randonnée.

### SAINT-MARTIN-VÉSUBIE

Que d'eau ! Elle surgit partout, pure et fraîche, canalisée en ville ou jaillissant d'une multitude de fontaines. Cette cité modeste, mais vivante et hospitalière, villégiature de la bourgeoisie niçoise au 19e s., attire randonneurs, pêcheurs ou amateurs de grands espaces, après s'être relevée des dégâts importants provoqués par la tempête Alex d'octobre 2020. Une “petite Suisse”, dit-on. Son artère principale, la **rue Cagnoli**, accueille en son centre un canal, appelé “béal”, imaginé en 1417 afin de lutter contre les incendies et d'irriguer les jardins. Elle est bordée de plusieurs nobles habitations, dont celle des comtes Gubernatis (au 25), et les palais Raiberti et Barelli (18e s.). L'**église**, à la façade au grandiose décor baroque, abrite des retables attribués à Louis Bréa.

**65km au nord de Nice via Plan-du-Var**

**À NE PAS MANQUER**

- Parc national du Mercantour
- Alpha, les loups du Mercantour

Dans le parc national du Mercantour

## LE PARC NATIONAL DU MERCANTOUR ★

Saint-Martin-Vésubie est l'une des portes du parc du Mercantour. Créé en 1979, il est l'un des dix parcs nationaux, et peut-être le plus riche et le plus varié en paysages : reliant Méditerranée et hautes montagnes alpines, il culmine au mont Gélas, à 3 143m. La faune y est d'une incroyable diversité : on y croise notamment trois grands ongulés, le chamois, le mouflon et le bouquetin, ainsi que l'aigle royal et le gypaète barbu. Depuis 1992, le parc compte également plusieurs dizaines de loups (p.110). La flore, tout aussi exceptionnelle, décline plus de 2 000 espèces végétales. Pour les protéger, la réglementation est stricte : pas de chien, de cueillette, de chasse, de feu, de camping...

**Maison du parc national du Mercantour** 8, av. Kellermann Saint-Martin-Vésubie 04 93 03 23 15 www.mercantour.eu

## LE BORÉON

Une chute d'eau en aval, qui tombe d'une hauteur de 40m, et un petit lac de retenue contribuent au succès de cette station enchanteresse à 1 500m d'altitude où, en été, randonneurs, pêcheurs de truite et pique-niqueurs se bousculent, au point qu'il est parfois difficile d'y stationner. L'hiver, Le Boréon se transforme en centre nordique (pistes de fond, circuits raquettes).

8km au nord de Saint-Martin-Vésubie

### À la rencontre d'une légende

**Alpha, les loups du Mercantour**

Ce projet ambitieux est entièrement consacré au loup, à deux pas du lieu où il fut observé pour la première fois en 1992. Son principal attrait ? Une meute qui s'ébat en famille sur 3ha, et que l'on peut observer en toute discrétion : on

## LES LOUPS DANS LE MERCANTOUR

Après avoir disparu de France dans les années 1930, le loup, animal mythique propre à tous les fantasmes, est réapparu en novembre 1992 dans le massif du Mercantour. Réintroduction volontaire clandestine ou migration naturelle en provenance de l'Italie ? La question est d'importance, puisque l'animal doit être protégé s'il s'agit d'une arrivée spontanée, mais peut être abattu dans le cas contraire. Ce qui est sûr, c'est que depuis le loup a franchi les frontières du Mercantour. On le trouve désormais dans tous les massifs nationaux, des Vosges aux Pyrénées en passant par le Massif central : en 2021, on comptait en France environ 630 loups, chiffre en constante augmentation. Pour limiter leur croissance, l'État autorise des abattages, qui n'assurent pas la protection des troupeaux : près de 12 000 brebis sont ainsi tuées chaque année, principalement dans le département des Alpes-Maritimes. Pour les bergers, la présence du loup reste encore et toujours totalement incompatible avec l'élevage...

**Dans le parc Alpha, les loups du Mercantour**

est bien loin ici du zoo. Mais avant de partir à la rencontre du prédateur, le centre vous propose de tout savoir sur lui. Deux anciennes vacheries d'alpage joliment restaurées servent de décor à une spectaculaire muséographie qui retrace la saga, sur trois générations, d'une famille dont l'histoire tourne autour du loup. Approche sensible, habile scénario qui décline mythologie, légendes et tout le savoir scientifique acquis en un siècle de recherche.

**Le Boréon (8km au nord de Saint-Martin par la D2565 puis la D89) 04 93 02 21 11 www.puremontagne.fr Vac. scol. : tlj. sur réservation ; hors vac. scol. : w.-e. sur réservation Visite guidée de 2h 12€**

**SENSATIONS FORTES**

Au parc Alpha du Mercantour (p.109), on peut devenir le temps d'une matinée (9h30-13h) **soigneur animalier**, en compagnie des employés du parc, qui vous feront vivre leur quotidien parmi les loups. Une manière originale et impressionnante d'approcher le mythique carnassier ! Tarif 140€/pers., 5 pers. maximum.

## LE VAL DE BLORE

Cette vallée reliant la haute Vésubie à la moyenne Tinée a donné son nom à une commune, Valdeblore, union de villages séculaires. Région fertile aux vastes pâturages d'altitude, le val avait pour centre d'activité le prieuré bénédictin de Saint-Dalmas. Aujourd'hui, c'est surtout la station de ski de La Colmiane, entre Saint-Dalmas et Saint-Martin-Vésubie, qui maintient l'animation.

**Accès par la D2565 à l'ouest de Saint-Martin-Vésubie**

### Cité fortifiée

**Saint-Dalmas-de-Valdeblore**

Plus ancien village du val de Blore, Saint-Dalmas est ceint de murailles médiévales derrière lesquelles se blottit un habitat parfois tout aussi ancien. Il est rare de déambuler dans un patrimoine ayant conservé un tel caractère rural. L'**église Sainte-Croix** (11e s.) constitue un remarquable témoignage du premier art roman dans le comté de Nice, ses dimensions attestant la richesse et la puissance de ses ordonnateurs. À noter l'élégant triptyque de saint François d'Assise, attribué à un élève d'Antoine Bréa, frère de Louis, et le polyptyque de la Santa Crous, maître autel du 16e s. dû à Guillaume Planeta, autre primitif niçois.

**11km au nord-ouest de Saint-Martin-Vésubie**

## À FAIRE

### Randonnez dans le parc du Mercantour

**Guides des Merveilles**

Des guides érudits vous emmènent à la découverte du parc national, et notamment de la vallée des Merveilles (p.104) en un, deux ou trois jours (30-110€).

Descente d'une tyrolienne de via ferrata

Également des propositions de randonnées familiales ou plus sportives. Sorties à raquettes et à skis de randonnée en hiver.

**Escapade-Bureau des guides (en été) Saint-Martin-Vésubie 04 93 13 93 34 www.guidesdesmerveilles.com Tlj.**

## Essayez-vous à l'escalade

### Via Ferrata Lantosque

Sans doute l'une des plus belles de la région, accessible aux débutants. Elle a pour particularité d'offrir un départ et un retour en ville. Particulièrement encaissée et humide, cette via ferrata sera idéale à découvrir par forte chaleur. Tarif 7€, location de matériel sur place (15€).

**Rue du pont Lantosque (14km au sud de Saint-Martin) 04 93 02 05 51 Juin, sept.-oct. : w.-e. 9h-19h ; juil.-août : tlj. 9h-19h**

## Testez le canyoning en salle

### Vesúbia Mountain Park

Ce beau complexe permet de pratiquer en intérieur le canyoning (premier espace de ce type en Europe), l'escalade ou la spéléologie dans des conditions optimales, adaptées à tous les âges et niveaux. Une piscine et un espace bien-être (sauna, hammam, plages) complètent l'offre. Tarif piscine 5,70€, escalade 12,30€, canyoning 23,70€...

**Allée du Docteur-Fulconis Saint-Martin-Vésubie 04 93 23 20 30 www.vesubia-mountain-park.fr Été : sam.-jeu. 9h-20h (ven. 21h) ; reste de l'année : mar. et jeu.-ven. 17h-20h, mer. et sam.-dim. 9h-19h (autres jours selon activités) Horaires variables pendant les vac. scol.**

## Partez en balade avec un âne

### Ânes de Blore

Une solution idéale en famille : la randonnée sans le poids d'un sac et avec la présence parfois facétieuse d'un âne. Balade à la demi-journée ou à la journée sur un circuit découverte autour de Saint-Dalmas, ou randonnées de plusieurs jours à travers le Mercantour, sans accompagnateur. Comptez 45€/j.

**Saint-Dalmas-de-Valdeblore 06 88 47 19 70 www.anesdeblore.fr**

## Baignez-vous bio

### Bassin de Roquebillière

Avec comme décor les montagnes et le village de Roquebillière, ce bassin artificiel de 1 200m$^2$ d'eau biofiltrée accueille petits et grands pour une baignade rafraîchissante ou un moment de farniente au solarium.

**Roquebillière (10km au sud-est de Saint-Martin-Vésubie) 04 93 02 03 84 En cours de reconstruction suite à la tempête Alex ; réouverture prévue à l'été 2022**

# NOS ADRESSES

## RESTAURANTS

### Étape pittoresque

**Aubergerie del Campo ♥€€**

Dans la basse vallée, une adresse atypique, menée par Sylvain, enjoué maître des lieux, qui vous contera sa vie et sa vision du monde, à retrouver dans l'assiette : *crespèu* (gâteau d'omelettes), petits raviolis de canard au beurre de sauge, agneau *a la streccio* (vin rouge, tomate, aromates), palette de desserts... Menus 25-29€. Terrasse merveilleuse dominant la Vésubie. Rés. conseillée.

**SAINT-JEAN-LA-RIVIÈRE Campo don Passeroni 04 93 03 13 12 Tlj. midi et soir**

### Aux tréfonds d'un vallon

**Le Relais des Merveilles €€**

Le superbe vallon de la Gordolasque (p.108) mène à ce chalet d'alpage posté à 1 600m d'altitude. Randonneurs et amateurs de bonne chère s'y donnent rendez-vous pour profiter d'une cuisine de tradition inespérée dans ces confins : raviolis, feuilleté de truite, assiette de charcuteries de montagne, tarte aux myrtilles... Menus à 23€ et 32€.

**BELVÉDÈRE (12km au nord-est du village par la M171) 04 93 03 43 55 http://relaisdesmerveilles.com Pâques-mi-oct. : tlj. midi et soir**

### À l'ombre de la vigne

**La Treille €€**

Une vaste terrasse sur la rue piétonne, une autre ombragée par la treille, et une salle d'une sobre élégance. Cuisine élaborée, sans trahir ses origines "campagnardes" : le confit de canard se marie à l'orange, le cabillaud au blanc de poireau, le thon aux anchois. Tout est réussi, et copieux. Service fluide et souriant. Menus 29-34€.

**SAINT-MARTIN-VÉSUBIE 68-70, rue du Docteur-Cagnoli 04 93 03 30 85 Avr.-juin, sept.-nov. : mer. midi, ven.-mar. midi et soir ; juil.-août : mar.-dim. midi et soir**

**Thon aux anchois**

## SHOPPING

### Produits du terroir

**Miellerie Guérinot ♥**

D'excellents miels rares et classiques, un nougat délectable, du pain d'épice, des macarons, des savons...

**BELVÉDÈRE Rue Victor-Maurel 04 93 03 41 21 Mai-juin, sept.-oct. : ven.-dim. 10h-12h et 17h-19h ; juil.-août : mer.-dim. 10h-12h et 17h-19h ; nov.-déc. : tlj.**

# LA VALLÉE DE LA TINÉE

Lorsque l'on arrive de Nice, on aborde la Tinée à l'endroit où elle se jette dans le Var. En remontant son cours, la vallée se resserre : sur près de 40km, la rivière s'aventure entre des pentes abruptes, sauvages, ou dans des gorges peu favorables à l'implantation humaine. Les hameaux se perchent à flanc de montagne. À Isola, la vallée s'élargit : on rejoint alors la haute Tinée, dont le cœur est Saint-Étienne-de-Tinée.

**ACCÈS**

- La Tinée se jette dans le Var au nord de Nice au niveau de la D6202 (comptez 35min de voiture). De là part la D2205 qui longe toute sa vallée jusqu'à Saint-Sauveur-sur-Tinée, 25km plus loin.
- Cars des Lignes d'Azur 740 (Nice-Auron) et 750 (Nice-Isola 2000).

## À VOIR

### LA BASSE VALLÉE

#### Entre mer et montagne

**La Tour-sur-Tinée**

Environ 5km après avoir quitté le Var, une route en lacets monte à droite vers La Tour. Cette petite cité, à moins de 50km de la promenade des Anglais, est assurément azuréenne, mais aussi montagnarde quand l'hiver s'impose. Elle offre, comme beaucoup d'autres dans la Tinée, des images de carte postale, de sublimes panoramas et un riche patrimoine architectural, comme sur la **Grand'Place**, aux maisons anciennes (16$^{e}$-19$^{e}$ s.). Son église constitue l'un des rares exemples d'architecture gothique dans le comté de Nice. À la sortie nord du village, la **chapelle Notre-Dame-des-Pénitents-Blancs** cache de délicates fresques de la fin du 15$^{e}$ s. (clés aux restaurants de la Grand'Place).

**À 50km de Nice et 45km de Saint-Martin-Vésubie (par le val de Blore)**

#### Nid d'aigle

**Bairols**

Un village aussi chic que difficile d'accès. Mais le résultat mérite l'effort : planté sur un éperon rocheux, il invite à une délicieuse déambulation au fil de ses ruelles pavées. Chaque bâtisse compose un remarquable belvédère, à l'instar de l'auberge, installée dans un moulin des années 1930. En haut du village, l'église Sainte-Marguerite, au plan tourmenté, conserve un superbe rosaire. En contrebas se devine la douceur de jardins suspendus savamment irrigués.

**19km au nord de La Tour-sur-Tinée**

#### Village panoramique

**Ilonse**

Tout aussi compliqué d'approche que Bairols, et tout aussi charmant : une atmosphère de paix, un entrelacs de ruelles et de passages médiévaux, et une vue à 360°, incluant les sommets du Mercantour et le mont Via. En été, continuez votre ascension vers le col de la Sinne, où vous attend une aire de

La Tour-sur-Tinée

pique-nique, et d'où partent des randonnées vers le Lauvet d'Ilonse (3h30 AR, facile), au panorama sublime, et les gorges du Cians.

**26km au nord de Bairols**

## Charmes cachés

### Saint-Sauveur-sur-Tinée

Au creux de la vallée de la Tinée, à la confluence avec la Vionène, Saint-Sauveur semble dénué d'attrait pour qui se contentera de suivre la route principale (D2205). Mais un tour du village à pied dévoilera les charmes de ses ruelles et de ses placettes : la rue Blanqui avec ses devantures du 15e s., la place Millo et son église (magnifique retable du 16e s.), le moulin et la chapelle des Pénitents-Blancs sur les bords de la Tinée, la rue Hongran et ses passages.

**16km au nord d'Ilonse**

# VERS LA VALLÉE DE LA VIONÈNE

## Le balcon de la Tinée

### Roure

Au bout des lacets qui grimpent vers Roure, véritable paradis terrestre, les amoureux de la nature trouveront un village de schistes mauves, d'une sobre beauté, qui respire la tranquillité. Panorama saisissant vers le Lauvet d'Ilonse, et sur les gorges de la Vionène et de la Tinée. Ne manquez pas la modeste chapelle Saint-Sébastien, couverte de fresques admirables peintes en 1510 par Andrea de Cella. Au-dessus du village, l'**arboretum Marcel Kroenlein**, classé “jardin remarquable”, s'étage de 1 280m à 1 700m. Il héberge 250 espèces, mais aussi une cinquantaine d'œuvres de style land art disséminées sur le site. Tables d'orientation, animations ponctuelles. Apportez votre pique-nique.

**10km au nord-ouest de Saint-Sauveur-sur-Tinée par la D30 puis la D130 Arboretum Marcel Kroenlein 2km au-dessus du village 04 93 35 00 50 https://arboretum-roure.org Tlj. 10h-18h (hiver selon l'enneigement) Visites guidées juin-sept. : tlj. 10h30, 13h30 et 16h 5€**

## Situation vertigineuse

### Roubion

Frère en voltige de Roure, Roubion est érigé sur un promontoire dominant la Vionène. Les vestiges d'un château témoignent de son passé ancien et tumultueux. Son lacis de ruelles ceint de quelques remparts offre son lot de points de vue et perspectives sublimes sur les monts et défilés alentour. La chapelle-porche, construite au début du 16e s. à l'entrée du village, avait pour objet d'éloigner les épidémies (touchantes fresques évoquant le martyre de saint Sébastien). Roubion est aussi sportif, avec un réseau de pistes permettant de sillonner la région à pied, à VTT, à skis ou à raquettes, cf. Rendez-vous avec... (p.98).

**12km à l'ouest de Saint-Sauveur-sur-Tinée**

**COULEUR LOCALE**

Début octobre à Roubion se tient la **Fête de la Transhumance** : alors que plus de 2 000 moutons regagnent leur pacage d'hiver, l'événement donne l'occasion de multiples réjouissances. Animations avec dressage de chiens de troupeau, bûcheronnage, marché de produits régionaux, musiques traditionnelles... Une grande fête populaire et authentique !

**Infos sur www.roubion.com**

## LA HAUTE VALLÉE

## Le cœur de la vallée

### Saint-Étienne-de-Tinée

Son riche patrimoine religieux rappelle sa prospérité au carrefour d'anciens axes commerciaux. Aujourd'hui, cerné par le parc national du Mercantour, le village est devenu le centre de gravité de la région avec ses restaurants et boutiques qui se disputent les faveurs des touristes. L'église centrale n'a gardé d'origine qu'un beau clocher roman d'inspiration lombarde. Le reste, de la fin du 18e s., consacre la transition du baroque vers le néoclassicisme.

**À 28km de Saint-Sauveur-de-Tinée par la D2205**

## Atmosphère authentique

### Saint-Dalmas-le-Selvage

Il a gardé tout son pittoresque et la plupart de ses toits en bardeaux de mélèzes. Dans le décor grandiose d'un vallon, on y retrouve le long de ruelles pavées et mal équarries l'atmosphère et l'architecture d'un village de montagne : étable au rez-de-chaussée, habitat à l'étage et grange sous les toits. À son entrée, l'église Saint-Dalmas, joliment "baroquisée", dresse son clocher lombard au cœur du plus charmant des cimetières de campagne. L'hiver, le village accueille les amateurs de ski de fond, de randonnées et de raquettes.

**7,5km au nord-ouest de Saint-Étienne-de-Tinée**

### Itinéraire panoramique

**Route de la Bonette**

Cet ancien chemin muletier ne fut totalement accessible aux véhicules qu'en 1964, permettant ainsi de relier la vallée de la Tinée et celle de l'Ubaye. Considérée comme l'une des routes les plus hautes d'Europe, elle atteint 2 802m au col de la Bonette, et n'est ouverte que du printemps à octobre ou novembre. Prisée des cyclotouristes, elle distribue des panoramas grandioses, particulièrement au sommet, où l'on se sent presque sur le toit du monde.

**D2205/D64 dir. Barcelonnette**

## À FAIRE

### Nagez dans une piscine naturelle

**Vallon de Cramassouri**

Accessible par la route d'Utelle (D32), deux petits kilomètres en contrebas de La Tour, le ruisseau de Cramassouri, ou de Saint-Jean, ici assagi, forme des anses et des bassines aux eaux limpides appréciées pour la baignade (accès à partir du pont l'enjambant ou du parking 100m avant).

### Escaladez en famille

**Via ferrata Balma Negra**

Petite via ferrata (300m, avec 50m de dénivelée) aux superbes panoramas, parfaitement adaptée pour l'initiation malgré quelques passages très aériens. Location du matériel au bureau de tourisme. Accès 1,30m minimum, tarif 3€ (avec matériel 16€).

**Roubion www.roubion.com Mêmes jours et horaires d'ouverture que ceux du bureau de tourisme**

Un des lacs de Vens

### Longez des lacs glaciaires

**Lacs de Vens**

Ce chapelet de lacs glaciaires se déversant les uns dans les autres, et entourés de cimes, constitue l'une des randonnées les plus fameuses du Mercantour. Comptez 2h30 jusqu'au refuge de Vens. Retour par le même chemin, ou par des variantes (hameau de Pra, refuge de Rabuons, mont Ténibre). Départ du parking de Vens, AR ou boucle, niveau moyen.

### Dévalez les pistes à skis ou à VTT

**Station d'Auron**

La plus grande station des Alpes-Maritimes, avec 135km de pistes étagés de 1 600m à 2 450m. L'été, les activités ne manquent pas, comme le VTT ou les randonnées. Forfait ski 148-175€/6j.

**10km au sud de Saint-Étienne-de-Tinée 04 93 23 02 66 http://hiver.auron.com**

**Isola 2000**

Archétype de l'architecture des années 1960 et 1970, Isola 2000 est, à 90km de Nice, la plus proche station de la côte. Sa quarantaine de pistes totalise une centaine de kilomètres. En juillet et en août, vaste panel de propositions ludiques et sportives : VTT, tennis, tir à l'arc, escalade, piscine, randos... Forfaits ski 148-175€/6j.

**30km à l'est de Saint-Étienne-de-Tinée www.isola2000.com**

# NOS ADRESSES

## RESTAURANTS

### Bistrot de pays

**Auberge du Moulin €**

Labellisée "bistrot de pays", une table sérieuse, et une amicale ambiance pince-sans-rire distillée par le chef. Capoun (feuilles de choux farcies), lapin à la sauge, crudités et légumes, souvent du potager, et bien sûr frites

LA RECETTE

### TOURTON À LA TOMATE

**Pour 6 personnes**

Pâte :
400 g de farine
15 cl d'eau
2 cs d'huile d'olive
1 pincée de sel
Garniture :
400g de tomates bien mûres sans graines, ou une boîte de tomates pelées
40g de fromage râpé (tomme de pays ou parmesan)
4 tiges de basilic

Mélangez farine, sel et huile d'olive, puis versez l'eau progressivement et malaxez pour obtenir une pâte souple mais non collante. Préchauffez le four à 180°C (th. 6). Pendant ce temps, mélangez les tomates bien égouttées et écrasées (ou râpées) avec le fromage râpé et le basilic. Étalez ensuite la pâte le plus finement possible en un grand rectangle : il faut qu'elle devienne presque transparente. Déposez-la ensuite sur une plaque de four préalablement tapissée de semoule de blé dur ou de polenta (pour absorber le jus). La pâte doit dépasser largement de la plaque. Garnissez-la du mélange tomates-fromage-basilic, puis refermez le tourton avec les débords de la pâte, en évitant les plis et les épaisseurs. Versez dessus un filet d'huile d'olive et mettez au four 20 minutes environ. Des variantes existent avec, à la place de la tomate, des blettes, des courgettes râpées accompagnées de chèvre frais, etc.

et desserts maison. Goûteux et copieux. Menu complet à 25€, plats aux alentours de 15€.

**ROUBION Pl. Récipon** 04 93 02 09 06
Haute saison : tlj. midi-dernier client et soir-dernier client ; reste de l'année : jeu.-lun. midi, ven.-sam. soir Fermé nov.-déc.

### Terre et mer

**La Maison de La Tour €€€**

Un petit hôtel-restaurant de charme posté sur la place centrale de La Tour. Restauration moderne et d'une belle délicatesse, à base de produits de la montagne et de la mer (on y déguste un excellent homard !), dans des menus à 38 et 48€. Belle terrasse entre arbre et fontaine.

**LA TOUR-SUR-TINÉE Grand'Place** 04 93 03 44 21 www.restaurant-lamaisondelatour.com
Mar. 12h-14h, jeu.-lun. 12h-14h et 19h30-22h

### Magie culinaire

**Le Pratois ♥€€**

Dans le hameau perdu du Pra, Benoît Grenier, fin touche-à-tout, taquine les classiques de la montagne : jambonneau cuit au foin et à la sauge, rillettes de lapin, brochettes d'escargots, souris d'agneau marinée au serpolet... Une partition gustative magistralement menée à prix tendre : formule 22€, menu 28€. Réservation conseillée.

**LE PRA (10km au nord de Saint-Étienne)** 04 93 02 44 65 Mi-juin-mi-sept. : tlj. 12h-14h30 et 19h30-21h30 (en semaine sur rés.) ; reste de l'année sam. soir et veille de j. fér.

### Chaleureux

**Le P'tit Flocon €€**

Combiner une petite salle sobre et chaleureuse à une belle terrasse ensoleillée et à une fine cuisine du marché est un luxe en station, que propose pourtant ce P'tit Flocon. Formule économique à 20€ plus que correcte, 100% maison, et une carte pour se faire plaisir avec des plats de 20 à 25€, des entrées travaillées à 10-15€, des desserts à 9€.

**AURON Pl. Centrale (7km au sud-est de Saint-Étienne-de-Tinée)** 04 93 05 87 41
Haute saison : tlj. 12h-14h30 et 19h-21h30 ; intersaison et basse saison : fermé mar. soir et mer. Fermé en mai et oct.

### Sophistiqué

**Le Robur ♥€€€**

Le Robur jaillit de la roche rouge de Roure, face au plus insolent des panoramas sur la vallée de la Tinée. L'assiette est à la hauteur, créative et délicate, sophistiquée et évidente, au gré du marché et de l'inspiration, sans frontières régionales. Menus 39€ (3 plats) et 72€ (6 plats), formule 32€ à midi. Réservation recommandée.

**ROURE Rue Centrale** 04 93 02 03 57
Haute saison : mer.-dim. midi et soir ; hiver : jeu. soir, ven.-dim. midi et soir

Voir aussi **Auberge Quintessence** (p.98).

## SHOPPING

### Plaisirs lactés

**Bergerie de la Belloire**

Un troupeau d'une soixantaine de brebis pâturent autour de cette authentique petite bergerie, dont les propriétaires fabriquent chaque jour sur place yaourts et fromages au lait cru. Profitez de la vente directe pour faire l'expérience du sens de l'accueil de ces bergers du 21e s.

**SAINT-ÉTIENNE-DE-TINÉE Quartier de la Belloire (au sud de la ville, entre départementale et rivière)** 07 87 50 53 18
Mi-nov.-mi-août : tlj. 10h-12h et 16h-19h

# LA VALLÉE DU VAR

Large et urbanisée dans son cours inférieur, la vallée du Var se resserre vers le nord, devenant de plus en plus sauvage en amont de ses confluences avec l'Estéron et la Vésubie, jusqu'à creuser des gorges spectaculaires dans le schiste rouge autour de Daluis : un spectacle grandiose.

## À VOIR

### LE VAL D'ESTÉRON

Si près de Nice (30km environ) et déjà ailleurs. Les paysages, amples, proposent d'étonnants contrastes : tantôt des oliveraies typiquement méridionales, puis des vallons et des terrasses verdoyantes, tantôt des plateaux arides creusés de clues (gorges) alternant avec des forêts de pins. Des villages perchés ponctuent ces territoires où chaque virage découvre de somptueux panoramas sur une montagne résolument méditerranéenne.

**ACCÈS**

- Comptez 30min de route vers le nord au départ de Nice sur la D6202 : au niveau de Saint-Martin-du-Var, bifurquez sur la D17 pour faire incursion dans le val d'Estéron, de Gilette à Sigale (1h30 AR) ; poursuivez au nord sur la D6202 pour longer le Var jusqu'à Puget-Théniers (à 30min de Saint-Martin-du-Var). Après Entrevaux, la D2202 monte vers Guillaumes.
- Cars des Lignes d'Azur 790 entre Nice et Villars-sur-Var, Touët-sur-Var et Puget-Théniers. La ligne 770 à destination de Valberg passe par Villars-sur-Var, Touët-sur-Var et les gorges du Cians.

#### Au sommet d'un éperon

**Gilette**

Un village isolé, farouchement campé à 300m au-dessus de la vallée du Var. Il faut monter aux ruines du château, imposantes, pour le panorama. À l'attrait de ce site stratégique, Gilette ajoute la séduction de ses ruelles et de ses ambiances conviviales. Le petit **musée Lou Ferouil**, initiative privée, évoque en une joyeuse accumulation de trésors les métiers d'antan : une visite passionnante.

**35km au nord-ouest de Nice Musée Lou Ferouil 3250, route de Gilette (au pied du village) 04 92 08 96 04 www.louferouil.fr Mai-oct. : mar.-dim. 9h-19h ; nov.-avr. : mar.-dim. 10h-17h30 (lun. et j. fér. sur rdv) 4€**

#### Équilibre précaire

**Bonson**

Dressé sur une arête, Bonson semble prêt à basculer. D'un côté, un à-pic impressionnant, de l'autre, une splendide vue sur la vallée du Var, au bas d'un dégradé de terrasses vouées à la culture de l'olivier cailletier, une variété produisant les olives de Nice. De là part la D27, route de crête qui, à chaque virage, déploie de grandioses points de vue.

**8km au nord-est de Gilette**

**À NE PAS MANQUER**
- Gorges du Cians
- Gorges de Daluis

Les gorges du Cians, ou le "Colorado niçois"

### Belvédère sur l'Estéron
**Pierrefeu**

Pierrefeu s'étage le long de la route en lacet qui monte de la D17 jusqu'au vieux centre, véritable mirador dominant le val d'Estéron. À son faîte s'élève l'église Saint-Sébastien-et-Saint-Martin, coincée entre les deux rochers surveillant le bourg. Boutiques de qualité (olives, charcuterie...).

**15km au nord-ouest de Gilette**

### Ancienne forteresse
**Sigale**

Ce village attachant, arrimé à la roche au-dessus des vallées du Riolan et de l'Estéron, déroule un charmant lacis de ruelles pentues, tricoté avec le roc de la Cime de la Caccia. Au gré de la balade se découvrent la tour de l'horloge panoramique, une fontaine, une superbe église romane (13e s.) et de nombreuses traces du passé militaire de Sigale, lorsque la localité jouait le rôle de sentinelle de la région.

**30km à l'ouest de Gilette**

## DE THIÉRY À PUGET-THÉNIERS

### Un charme fou
**Thiéry**

Un village posté loin de la côte, dans un cul-de-sac atteignable après 15km de lacets étroits. Passez-vous le mot discrètement : cette petite cité est un bijou secret, avec son entrelacs de ruelles, ses passages et escaliers fleuris accrochés sur une crête, et ses somptueuses échappées sur la montagne...

**32km au nord-est de Puget-Théniers**

### Un village aux deux visages

**Touët-sur-Var**

En bas, en bordure du fleuve, veille l'austère et néanmoins touchante chapelle des Templiers (13e s.). Perdez-vous ensuite dans le village haut, entre ruelles, chemin de ronde et longs passages sous les maisons, et n'oubliez pas d'écouter la douce musique de l'eau à l'église baroque, édifice bâti sur un torrent que l'on peut observer par une petite trappe au pied de l'autel.

**9km à l'est de Puget-Théniers**

### Théâtre minéral

**Gorges du Cians**

Un défilé de roches rouges aux formes fantasques, creusé dans la pélite, riche en oxyde de fer... voici les admirables gorges du Cians. La partie supérieure, canyon plus étroit et sombre, leur a valu le surnom "d'enfer" ou de "Colorado niçois". À la hauteur du tunnel de la Petite-Clue, le tracé actuel abandonne l'ancienne route, qui a été aménagée en promenade. La balade, au bord du torrent, est agréable.

**Sur 22km entre la D6202 et Beuil**

### Séduction méridionale

**Puget-Théniers**

Cette cité délaissée par le temps conserve une sympathique ambiance du Sud. On oubliera vite la route très passante qui longe le Var pour flâner dans le vieux bourg médiéval. Notre-Dame-de-l'Assomption, église romane du 13e s., y présente un très riche patrimoine décoratif et mobilier, dont un groupe sculpté de la Passion tout à fait saisissant et unique dans le comté de Nice.

**10km à l'ouest de Touët-sur-Var et 45km au nord-ouest de Nice**

### Paysage bucolique

**Vallée de la Roudoule**

Au nord de Puget-Théniers, l'étroite vallée de la Roudoule dessine un monde champêtre où le mélèze rejoint l'olivier, où les vestiges des terrasses jadis cultivées le disputent aux robines (ravines de marnes noires). De petites routes grimpent avec hardiesse vers des villages montagnards, d'une superbe austérité, tels La Croix-sur-Roudoule, Saint-Léger, Léouvé, ou encore Auvare et Puget-Rostang.

**D16 au nord de Puget-Théniers**

## LA HAUTE VALLÉE DU VAR

### Défilé de couleurs

**Gorges de Daluis**

Creusées par le Var, les gorges de Daluis offrent le même spectacle majestueux de pélites rougeoyantes que celles du Cians, mais ici rehaussé d'une symphonie de couleurs violines parfois striées de vert. Deux sites d'exception : la **cascade d'Amen**, et le **pont de la Mariée**. Plus au sud, avant d'arriver à Daluis,

Le village de Péone

le pont de Berthéou marque le départ d'une marche pour le **Point sublime**, belvédère méritant bien son nom (AR 1h30, sentier facile et bien balisé).

**Sur 10km entre Daluis et Guillaumes**

## Balade architecturale

### Péone

Sous ses hautes aiguilles rocheuses, Péone reçoit généreusement le soleil. Les rues pentues du village alignent de belles demeures à encorbellement et colombages. Ce sont des façades plus riantes, peintes à la manière du 19ᵉ s., qui prennent le relais autour de la place Thomas-Guérin. L'**église Saint-Arige** mérite le coup d'œil, avec son étonnante coupole surmontée d'un lanterneau, sa toiture en bardeaux, et ses retables et tableaux de l'époque baroque.

**37km au nord de Puget-Théniers**

## Sanctuaire artistique

### Église de Saint-Martin-d'Entraunes

Bâtie dans un style roman tardif intégrant quelques influences gothiques, cette petite église alpestre offre un fort contraste entre sa façade dépouillée et son intérieur particulièrement riche, constitué de peintures murales du 17ᵉ s. Mais son trésor est sans aucun doute le polyptyque de la *Vierge du Rosaire*, daté de 1555 et signé de François Bréa.

**18km à l'ouest de Péone ⏲ Clé à la mairie en échange d'une pièce d'identité (ouvert lun.-ven. 9h-12h et 13h30-16h, sam. 9h-12h)**

## À FAIRE

### Baignez-vous dans une piscine naturelle
**Clue du Riolan**
La route d'Aiglun (D10, 3km après Roquesteron) enjambe le Riolan juste avant qu'il ne rejoigne l'Estéron. Garez-vous sur l'un des parkings aménagés des deux côtés du pont, puis descendez pour vous baigner dans l'une des vasques. Attention : ne suivez pas le canal latéral, trop fragile, privilégiez directement le fond du vallon.

**30km à l'ouest de Gilette, 6km après Roquesteron**

Le train des Pignes

### Baladez-vous à petite allure
**Train des Pignes**
Une ligne pittoresque et spectaculaire reliant Nice à Digne-les-Bains, et desservant notamment Puget-Théniers et Touët-sur-Var, avec passage à plus de 1 000m d'altitude. De temps en temps, une locomotive à vapeur remplace la machine Diesel. Tarif 22€ AR.

**www.traindespignes.fr Mai-juin et mi-août-oct. : dim. ; juil.-mi-août : ven. et dim.**

### Pratiquez la randonnée, le ski, le VTT, le canyoning...
**Valberg**
Station de sports d'hiver (forfait remontées 33,20€/j.) au charme indéniable avec ses forêts de mélèzes. Elle est plébiscitée par les familles été comme hiver. Passionnant **sentier planétaire** (itinéraire de randonnée ludique et pédagogique sur l'astronomie, à suivre à raquettes ou à pied).

**13km à l'est de Guillaumes par la D28**

## NOS ADRESSES

### PAUSES

#### Ambiance authentique
**Bar Le Village**
Ce petit bistrot, posté sur la place de l'église de Sigale, constituera un asile parfait pour une pause à la fin de la visite. Soirées à thème en été.

**SIGALE 5, pl. de l'Église 04 93 05 89 43 Tlj. 9h-14h30 et 17h-21h**

## RESTAURANTS

### Sur la place du village

**Lou Countea €€**

Le chef de cette brasserie est également l'épicier-boucher-primeur du village : la production est donc 100% maison ! Elle recèle quelques goûteuses surprises, tel ce stockfish d'Émilie, fameuse préparation à la morue (24,50€), ou, l'hiver, ce boudin de trulle, spécialité niçoise ajoutant blette et riz au classique boudin noir. Carte entre 14,50 et 17,50€ en semaine.

**GILETTE** 7, pl. Docteur-Morani 04 93 73 97 50 Avr.-sept. : mar.-dim. 10h-14h et 19h30-21h30 ; oct.-mars : mar.-dim. 12h-14h, sam. 19h30-21h30

### Vue sur le ravin

**Auberge de Calendal ♥€**

Dominant la route, une petite terrasse côté église, une salle de bar pour l'ambiance, et une grande salle sobre agrémentée par le spectacle du ravin de l'Estéron et des monts alentour. Côté assiette, un même plaisir à prix doux : spécialités niçoises et italiennes (antipastis, raviolis, pizzas et socca le ven. soir), mais aussi daube aux cèpes ou inspirations du marché. Menu déj. 17€, plat du jour 10€, menu du dimanche 25€.

**AIGLUN** 1, rue Mont-Saint-Martin (32km à l'ouest de Gilette par la D17) 04 93 05 82 32 Tlj. matin-dernier client (fermé mer. d'oct. à avr. et 10 jours en déc.)

### Sur la route

**Auberge Les Acacias €€**

Bien qu'installée en bord de route, cette auberge n'a rien d'un routier au regard de sa carte qui décline les spécialités locales et du Sud-Est (carpaccio de secca d'Entrevaux, sanguins, raviolis, pieds et paquets, escargots, brouillade de truffe, agneau, truites, bouillabaisse sur commande...). La carte s'étoffe au gré du marché : comptez de 25 à 35€, formules déj. 15-18€.

**PUGET-THÉNIERS** Quartier du Planet (sur la D6202, à 1km de la sortie est, dir. Nice) 04 93 05 05 25 Jeu.-mar. 12h-14h et 19h-21h

### Tradition familiale

**Chez Paul €**

Dider Meyer a hérité cette table de référence de ses parents, et a su conserver la confiance des convives. La salle balance entre ambiance bourgeoise et brasserie canaille, un peu comme la carte : belles pizzas (10-13€), raviolis, *troffi* et gnocchis maison, daube, tête de veau, ris et rognons... Entrées 8-12€, plats 15-20€.

**TOUËT-SUR-VAR** 4260, av. du Général-de-Gaulle (9km à l'est de Puget-Théniers) 04 93 05 71 03 Dim.-mar. 12h-14h, ven.-sam. 12h-14h et 19h30-21h

### Vue sur les alpages

**L'Escapade €€**

Bonne cuisine de tradition proposée par cet hôtel-restaurant de Beuil : farcis niçois, bœuf en daube, lasagnes aux cèpes, truite, cuisse de canard aux olives, panisse, raviolis, gnocchis... Menu costaud 28€, avec en entrée une fameuse terrine de tête aux champignons sanguins (lactaires) ! Accueil charmant.

**BEUIL** 17, bd du Colonel-Marcel-Pourchier (20km à l'est de Guillaumes par la D28) 04 93 02 31 27 www.hrlescapade.fr Tlj.

Pour des emplettes gourmandes, voir **Montagnes paysannes** (p.99).

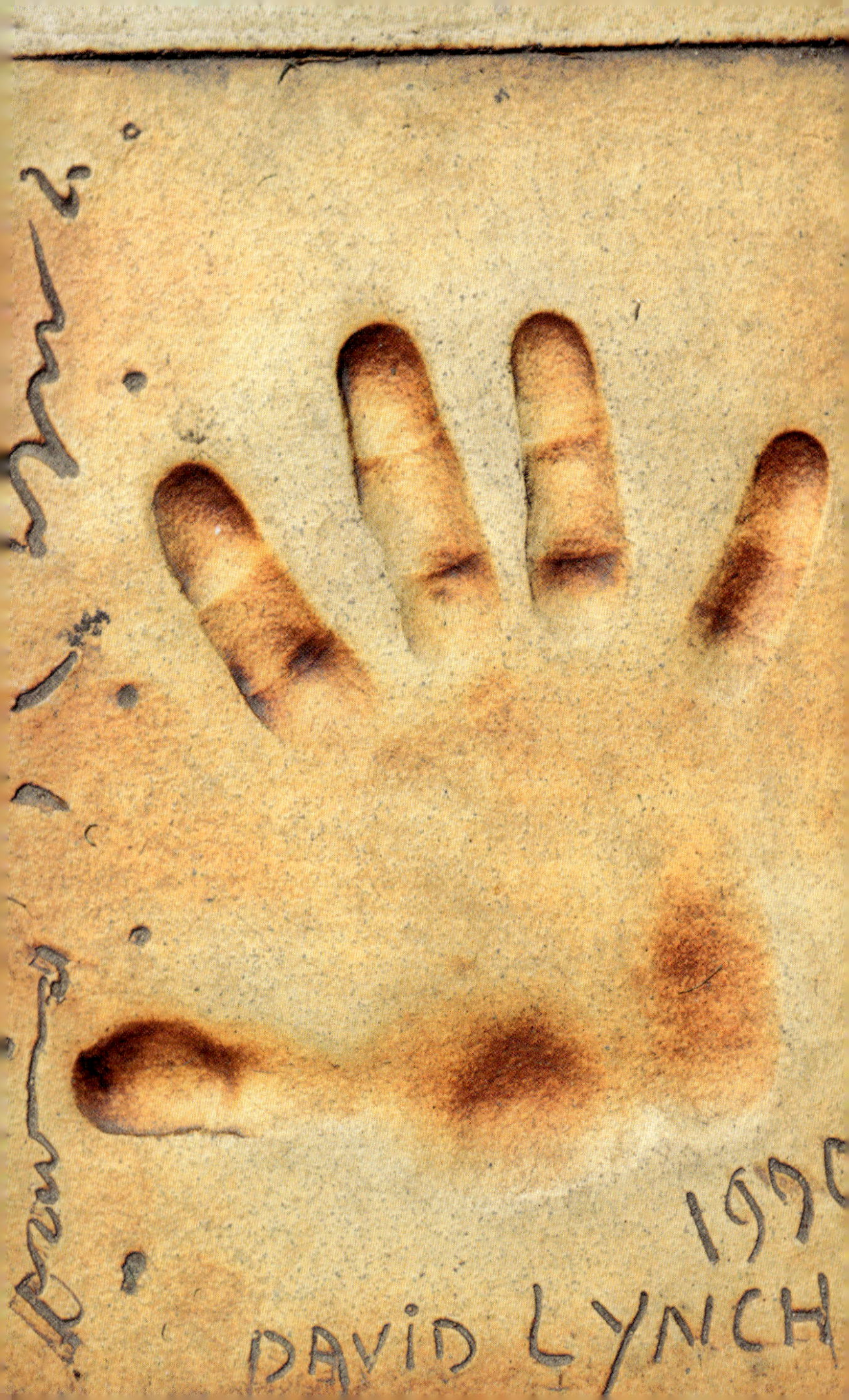
1990
DAVID LYNCH

Cannes et sa Croisette, Antibes et sa vieille ville, Juan-les-Pins et son festival de jazz... Quelques-unes des plus séduisantes stations de la côte se trouvent ici, quand l'arrière-pays, ses villages fleuris posés au pied des Préalpes et sa luminosité exceptionnelles ont, eux, accueilli de tous temps artistes et artisans : parfumeurs à Grasse, peintres à Mougins, Vence ou Saint-Paul-de-Vence, potiers et céramistes à Vallauris ou Biot...

# Cannes et le pays grassois

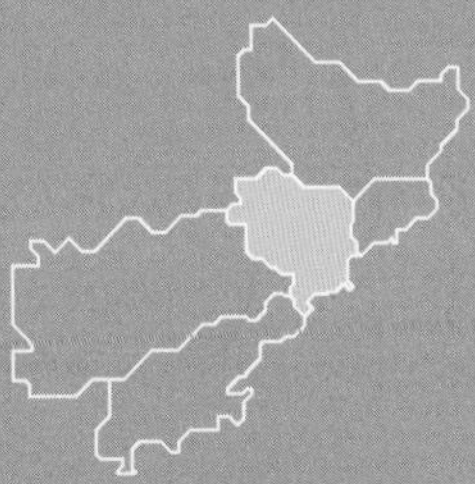



**Chemin des Étoiles, Cannes**

## Plan 7

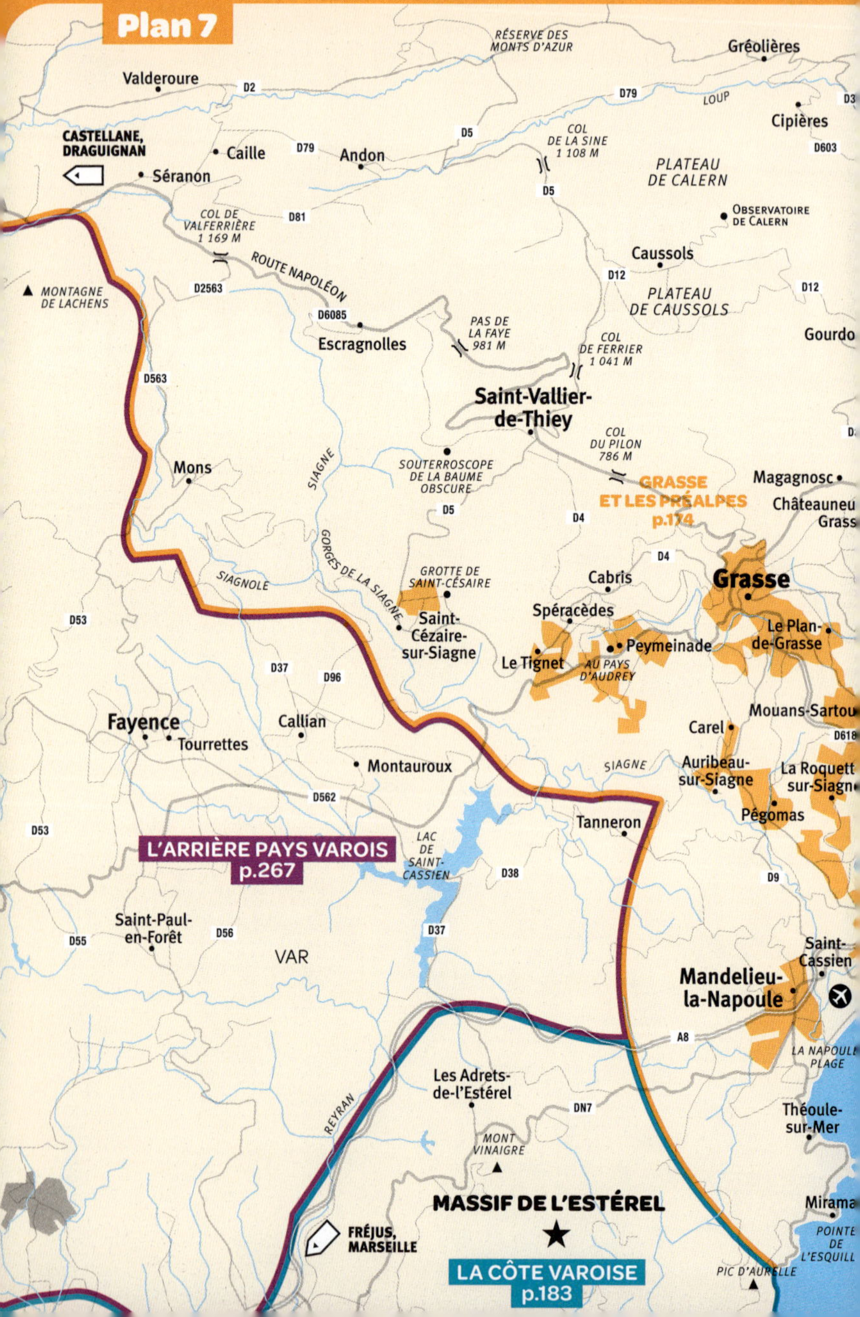

RÉSERVE DES MONTS D'AZUR
Gréolières
Valderoure
D2
D79
LOUP
Cipières
D603
CASTELLANE, DRAGUIGNAN
Caille
D79
Andon
D5
COL DE LA SINE 1 108 M
PLATEAU DE CALERN
Séranon
D5
COL DE VALFERRIÈRE 1 169 M
D81
OBSERVATOIRE DE CALERN
ROUTE NAPOLÉON
Caussols
MONTAGNE DE LACHENS
D2563
D12
PLATEAU DE CAUSSOLS
D12
D6085
PAS DE LA FAYE 981 M
Escragnolles
COL DE FERRIER 1 041 M
Gourdo
D563
Saint-Vallier-de-Thiey
COL DU PILON 786 M
SOUTERROSCOPE DE LA BAUME OBSCURE
SIAGNE
Mons
GRASSE ET LES PRÉALPES p.174
Magagnosc
Châteauneu Grass
D5
D4
D4
GORGES DE LA SIAGNE
GROTTE DE SAINT-CÉSAIRE
Cabris
Grasse
SIAGNOLE
Spéracèdes
D53
Saint-Césaire-sur-Siagne
Le Plan-de-Grasse
Peymeinade
Le Tignet
AU PAYS D'AUDREY
D37
D96
Fayence
Callian
Mouans-Sartou
Tourrettes
Carel
D618
Montauroux
SIAGNE
Auribeau-sur-Siagne
La Roquett sur-Siagn
D562
Pégomas
Tanneron
D53
L'ARRIÈRE PAYS VAROIS p.267
LAC DE SAINT-CASSIEN
D38
D9
Saint-Paul-en-Forêt
D56
D37
D55
VAR
Saint-Cassien
Mandelieu-la-Napoule
A8
LA NAPOULE PLAGE
Les Adrets-de-l'Estérel
REYRAN
DN7
Théoule-sur-Mer
MONT VINAIGRE
MASSIF DE L'ESTÉREL
Mirama
FRÉJUS, MARSEILLE
POINTE DE L'ESQUILL
LA CÔTE VAROISE p.183
PIC D'AURELLE

Coursegoules
D8
Carros
MALAUSSÈNE
D2
COL DE VENCE 963 M
Gattières
CHÂTEAU DE BRAMAFAN
SAUT DU LOUP
ALPES-MARITIMES
Saint-Jeannet
MONACO
Courmes
D2
CHAPELLE DU ROSAIRE
A8
NOTRE-DAME-DES-FLEURS
La Gaude
VAR
NICE ET LA RIVIERA p.35
D6
Tourrettes-sur-Loup
Vence
Pont-du-Loup
FONDATION MAEGHT
NICE
Saint-Paul-de-Vence
D6
CAGNES ET LE PAYS DE VENCE p.164
La Colle-sur-Loup
Saint-Laurent-du-Var
Le Rouret
D7
Cagnes-sur-Mer
D2085
A8
Roquefort-les-Pins
Villeneuve-Loubet
Cros-de-Cagnes
Les Hauts-de-Vaugrenier
VILLENEUVE-LOUBET-PLAGE
Valbonne
D4
BRAGUE
Biot
PARC DE VAUGRENIER
Sophia-Antipolis
D6098
BAIE DES ANGES
MARINELAND
D4
D98
La Brague
PARC DE LA VALMASQUE
A8
D6007
Les Terriers
ANTIBES p.152
Mougins
Port-Vauban
Bréguières
ANTIBES
Vallauris
ANSE DE LA SALIS
Le Cannet
PLAGE DE LA GAROUPE
Golfe-Juan
Juan-les-Pins
CANNES
BATTERIE DU GRILLON
LA BAIE DE CANNES p.136
Le Suquet
CAP D'ANTIBES
PALM BEACH
GOLFE DE LA NAPOULE
POINTE DE LA CROISETTE
ÎLE SAINTE-MARGUERITE
ÎLOT DE LA TRADELIÈRE
ÎLE SAINT-HONORAT
ÎLES DE LÉRINS
N
3 km

# SEPT BONNES RAISONS…

… de découvrir Cannes et le pays grassois, leur sens du glamour, leurs parfums, leur âme artiste.

**LA CROISETTE CANNOISE** (p.137), pour se la jouer palace en prenant un cocktail dans l'un de ses hôtels mythiques : Majestic, Carlton, Martinez…

**LE FESTIVAL DE CANNES** (p.145), pour fouler le tapis rouge et profiter des projections grâce à nos conseils. La star, c'est vous !

☀ **LES ÎLES DE LÉRINS** (p.144), pour faire le vide hors du temps, comme à Saint-Honorat, siège d'une communauté monastique depuis 1 600 ans !

☀ **LES PLANTATIONS DE FLEURS DE GRASSE** (p.178), pour humer l'air du Midi parmi les trésors des grands parfumeurs…

☀ **LES PARFUMERIES DE GRASSE** (p.176), pour se mettre au parfum en composant dans leurs ateliers votre fragrance sur mesure !

☀ **LES MUSÉES BONNARD** (p.140), **LÉGER** (p.157), **RENOIR** (p.164), **MATISSE** (p.56), **PICASSO** (p.152) et la fondation **MAEGHT** (p.166)... pour s'inviter chez les artistes !

☀ **SAINT-PAUL** (p.165), **VENCE** (p.166), **TOURRETTES-SUR-LOUP** (p.167), **GOURDON** (p.177), pour vivre au rythme des villages du pays vençois...

# RENDEZ-VOUS AVEC...

Elle dirige avec ses sœurs Anne et Françoise Costa la maison Fragonard, l'un des parfumeurs les plus réputés de Grasse. Cannoise de cœur mais très attachée à la cité des parfums, **Agnès Webster** nous emmène à la découverte de ses lieux favoris.

## Ma madeleine

### B Venturini

Dans le centre-ville de Grasse, les jumeaux Thierry et Cyril Mauro, arrière-petits-fils du fondateur, fabriquent depuis toujours la véritable fougassette, une spécialité de Grasse : juste de la farine, de l'eau et de la fleur d'oranger. J'ai une anecdote touchante à ce sujet. Quand je l'ai faite découvrir à mon fils, il m'a dit qu'il l'aimait parce qu'elle sentait comme sa maman...

**GRASSE 1, rue Marcel-Journet 04 93 36 20 47 Mar.-sam. 9h-12h30 et 15h-18h30**

## Mon café-restaurant

### C Le Café des musées

Avec mes sœurs, nous avons racheté ce café en face de notre usine. Nous-mêmes y déjeunons ou y invitons nos clients. On a refait le décor à notre goût, et on propose une carte du marché simple et pas prétentieuse.

**GRASSE 1, rue Jean-Ossola 04 92 60 99 00 Tlj. 9h-18h30 Fermé dim. en basse saison**

**PARFUMERIE FRAGONARD**

A Notre parfumerie historique existe depuis 1926 ! Je recommande la visite du musée installé au 1er étage de l'usine historique, et celle de la manufacture, toujours en activité (p.176).

**GRASSE 20, bd Fragonard 04 93 36 44 65 www.fragonard.com Juil.-août : tlj. 9h-19h ; sept.-juin : tlj. 9h-18h**

## Mon bol d'air

### D Sentier de Tire-Poil

Au cap d'Antibes, le chemin des Douaniers est un endroit magique pour déconnecter. C'est beau, c'est la Côte d'Azur immuable, un endroit préservé face à la mer où l'on a l'impression d'évoluer dans un tableau. Au retour, on peut faire une pause au bar de l'hôtel Belles-Rives (p.163) : là, on se retrouve dans un roman de Fitzgerald.

**Cap d'Antibes**

## Ma sortie en famille

### E Casa Sallusti

Dans le pays de Vence (p.168), cette ferme écologique adepte de la permaculture offre une expérience formidable à faire en famille pour que les enfants se familiarisent avec les

**Sur le sentier de Tire-Poil**

animaux et prennent de bonnes habitudes d'alimentation. On peut aussi y séjourner et passer la nuit dans une tente écolodge.

**SAINT-JEANNET 670, chemin des Collets (30km à l'est de Grasse) 06 20 35 66 46 www.casasallusti.com**

## Mon marché

### F Marché Forville

Ma mère était née dans une maison voisine du marché Forville, à Cannes, et elle nous y emmenait tout le temps. Ce marché couvert est une merveille pour faire ses courses de fleurs, de fruits, de légumes, de poissons du pays... Le tout dans une ambiance joyeuse et vivante.

**CANNES Rue du Marché Mar.-dim. 7h-13h Lun. brocante 7h-17h30**

## Mon repas en terrasse

### G Le Café du coin

J'ai découvert récemment ce bistrot à Vallauris (p.156), la cité des potiers. Sa terrasse ombragée s'épanouit sur le parvis d'une petite chapelle, au calme, et la cuisine du marché est d'un très bon niveau. On peut notamment y déguster un excellent aïoli et de délicieuses salades de fruits de mer. Plats 16-26€.

**VALLAURIS 16, pl. Jules-Lisnard 04 92 90 27 79 Lun. et mer.-sam. midi et soir, dim. soir ; hors saison : mar.-jeu. et dim. midi ; ven.-sam. midi et soir**

**SI LE PAYS GRASSOIS ÉTAIT...**

**Un parfum** Ce serait celui de la fleur d'oranger, bien sûr, emblématique de la ville de Grasse. Je suis une inconditionnelle de ce parfum. Nous proposons d'ailleurs plusieurs variétés de cette fragrance chez Fragonard.

# LA BAIE DE CANNES

Bordée par les roches rouges de l'Estérel à l'ouest et la pointe de la Croisette à l'est, la baie de Cannes, également appelée golfe de la Napoule, déroule son parfait arrondi de sable face à une mer bleu cobalt et tendre comme un lac. Au milieu de la baie, la ville de Cannes. Dans l'arrière-pays, Mougins et les Alpes en toile de fond. Au large, les îles bucoliques de Lérins, hors du temps.

**ACCÈS ET TRANSPORTS**

- Comptez 45min pour effectuer le trajet Nice-Cannes par l'A8, 1h par la route littorale via Antibes (D6007).
- Liaisons TGV avec Paris (env. 5h) et Nice et sur la ligne TER Marseille-Vintimille.
- Le réseau Palm Bus dessert toute la ville et ses environs. Des bus cabriolets à étage et toit découvert (ligne 8 "Palm Imperial") sillonnent la Croisette. Autre option : la navette électrique "City Palm", qui assure une boucle dans le centre-ville et sur le front de mer. www.palmbus.fr

## À VOIR

### CANNES ★

Le site à lui seul est un rêve de photogénie : le soleil couchant sur l'Estérel, les "rues chauffées à blanc scintillant comme du mica", et cette Croisette impeccable, jadis lieu de pèlerinage, aujourd'hui la vitrine d'un monde joyeusement hédoniste. Mais ceux qui prendront le temps de s'évader en coulisse pourront profiter d'un Cannes plus intime : celui des ambiances villageoises du Suquet tôt le matin, d'un marché encore populaire sous les halles de Forville, ou encore celui d'une visite dans les émouvantes collections du musée de la Castre. Agréable et très commerçant, le centre-ville s'étend à l'arrière de la Croisette et a pour artère principale la rue d'Antibes (plan 8, C2-D2), dont l'animation déborde dans les rues adjacentes, certaines piétonnes. Leur décor de façades anciennes aux crépis colorés et leurs séduisantes devantures invitent à la flânerie.

#### Rocher historique

**Le Suquet** (plan 8, A3)

Cannes est née ici, sur ces pentes, dans ces rues étroites et gaies qui ont gardé une part de leur charme populaire. Il est agréable, tôt le matin, de se perdre dans ces venelles qui se cachent du soleil mais aiment à se fleurir. Du sommet, occupé par une église de style gothique provençal et de larges pins, vues plongeantes sur la baie.

#### Au cœur de la vie cannoise

**Vieux port** (plan 8, B3)

Côté palais des Festivals, ce sont les yachts ; côté quai Saint-Pierre, les voiliers. Maupassant fut l'un des premiers à y accoster, sur son *Bel-Ami*. Quai Laubeuf, dans le prolongement du quai Saint-Pierre, s'alignent les embarcadères pour les îles de Lérins. Les nostalgiques se rendront rue du Port (plan 8, A3) pour

**À NE PAS MANQUER**

- Cannes
- Le Suquet
- La Croisette
- Musée des explorations du monde
- Château de la Napoule
- Musée d'Art classique de Mougins (MACM)
- Îles de Lérins

**La pointe de la Croisette et la baie de Cannes en arrière-plan**

l'auberge Pinchinat (au n°4), la plus ancienne de Cannes, où séjourna Victor Hugo. Au nord s'ouvrent les allées de la Liberté, ombragées de platanes, l'un des centres névralgiques de la ville avec leurs terrasses et leurs joueurs de boules.

## Promenade mythique

### La Croisette (plan 8, C3-D3)

Elle fut aménagée au milieu du 19e s., sur le modèle de la promenade des Anglais de Nice. Côté palmiers, c'est un rêve balnéaire, avec sa mer étale, son sable ratissé comme un jardin zen et ses plages privées. Côté pierre, c'est un traité d'architecture hôtelière de la Belle Époque à nos jours, avec notamment au n°10 le **Majestic** (1863, remanié en 1926 dans le style Art déco), au n°47 la **Malmaison** (centre d'art installé dans une aile épargnée du Grand Hôtel), au n°58 le **Carlton** (1912), dont le célèbre porche à colonnades de marbre rose a vu défiler tout le gotha occidental, ou au n°73 le **Martinez** (1929). Tout à l'est, la pointe Croisette s'avance dans la mer (comptez 20min à pied du centre-ville), offrant des couchers de soleil magnifiques !

## Voyage à travers les cinq continents

### Musée des explorations du monde (plan 8, A3)

Sur les hauteurs du Suquet, il occupe les vestiges de l'ancien château médiéval et de la chapelle cistercienne Sainte-Anne. Superbe décor pour d'exceptionnelles collections ethnographiques du monde entier : Himalaya, Arctique, Amérique précolombienne, Océanie, antiquités méditerranéennes, et une harmonieuse collection d'œuvres de peintres provençaux et cannois des 19e et 20e s. Ne manquez pas la chapelle romane et son exposition d'instruments

Plan 8
A
B
1
2
3
4
LA CROIX-DES-GARDES
NICE, GRASSE
FRÉJUS-ST-RAPHAËL
THÉOULE
R. Jean-Nobles
R. Jean-Nobles
Rue de Belfort
Rue Roger
Boulevard Delaup
Anc. Chem.-des-Vallergues
Avenue Jean-de-Lattre-de-Tassigny
Avenue Saint-Louis
Av. Saint-Jean
Imp. Mireille
Avenue du Petit-Juas
PALAIS DE JUSTICE
Boulevard Sadi-Carnot
Place Vauban
Avenue du Maréchal Gallieni
R. L.-Bucquet
R. Raphaël
RueBorniol
R. M.-Monti
Imp. Bellevue
PARC DONATIEN-MERO
Avenue de Grasse
Rue du Lac
Rue Guy-de-Maupassant
Rue de la Marne
40
R. H.-Paschke
Rue Louis-Blanc
Avenue de Grasse
R. E.-Cavell
Place du 18-Juin
Place de la Gare
Place Stanislas
Bd Guynemer
Rue P.-Graglia
Bd Guynemer
Av. Bachaga-Boualam
Boulevard de la Ferrage
Rue Maréchal-Joffre
Rue Vénizelos
Rue de la Pompe
Rue Butura
R. des Suisses
R. Dr.V.-Budin
Rue Meynadier
J.-de-Riouffe
Rue
Boulevard V.-Tuby
4
R. du Marché
Rue Louis-Blanc
R. Fery
Avenue des Anciens-Combattants
CHAPELLE DE LA MISÉRICORDE
Rue du Dr-Gazagnaire
HALLES DE FORVILLE
F
10
Rue Meynadier
12
Rue Félix-Faure
Place Général-de-Gaulle
R. Bivouac-Napoléon
1
R. Notre-Dame
15
R. de la Miséricorde
11
SQUARE PROSPER-MÉRIMÉ
Rue du Suquet
Rue Saint-Antoine
HÔTEL DE VILLE
Allées de la Liberté
LA PANTERIO
Jetée Albert-Edouard
20
PALAIS DES FESTIVALS ET DES CONGRÈS
Place du Suquet
Rue Saint-Dizier
LE SUQUET
Place B.-Cornut-Gentille
5
NOTRE-DAME-DE-L'ESPÉRANCE
R. J.-Hibert
Rue du Pré
TOUR DU MONT-CHEVALIER
MUSÉE DE LA CASTRE
Quai Saint-Pierre
ESPACE RIVIERA
R. L.-Perrissol
Rue de la Rampe
Rue Georges-Clemenceau
R. du Port
VIEUX PORT
Boulevard Jean-Hibert
SQUARE J.-HIBERT
Q. Max-Laubeuf
N
100 m

C
D
CHAPELLE BELLINI
13
Avenue Isola-Bella
Avenue Isola-Bella
R. du Sgt.-Bobillot
Rue Dr-Calmette
Chemin Saint-Nicolas
Boulevard de la République
Rue Baron
Rue du Lys
SQUARE GAUDINOT-JOLY
Trav. de Mimont
R. R.-Renaudie
Rue Haddad-Simon
SAINTE-GERTRUDE
Rue de Mimont
Boulevard Montfleury
Bd Montfleury
R. de Colmar
Bd. de Strasbourg
SYNAGOGUE
Rue Merle
Rue Merle
CHAPELLE DU SOUVENIR
Rue Louis-Nouveau
42
Boulevard d'Alsace
Voie Rapide
Place P.-Semard
Place Gambetta
Boulevard d'Alsace
Voie Rapide
Rue Jean-Jaurès
Rue Jean-Jaurès
Bd de la République
R. des Mimosas
Boulevard de Lorraine
LA CALIFORNIE
R. du 24-Août
Rue Hoche
R. des Serbes
R. Vagliano
2
3
R. Chabaud
31
Rue Marceau
Rue J.-Daumas
21
Rue de Constantine
R. Lecerf-d'Alger
Rue d'Antibes
Rue d'Antibes
TEMPLE
Rue des Frères-Pradignac
Rue Molière
Rond-Point-Duboys-d'Angers
R. de Lérins
NOTRE-DAME-DU-BON-VOYAGE
Rue des Serbes
R. des États-Unis
Rue Macé
Rue du Commandant-André
R. du Bateguier
R. St-Honoré
MAJESTIC
14
Rue F.-Amouretti
R. Méd.-Lieut.-B.-Lépine
Rue F.-Einessy
Rue du Canada
Av. Branly
Boulevard de la Croisette
SQUARE R.-HAHN
LA MALMAISON
Boulevard de la Croisette
PLAGE DE LA CROISETTE
ESPLANADE DES ALLIÉS
R. Rouaze
32
PORT PIERRE-CANTO
RADE DE CANNES

**Pauses (n°1 à 5)**
3 Belliard - p.146 ........ C2
4 Cave Ets Vallauri - p.146 ..... A2
1 Glacier Vilfeu - p.146 ......... B2
5 Philcat - p.146 ........ B3
2 Volupté Anytime - p.147 ..... C2
**Restaurants (n°10 à 15)**
10 Aux bons enfants - p.148 .... A2
11 Chez Vincent et Nicolas - p.148 ......... A2-A3
12 Coquillages Astoux et Brun - p.148 ........ B2
13 Le Jardin - p.148 ........ D1
14 Pastis - p.148 ........ C3
15 Table 22-Mantel - p.149 ..... A2
**Shopping (n°20 et 21)**
21 Fragonard - p.151 ........ D2
20 La Boutique du Palais - p.151. B3
**Sorties (n°31 et 32)**
32 Bâoli - p.151 ........ D3
31 Morrison's Pub - p.151 ........ C2
**Hébergements (n°40 à 42)**
40 Chalet de l'Isère - p.344 ....... A1
41 Hôtel Colette - p.344 ........ C2
42 Villa Claudia - p.344 ........ D1

**RENDEZ-VOUS AVEC...**
Les adresses d'Agnès Webster
**Shopping**
F Marché Forville - p.135 ....... A2

de musique, et surtout du sommet de la tour le point de vue sur toute la ville, l'arrière-pays, la baie et les îles !

**Pl. de la Castre 04 89 82 26 26 www.cannes.com Avr.-juin, sept. : mar.-dim. 10h-13h et 14h-18h (nocturne mer. jusqu'à 21h en juin et sept.) ; juil.-août : tlj. 10h-19h (nocturne mer. jusqu'à 21h) ; oct.-mars : mar.-dim. 10h-13h et 14h-17h Fermé 1er jan., 1er mai, 1er et 11 nov. et 25 déc. € 6€**

### Un maître nabi

### Musée Bonnard

Aménagé dans une remarquable villa Belle Époque, ce premier musée consacré au peintre Pierre Bonnard (1867-1947), l'un des principaux représentants du mouvement des nabis, fait la part belle aux paysages peints entre 1922 et 1947, période de maturité de l'artiste coïncidant avec son installation au Cannet. Il recèle aussi, entre autres chefs-d'œuvre, *Nu de profil* (1917) et *La Salle à manger au Cannet* (1932), ainsi que des œuvres de jeunesse, des affiches, des sculptures et des photographies, exemplaires du parcours du maître.

**16, bd Sadi-Carnot Le Cannet (4km au nord de Cannes) 04 93 94 06 06 www.museebonnard.fr Juil.-août : tlj. 10h-20h (21h jeu.) ; sept.-juin : mar.-dim. 10h-18h € 5€**

## VERS L'OUEST

### La demeure d'un passionné

### Château de la Napoule

Il doit sa résurrection au sculpteur américain Henry Clews, attachant dandy encouragé dans la voie de l'art par Rodin, et à son épouse Mary, qui achètent en 1918 ce château médiéval et en remontent patiemment les ruines dans un style néomédiéval improbable qui enchante... ou fait sourire. Quoi qu'il en soit, c'est une excursion plaisante, car les jardins sont ravissants et les terrasses offrent des vues superbes sur la mer et l'Estérel. À l'intérieur, l'univers fantastique et inspiré du sculpteur, qui se met en scène, dès l'entrée, dans la statue du Dieu des... humours mystiques. Tout est dit !

**Av. Henri-Clews Mandelieu-la-Napoule (7km à l'ouest de Cannes) 04 93 49 95 05 www.chateau-lanapoule.com Fév.-oct. : tlj. 9h-18h ; nov.-jan. : lun.-ven. 14h-17h, sam.-dim. 10h-17h (et pdt les vac. scol.) € 4-6€**

### Maison-sculpture

### Palais Bulles

Conçu en 1978 par l'architecte hongrois Antti Lovag, il est perché sur les pentes du massif de l'Estérel, le long de la corniche d'Or, d'où il domine la

# LE FESTIVAL DE CANNES

En mai, pendant la douzaine de jours où se tient traditionnellement le Festival international du film, la Croisette entre en transe, les médias sont pris de frénésie, et Cannes vit au rythme d'une joyeuse ambiance de kermesse. Créé en 1939 pour contrebalancer la Mostra de Venise, vitrine du fascisme, le festival devra attendre 1946 et la fin de la guerre pour sa première édition. À ses débuts, ce sont essentiellement les icônes de la culture nationale qui président aux destinées du jury : Cocteau, Pagnol, Simenon ou encore Sagan. Mais, très vite, le festival se mondialise : ce serait aujourd'hui l'événement le plus médiatisé de la planète après les Jeux olympiques. Ces célèbres marches recouvertes d'un tapis rouge ont été foulées par toutes les plus grandes stars, qui convoitent la Palme d'or, décernée au meilleur film. Parallèlement se déroulent depuis 1959 le marché du film le plus important du monde (4 000 productions présentées), ainsi que des sélections alternatives : Quinzaine des réalisateurs, Semaine de la critique, Caméra d'or...

**Sculpture de la Palme d'or, symbole du Festival de Cannes**

**Le palais Bulles, Théoule-sur-Mer**

Méditerranée. Les formes ovales qui caractérisent cet ensemble original sont construites en voile de béton sur des ferraillages courbes. Pierre Cardin, qui l'acquiert en 1992, organisera certains de ses défilés dans le théâtre en plein air adjacent, où se tiennent jusqu'à 500 personnes. De la route, vous pourrez apercevoir la villa, entre Théoule et Miramar.

**Corniche d'Or Théoule-sur-Mer (15km à l'ouest de Cannes sur la D6098) www.palaisbulles.com Ne se visite pas**

## VERS MOUGINS

Mougins est une minuscule villégiature postée au sommet d'une colline, paisible, luxueuse mais sans le strass cannois. Bien des artistes s'y sont réfugiés, à commencer par Francis Picabia, qui sut convaincre Picasso de venir s'installer près de Notre-Dame-de-Vie. Ils ont fait beaucoup d'émules...

**7km au nord de Cannes, par la route de Grasse ou par l'A8**

### Picasso sous tous les angles
### Musée de la Photographie André-Villers

Il n'y a pas que des clichés, on y voit aussi quelques antiques appareils photo et même des lanternes magiques. Mais l'essentiel de la collection consiste en une profusion de portraits de Picasso, par les maîtres du noir et blanc : André Villers, Robert Doisneau, Jacques-Henri Lartigue, Denise Colomb, etc. On se souviendra à cette occasion que c'est à Mougins que l'artiste est mort en 1973.

**Mougins Près de la porte Sarrasine 04 93 75 85 67 Fév.-déc. : tlj. 10h-12h30 et 14h-18h (13h-19h en été) Entrée libre**

## Havre apaisant
### Notre-Dame-de-Vie

Une chapelle de campagne (13e-17e s.), plantée dans un paysage vallonné, où l'on baptisait les enfants mort-nés pour que leur âme puisse gagner le paradis. Aujourd'hui, le site offre un cadre plaisant pour une pause ou un pique-nique. À l'intérieur, une collection d'ex-voto d'une tendre naïveté. À deux pas, la propriété où Picasso a fini ses jours, "l'antre du Minotaure" (propriété privée).

**Chemin de la Chapelle (à quelques minutes de Mougins par la D35 dir. Antibes puis la D3) 04 92 92 37 20 Mai-juin, sept. : sam.-dim. 10h-12h30 et 14h-19h ; juil.-août : tlj. 10h-12h30 et 14h-19h ; oct.-avr. : dim. 10h-16h Entrée libre**

## Beautés antiques et modernes
### Musée d'Art classique de Mougins (MACM)

Étonnante collection, à l'ambition tout à la fois esthétique et pédagogique : les quelque 800 œuvres réunies illustrent avec éclat le culte de la beauté dans l'Antiquité (superbes marbres, mosaïques, sarcophages, etc.) ; et plus encore son caractère fondateur : l'exposition mêle en effet allègrement les pièces anciennes et modernes (Picasso, Matisse, Chagall, Dufy, Cézanne, Rodin, Andy Warhol, Damien Hirst, etc.), révélant autant de filiations.

**32, rue Commandeur Mougins 04 93 75 18 22 www.mouginsmusee.com Mi-juin-sept. : tlj. 10h-20h ; oct.-mi-juin : tlj. 10h-18h Fermé 25 déc. 14€**

## Pôle position
### Sophia-Antipolis

Fondée en 1969, la technopole **Sophia-Antipolis** a fait des Alpes-Maritimes un acteur majeur de l'informatique, des télécommunications, des sciences, des biotechnologies, etc. Sur le modèle des campus américains, elle compte désormais 2 500 entreprises et centres de recherche sur près de 2 400ha.

**4km env. au nord-ouest de Mougins**

## Tout sauf abstrait
### Espace de l'art concret–Donation Albers-Honegger

Le château de Mouans-Sartoux ET le superbe bâtiment contemporain attenant montrent les œuvres de la donation Sybil Albers et Gottfried Honegger, deux artistes phares de l'art concret et de l'art cinétique, tendances majeures de la seconde moitié du 20e s. Expositions temporaires et, dans les écuries, une brève évocation de la vie rurale locale (vaisselle, tonnellerie, plants à parfum, etc.).

**Mouans-Sartoux (5km au nord-ouest de Mougins dir. Grasse) 04 93 75 71 50 www.espacedelartconcret.fr Mi-mai-sept. : tlj. 11h-19h (jusqu'à 18h de mi-mai à fin juin) ; oct.-mi-mai : mer.-dim. 13h-18h 7€**

## Ancienne ville nouvelle
### Valbonne

Une merveille de village provençal, qui se distingue par son plan en damier du 16e s., formant un quadrilatère presque parfait, à la manière des bastides du Sud-Ouest. Créé par l'évêque de Grasse en tant que ville nouvelle pour fédérer

**L'île Saint-Honorat**

une population dispersée en hameaux, il s'organise autour d'une superbe place à arcades, intacte. Ne manquez pas, un peu plus bas, l'abbaye (13e s.), au style totalement épuré. Si vous le pouvez, visitez Valbonne le vendredi, jour de marché, l'un des plus séduisants de la région.

**8km au nord de Mougins**

## LES ÎLES DE LÉRINS

Ancrées à quelques dizaines de minutes de la côte, Sainte-Marguerite et Saint-Honorat constituent un rêve bucolique entretenu par l'ONF, donnant l'illusion que tout, ici, est "sauvage". Une autre planète où le temps est ralenti, l'air rafraîchi par les brises marines. S'il est impossible de passer une nuit sur Sainte-Marguerite (attention à ne pas rater le dernier bateau !), on peut séjourner à Saint-Honorat, dans le cadre d'une retraite spirituelle. Liaisons assurées tlj. avec Cannes, quai Laubeuf (plan 8, B4), par les compagnies Trans Côte d'Azur, Riviera Lines (Sainte-Marguerite) et Planaria (Saint-Honorat).

**Trans Côte d'Azur** 04 92 98 71 30 www.trans-cote-azur.com AR 15,50€ **Riviera Lines** 04 92 98 71 31 www.riviera-lines.com AR 15,50€ **Planaria** 04 92 98 71 38 www.cannes-ilesdelerins.com AR 16,50€

### Paradis botanique

### Île Sainte-Marguerite

Ses 150ha (3km de longueur sur 900m de largeur) sont couverts d'une superbe flore (pins parasols, d'Alep, forêt de chênes verts, allée d'eucalyptus géants avec sa fontaine d'eau douce au milieu). On aime d'emblée ses criques et miniplages, idéales pour la baignade, ses promenades, sa faune, ses aires de pique-nique, ses dunes fleuries de coquelicots et son sentier littoral qui permet de faire le tour de l'île sans difficulté (8km, 3-4h). Le **fort Royal** livre de belles vues sur la baie de Cannes. Anciennement prison (il accueillit notamment l'illustre Masque de fer), il abrite aujourd'hui un pédagogique **musée du Masque de fer** (ex musée de la Mer).

**Musée du Masque de fer et du Fort royal** Près de l'embarcadère 04 89 82 26 26 Juin-sept. : tlj. 10h-17h45 ; oct.-mai : mar.-dim. 10h30-13h15 et 14h15-16h45 (avr.-mai 17h45) 6€

### Un fief religieux

### Île Saint-Honorat

Plus petite que sa voisine, elle héberge depuis le 5e s. une communauté monastique, fondée par Honorat d'Arles, qui administre toujours les lieux et habite l'abbaye moderne (19e s.). Les moines cultivent la lavande et la vigne, produisent du vin et de l'essence de lavandin qu'ils vendent dans leur boutique. La moitié de l'île est classée "zone de silence", mais on peut passer la nuit pour une retraite spirituelle à l'hôtellerie de Saint-Honorat. Du débarcadère, un **sentier littoral** (1h) part sur la droite en direction de l'ouest et ceinture l'île. Il passe par l'**abbaye Notre-Dame**, fortifiée au 11e s. pour la protéger des attaques des pirates. On en voit encore de superbes vestiges, tels le cloître et la salle capitulaire, tous deux situés face à la mer.

**Abbaye Notre-Dame** 04 92 99 54 24 www.cannes-ilesdelerins.com Tlj. 9h-17h (18h30 en été) Entrée libre

## À FAIRE

### Participez au Festival de Cannes

Oui, le plus grand festival de cinéma au monde (p.141) est réservé aux professionnels, mais il est possible d'assister à des projections de films des sélections officielles : l'association **Cannes Cinéma** propose des accréditations à des cinéphiles motivés, et diffuse des films du "in" et du "off" dans des salles de la ville. Le festival lui-même organise des séances en plein air, sur la plage publique de la Croisette, ouvertes à tout le monde. Pour vivre le festival autrement qu'en courant après les autographes des stars !

**Festival de Cannes** 01 53 59 61 00 www.festival-cannes.com **Cannes Cinéma** 04 97 06 45 15 www.cannes-cinema.com

### Baladez-vous au bord de l'eau

### Promenade de l'Aiguille

C'est l'une des plus belles et des plus faciles balades de la région. Elle part de la promenade Pradayol à **Théoule**, charmante station familiale à l'ouest de la baie, puis longe le littoral grenat, souvent tourmenté, avant de passer par une jolie crique propice à la baignade sous la **pointe de l'Aiguille**. Nombreuses aires de pique-nique à l'ombre des mimosas et des eucalyptus, avant l'arrivée à la plage de la Gardanne (45min).

**10km à l'ouest de Cannes**

### Embarquez sur un catamaran à voile

**Rivage Croisière**

Embarquez pour la demi-journée ou la journée sur un catamaran à voile de 22m de longueur (avec son équipage), croisez dans la baie de Cannes ou le long de l'Estérel et mouillez près des îles de Lérins. Masques et tubas fournis. Tarif 59€/demi-journée, 112€/journée.

**20, quai Saint-Pierre Cannes (embarquement au bout du quai Laubeuf) 04 92 98 71 31 www.rivage-croisiere.com Mai-sept. : mar.-dim. 10h-17h**

# NOS ADRESSES

## PAUSES

### La star des boulangeries

**Belliard**

Une institution cannoise depuis 1930. Boulangerie-pâtisserie aux multiples délices comme le craquelin, Belliard a ouvert un snack où l'on grignote de délectables quiches et salades et un plat du jour soigné (formule 12€).

**CANNES (plan 8, C2 n°3) 1, rue Chabaud 04 93 39 42 72 Lun.-sam. 7h-20h Fermé févr. et 1re quinz. juil.**

### Vins du cru

**Cave Ets Vallauri**

Légèrement en retrait du marché Forville, avec une vaste terrasse, cette cave affiche une carte très largement dédiée aux vins du terroir. Pour le choix, confiez vos préférences au serveur et laissez-le faire ! Vous aurez juste à décider si vous préférez une assiette de charcuterie et/ou de fromage ou des tapas pour accompagner la dégustation...

**CANNES (plan 8, A2 n°4) 10-12, rue des Halles 04 93 68 10 20 Juil.-août : lun.-sam. 8h-22h, dim. 8h-17h (fermé lun. sept.-juin)**

### L'as du pan-bagnat

**Philcat**

Face aux yachts rutilants, ce petit kiosque cannois propose le must de la restauration légère : des pans-bagnats exquis et géants notamment rehaussés d'anchois tout doux, des tourtes maison, des tartes et des pissaladières artisanales, et des sandwichs variés (3,50 à 6€). En revanche, ici, vous ne trouverez pas de frites ! Le tout servi avec une désarmante gentillesse.

**CANNES (plan 8, B3 n°5) La Pantiero (vieux port) 04 93 38 43 42 Mi-mars-oct. : tlj. 8h-18h**

### Une institution

**Glacier Vilfeu**

Un glacier "historique", à deux pas du palais des Festivals. Carreaux noirs et blancs au sol, tabourets chromés, néons, murs rose et bleu pâle... on se croirait dans un vieux classique hollywoodien. Les glaces et les sorbets maison ne font pas de la figuration : parfums violette, calisson, chocolat, gingembre, melon, etc.

LA RECETTE

## DAUBE DE BŒUF À LA PROVENÇALE

**Pour 8 personnes**

2kg de bœuf à daube (type paleron) coupé en gros cubes
1 à 2 oignons
1 à 2 carottes
2 feuilles de laurier
2 gousses d'ail
1 bouquet de thym
1 orange
300g d'olives noires dénoyautées
2 cuillères à soupe de coulis de tomates
1 bouteille de vin rouge côtes-du-rhône

Dans un saladier, faites mariner au frais 12 à 24h la viande avec l'oignon et la carotte finement coupés, l'ail épluché, le thym et le laurier, le zeste d'orange coupé, le vin et du poivre. Égouttez la viande, faites-la revenir dans une sauteuse, morceau après morceau, puis déposez-la dans une cocotte minute. Portez ensuite la marinade et ses ingrédients à ébullition dans la sauteuse pendant 5min. Versez sur la viande, salez un peu et ajoutez la sauce tomate. Fermez la cocotte minute et laissez cuire 1h30 à partir de la rotation de la soupape (à vitesse lente toujours). Laissez refroidir la cocotte, ouvrez et rajoutez les olives noires et 2 cuillerées à soupe d'huile d'olive. Dégustez avec des pommes de terre vapeur ou avec de grosses pâtes style penne rigate. La daube sera meilleure réchauffée.

CANNES (plan 8, B2 n°1) 18, rue Bivouac-Napoléon 04 93 39 26 87 Mai-oct. : tlj. 11h-0h ; nov.-avr. : tlj. 11h-18h30 (dim. 14h30-18h) Fermé jan.-mi-fév.

### À l'heure du thé

**Volupté Anytime**

Commander un thé ne relève pas ici de l'acte irréfléchi. Ceylan, Angleterre, Tibet, Afrique du Sud, Chine, Russie... près de cent cinquante références au choix, à accompagner, pourquoi pas, d'un en-cas sucré (crumble, cake, moelleux) ou salé (sélection de petits sandwichs aux produits régionaux). Thés 5-6€, sandwichs 5-6€, pâtisseries 6€.

CANNES (plan 8, C2 n°2) 32, rue Hoche 04 93 39 60 32 www.volupte-anytime.com Lun.-sam. 8h30-19h30 (20h30 en été)

### Pour un verre avec vue

**L'Abreuvoir**

L'un des rares endroits à Mougins où prendre un simple apéritif ou un dernier verre. Véritable institution locale, cet abreuvoir jouit d'une superbe terrasse ouvrant sur la vallée de Grasse... Musique live le vendredi soir (hors saison).

MOUGINS 32, pl. des Patriotes 04 93 90 03 05 Juin-sept. : tlj. 12h-2h ; oct.-mai : mer.-dim. 12h-0h

## RESTAURANTS

### Classiques méditerranéens

**Pastis ♥€€**

Mi-bistrot à la provençale, mi-cantine à l'espagnole, ce grand Pastis très anisé a l'âme particulièrement conviviale ! Simple à midi (petits farcis...), plus élaborée le soir, sa carte est riche en salades copieuses et plats traditionnels : daube niçoise, pavé de thon et sa purée aux olives, poulpes grillés, etc. Pizzas 11-18€, plats 17-30€.

**CANNES (plan 8, C3 n°14) 28, rue du Commandant-André ☎ 04 92 98 95 40 ⏲ Mars-oct. : tlj. 8h-23h30 (fermé dim. en hiver)**

### Maison et de saison

**Aux bons enfants €€**

Cette institution ne se repose pas sur ses lauriers – acquis dès 1935 –, et peut s'enorgueillir de ne travailler que les produits du marché. Menu 33€, où l'on trouve, selon l'arrivage, l'assiette de petits farcis niçois, la tagliata de bœuf, la poêlée de calamars en persillade, etc. Pour amateurs de recettes traditionnelles bien ficelées et typiquement provençales. Pas de CB.

**CANNES (plan 8, A2 n°10) 80, rue Meynadier (Le Suquet) ☎ 06 18 81 37 47 https://aux-bons-enfants-cannes.com ⏲ Mar.-sam. midi et soir (et certains lundis)**

### Havre de paix

**Le Jardin €€**

Le nom de l'établissement dit tout : c'est bien pour le superbe jardin que l'on vient ici ! Treilles, fontaine provençale, cigales, terrasse à deux niveaux, tables d'habitués... Voilà pour le décor. Cuisine classique à l'heure du déjeuner, entre la bavette à l'échalote, la daube, les pizzas, ou le simple plat de pâtes. Grillades le soir en été. Formule à midi 15€, pizzas 13-20€, grillades 19-30€.

**CANNES (plan 8, D1 n°13) 15, av. Isola-Bella ☎ 04 93 38 17 85 www.lejardin-restaurant.com ⏲ Avr.-oct. : tlj. 12h-14h30 et 19h-0h ; nov.-mars : tlj. 12h-14h30**

### Charme à l'ancienne

**Chez Vincent et Nicolas €€**

Une jolie maison du 17$^{e}$ s. au fond d'une minuscule impasse voisine du marché Forville : un décor croquignolet pour un repas, pris en terrasse ou dans les pièces de la demeure, au cachet ancien affirmé (poutres, pierres...). La carte joue la tradition, des escargots ou cuisses de grenouilles à la souris d'agneau confite ou tartare de thon et frites maison. Simple et copieux. Entrées 13-22€, plats 18-36€.

**CANNES (plan 8, A2-A3 n°11) 90-92, rue Meynadier ☎ 04 93 68 35 39 http://chezvincentetnicolas.fr ⏲ Mar.-dim. 19h-23h30 (ouvert lun. en période de congrès et l'été)**

### Le roi des fruits de mer

**Coquillages Astoux et Brun ♥€€€**

Dès 19h, la terrasse, les deux salles du rdc et le 1$^{er}$ étage se remplissent. Soupe de poisson (16,50€), moules farcies à la provençale (13€), marmite du pêcheur (40€), gambas à la plancha (30€)... : autant de spécialités iodées et savoureuses, pour cette institution qui ne se démode pas ! Repas à la carte 40€. Autre adresse dans la même rue. Pas de réservation.

**CANNES (plan 8, B2 n°12) 27, rue Félix-Faure ☎ 04 93 39 21 87 ⏲ Tlj. 12h-14h30 et 19h-22h (sam,.-dim. sans interruption) Dégustation de coquillages non-stop de 12h à 22h**

## Cuisine élégante

### Table 22-Mantel ♥€€€

Salle fraîche et contemporaine, accueil aimable, et cuisine sans esbroufe, d'une pureté absolue, qui mise sur le respect des saveurs et la rigueur des cuissons. Des plats aux intitulés éloquents : asperges blanches rôties au parmesan et jus de veau crémeux au cerfeuil, chocolat comme un finger et sorbet passion... Un régal !

**CANNES (plan 8, A2 n°15) 22, rue Saint-Antoine 04 93 39 13 10 www.restaurantmantel.com Été : lun.-mer. soir, jeu.-dim. midi et soir ; reste de l'année : lun.-sam. soir**

## Bistronomique

### Bistrot des Anges €€

Sur les hauteurs du Cannet, une belle bastide du 18e s. au milieu des oliviers : tel est l'antre discret et délicieux du chef Bruno Oger, un bistrot où l'on se régale à moindre coût de belles recettes provençales (formule à midi 30€, menus 34 et 44€). Également un restaurant gastronomique de très haute volée, la Villa Archange (menus 78 230€).

**LE CANNET 15 bis, rue Notre-Dame-des-Anges (2km au nord du centre de Cannes, dir. Grasse) 04 92 18 18 28 www.bruno-oger.com Mar.-sam. midi et soir (fermé dim. soir de mi-mai à mi-oct.)**

## Déjeuner panoramique

### Château de la Napoule €€

Postée sur les remparts du château de la Napoule (p.140), une terrasse idyllique dominant la mer, avec pour décor les flots qui scintillent et l'Estérel qui rougeoie. On peut y boire un verre la journée, et y faire une pause déjeuner très agréable en profitant du plat du jour, simple et bon (formule 16€). La réservation est conseillée !

Le château de la Napoule

**MANDELIEU-LA-NAPOULE Av. Henri-Clews 04 93 49 95 05 Début avr.-début sept. : tlj. 11h 17h**

## Douceurs insulaires

### L'Escale €€

Pour déjeuner dans une verrière sous les arbres. Ici, le temps prend tout son temps, dans le doux clapotis des vagues et la forte senteur des figuiers : un cadre parfait au parfum de vacances heureuses, même si la cuisine reste banale... Comptez 14-17€ pour une salade ou une pizza, 20-28€ pour un poisson grillé. Cheminée pour les jours de mistral.

**ÎLE SAINTE-MARGUERITE (LÉRINS) À gauche de l'embarcadère 04 93 43 49 25 Mars-oct. : tlj. midi (et les soirs de feu d'artifice)**

À La Tonnelle

### Pour ses vins

**La Tonnelle €€**

Les moines de Saint-Honorat ne plaisantent pas avec la gastronomie, et encore moins avec le vin. Les plats d'influence méditerranéenne servis ici ne seraient-ils d'ailleurs pas avant tout un prétexte pour découvrir les cuvées de l'île si réputées ? Formules 30-36€. Verre de vin de l'île 9-14€. Également une formule snack à 8€.

**ÎLE SAINT-HONORAT (LÉRINS) 04 92 99 54 08 https://tonnelle-abbayedelerins.fr Mars-juin : tlj. 12h-14h ; juil.-août : tlj. 12h-15h ; sept.-déc. : tlj. 12h-14h30 Service snack 11h45-17h Fermé jan.-fév.**

### Ambiance conviviale

**Le Resto des Arts €€**

Au cœur du vieux village de Mougins, une ravissante devanture à l'ancienne, *so French* ! Sur la grande ardoise s'alignent les spécialités de la maison : le lapin aux deux moutardes, l'aïoli et ses petits légumes, les moules marinières, etc. De la vraie et bonne tradition, dans un lieu chaleureux et généreux. Plat du jour 13-15€, menu 25€, entrées 14-15€, plats 11-28€.

**MOUGINS 20, rue Maréchal-Foch 04 93 75 60 03 Mars-mi-déc. : mar.-sam. midi et soir**

### Comme à la maison

**Le Petit Fouet €€**

Aux commandes du restaurant, Bastien propose une cuisine traditionnelle où tout est fait maison. Dans une ambiance bistrot, on déguste chez lui de la blanquette de veau, de bonnes daubes provençales, mais aussi du magret de canard. Plats soignés et vaste choix de vins. Plats 24-34€.

**MOUGINS 12, pl. du Cdt-Lamy 04 92 92 11 70 Ven.-mar. 9h-13h45 et 18h30-21h45 Fermé 3 sem. en nov.**

**Gastronomique**

**L'Amandier €€€**

Cet ancien moulin à huile est l'une des institutions de Mougins, où l'on perpétue avec art la haute tradition de la cuisine niçoise. Excellent rapport qualité-prix, à travers une formule déjeuner (25€, lun.-sam.) et des menus de 38 à 60€ le soir. Assis en terrasse, on embrasse un panorama grandiose !

**MOUGINS 48, av. Jean-Charles Mallet 04 93 90 00 91 www.amandier.fr Tlj. 12h-14h30 et 19h-22h30**

## SHOPPING

**100% festival**

**La Boutique du Palais**

L'occasion de pénétrer dans le palais des Festivals ! Dans cette boutique officielle du Festival du film, vous pourrez dégoter l'affiche de l'année et toutes sortes de produits dérivés estampillés (tee-shirts, crayons, porte-clés...).

**CANNES (plan 8, B3 n°20) 1, bd de la Croisette 09 81 09 59 54 https://laboutiquedupalais.fr Mars-mai, sept.-oct. : tlj. 9h-19h ; juil.-août : tlj. 9h-20h ; nov.-fév. : tlj. 9h-18h**

**Pour être au parfum**

**Fragonard**

À défaut de pouvoir vous rendre à Grasse (p.176), offrez-vous une immersion olfactive à la boutique cannoise. Ambiance délicate de bonbonnière avec bougies parfumées, cosmétiques, parfums, mais aussi de superbes tuniques ou robes.

**CANNES (plan 8, D2 n°21) 103, rue d'Antibes 04 93 38 30 00 www.fragonard.com Juil.-août : tlj. 10h-20h ; sept.-juin : lun.-sam. 10h-19h (également le dim. en déc.)**

Voir aussi **Marché Forville** (p.135).

## SORTIES

À Cannes, tout se passe essentiellement dans le "carré magique", quartier autour de la rue du Commandant-André (plan 8, C2-C3) où se concentrent restaurants, bars lounge et discothèques, qui parfois font tout à la fois...

***So British !***

**Morrison's Pub**

Un vrai pub à l'anglaise, avec son vieux parquet imbibé de bière, ses boiseries sombres et ses gros tonneaux en guise de tables, fréquentés par une foule d'habitués. Large choix de boissons, dont la Pirate, bière brassée dans la région. Concerts le soir, ambiance détendue.

**CANNES (plan 8, C2 n°31) 8, rue Tessaire 04 92 98 16 17 Lun.-ven. 17h-2h, sam.-dim. 13h-2h**

***The place to be***

**Bâoli**

Ceux qui ont monté les marches du palais des Festivals sont aussi ceux que vous verrez danser sur le parquet ciré du Bâoli, à la fois bar lounge, restaurant et club.

**CANNES (plan 8, D3 n°32) Bd de la Croisette Port Pierre-Canto 04 93 43 03 43 https://baolicannes.com Mai-oct. : tlj. à partir de 20h ; nov.-avr. : w.-e. à partir de 20h**

# ANTIBES ★

Une ville au triple visage : un vieux centre, édifié sur un site superbe entre deux anses ; une presqu'île, le cap d'Antibes, aux somptueuses villas dissimulées dans la verdure ; et une station balnéaire, Juan-les-Pins, célébrée des amateurs de jazz. Dans les terres, Vallauris et Biot attirent, eux, les amateurs d'artisanat.

**ACCÈS**

- Antibes est située entre Cannes (à 20min) et Nice (à 40min) sur la route littorale D6007.
- Circulation et stationnement très difficiles dans la vieille ville. Parkings payants alentour nombreux mais chers.
- La ligne SNCF Mandelieu-Vintimille via Nice dessert Antibes et moins fréquemment Juan-les-Pins.

## À VOIR

### LA VIEILLE VILLE

Pour profiter de cette ville fleurie, gaie et même gouailleuse en certains quartiers, on entrera par la belle esplanade du Pré-des-Pêcheurs (plan 9, B1). Derrière la porte Marine, longtemps seule issue de la ville fortifiée, le boulevard d'Aguillon (plan 9, A1) prête à la flânerie avec ses innombrables terrasses et galeries, tandis que la rue Aubernon s'enfonce résolument dans les entrailles de la cité. On se perd de placettes en ruelles en suivant le flot des piétons, aimanté par le beau marché provençal du cours Masséna (plan 9, B1) et les platanes de la place Nationale (plan 9, B1), au charme méridional...

**Galerie en plein air**

**Promenade des Arts** (plan 9, B1)

Une belle initiative de la municipalité : dans la courtine qui sépare la vieille ville du port, les voûtes du long rempart, anciennes casemates, hébergent dorénavant artisans et artistes, dont la RAJAC (p.161). Tout à l'est s'ouvre la galerie des Bains-Douches, qui accueille des expositions temporaires.

**La plus grande église d'Antibes**

**Cathédrale Notre-Dame-de-l'Immaculée-Conception** (plan 9, B1)

Ses premières pierres ont été posées au 10e s., mais sa façade, baroque, a été offerte par Louis XV au début du 18e s. Le clocher se niche désormais dans la tour sarrasine attenante. À l'intérieur, chœur et transept de style roman. À noter : un retable de Louis Bréa, dédié à la Vierge du Rosaire.

**Rue du Saint-Esprit 04 93 34 06 16 Tlj. 9h-12h30 et 14h30-18h30**

**L'ancien atelier de l'artiste**

**Château Grimaldi-Musée Picasso** (plan 9, B1)

Cette ancienne résidence épiscopale (15e-16e s.) a été proposée en 1946 par la mairie à Pablo Picasso pour qu'il y installe son atelier. L'artiste ne cesse d'y

**À NE PAS MANQUER**

- Vieille ville d'Antibes
- Château Grimaldi-Musée Picasso
- Cap d'Antibes
- Notre-Dame-de-la-Garoupe

**La plage antiboise de la Garoupe**

expérimenter, comme en témoigne l'extraordinaire diversité des supports et des techniques employés. Il travaille alors dans l'euphorie de la Libération, qu'il illustre magistralement dans un tableau monumental, *La Joie de vivre*. Le musée conserve également des œuvres de Hans Hartung (initiateur du mouvement de l'abstraction lyrique), d'Anna Eva Bergman, et de Nicolas de Staël, qui se donnera la mort à Antibes en 1955. Les fenêtres du château, tout au long du parcours, offrent de superbes vues sur la Grande Bleue.

**Château Grimaldi ☎ 04 92 90 54 20 ◷ Mi-juin-mi-sept. : mar.-dim. 10h-18h ; mi-sept.-mi-juin : mar.-dim. 10h-13h et 14h-18h € 8€**

## Montmartre antibois

### Quartier du Safranier (plan 9, B2)

Une "commune libre", créée sur le modèle de Montmartre, sans escaliers, mais particulièrement séduisante avec ses paisibles ruelles, ses fleurs, son lavoir couvert (rue de l'Espéron). À quelques pas de là, la promenade Amiral-de-Grasse se déploie en bord de mer sur les anciens remparts. Le nom du quartier proviendrait du safre, un type de sable : l'actuelle place du Safranier se tiendrait en effet sur l'emplacement d'une ancienne carrière de sable.

## Retour dans l'Antiquité

### Musée d'Archéologie (plan 9, B2)

Le bastion Saint-André (17e s.), élevé par Vauban pour protéger le sud de la vieille ville, promet une passionnante plongée dans la cité antique d'Antipolis, berceau d'Antibes. Autels funéraires, statuettes, deniers, amphores, tuiles de terre cuite... Une séduisante collection, riche d'un millier de pièces mises au jour lors de fouilles terrestres et marines. À voir : une intéressante vidéo

**Pauses (n°1 à 5)**
1 Boulangerie-pâtisserie Veziano - *p.159* ................ B2
2 Gelateria del Porto - *p.159* .... B1
4 La Ferme au foie gras - *p.159* . B1
3 Le Café Jardin - *p.159* ........ B2
5 Pizza & Co - *p.159* .............. B1

**Restaurants (n°10 à 13)**
10 L'Atelier - *p.160* .............. A2
12 Le Figuier de Saint-Esprit - *p.160* ........ B1
13 Le Zinc - *p.160* ................. B1

**Shopping (n°20 à 22)**
20 Atelier Ho Lui - *p.161* ........... B1
21 Marché provençal - *p.161* ...... B1
22 RAJAC - *p.161* .................. B1

**Sorties (n°30)**
30 Absinthe Bar - *p.163* ........... B1

**Hébergements (n°40)**
40 Hôtel de l'Étoile - *p.344* ....... A1

pistant à travers la vieille ville les traces de la cité antique, encore lisible dans le tracé des rues ou les fondations de certains bâtiments.

**4, rue des Cordiers ☎ 04 93 95 85 98 ⏲ Fév.-oct. : mar.-dim. 10h-12h30 et 14h-18h ; nov.-jan. : mar.-sam. 10h-13h et 14h-17h Fermé 1er jan., 1er mai, 1er nov. et 25 déc. € 3€**

## Le musée des *Amoureux*

### Musée Peynet et du Dessin humoristique (plan 9, B1)

*Les Amoureux* de Peynet sont descendus à Antibes, où ils coulent désormais une éternité heureuse... Né à Paris en 1908, mort à Mougins en 1999, Peynet commença sa carrière de dessinateur chez un parfumeur, puis conçut des décors de théâtre. Le musée expose son œuvre graphique et exhume des dessinateurs un peu oubliés, tel Dubout.

**Pl. Nationale 04 92 90 54 29 Avr.-oct. : mar.-dim. 10h-12h30 et 14h-18h ; nov.-mars : mar.-dim. 10h-17h 3€**

## LE CAP D'ANTIBES

Cette magistrale presqu'île dominant la Méditerranée apparaît encore largement boisée, du fait d'un tissu résidentiel privilégié : les riches villas, la plupart Belle Époque, s'y cachent en de luxuriants jardins. Ainsi la mythique **villa Eilenroc**, de style néogrec, construite sur les plans de Charles Garnier, et dont les murs ou les jardins s'ouvrent parfois au public. Des hauteurs ou du sentier du littoral se dévoile une vue superbe sur la baie des Anges.

**Villa Eilenroc 460, av. Beaumont 04 93 67 74 33 www.antibesjuanlespins.com Mer. et sam. 10h-16h**

### Elle protège les marins

### Notre-Dame-de-la-Garoupe

Ce sanctuaire modeste (16e s.) s'élève sur un plateau aux vues magistrales. On y découvre une étonnante collection d'ex-voto, près de 250 dessins et 25 maquettes de bateaux. Le plus ancien date de 1506, mais le plus regardé est celui du bagnard (1812) qui remercie la Vierge de lui avoir permis de s'évader.

**Route du Phare 04 93 34 06 16 Lun.-sam. 10h-18h, dim. 11h30-18h Entrée libre**

**La villa Eilenroc, au cap d'Antibes**

### Tout sur la mer

**Espace Mer et Littoral**

Il occupe la tour du Graillon, vestige d'une batterie dont la terrasse offre une vue à 360°, et le parc une agréable promenade entre pinède et falaises. L'exposition éclaire la biodiversité terrestre et marine du littoral. Le site abrite également un centre de soins pour tortues marines méditerranéennes, et organise un certain nombre d'activités pédagogiques.

**175, bd J.-F.-Kennedy ◷ Fermé pour travaux jusqu'en sept. 2022 € Entrée libre**

## JUAN-LES-PINS

À l'ouest du cap, Juan-les-Pins est le versant balnéaire d'Antibes. Son essor date de 1925, quand un milliardaire américain, Franck Jay Gould, tombe amoureux des lieux, et les vante auprès de ses compatriotes. La station est lancée et les Américains ne la délaisseront jamais. Aujourd'hui, elle s'est ouverte à un public plus populaire. L'animation bat son plein tout le long de sa belle plage de sable, sur près d'un kilomètre, et pendant son célèbre festival de jazz.

**À 2km de la vieille ville**

**IL ÉTAIT UNE FOIS**

Créé sous l'impulsion de Sidney Bechet et de Claude Luter, le **festival européen de jazz** électrise les pinèdes de Juan-les-Pins depuis 1960. De 1963 à 1979, il a côtoyé un autre événement : le concours de chansons de la Rose d'or, qui a vu émerger Michel Polnareff, Gérard Lenorman, Serge Lama et Nicole Croisille. www.jazzajuan.com En juil.

## VALLAURIS

Vallauris doit beaucoup à Picasso : l'inventeur du cubisme redonna en effet vie à la céramique, qui fit longtemps la fortune de la ville (en particulier l'artisanat de la poterie culinaire), avant de décliner fortement au 20e s. Un musée lui est consacré, justifiant une halte, et ce malgré les nombreuses boutiques de bimbeloterie qui envahissent ses rues et une vieille ville un peu abandonnée à son sort.

**6km à l'ouest d'Antibes**

### Un génie potier

**Château-musée de la Céramique–Chapelle Picasso**

Ce château Renaissance abrite le **musée de la Céramique**, qui retrace l'histoire de cet artisanat à Vallauris. Clou de la collection, les œuvres de Picasso, réalisées entre 1946 et 1953, où s'illustrent ses obsessions de l'époque : la tauromachie, la mythologie grecque et les femmes. Dans la **chapelle Picasso**, des plaques peintes ont été tordues pour pouvoir épouser la voûte romane. Si l'on est un moment enclin à la rêverie, on est vite ramené sur terre par *La Guerre et la Paix*, œuvre puissante de l'artiste.

**Pl. de la Libération 04 93 64 71 83 ◷ Juil.-mi-sept. : mer.-lun. 10h-12h30 et 14h-18h ; mi-sept.-juin : mer.-lun. 10h-12h15 et 14h-17h € 6€**

**Refuge d'artistes**

### Atelier Madoura

Une ancienne poterie tout en vieilles pierres, avec son four à l'étage, qui constitua un véritable foyer artistique dans les années 1950-1960, accueillant Chagall, Matisse, Foujita, Brauner et surtout Picasso. L'activité a cessé, mais le lieu a rouvert sous la forme d'un espace d'exposition, présentant une soixantaine d'œuvres de la grande époque.

**Rue Suzanne-et-Georges-Ramié 04 93 64 41 74 Mar.-dim. 10h-12h30 et 15h-17h30 Entrée libre**

**La Verrerie de Biot (p.162)**

## BIOT

Biot – dites "Biotte" – a assis sa réputation sur la poterie, un artisanat ici longtemps spécialisé dans la confection de grandes jarres. Plus récemment, l'art du verre soufflé y a pris racine. Potiers, artisans du verre et artistes en tout genre, ruelles et places charmeuses, terrasses séduisantes... Biot attire beaucoup de monde en été. On choisira son heure, matinale de préférence, pour une visite dans des conditions optimales.

**5km au nord d'Antibes**

**Au cœur de la tradition**

### Musée d'Histoire et de Céramique biotoises

Au cœur du village, ce musée associatif propose un survol de l'histoire de Biot et de la tradition potière : y sont exposées de superbes jarres, mais aussi des fontaines d'intérieur, un art plus sophistiqué qui a attiré les potiers les plus doués à la fin du 18e s. Une collection modeste, mais attachante.

**9, rue Saint-Sébastien 04 93 65 54 54 https://musee-de-biot.fr Juil.-sept. : mer.-dim. 10h-18h ; oct.-juin : mer.-dim. 14h-18h 4€**

**Portrait d'un artiste**

### Musée Fernand-Léger

Un lieu tout entier consacré au peintre Fernand Léger (1881-1955). Dans le parc de la propriété qui a appartenu à l'artiste, l'imposante bâtisse aux lignes modernes impressionne par le gigantisme des mosaïques qui égaient sa façade. Au 1er étage, l'œuvre de Léger est présentée de façon chronologique, des premières peintures marquées encore par l'influence de Cézanne (*Portrait de l'oncle*, 1903) aux grandes compositions des années 1950 (*Les Constructeurs*).

**255, chemin du Val-de-Pôme 04 92 91 50 20 www.musee-fernandleger.fr Mai-oct. : mer.-lun. 10h-17h45 ; nov.-avr. : mer.-lun. 10h-16h45 Fermé 1er jan., 1er mai et 25 déc. 5,50€**

# À FAIRE

## Allez à la plage

Deux plages proches de la vieille ville d'Antibes, évidemment assez fréquentées : juste au nord, la jolie plage de la **Gravette** (plan 9, B1) qui regarde les remparts ; au sud, la plage du **Ponteil**, prolongée par celle de la Salis – 1,5km au sud de la vieille ville. À partir de là, ce ne sont plus que criques rocheuses, souvent étroites et difficiles d'accès, hormis la plage de la **Garoupe** (5km au sud de la ville par la route côtière). La plus belle plage du cap d'Antibes s'étend à l'ouest : c'est celle de **Juan-les-Pins**, superbe cordon de sable clair. Pour vous garer, gagnez les quartiers résidentiels sur les hauteurs, à 5min à pied.

## Cheminez au bord de la mer

### Sentier de Tire-Poil

Serpentant sur les rochers, il longe la côte jusqu'à la pointe ultime du cap et la fameuse "baie des milliardaires". On y croise pêcheurs à la ligne, amateurs de bains de soleil, et l'on entr'aperçoit, protégées derrière de hauts murs, de prestigieuses propriétés. Départ de la plage de la Garoupe, durée 1h30-2h AR.

**Cap d'Antibes ⌚ Fermé quand la mer est agitée**

## Essayez le kayak ou le paddle

### Cap Kayak

Location de paddle et de kayaks de mer, simples ou doubles (à partir de 16€/1h) pour se lancer, si l'on est sportif, jusqu'à la pointe du cap. Également des sorties encadrées et divers stages pour les enfants. Équipe sympathique.

**Port Gallice Juan-Les-Pins (au sud du centre-ville) 📱 06 31 48 30 90 www.capkayak.fr ⌚ Juil.-août : tlj. 9h-19h ; hors saison : sur rdv**

**Le port de Juan-les-Pins**

# NOS ADRESSES

## PAUSES

### La meilleure pissaladière

**Boulangerie-pâtisserie Veziano ♥**

Un Antibois pur sucre, as de la boulange. Sa pissaladière à 2€ la part n'a pas d'égal, selon ses fans. Également tourtes aux blettes, fougasses à l'huile ou, côté sucre, fougassettes à la fleur d'oranger...

**ANTIBES (plan 9, B2 n°1) 2, rue de la Pompe 04 93 34 05 46 Mer.-dim. 6h30-13h et 16h-18h, sam. 6h-13h**

### Sandwichs gourmets

**La Ferme au foie gras**

Ce minuscule point de vente posté à deux pas de la courtine offre ses lettres de noblesse au sandwich (6 9,50€) : au foie gras, au magret fumé, aux gésiers... Des garnitures pleines de saveurs ! Goûtez aussi aux figues fourrées au foie gras entier au sauternes, entre autres propositions gourmandes (certaines parfumées à l'huile de truffe). Également des salades à emporter, des crudités ou des fruits frais du marché.

**ANTIBES (plan 9, B1 n°4) 35, rue Aubernon 04 93 34 26 50 https://vente-foie-gras.net Mars-jan. : mar.-dim. 8h-19h**

### À la découpe

**Pizza & Co €**

Ici, c'est 100% *pizza al taglio*, c'est-à-dire "à la découpe", dans la plus pure tradition romaine. Difficile de s'en tenir à une seule part, tant la production maison embaume. De 3,90 à 4,50€ la portion, avec quelques desserts en prime (env. 4€) et même un petit choix de vins italiens. À emporter, à moins d'avoir la chance de voir

Une création Gelateria del Porto

un bout de banquette se libérer sur la petite terrasse... Pas de CB.

**ANTIBES (plan 9, B1 n°5) 1, rue des Casemates 04 93 34 64 86 Juin-août : mar.-sam. midi et soir ; sept.-mai : mar.-jeu. midi, ven.-sam. midi et soir**

### Plaisirs glacés

**Gelateria del Porto**

Un vrai glacier artisanal, sinon familial : Jean-Marc fabrique glaces et sorbets à l'arrière de la minuscule boutique ! À partir de 2,80€ le cornet deux parfums (une trentaine au choix : pêche, figue, chocolat-noisette, etc.). Pas de CB.

**ANTIBES (plan 9, B1 n°2) 4, rue Aubernon 06 17 17 23 08 Avr.-sept. : tlj. du début de l'après-midi à la fin de la soirée (jusqu'à 0h selon affluence)**

### Côté patio

**Le Café Jardin**

Une véritable oasis au cœur du vieil Antibes, avec un charmant patio ombragé et un décor loufoque : chapeaux de paille, arrosoirs, nains de jardin, sabots... L'endroit est agréable à toute heure du jour pour siroter un verre, sauf de 12h à 14h, où il est réservé à la restauration (salades et plats provençaux basiques, 15-23€).

**ANTIBES (plan 9, B2 n°3) 23, rue des Bains 04 93 34 42 66 www.lecafejardin.fr Juil.-août : lun.-sam. 8h-23h ; sept.-juin : lun.-sam. 8h-19h**

## RESTAURANTS

### Fraîcheur et générosité

**L'Atelier €**

Véronique et Louis vous accueille comme à la maison, avec des petits plats concoctés depuis le matin. Rien de compliqué, mais des spécialités, du plat végétarien à la tarte aux noix de pécan. Avec une agréable terrasse, une cantine idéale ! Plats 10-15€.

**ANTIBES (plan 9, A2 n°10) 1, traverse du 24-août 04 92 93 11 73 Lun.-ven. 9h-16h (et ven.-sam. soir de juil. à sept.)**

### Bistronomique

**Le Zinc ♥€€**

À quelques mètres des halles du marché, l'ardoise de ce zinc honore une belle tradition bistrotière : jambon *bellota* à la découpe, poivrons grillés au chèvre frais, tourte d'agneau aux pruneaux et aubergines rôties, pied de cochon croustillant aux cèpes, clafoutis aux premières cerises de l'année... Joli choix de vins. Entrées 10-18€, plats 15-28€.

**ANTIBES (plan 9, B1 n°13) 15, cours Masséna 04 83 14 69 20 Mar.-dim. 12h-14h et 19h-22h (sauf dim. soir en basse saison) Fermé à Noël, 3 sem. en jan. et début nov.**

### L'esprit du Sud

**Le Figuier de Saint-Esprit €€€**

Cette table d'exception dressée sur les remparts de la vieille ville ravit par son patio intérieur, et plus encore par sa cuisine, fine et inventive : difficile d'imaginer meilleur défenseur des saveurs du Sud que le chef, Christian Morisset. Menus 92 et 158€, formule déjeuner 42-55€ ; à la carte, plats 45-85€. Rés. impérative.

**ANTIBES (plan 9, B1 n°12) 14, rue du Saint-Esprit 04 93 34 50 12 www.restaurant-figuier-saint-esprit.fr Mai-oct. : lun. et mer. 19h15-21h30, jeu.-dim. 12h15-13h30 et 19h15-21h30 ; nov.-avr. : jeu.-lun. 12h15-13h30 et 19h15-21h30**

### Poissons et crustacés

**L'Horizon €€**

L'horizon est là : les jours de beau temps, l'immense ciel bleu de la Méditerranée s'offre en toile de fond du repas... Et la mer est bel et bien présente dans l'assiette, avec les produits de la pêche en soupe à la rouille, en "mixed grill", en risotto, etc. Entrées 8-10€, poissons 20-24€.

**JUAN-LES-PINS 37bis, bd Charles-Guillaumont 04 93 67 23 11 Ven.-mar. midi et soir**

### Simple et pratique

**Café Brun €€**

Au cœur de Biot, ce petit café chaleureux se cache au fond d'une cour : la terrasse, ombragée par de superbes lauriers, jouit d'une belle tranquillité. Voilà qui tombe à point nommé pour une pause repas, autour de généreuses salades (au chèvre, italienne, etc.), de viandes grillées (ribs, entrecôte, etc.) et de burgers maison. Plats 14,50-20€.

**BIOT 44ter, impasse Saint-Sébastien 04 93 65 04 83 www.cafebrun-biot.fr Lun.-ven. 12h-14h30 et 18h15-0h, sam. 18h-0h (et le dim. 18h15-0h en haute saison)**

Voir aussi **Le Café du coin** (p.135).

## SHOPPING

**Le meilleur du local**

### Marché provençal ♥

Un incontournable antibois, avec profusion de fruits, légumes, charcuteries, poissons, etc., sous les belles halles historiques.

**ANTIBES (plan 9, B1 n°21) Cours Masséna ⌚ Juin-août : tlj. 6h-13h45 ; sept.-mai : mar.-dim. 6h-13h**

**Céramiques renouvelées**

### RAJAC ♥

L'acronyme pour "résidence antiboise de jeunes artistes céramistes". Belle rampe de lancement ! Il règne dans l'atelier l'effervescence d'une école des Beaux-Arts, où chacun tourne, modèle, émaille, défourne, etc. Les créations qui naissent de ce bouillonnement s'exposent dans tous les coins : il y a de quoi chiner, s'amuser et même s'extasier !

**ANTIBES (plan 9, B1 n°22) Les Casemates 20-21, bd d'Aguillon 📱 06 48 55 04 76 ⌚ Mi-avr.-juin, début sept.-mi-sept. : mar.-sam. 10h-20h ; juil.-août : tlj. 11h-23h ; mi-sept.-mi-avr. : mar.-sam. 10h-18h**

**Ombres chinoises**

### Atelier Ho Lui ♥

Un sculpteur, Chinois amoureux de la France, a ouvert la plus poétique des boutiques-ateliers. En quelques secondes, il réalise en papier votre silhouette en volume, baptisée "Ho-Luiette" (à partir de 15€). En quelques heures, il modèle votre buste dans l'argile ou sculpte votre visage en miniature sur un morceau de bois. Un moment de grâce avec un artiste humble et souriant qui a disséminé ses œuvres partout dans la ville et pourra, sur demande, vous guider sur leurs traces...

**ANTIBES (plan 9, B1 n°20) 12, rue James-Close 📱 06 12 92 92 63 ⌚ Tlj. 10h-13h et 16h-22h (et jusqu'à 1h certains soirs d'été)**

***Made in* Vallauris**

### Atelier Gilbert Portanier ♥

Œuvrant à Vallauris depuis 1948, Gilbert Portanier en est l'une des figures incontournables, et l'un des derniers représentants de la

**Le marché provençal d'Antibes**

céramique d'art dans la commune. Libéré de toute école, son travail est inspiré, coloré, original... À voir !

**VALLAURIS 8, chemin des Potiers 06 63 54 80 58 https://gilbertportanier.com Sur rdv**

## Poteries traditionnelles

### Lou Pignatier

Labellisé "entreprise du patrimoine vivant", Lou Pignatier reste le dernier atelier de Vallauris à cultiver les savoir-faire des potiers d'autrefois. Entre autres assiettes, carafes, saladiers, terrines et tourtières émaillés, le best-seller de la maison : le plat à four tourné à la main. On pourra dénicher une petite pièce à partir de 4,50€ (bol, porte-savon, etc.).

**VALLAURIS 43, av. Georges-Clemenceau 04 93 64 65 38 www.loupignatier.com Tlj. 10h-12h30 et 14h30-18h30 (sauf dim. après-midi ; journée continue en juil.-août)**

## Atelier historique

### La Verrerie de Biot

C'est elle qui, dans les années 1950, lança le florissant artisanat du verre dans la localité. Vous pourrez y admirer de nombreux souffleurs à l'œuvre, y visiter librement l'écomusée du verre (qui explique les techniques du verre soufflé) et, bien sûr, passer par la vaste boutique (carafes, assiettes, coupes, etc., en verre bullé). Également des visites guidées (6€).

**BIOT Chemin des Combes 04 93 65 03 00 www.verreriebiot.com Juil.-août : lun.-sam.**

LA RECETTE

## SOUPE AU PISTOU

*Une institution du Sud, qui a autant de recettes qu'il existe de familles !*

**Pour 6 personnes**

150g de haricots coco blancs frais
150g de haricots coco rouges frais
200g de haricots plats
2 courgettes
2 pommes de terre
1 oignon
100g de coquillettes
1 bouquet de basilic
4 gousses d'ail
1 tomate

Coupez les légumes en dés. Faites revenir l'oignon émincé dans un peu d'huile d'olive. Ajoutez les haricots et les courgettes, faites revenir 3-4min, puis couvrez largement d'eau (2-3l). Lorsque l'eau bout, ajoutez les pommes de terre coupées en dés. Laissez mijoter jusqu'à ce que les légumes soient cuits, puis incorporez les coquillettes et continuez la cuisson 15min. Enfin, préparez le pistou : dans un mortier, pilez l'ail, puis ajoutez les feuilles de basilic, la tomate pelée et coupée en morceaux. Salez, poivrez et versez de l'huile d'olive jusqu'à ce que le mélange prenne. Ajoutez le pistou à la soupe, ou présentez-le à part.

10h-19h, dim. et j. fér. 10h30-13h30 et 14h30-19h ; sept.-juin : lun.-sam. 10h-13h et 14h-18h, dim. et j. fér. 10h30-13h30 et 14h30-18h

### Verres soufflés

**Atelier-galerie Pierini ♥**

Dans un ancien moulin à huile, Robert et Antoine Pierini soufflent le verre près d'un four incandescent : un spectacle hypnotique, fruit de longues années d'apprentissage. Leurs œuvres se découvrent dans la galerie attenante, qui mérite le coup d'œil.

**BIOT 9, chemin du Plan Route de la Mer 04 93 65 01 14 www.antoinepierini.com Oct.-mai : mar.-sam. 10h-12h30 et 14h-18h (18h30 en mai, juin et sept., 19h en juil.-août)**

## SORTIES

L'animation des soirées antiboises se concentre sur le **boulevard d'Aguillon** (plan 9, A1-B1), entre le port et la vieille ville : s'y alignent quantité de cafés, et notamment de pubs qui ne désemplissent pas, car les jeunes Anglo-Saxons sont nombreux à Antibes, touristes mais surtout membres d'équipage travaillant sur les yachts y faisant escale. Décors et ambiances transportent de l'autre côté du *channel* !

### Danser sous les étoiles

**Siesta Beach Club Night**

Plage aménagée en journée, la Siesta se transforme en un restaurant *lounge* branché en soirée. Concerts live et sets de DJ rythment la programmation. *The place to be* en somme ! Également un casino ouvert jusqu'au bout de la nuit.

**ANTIBES (hors plan 9 par A1) 207, route du bord de mer (3km au nord du centre-ville dir. Nice) 06 86 55 86 86 www.joa.fr Mai-juin : jeu.-sam. 19h-2h ; juil.-août : mer.-sam. 19h-2h, dim. 16h-23h (quelques soirées en sept.) Casino tlj. 10h-4h**

### Féerie verte

**Absinthe Bar**

Au pied de quelques marches, un lieu envoûtant... Chapeaux melons, piano mécanique, affiches publicitaires, etc. : la décoration nous plonge au siècle des poètes maudits. Treize tables, et au milieu de chacune d'entre elles, une fontaine à quatre robinets laissant s'échapper, pour qui voudrait y goûter, la fameuse absinthe !

**ANTIBES (plan 9, B1 n°30) 25, cours Masséna 04 93 34 93 00 Lun.-mer. 9h-19h, jeu.-sam. 9h-0h, dim. 9h-18h (fermé dim. hors-saison)**

### Jazzy et dandy

**Piano Bar Fitzgerald**

Palace mythique du cap d'Antibes, l'hôtel Belles-Rives conserve la mémoire de son hôte le plus célèbre, Francis Scott Fitzgerald. C'est au piano-bar qu'elle reste la plus vive : fauteuils léopard, bar en moleskine, parquet de chêne, etc., ressuscitent les années 1930, si chics et canailles. Le tout avec vue plongeante sur la Méditerranée... Osez pousser la porte !

**JUAN-LES-PINS 33, bd Édouard-Baudouin 04 93 61 02 79 www.bellesrives.com Tlj. 12h-23h**

# CAGNES ET LE PAYS DE VENCE

Perché sur une colline au milieu d'un entrelacs de rocades et de bretelles, le vieux centre de Cagnes-sur-Mer, si cher à Auguste Renoir, mérite une halte pour ses ruelles médiévales et sa luminosité. Il commande l'accès au pays de Vence, ponctué de villages au charme intemporel, qui ont séduit de tout temps écrivains, peintres et autres célébrités.

**ACCÈS**

- Cagnes est située à mi-chemin entre Antibes et Nice (15-20min de trajet) sur la route littorale D6007.
- Liaisons en train TER (ligne Marseille-Vintimille).

## À VOIR

### CAGNES-SUR-MER

Cette grosse agglomération englobe Villeneuve-Loubet et s'étend jusqu'à la mer, bordée par un long littoral de 3km propice aux activités balnéaires. À l'ouest, le quartier de Cros-de-Cagnes, avec son église jaune et son petit port de pêche. À l'est, la moderniste Marina Baie-des-Anges, sidérante par la taille de ses quatre pyramides et la hardiesse de ses formes (des vagues blanches géantes). Un peu en retrait, le Haut-de-Cagnes, vieux village chargé d'histoire, est sillonné de ruelles fleuries où il fait bon flâner.

**Trois musées en un**

**Château-musée Grimaldi**

Un élégant château, ancienne résidence des Grimaldi de Monaco. Il abrite aujourd'hui trois espaces : le musée ethnographique de l'Olivier (collection d'objets et d'outils voués à la culture de l'arbre et à la fabrication de l'huile), la donation Suzy Solidor (portraits signés Cocteau, Dufy, Lempicka, etc., de cette célèbre chanteuse de cabaret), et le musée d'Art moderne méditerranéen (œuvres de Chagall, Brayer, Fujita et d'autres artistes amoureux de la Côte d'Azur). La tour du château offre un somptueux panorama.

**Pl. Grimaldi Haut-de-Cagnes 04 92 02 47 35 Avr.-juin, sept. : mer.-lun. 10h-12h et 14h-18h ; juil.-août : mer.-lun. 10h-13h et 14h-18h ; oct.-mars : mer.-lun. 10h-12h et 14h-17h 4€**

**Auguste Renoir y vécut ses dernières années**

**Musée Renoir-Domaine des Collettes**

Pierre-Auguste Renoir (1841-1919) fit construire cette maison en 1907 en la dotant de tout le confort de l'époque, s'y installa avec sa famille et y mourut. C'est le prototype du mas campagnard dont on rêve, environné d'un merveilleux parc entretenu avec sensibilité, où poussent les fameux oliviers séculaires immortalisés par le peintre. Dans la maison, l'atelier du maître, quinze toiles originales ainsi qu'une salle dédiée aux sculptures.

**Chemin des Collettes Cagnes-sur-Mer 04 93 20 61 07 Avr.-mai : mer.-lun. 10h-12h et 14h-18h ; juin-sept. : mer.-lun. 10h-13h et 14h-18h ; oct.-mars : mer.-lun. 10h-12h et 14h-17h 6€**

**À NE PAS MANQUER**

- Château-musée Grimaldi
- Musée Renoir-Domaine des Collettes
- Saint-Paul-de-Vence
- Fondation Maeght
- Vence
- Chapelle du Rosaire
- Tourrettes-sur-Loup

**Fête de la violette, Tourrettes-sur-Loup**

## Sous la protection de sa forteresse

### Villeneuve-Loubet

Montez jusqu'au vieux village (à 2km de la côte) pour profiter de sa tranquillité : des rives du Loup, les ruelles pittoresques – de véritables escaliers – partent à l'assaut du coteau, coiffé par une impressionnante forteresse médiévale. Son **musée d'Histoire et d'Art** contient une collection originale d'objets hétéroclites ayant trait aux guerres, de 1914-1918 à l'Indochine : décorations, uniformes, maquettes (dont une animée), affiches de propagande. La ville rend également hommage au "roi des cuisiniers" Auguste Escoffier, dans un **musée de l'Art culinaire** créé dans sa maison natale. Ses souvenirs personnels, une collection d'ustensiles du début du 20e s., une superbe cuisine provençale et des menus délirants de 1820 à nos jours y mettent l'eau à la bouche !

3km à l'ouest de Cagnes-sur-Mer **Musée d'Histoire et d'Art** Rue de l'Hôtel-de-Ville 04 92 02 60 39 Lun.-ven. 9h-12h et 14h-18h, sam. 9h30-12h30 Entrée libre **Musée Escoffier de l'Art culinaire** 3, rue Escoffier 04 93 20 80 51 www.musee-escoffier.com Juil.-août : tlj. 10h-13h et 14h-19h ; sept.-juin : tlj. 10h-13h et 14h-18h 6€

## SAINT-PAUL-DE-VENCE

Il doit sa renommée aux nombreuses stars qui l'ont fréquenté, mais les lieux sont à la hauteur de leur réputation : un superbe village de pierre blonde qui trône sur sa crête rocheuse tel un sphinx assoupi. Passé l'étroite porte de Vence, on entre dans un lacis de ruelles bordées de belles demeures médiévales ou Renaissance (rue Grande). Dus à François Ier, les **remparts** suivent le tracé d'anciennes fortifications médiévales – la balade est particulièrement plaisante au soleil couchant. Inutile de préciser qu'il faut choisir son moment pour découvrir l'un des villages les plus visités de France...

7km au nord de Cagnes

### Le cœur du village

**Collégiale de la Conversion-de-Saint-Paul**

Elle est placée au centre culminant de Saint-Paul, et constitue un bel exemple de la sobriété du style roman provençal. L'une de ses chapelles (Saint-Clément) est une merveille d'art baroque. À gauche, en entrant, on peut voir une Vierge attribuée au Tintoret. L'église recèle un trésor fait de reliquaires, de précieuses pièces d'orfèvrerie et d'un superbe ciboire décoré de scènes bibliques.

**Pl. de l'Église (en haut du village)**

Ruelle de Saint-Paul-de-Vence

### Décorée par Folon

**Chapelle des Pénitents blancs**

L'artiste belge Jean-Michel Folon (1934-2005) a conçu le décor de cette ancienne chapelle (17e s.) les années précédant sa mort, et des artisans italiens l'ont achevé. L'œuvre majeure est une mosaïque de 106m² d'une grande intensité poétique, propre à l'univers onirique de Folon...

**Pl. de l'Église ⌚ Mai-sept. : tlj. 10h-12h30 et 14h-18h ; oct.-avr. : tlj. 10h-12h30 et 14h-16h € 3€**

### Collections idéales

**Fondation Maeght 👍**

Touche-à-tout de génie, Aimé Maeght (1906-1981) est à l'origine de ce musée devenu une institution de la Côte d'Azur, qu'il avait imaginé telle une "galerie idéale", un lieu d'art vivant où l'on déambulerait librement. Le bâtiment, très moderniste (galets, ciment brut, brique, verre), s'intègre superbement dans une forêt de pins et brouille les repères : est-on dehors ou à l'intérieur ? Les artistes ont été associés à la réalisation : Chagall a dessiné les mosaïques, Miró et Calder ont conçu les sculptures et les mobiles du parc, Braque a créé un bassin et des vitraux, etc. Une promenade exceptionnelle à travers les mouvements majeurs du 20e s. (surréalisme, art brut, abstraction, Cobra...).

**623, chemin des Gardettes (1km au nord du village dir. La Colle-sur-Loup) ⌚ Juil.-août : tlj. 10h-19h ; sept.-juin : tlj. 10h-18h € 16€**

## VENCE 👍

Les deux coupoles vernissées de l'église des Pénitents-Blancs, entr'aperçues à travers un rideau de cyprès, sont le premier cadeau de Vence. En arrivant ensuite sur la place du Grand-Jardin, ceinturée de platanes et de terrasses, on en perçoit le deuxième : sa paisible atmosphère provençale et authentique, perpétuée par les Vençois. On pénètre dans la vieille ville par des portes fortifiées qui jalonnent des remparts dessinés en ellipse : portes du Pontis et du Signadour au sud, porte d'Orient à l'est, portes du Portail-Levis et du Peyra à l'ouest, cette dernière étant flanquée d'une tour médiévale (12e s.). Au centre, la place Clemenceau offre une agréable respiration.

**3km au nord de Saint-Paul-de-Vence**

### Art moderne et contemporain
### Musée de Vence–Fondation Émile-Hugues

L'ancienne demeure des seigneurs de Villeneuve accueille un musée iconoclaste, où le galériste Yvon Lambert présenta un temps les chefs-d'œuvre de sa collection : Warhol, Basquiat, ou des figures de l'art actuel. Elle propose désormais des expositions temporaires.

**2, pl. du Frêne 04 93 24 24 23 https://vence.fr Mar.-dim. 11h-18h 6€**

### Construite sur un temple romain
### Notre-Dame-de-la-Nativité-de-la-Vierge

Un très vieux sanctuaire érigé sur le site d'un temple dédié à Mars (on décèle des inscriptions antiques sur la face ouest), et aux influences multiples : mérovingienne, romane, gothique, puis rococo (façade). À l'intérieur, on découvre dans le baptistère une mosaïque de Chagall, *Moïse sauvé des eaux*, et des stalles en bois du 15e s. sculptées avec une fantaisie peu commune dans les églises.

**Pl. Georges-Clemenceau**

### L'esprit de Matisse
### Chapelle du Rosaire

"Une chapelle à visiter l'hiver, à 11h du matin", conseille le maître Matisse, auteur de ce petit bijou d'art sacré. L'artiste en attaqua les dessins préparatoires à l'âge de 77 ans, et il s'est occupé de tout : l'autel, découpé dans une chaude pierre calcaire, le gigantesque vitrail *L'Arbre de vie*, les grandes céramiques blanches racontant la Nativité et le chemin de croix de Jésus... Une petite exposition dans la maison attenante présente l'histoire de la création de l'édifice. Vue superbe sur Vence du jardin.

**466, av. Henri-Matisse (1km au nord du centre-ville dir. Saint-Jeannet) 04 93 58 03 26 Mar. et jeu.-ven. 10h-12h et 14h-17h, mer. et sam. 14h-17h (18h en été) Fermé mi-nov.-mi-déc. 7€**

## TOURRETTES-SUR-LOUP

Village-funambule défiant le vide, Tourettes-sur-Loup mérite une balade dans ses jolies ruelles. Il peut constituer au départ de Vence la première étape d'un superbe circuit d'une soixantaine de kilomètres à travers les collines verdoyantes des Préalpes, des gorges du Loup à Coursegoules via Gourdon (p.176).

**5km à l'ouest de Vence**

**Tourrettes-sur-Loup**

## Histoire de fleurs

### La Bastide aux violettes

On s'y initie aux méthodes de culture et aux différentes utilisations de la violette, avant de parcourir les jardins et les serres, où sont cultivés l'ensemble des espèces, fleurs et arbres, visibles dans le pays de Grasse. Des produits "violettes" issus directement du terroir du Ferrage sont proposés à la vente.

**Chapelle Saint-Jean (le long de l'ancienne route de Grasse) 04 93 59 06 97 Juin-sept. : lun.-sam. 10h-12h et 14h-18h ; oct.-mai : lun.-sam. 10h-12h30 et 13h30-17h30 Entrée libre**

**COULEUR LOCALE**

Tourrettes-sur-Loup a été consacré **"capitale de la violette"** ! Cultivée dès le 19e s. pour fournir les distilleries de Grasse, la petite fleur est célébrée chaque année, fin février-début mars, avec musique, danse, ateliers de cuisine et de bouquets, défilés, etc., lors du festival La Violette en Fête.

## SAINT-JEANNET

Le village repose parmi ses terrasses cultivées, sous l'imposante muraille calcaire de son fier baou, le plus beau de la contrée : une montagne en proue de navire, toute minérale, à la tête aussi plate que ses flancs sont abrupts. À son pied, Saint-Jeannet ne manque pas de charme avec son lavoir, ses ruelles en calades, ses quelques commerces encore bien vivants, son vignoble rare, ses deux chapelles, son église joliment restaurée – bref, son ambiance authentiquement villageoise. Avec des enfants, profitez également de la ferme écologique Casa Sallusti (p.134).

**6km au nord-est de Vence**

### Vue unique

**Baou de Saint-Jeannet**

Si impressionnant soit-il, ce rocher escarpé (sens du provençal "baou") est facilement accessible à pied à partir de Saint-Jeannet. De son sommet, le panorama est indicible. Le parcours (facile) est consciencieusement fléché. Départ de la place Sainte-Barbe (parking Réné-Veyssi, gratuit, à l'entrée du village), distance 5,6km (2h30 AR).

### Dans le secret des insectes

**Écomusée vivant de Provence Ib-Schmedes**

Ib Schmedes (1912-1993), sculpteur, cinéaste, entomologiste et philosophe passionné, a fondé cet écomusée qui dévoile les secrets des insectes, batraciens et reptiles. Chaque vivarium reconstitue le biotope de son habitant : un véritable musée vivant.

**La Coupole La Gaude (10km à l'est de Vence) 04 93 24 97 47 Page FB Mer. et sam.-dim. 14h-18h 6€**

## À FAIRE

### Prenez la mer

**Jean-Louis le pêcheur**

Au départ du port du Cros-de-Cagnes, Jean-Louis vous embarque à bord de son bateau pour des promenades en mer dans la baie du Cros (1h, 15€), des sorties jusqu'aux îles de Lérins ou bien Monaco via Villefranche (39€), et des sorties de snorkeling (2h30, 50€/pers).

**7, rue du Capitaine-de-Frégate-Hippolyte-Vial Port du Cros-de-Cagnes 06 98 86 12 01 Avr.-mi-oct. : tlj. (sur rés. uniquement)**

### Grimpez dans les arbres

**Canyon Forest**

Parcours aventure tous niveaux, de "Yakamonter" à "Téouf" (à partir de 25€), canyoning (à partir de 50€ la demi-journée).

**26, route de Grasse Villeneuve-Loubet 04 92 02 88 88 https://canyonforest.com Rés. obligatoire (sous réserve des conditions météo)**

# NOS ADRESSES

## PAUSES

### En toute simplicité

**Chez Andréas**

Pour grignoter ou simplement boire un verre. Sous les bougainvillées, la petite terrasse se révèle très cosy et fort aguicheuse à l'heure où les derniers rayons du soleil se posent sur les remparts de Saint-Paul... De bonnes assiettes de fromage et de charcuterie, auxquelles s'ajoutent quelques plats sans chichis, pâtes et salades (8,50-17€). Une heureuse simplicité dans un village qui peut se montrer guindé.

**SAINT-PAUL-DE-VENCE Remparts ouest 04 93 32 98 32 Tlj. 12h-23h**

### Moment de fraîcheur

**Tom's**

Au cœur du vieux village de Tourrettes, Tom's, maître glacier, n'est pas avare de bons parfums, parmi lesquels, bien sûr, la violette locale ! À partir de 2,50€ le cornet.

**TOURRETTES-SUR-LOUP 25, Grand'Rue 04 93 24 12 12 Mars-oct. : tlj. 11h-19h (nocturnes certains soirs d'été) ; nov.-fév. : tlj. 14h-18h30**

## RESTAURANTS

### Simple et convivial

**Restaurant Les Baux €€**

Au pied du château du Haut-de-Cagnes, on est irrésistiblement attiré par le charme de sa terrasse ou de sa petite salle. Carte ancrée dans la tradition, simple mais sincère : salade de cœurs d'artichaut et parmesan, magret de canard aux pêches, etc. Menus 30€, formule déj. 18€.

**CAGNES-SUR-MER 2, pl. du Château (Haut-de-Cagnes) 04 93 73 14 00 Mer.-dim. 12h-14h et 19h-21h30**

### Chaleureux et provençal

**Fleur de sel €€€**

Pascale et Philippe Loose sont aux commandes de ce restaurant du Haut-de-Cagnes, résolument provençal et chaleureux. Deux menus complets à 48 et 59€, où brillent aiguillettes de bœuf à l'échalote fondante au vin rouge ou risotto de langoustines rôties aux épices douces. Choix de vins impressionnant.

**CAGNES-SUR-MER 85, montée de la Bourgade (Haut-de-Cagnes) 04 93 20 33 33 www.restaurant-fleurdesel.com Ven.-mar. soir**

### Un parfum de Scandinavie

**La Brouette €€**

Le propriétaire, danois, et son épouse ont bâti de leurs mains ce restaurant aux allures de guinguette, enfoui dans un jardin. Ils vous expliqueront la carte, danoise (mais pas que), où "tout est fée maison"... Plat du jour 12€, menus 23, 28 et 33€.

**SAINT-PAUL-DE-VENCE 830, route de Cagnes (6,5km à l'est de Saint-Paul dir. Vence puis Cagnes) 04 93 58 67 16 Tlj. midi et soir (sauf lun. hors saison)**

### Cuisine du Sud

**Le Caruso €€€**

Une bonne table au cœur de la cité. Tarifs élevés certes, mais le rapport qualité-prix est tout à fait satisfaisant, car l'on profite d'une belle cuisine méridionale, généreuse et savoureuse ainsi que d'un cadre séduisant. Formules déj. 21€.

**SAINT-PAUL-DE-VENCE 1, montée de la Castre (à côté de l'église) 04 93 24 36 47 https://lecarusodesaintpaul.fr Mi-avr.-mi-nov. : jeu.-lun. midi et soir ; mi-nov.-mi-avr. : jeu.-mar. midi**

### Bon et beau

**Les Agapes €€**

Douces agapes au cœur de la vieille ville, dans ce petit antre du fait-maison : le chef n'est pas avare de son savoir-faire, proposant, pour le déjeuner, un bon plat du jour (15€) et une ardoise intéressante (formules 20 et 24€), et, le soir, une carte plus étoffée (menu 35€). Dans les deux cas, le plaisir est au rendez-vous, autour d'assiettes généreuses et goûteuses. Accueil sympathique.

**VENCE 4, pl. Georges-Clemenceau 04 93 58 50 64 https://les-agapes.net Juin-sept. : mar.-dim. 12h-14h et 19h-21h30 ; oct.-mai : mar.-sam. 12h-14h et 19h-21h30 Fermé 3 sem. en jan., 2 sem. en nov.**

### Fantaisie et fraîcheur

**La Litote €€**

Sur une placette, à l'ombre d'un grand tilleul, ou dans la salle rustique, le chef, formé dans de grandes maisons, développe son goût de l'originalité : tartare de dorade à l'ananas et au lait de coco, volaille au topinambour et ail noir, poire pochée et glace au chèvre... Menu découverte 35€, menu dégustation 74€.

**VENCE 5, rue de l'Évêché 04 93 24 27 82 Mar. et ven. soir, sam.-lun. midi et soir Fermé mi-jan.-mi-fév.**

Tartare de poisson

### Sans chichis

**La Gaudriole €**

Une de ces adresses que les habitants du coin voudraient bien garder pour eux... On mange sur une grande terrasse protégée par des charmes, ou dans une salle voûtée. Au menu, une cuisine traditionnelle sans prétention : bruschettas généreuses, plats de pâtes ou gnocchis en sauce, salades ou même pizzas (plats 8-29€). Malgré son nom, l'établissement ne plaisante pas avec la qualité ! Réservation conseillée.

**LA GAUDE** 6, rue Centrale (9km à l'est de Vence via Saint-Jeannet) 04 93 24 88 88 Mar.-sam. midi et soir, dim. midi

### Pour l'assiette et... la vue

**La Cave de Tourrettes ♥€€**

Réservez impérativement une table sur son balcon ! À l'arrière de cette chaleureuse maison de Tourrettes, il surplombe le vide au-dessus d'un ruisseau. À l'horizon : la Méditerranée. Ici, on cultive les plaisirs simples de la vie, on associe de bons vins à des recettes épicuriennes, à travers une très courte carte écrite selon le marché du jour. Tout embaume la bonne cuisine, goûteuse et relevée d'une touche contemporaine. Excellent rapport qualité-prix : entrée et plat 30-35€ env.

**TOURRETTES-SUR-LOUP** 8, rue de la Bourgade 04 93 24 10 12 Tlj. midi et soir

### Bistro gourmand

**Clovis ♥€€€**

Au cœur de Tourrettes-sur-Loup, Leah et Julien – un duo qui dépote – propose une cuisine inventive qui honore la tradition et sélectionne les meilleurs produits. Saint-Jacques rôties aux herbes, endives à la vanille et pesto d'oseille ; neige de brebis

LA RECETTE

## TARTE PISSALADIÈRE

**Pour 6 personnes**

400g de pâte à pain
1kg d'oignons
1 boîte de filets d'anchois à l'huile
12-15 olives noires
2 cuillères à soupe environ de sucre en poudre (selon les oignons)
herbes de Provence (ou thym ou origan)

Épluchez et taillez les oignons en petits carrés. Dans une poêle, faites chauffer 4 cuillères à soupe d'huile d'olive, et faites revenir les oignons jusqu'à ce qu'ils deviennent tendres, mais sans les colorer. Après 15-20min, ajoutez les filets d'anchois dans la poêle, puis les herbes. Laissez revenir encore 10min.

Préchauffez le four à 220°C (th. 7). Étalez la pâte sur une plaque de four huilée (à l'huile d'olive), disposez dessus le mélange d'anchois et d'oignons, puis garnissez d'olives noires. Baissez le four à 180°C, enfournez et laissez cuire 15-20min jusqu'à ce que les bords de la pâte soient bien dorés. Dégustez tiède ou froid.

basque et poire pochée au piment d'Espelette... Cadre rustique et petite terrasse dans la ruelle. Menus 40-120€, un bon rapport qualité-prix.

**TOURRETTES-SUR-LOUP 21, Grand'Rue 04 93 58 87 04 https://clovisgourmand.fr Jeu.-ven. et dim.-lun. 12h30-13h30 et 19h30-21h30, sam. 19h30-21h30**

## SHOPPING

### Le secret de la terre
### Atelier Kiki Giuliana ♥

Fière des ses racines paysannes, Kiki Giuliana, artiste locale, travaille la terre avec simplicité et humilité. De cette matière primordiale, elle façonne des "dames" malicieuses, qui évoquent l'humanité dans toute son étrangeté. Elle réalise également de superbes jarres brutes, blanches ou noires, ou encore d'intrigants biscuits-plats recousus.

**SAINT-PAUL-DE-VENCE 49, chemin des Gardettes 04 93 32 87 54 www.kikigiuliana.com Sur rdv**

### Artisans en herbe
### La Boutique des Couvés

Non pas une boutique, mais une couveuse ! Hébergés en résidence, de jeunes créateurs du cru assurent à tour de tour de rôle l'ouverture des lieux, où sont exposés et mis en vente un joli patchwork de propositions, illustrations, mode enfant, bijoux, vitrail, peinture, objets de décoration, etc.

**VENCE 2, pl. Georges-Clemenceau (angle rue du Peyra) 07 48 47 88 67 Tlj. 10h-13h et 15h-19h (nocturnes en été, fermetures anticipées en hiver)**

### Craquer pour des craquelures
### Atelier Maria Rousguisto

Le beau travail de Maria Rousguisto ne peut laisser indifférent. Simple céramiste ? Une véritable artiste, à l'origine plasticienne, qui se dédie dorénavant au modelage de la terre et, plus encore, au raku – cette exigeante technique d'émaillage née au Japon, permettant de créer des effets de craquelure de toute beauté ! Pots et vases à partir de 130€.

**VENCE 1, rue de l'Évêché 06 15 27 65 18 Juil.-août : tlj. 10h30-13h et sur rdv ; sept.-juin : horaires variables ou sur rdv**

### L'art de la déco
### La Poterie du Peyra

En entrant dans la vieille ville de Vence, il est difficile de rater cette boutique colorée qui déborde généreusement sur la rue. Tissus, poteries, boutis : de tout un peu, sélectionné avec goût – loin du triste folklore des boutiques de souvenirs...

**VENCE Pl. du Peyra 04 93 58 06 17 Avr.-sept. : tlj. 9h30-19h (20h juil.-août) ; oct.-mars : mar.-sam. 9h45-18h45**

### LES ATELIERS DE TOURRETTES-SUR-LOUP

Le village de Tourrettes (p.167) n'est pas qu'un superbe écrin de vieilles pierres, il abrite de nombreux artistes et artisans dont les ateliers s'ouvrent au public. Peintres, tisserands, sculpteurs, couturiers, tourneurs sur bois, potiers, bijoutiers travaillent devant vous. L'office de tourisme (2, pl. de la Libération, www.tourrettessurloup.com) distribue un dépliant qui répertorie l'ensemble des adresses, dont beaucoup se trouvent dans la Grand'Rue et les ruelles adjacentes.

# GRASSE ET LES PRÉALPES

Le centre ancien de Grasse, aux belles demeures bordant d'étroites ruelles, témoigne de la riche histoire de la "capitale du parfum". Dans l'arrière-pays, les Alpes s'annoncent avec un paysage de hauts plateaux et de gorges, ponctués de superbes villages offrant d'ébouriffants panoramas.

**ACCÈS**

- Comptez 30min de voiture pour rallier Grasse de Cannes (D6185 via Mougins).
- Ligne TER à destination de Vintimille, via Cannes (25min) ou Nice.

## À VOIR

### GRASSE

On se hisse au prix de quelques lacets vers la petite éminence sur laquelle la ville s'est juchée. Grasse est-elle toujours cette "cité pleine d'assurance" décrite par Patrick Süskind dans son roman *Le Parfum* ? Pour le découvrir, il faut flâner à travers la vieille ville, et admirer ses hautes façades à l'élégance parfois austère, entre architectures médiévales et hôtels particuliers des 17e-18e s., élevés par les tanneurs et parfumeurs enrichis. Cœur de la ville, la place aux Aires, autrefois traversée par un canal utilisé pour le trempage des peaux, était le fief des tanneurs.

**Église-musée**

#### Cathédrale Notre-Dame-du-Puy

Édifiée sur la plus ancienne place de la ville, cette église romane remaniée, dont la noble silhouette en pierre blanche trahit des influences lombardes, abrite des toiles de Rubens, de Charles Nègre, un triptyque de Louis Bréa et l'unique tableau religieux connu de Jean Honoré Fragonard, *Le Lavement des pieds*.

**6, pl. du Petit-Puy Mi-avr.-début nov. : lun. 9h-12h et 13h-18h, mar.-sam. 10h-12h et 13h-18h, dim. 9h-12h ; début nov.-mi-avr. : lun.-sam. 9h-12h et 14h-17h Entrée libre**

**De si beaux atours**

#### Musée provençal du Costume et du Bijou

Il séduit par sa scénographie élégante et astucieuse : on tourne autour des costumes exposés sous des cloches de verre, seules illuminées dans une douce pénombre... Loin de tout folklore, les tenues traditionnelles, jupons en indienne et étoles de dentelles semblent renouer avec la fraîcheur et le goût de la volupté du 18e s. ! La salle des bijoux vaut également le coup d'œil.

**2, rue Jean-Ossola 04 93 36 44 65 Tlj. 10h-13h et 14h-18h30 Entrée libre**

**Voyage dans le temps**

#### Musée d'Art et d'Histoire de Provence

Le cadre est somptueux : un hôtel particulier du 18e s., dont certaines pièces ont été reconstituées avec leur décor (belle collection de mobilier, faïences et

**À NE PAS MANQUER**

- Grasse
- Musée international de la Parfumerie
- Gorges du Loup
- Gourdon
- Coursegoules

**Récolte de fleurs destinées aux parfumeurs, environs de Grasse**

tableaux, cuisines restées dans leur jus). Quelques objets évoquent la vie quotidienne en Provence, de la préhistoire aux années 1950. Terminez la visite par une balade le long des allées taillées au cordeau du petit jardin à la française.

**2, rue Mirabeau 04 93 36 80 20 www.museesdegrasse.com Mai-sept. : tlj. 10h-19h ; oct.-avr. : tlj. 10h-17h30 Fermé 1er jan., 1er mai, 25 déc. 2€**

## Le peintre des scènes galantes

### Villa-musée Jean-Honoré-Fragonard

Au milieu d'un parc planté de palmiers s'élève cette élégante maison de campagne où séjourna Fragonard (1732-1806). Y sont réunies des œuvres originales du peintre virtuose des amours galantes, ainsi que des copies de ses chefs-d'œuvre. Dans l'escalier, une étonnante décoration en trompe-l'œil, attribuée à son fils, Alexandre Évariste Fragonard. Période d'ouverture limitée.

**23, bd Fragonard Mai-juin et vac. scol. : tlj. 13h-17h ; juil.-août : tlj. 13h-18h45 Entrée libre**

## Un monde de senteurs

### Musée international de la Parfumerie

Plus de 50 000 objets consacrés à l'histoire du parfum, depuis l'Antiquité jusqu'à nos jours ! L'évident fil rouge en est le flacon, ultime témoin de parfums par nature volatiles, dont la riche collection retrace plusieurs millénaires d'histoire de l'artisanat et du design dans le monde entier. Mais le parcours est aussi olfactif (plantes odorantes, inhalateurs). Nombreux ateliers pour les enfants. Complément indispensable : les **jardins du MIP** (p.178), 2ha de rosiers, orangers ou violettes, pour de belles balades.

**2, bd du Jeu-de-Ballon 04 97 05 58 11 www.museesdegrasse.com Mai-sept. : tlj. 10h-19h ; oct.-avr. : tlj. 10h-17h30 4-6€**

**IL ÉTAIT UNE FOIS...**
Au 16e s., Grasse a pour principale activité la tannerie, et le travail des peaux dégage des odeurs fortes et tenaces. Pour en atténuer les effluves, on a l'idée d'imprégner le cuir d'essences naturelles de la région, et de proposer des gants parfumés. Catherine de Médicis, alors reine de France, s'en entiche : la mode du parfum est lancée !

## Pour un plein d'essences !

### Parfumeries

Grasse compte encore trois grands parfumeurs en activité, **Fragonard**, **Molinard** et **Galimard** (un peu à l'écart du centre). Chacun propose la visite (gratuite) de son usine, ainsi que des ateliers où le public peut créer son propre parfum (p.178). Les visites retracent l'histoire de l'industrie de la parfumerie, et se terminent par un passage en boutique, où les productions maison sont vendues au prix d'usine.

**Précieuse essence de Fragonard**

**Parfumerie Fragonard** 20, bd Fragonard 04 93 36 44 65 www.fragonard.com Juil.-août : tlj. 9h-19h ; sept.-juin : tlj. 9h-18h Entrée libre **Parfumerie Molinard** 60, bd Victor-Hugo 04 93 36 01 62 www.molinard.com Juil.-août : tlj. 9h30-19h ; sept.-juin : tlj. 9h30-18h30 Dernière admission 1h avant fermeture Fermé 1er jan. et 25 déc. Entrée libre **Parfumerie Galimard** 73, route de Cannes (3km au sud du centre-ville sur la D6185 dir. Cannes) 04 93 09 20 00 www.galimard.com Mars-sept. : tlj. 9h-18h30 ; oct.-fév. : tlj. 9h-18h Entrée libre

## VERS LA VALLÉE DU LOUP

## Une ancienne place forte

### Le Bar-sur-Loup

On arrive sur les premiers reliefs des Préalpes, secteur aujourd'hui protégé (Natura 2000), particulièrement propice à la villégiature, sinon à une journée de balade sur des routes peu fréquentées où la mer reste omniprésente à l'horizon. Perché sur un éperon rocheux, Le Bar-sur-Loup, demeuré intact, veille sur l'entrée des gorges du Loup et les collines vençoises. Précautionneusement serrées autour d'un donjon, ses maisons anciennes formaient rempart contre les indésirables, et le village a gardé quelque chose d'intime et de farouche... Son **église Saint-Jacques**, au portail gothique superbement sculpté, arbore au-dessus de l'autel un retable de Louis Bréa, et dans la tribune, une surprenante peinture sur bois, *La Danse macabre*.

**9km au nord-est de Grasse**

### Un étroit défilé calcaire

**Gorges du Loup**

Fleuve côtier, le Loup naît dans des hauteurs boisées d'Andon-Thorenc-Canaux à 1 250m, et se jette à Villeneuve-Loubet au terme d'un périple d'une cinquantaine de kilomètres. Il doit sa renommée à ses gorges creusées dans les Préalpes entre Le Pont-du-Loup (3km au nord du Bar-sur-Loup) et le hameau de Bramafan, 9km plus loin (D6). Entre deux murailles presque squelettiques où s'accroche une maigre garrigue, c'est un chaos de roches calcaires sur lesquelles roule le torrent. D'aval en amont, on croise la cascade de Courmes et le Saut du Loup, proches de la D8. De tunnels en ponts, la petite départementale se fraie ensuite un chemin entre les parois du canyon, avant de grimper vers Gréolières.

### Promontoire panoramique

**Gourdon**

On mesure sa situation exceptionnelle quand on y grimpe par la D3. À l'aplomb de la falaise, l'imposante silhouette de son **château** se découpe sur le ciel. Bien que tardif, il affiche, de loin, l'austérité d'une forteresse (ne se visite pas). Joliment restauré et très bien entretenu tout au long de l'année, le village attire les visiteurs, qui se pâment devant un panorama époustouflant, courant de Nice à Théoule, sur près de 80km. Pour que la magie opère, on s'y rendra aux heures tranquilles, lorsque la foule le quitte peu à peu...

**12km au nord du Bar-sur-Loup**

### Un petit bout du monde

**Coursegoules**

Un amour de village perdu, que rien ne défigure. Vidées par l'exode, ses rues revivent en été. On s'y promène entre escaliers et passages voûtés, on croise le moulin à grains bâti par les Templiers au 13e s., on cherche la fraîcheur dans l'église Sainte-Marie-Madeleine. Avant de s'échapper à travers la garrigue, vers la chapelle Saint-Michel (30min de marche), un émouvant sanctuaire du 8e s.

**23km au nord du Bar-sur-Loup**

## À L'OUEST DE GRASSE

### Merveilles souterraines

**Grottes de Saint-Cézaire**

C'est un coup du hasard, doublé ici du coup de pioche d'un paysan retournant son champ, qui a permis de découvrir ce gouffre il y a un siècle. Les stalactites et stalagmites de ces grottes se singularisent par leur couleur rouge (présence d'oxyde de fer) et la diversité de leurs formes. Pensez à vous munir d'une petite laine : il fait sous terre entre 14 et 15°C en toute saison.

**1481, route des Grottes Saint-Cézaire-sur-Siagne (17km à l'ouest de Grasse par la D4) 04 93 60 22 35 www.grotte-saintcezaire.com Fév.-mai, sept.-11 nov. : tlj. 10h-12h et 14h-17h ; juin-août : tlj. 10h-18h (visite guidée de 40min, départ toutes les 20min env. ; fermé mi-nov.-jan.) 9€**

### Voyage dans les entrailles de la terre
**Souterroscope-Grotte de la Baume obscure**

Guidé par le son et par de savants jeux de lumière, on avance dans un labyrinthe de galeries (claustrophobes s'abstenir) que la rivière souterraine a creusées. Sur 700m, son cours disparaît et resurgit sous forme de vasques d'un vert laiteux, de cascades, de bruines... Option "chasse au trésor" pour les familles.

**2 600, chemin Sainte-Anne Saint-Vallier-de-Thiey (13km au nord-ouest de Grasse par la D6085) 04 93 42 61 63 www.baumeobscure.com Fév.-mars, nov. : mar.-dim. 10h-16h (vac. scol. tlj.) ; avr.-juin, sept.-oct. : mar.-dim. 10h-17h (vac. scol. tlj.) ; juil.-août : tlj. 10h-18h (mer. et ven. nocturne jusqu'à 0h) € 9,50€**

### Désert blanc
**Plateau de Caussols**

Une incongruité géologique : un plateau karstique qui culmine à près de 1 200m, où s'accrochent au nord quelques cultures et forêts, mais où domine au sud un semi-désert où affleure un calcaire blanc érodé par les eaux de pluie et de ruissellement. On croise dans ce bout du monde des bories, ces abris de pierres sèches en forme de ruche qui servaient jadis aux bergers. La D12 le traverse de part en part, donnant un rapide aperçu de cette étrangeté géologique, mais le mieux est d'y randonner.

**Par la D12 au départ de Gourdon**

## À FAIRE

### Créez votre propre parfum
Les grands parfumeurs de Grasse, **Fragonard**, **Molinard** et **Galimard** (p.176), disposent d'ateliers de création ouverts au public : patiemment guidé, vous pourrez élaborer, sur les fameux orgues à parfums comptant jusqu'à une centaine d'essences, la fragrance de vos rêves... Comptez de 30 à 190€ l'atelier selon le nombre d'essences proposées.

### Admirez des champs de fleurs
C'est la question que tout le monde se pose à Grasse : alors que les abords de la ville sont grignotés par les zones résidentielles, où sont passées les fleurs qui servent à fabriquer les parfums ? De fait, les essences florales sont aujourd'hui importées de l'étranger, et seules quelques marques de luxe conservent de discrètes plantations. Trois possibilités de visites (guidées et sur réservation) : le **domaine de Manon**, les **jardins du MIP** (musée international de la Parfumerie) et le **domaine du mas de l'Olivine**. Autant de belles expériences visuelles et olfactives.

**Le domaine de Manon** 36, chemin du Servan Plascassier (7km au sud-est de Grasse par la D4 dir. Valbonne) 06 12 18 02 69 Sur rés. en période de floraison **Jardins du MIP** 979, chemin des Gourettes Mouans-Sartoux (10km au sud-est de Grasse dir. Cannes) 04 92 98 92 69 Sept.-nov. : tlj. 10h-17h30 ; mai-août : tlj. 10h-19h Fermé 1er mai **Domaine du mas de l'Olivine** 16, chemin des Lazes Peymeinade (9km à l'ouest de Grasse par la D13) 06 61 77 26 54 http://masdelolivine.fr Juil.-août : lun.-mer. 14h30 ; basse saison sur rdv

**Borie du plateau de Caussols**

## Partez en safari au milieu des bisons

### Réserve des monts d'Azur

Un domaine de 700ha au cœur de hautes collines, où paissent un troupeau d'une quarantaine de bisons d'Europe, des chevaux de Przewalski, des élans, des cerfs élaphes, etc. Au fil des saisons, on part à leur rencontre au travers de safaris originaux : à pied, en calèche, en traîneau ou en raquettes à neige ! Restaurant et hébergements. Activité à partir de 24,50€. Également des formules avec repas, voire nuit comprise.

**Thorenc Andon (à 35km au nord de Grasse via Saint-Vallier-de-Thiey) 04 93 60 00 78 www.reserve-biologique.com Avr.-mi-nov. : mer.-dim. 10h-17h ; déc.-mars : mer.-dim. 10h-16h30 ; vac. scol. : tlj. 10h-18h**

## Randonnez en altitude

### Plateau de Calern

Le sentier pédestre du plateau de Calern, au nord de celui de Caussols, invite à une découverte de ses reliefs karstiques marqués par une érosion spectaculaire. On découvre en chemin l'impressionnant gouffre de Baudillouns et de belles architectures rurales. Possibilité de pique-nique en milieu de parcours sur une belle aire gazonnée. Départ de Caussols (au sud) ou de Cipières (au nord-est), durée 4h45, niveau moyen.

**30km au nord de Grasse**

## Essayez le canyoning

### FunTrip

Sympathique prestataire proposant un grand nombre d'activités, en particulier une belle randonnée aquatique dans les superbes gorges du Loup (avr.-oct., durée 3h, 50€), déclinée en descente 100% canyoning pour les plus sportifs (50-80€ selon niveau, à partir de 8 ans). Également toute l'année spéléologie, escalade, parcours aventure, etc.

**Le Pont-du-Loup (3km au nord du Bar-sur-Loup) 06 19 66 03 65 http://funtrip-canyoning.fr**

# NOS ADRESSES

## RESTAURANTS

### Couleur locale

**Lou Pignatoun €**

Difficile de trouver décor plus modeste, mais l'essentiel n'est pas là : au cœur de la vieille ville grassoise, cette table fait salle comble à chaque service. Pourquoi faire compliqué ? La carte du jour aligne un choix réduit de spécialités provençales (fleurs de courgette farcies, aïoli, carpaccio de bœuf, etc.), déclinées ainsi : plat 12€, avec une entrée ou un dessert 16,50€, et 20€ pour le menu complet.

**GRASSE 13, rue de l'Oratoire 06 22 87 34 68 Lun.-ven. 12h-14h (15h en été)**

### Ambiance bistro

**La Brasserie des artistes €€**

Dans l'avenue principale de Grasse, cette brasserie propose une ardoise aussi simple que soignée : salade au chèvre chaud, pâtes à la carbonara, rognons de veau à la moutarde (plats 10-19€). Voilà qui tombe à point nommé à l'heure du déjeuner, d'autant que la terrasse est agréable sous ses deux platanes centenaires, même si la rue est assez passante.

**GRASSE 2, pl. de la Foux 04 93 40 07 18 Haute saison : mar.-dim. midi et soir ; basse saison : mer.-dim. midi et soir**

### Gastronomie du Sud

**La Fleur de lys €€€**

Coup de cœur pour la déco de cette magnifique salle voûtée, à deux pas de la vieille ville. La cuisine est traditionnelle, avec quelques pointes originales : souris d'agneau confite au curry, mi-cuit de thon au sésame et riz sauvage, risotto crémeux aux saint-jacques... Formules 30-39€, plats 18-32€.

**GRASSE 2, av. Chiris 07 68 78 61 00 Mar.-sam. midi et soir, dim. midi**

### Mieux qu'à la cantine !

**L'École des filles ♥€€€**

Ce restaurant prend ses aises dans l'école désaffectée, flanquée de tilleuls et d'un préau. On s'installe en terrasse, dans la cour de récréation, ou dans la classe du cours moyen, au décor un peu nostalgique, pendant que le chef officie dans celle des petits. Voilà qui mérite assurément une bonne note ! Menus 35, 39 et 45€ (à midi 26€) ; à la carte, 40-45€.

**LE BAR-SUR-LOUP 380, av. Amiral-de-Grasse 04 93 09 40 20 https://lecoledesfilles.wixsite.com/ecole Juil.-août : ven.-mar. midi et soir, jeu. soir ; sept.-juin : ven.-mar. midi et soir**

### Intime et authentique

**Le Vieux Four ♥€€**

Impossible de (bien) manger à moindre coût à Gourdon, alors autant se faire plaisir avec cette adorable adresse. Au menu, une petite terrasse, une salle rustique réchauffée par des touches de couleur très pop, un accueil charmant et, pour parfaire le tout, des assiettes provençales aromatiques, généreuses et fines. Formules déjeuner 24-29€ ou menu unique 38€.

**GOURDON 4, rue Basse 04 93 09 68 60 Ven.-sam. midi et soir, dim.-mar. midi**

Voir aussi **Le Café des musées** (p.134).

## SHOPPING

### La fine fleur du chocolat

**Maison Duplanteur ♥**

Ce chocolatier est l'un des rares à importer ses fèves de cacao pour les torréfier lui-même ! La démarche est de haute qualité, rappelant que le chocolat a, comme le vin, ses terroirs : la dégustation fait voyager ! Chocolat à la casse ou en pralines, parfumées par exemple aux pétales cristallisés du pays de Grasse (8€ la tablette de 80g).

**GRASSE 22, rue Marcel-Journet 09 67 56 46 69 www.maisonduplanteur.com Mar.-sam. 9h30-18h30**

### Un nez parfait

**Didier Gaglewski ♥**

Un créateur de parfums passionné, loin des senteurs battues et rebattues des marques classiques. Dans sa petite boutique, il vous présente lui-même sa gamme, originale et même malicieuse, à l'image de ce parfum (très) masculin dénommé "Cambouis"... Flacon de 50ml 45-50€.

**GRASSE 12, rue de l'Oratoire www.gaglewski.com Mi-mai-mi-sept. : lun.-sam. 10h-13h et 14h-18h30 ; mi-sept.-mi-mai : mar.-sam. 10h30-12h30 et 14h30-17h**

### Plaisirs sucrés

**Confiserie Florian ♥**

Douceurs de la confiserie Florian

Cette affaire familiale a franchi le cap de l'industrialisation sans se trahir, et demeure une institution du fruit confit et des pétales de fleurs cristallisés – sans compter les pâtes de fruits chocolatées, les confitures de pétales, les glaces au confit de jasmin... Un délice pour les yeux et les papilles ! Visites commentées (gratuites), et jardin d'agrumes attenant en accès libre.

**PONT-DU-LOUP (3km au nord du Bar-sur-Loup) 04 93 59 32 91 www.confiserieflorian.com Été : tlj. 9h-19h ; reste de l'année : tlj. 9h-13h et 14h-18h**

**PARTAGEZ LA FOUGASSETTE**

Spécialité de Grasse, la fougassette, brioche légère parfumée à la fleur d'oranger, dont les sept trous symboliseraient le visage du Christ, se déchire selon la tradition et se partage... On la trouve chez Venturini (p.134), qui la fabrique depuis 1923 (et propose également croquants, sablés, calissons, orangettes, pétales de fleurs cristallisés...). Fraîcheur garantie.

St TROPEZ
586262
Voiles Latines
22
Saint-Tropez

Du village noyé dans une châtaigneraie, sur les hauteurs des Maures, aux yachts bling-bling de la côte d'Azur, le littoral varois déroule tout un monde, qui va du petit port de pêche à la plage de rêve, de la crique secrète à la grande station balnéaire, en passant par les vignobles, les routes de corniches et les points de vue spectaculaires... Car cette côte est loin d'être plate !

# La côte varoise

**Dans le vieux port de Saint-Tropez**

Plan 10
Aups
Barjols
Cotignac
D31
D50
ABBAYE DU THORONET
Le Thoronet
D13
L'ARRIÈRE PAYS VAROIS p.267
AIX-EN-PROVENCE
DN7
A8
LAC DE CARCÈS
D79
CARAMY
Cabasse
Saint-Maximin-la-Sainte-Baume
DN7
Brignoles
DN7
A8
D43
Besse-sur-Issole
VAR
D5
D15
D39
Gonfaron
Garéoult
D13
D78
D97
Pignans
Carnoules
Rocbaron
Puget-Ville
NOTRE-DAME-DES-ANGES
D43
A57
Belgentier
Cuers
Collobrières
D2
PLATEAU DE SIOU-BLANC
D554
D14
D14
Pierrefeu-du-Var
FORÊT DE PIERREFEU
COL DE BABAOU 414 M
Sainte-Anne-du-Castellet
AUBAGNE, MARSEILLE
Le Castellet
MONT CAUME 801 M
Solliès-Toucas
Sauvebonne
La Cadière-d'Azur
Le Beausset
Solliès-Pont
Les Troisièmes Borrels
Le Domaine de Valcros
Les Lecques
A50
BAOU DES QUATRE OURES 576 M
Le Revest-les-Eaux
Solliès-Ville
D12
Notre-Dame-des-Maures
Saint-Cyr-sur-Mer
Sainte-Anne-d'Évenos
COL DU CORPS DE GARDE
La Farlède
La Crau
Les Deuxièmes Borrels
Évenos
TOULON p.244
COUDON 702 M
A57
La Londe-les-Maures
D98
La Madrague
Le Plan-du-Castellet
Châteauvallon
MONT FARON 584 M
D12
Bandol
LE GROS-CERVEAU 429 M
Ollioules
La Valette-du-var
Le Fenouillet
LES SALINS D'HYÈRES
Toulon
A570
Hyères
Port-Pothuau
Port Miramar
CALANQUE DE PORT D'ALON
ÎLE DE BENDOR
BAIE DE BANDOL
Sanary-sur-Mer
La Seyne-sur-Mer
La Garde
HYÈRES p.230
L'Ayguade-Ceinturon
Le Mourillon
Le Pradet
LA CÔTE PROVENÇALE p.252
Six-Fours-les-Plages
Saint-Mandrier-sur-Mer
GRANDE RADE
San Peyre
Carqueiranne
RADE D'HYÈRES
Les Sablettes
Les Oursinières
Les Salettes
Hyères-Plage
ARCHIPEL DES EMBIEZ
ÎLE DES EMBIEZ
Le Brusc
Fabregas
PRESQU'ÎLE SAINT-MANDRIER
GOLFE DE GIENS
PRESQU'ÎLE DE GIENS
ÎLE DU GRAND GAOU
ROCHERS DES DEUX FRÈRES
Giens
CAP SICIÉ
ÎLE DU GRAND RIBAUD
Porquerolles
BASTIA
ÎLE DE PORQUEROLLES

CANNES ET LE PAYS GRASSOIS p.127
Bargemon
Fayence
Tourettes
Montauroux
Callas
LAC DE SAINT-CASSIENS
CANNES, NICE
Bagnols-en-Forêt
Draguignan
LE MASSIF DE L'ESTÉREL p.192
Théoule-sur-Mer
MONT VINAIGRE 614 M
MASSIF DE L'ESTÉREL
PIC DE L'OURS 492 M
PARC ZOOLOGIQUE
RAVIN DU MAL INFERNET
Le Trayas
La Motte
Le Muy
LE ROCHER DE ROQUEBRUNE
Puget-sur-Argens
Roquebrune-sur-Argens
FRÉJUS p.198
Fréjus
Valescure
LE RASTEL D'AGAY
CAP ROUX 454 M
CORNICHE DE L'ESTÉREL
Taradeau
St-Raphaël
Agay
Anthéor
Fréjus-Plage
Santa-Lucia
Boulouris
CAP DU DRAMONT
ÎLE D'OR
ÉTANGS DE VILLEPEY
VAR
Cannet-des-Maures
Saint-Aygulf
GOLFE DE FRÉJUS
Saint-Donat
COL DE GRATTELOUP
Saint-Peïre-sur-Mer
Les Issambres
Le Plan-de-la-Tour
COL DE VIGNON 352 M
La Garde-Freinet
Sainte-Maxime
LA NARTELLE
PLAGE DES ÉLÉPHANTS
PLAGE DE LA NARTELLE
PLAGE DE LA CROISETTE
Les Mayons
LES ROCHES BLANCHES
Beauvallon
GOLFE DE SAINT-TROPEZ
LE GOLFE DE SAINT-TROPEZ p.204
Grimaud
Port-Grimaud
Saint-Tropez
COL DE FOURCHE 535 M
Les Marines-de-Cogolin
PRESQU'ÎLE DE SAINT-TROPEZ
MASSIF DES MAURES
Cogolin
BARRAGE DE LA VERNE
CHARTREUSE DE LA VERNE
Gassin
Ramatuelle
PLAGE DE PAMPELONNE
La Môle
La Croix-Valmer
COL DE COLLEBASSE
Bonne-Terrasse
CAP CAMARAT
L'Escalet
COL DE GRATTELOUP
FORÊT DU DOM
COL DU CANADEL
Cavalaire-sur-Mer
PLAGE DE GIGARO
CAP TAILLAT
Pramousquier
Aiguebelle
Bormes-les-Mimosas
Cavalière
DOMAINE DU RAYOL
Rayol-Canadel-sur-Mer
POINTE DE LA CHAPPE
CAP LARDIER
La Favière
Le Lavandou
CORNICHE DES MAURES
Brégançon
LA CORNICHE DES MAURES p.220
Cabasson
CAP BÉNAT
CAP DE BRÉGANÇON
MER MÉDITERRANÉE
ÎLE DU LEVANT
ÎLES D'HYÈRES
Héliopolis
ÎLE DE BAGAUD
Port-Cros
LES ÎLES D'HYÈRES p.238
ÎLE DE PORT-CROS
N
3 km

# HUIT BONNES RAISONS...

... de découvrir la côte varoise, ses ports mythiques ou méconnus, ses criques discrètes, ses sentiers colorés et parfumés.

**PORQUEROLLES** (p.348), pour se croire sur des plages des Tropiques après seulement vingt minutes de bateau !

***JO-GHIS*** (p.261), pour partager avec Éric Gaussen le quotidien d'un pêcheur : embarquement immédiat à Bandol !

**UNE TARTE TROPÉZIENNE** (p.214), parce que c'est la crème de la crème de la pause gourmande !

☀ **LA PRESQU'ÎLE DE SAINT-TROPEZ** (p.209), pour suivre les voies de traverse d'un site étonnamment préservé : villages sans âge, forêts de pins, plages de rêve...

☀ **ESTÉREL** (p.192), pour voir la vie en Technicolor face aux roches ocres fendant les flots azur, à découvrir par les sentiers ou par la mer...

☀ **LE DOMAINE DU RAYOL** (p.220), pour passer au vert en se perdant dans ses allées où se cristallisent toutes les beautés de la nature méditerranéenne…

☀ **LA VILLA NOAILLES D'HYÈRES** (p.231), pour les plus stylées des expositions consacrées à l'art et au design contemporains.

☀ **LES ÎLES D'HYÈRES** (p.242) et **LA BAIE DE CAVALAIRE** (p.260), pour rejouer le *Grand Bleu* parmi les meilleurs spots de plongée de la Côte d'Azur.

# RENDEZ-VOUS AVEC…

**Matthieu Priol**, créateur touche-à-tout hyperactif, propose avec son équipe des événements créatifs en tout genre sur l'aire varoise sous le label NO/ID*. Ce Toulonnais d'origine nous livre ses meilleures adresses dans sa ville et sur le littoral.

## Ma cantine

### A Jean Graine

Jean Graine, le coffee shop de Céline et Victor, propose une carte restreinte, concoctée avec soin et composée selon les saisons. Chez eux, il y a du vegan, du gluten free, ça lutte contre le gaspillage alimentaire et le dimanche c'est brunch. Atmosphère chaleureuse, patrons bienveillants, j'engraine tout le monde à passer par là-bas !

**TOULON 2, pl. Gustave-Lambert 04 22 80 26 30 www.jeangrainecafe.fr Mer.-dim. 10h-17h**

## Mon break shopping

### B Vibe

Une des meilleures adresses du centre ville avec une sélection pointue, un large choix de sneakers et de vêtements. Vibe est un magasin indépendant qui tient le haut du pavé toulonnais depuis plus de vingt ans, jamais dans la tendance, toujours dans la bonne direction.

**TOULON 12, rue Augustin-Daumas 04 94 91 61 48 www.chezvibe.com Lun. 14h-19h, mar.-sam. 10h-19h**

## Mon coffee shop

### C Roger Bar

Un rade resté dans son jus depuis les années 1980, situé dans l'une des rues proches du cours Lafayette et de son marché provençal. Dans ce bar de quartier comme on n'en

fait plus, l'ambiance est authentique et l'on y déguste aussi des produits frais à bon prix. Ici, c'est le vrai Toulon, humain et convivial. Avec une terrasse ensoleillée.

**TOULON 45, rue Alézard 04 83 57 38 54 Mar.-sam. 7h-22h, dim.-lun. 7h-18h**

## Ma balade en ville

### E Les Halles

Les anciennes halles municipales sont restées longtemps à l'abandon, en plein centre-ville de Toulon, avant de retrouver leur vocation première, avec l'installation d'une

**GALERIE NO/ID***

D Le laboratoire de création éclectique de Matthieu Priol, mêlant expositions, événements, show-room…
**TOULON 18, rue d'Antrechaus**
**04 94 62 34 77 www.noidlab.com**
**Lun.-ven. 10h-18h**

Les halles de Toulon

**SI LA CÔTE VAROISE ÉTAIT...**
**Un parfum** Ce serait un mélange de basilic, de coriandre et de menthe, que vous pouvez sentir lors de votre balade matinale sur les marchés et que l'on retrouve dans toutes les cuisines méditerranéennes.

vingtaine d'artisans et de commerces de bouche. Et tout autour s'ouvrent de nouvelles adresses !

**TOULON 28, pl. Vincent-Raspail 04 22 14 65 79 https://biltoki.com/hallestoulon Mar.-mer. 8h30-19h30, jeu.-sam. 8h30-22h30, dim. 8h30-16h**

## Ma balade dominicale

### F Corniche de Tamaris

Dans la baie de Lazaret, une promenade le long des villas de bord de mer qui mène jusqu'aux Sablettes, où l'on peut s'arrêter pour le brunch au Céno Café ou pour un verre au Georges, sur le toit de l'hôtel des Rives d'Or. Au retour, prenez le bateau pour regagner Toulon.

**LA SEYNE-SUR-MER**

## Mon spot culturel

### G Le Mas des Escaravatiers

L'endroit le plus cool inauguré ces dernières années sur la côte, avec concerts, brunchs sonores autour de la piscine, soirées DJ's... Il y a toujours du monde, mais cela reste très convivial.

**PUGET-SUR-ARGENS 514, chemin de Saint-Tropez 04 94 81 56 83 lemas-concert.com Juin-oct.**

## Ma sortie en famille

### H South Wake Park

Un endroit aménagé par trois riders pour pratiquer le wakeboard sur un lac. On peut venir avec les enfants et l'on n'a pas besoin d'être un passionné de glisse : , c'est aussi un lieu sympa pour se détendre et manger un morceau.

**PUGET-SUR-ARGENS 2200, chemin des Wagonnets 07 85 02 92 44 Mai-juin : tlj. 11h-20h ; juil.-août : tlj. 10h-21h ; sept.-oct. : tlj. 11h30-19h**

# LE MASSIF DE L'ESTÉREL ★

Aiguilles d'un rouge tranchant avec l'azur de la Méditerranée, chemins verdoyants sillonnant au milieu des chênes-lièges, des pins et des lauriers roses, panoramas à couper le souffle jusqu'aux Alpes enneigées… Tel est le décor du bel Estérel, petite chaîne de montagnes culminant à 614m au mont Vinaigre, et bordant la Méditerranée entre Cannes et Saint-Raphaël, point de chute tout indiqué.

**ACCÈS**

- Trois routes possibles pour rejoindre Saint-Raphaël de Cannes : l'A8 (40min), la N7 (1h) ou la corniche de l'Estérel le long du littoral (D6098-D559, 1h).
- La ville est desservie par le TGV Paris-Nice (4h45).

## À VOIR

### SAINT-RAPHAËL

Un golfe tout bleu serti dans le liseré vaporeux de douces collines, un front de mer toujours animé sous les palmiers et les pins parasols, un port de plaisance joliment mis en valeur : mi-balnéaire, mi-urbaine, Saint-Raph' distille une vraie douceur de vivre, loin des excès du littoral. Ses parcs et promenades invitent à la flânerie : tel le **jardin Bonaparte**, belvédère aux lignes contemporaines ancré au-dessus de la mer ; ou la **promenade René-Coty**, dite "promenade des Bains", entre le vieux port et le port de plaisance Santa Lucia, très appréciée le week-end ou l'été, lorsqu'elle accueille un marché artisanal nocturne. Et juste à l'est de la ville s'ouvrent les sentiers peu fréquentés du massif de l'Estérel…

**3km au sud-est de Fréjus**

#### Scaphandres et amphores

**Espace muséal**

Des navires antiques coulés au large de la corniche de l'Estérel ont livré mille trésors, à voir au **Musée archéologique** aménagé dans un presbytère. L'**église** attenante (12e s.), désacralisée et restaurée, accueille désormais des expositions temporaires. Ne manquez pas de descendre dans la crypte, afin d'y admirer les vestiges d'édifices antiques et médiévaux (1er-11e s.) antérieurs à l'église romane. Le sommet de la tour offre une vue splendide !

**Parvis de l'ancienne église Rue des Templiers 04 94 19 25 75 www.ville-saintraphael.fr Mars-juin, oct. : mar. 14h-17h, mer.-sam. 9h-12h30 et 14h-17h ; juil.-sept. : mar.-sam. 10h-18h ; nov.-fév. : mar. 14h-17h, mer.-ven. 10h-12h30 et 14h-17h, sam. 10h-12h30 Entrée libre**

**C'EST DANS L'AIR**

Le **viaduc ferroviaire** qui sépare la ville historique de la cité balnéaire a fait l'objet en 2016 d'un intéressant programme d'aménagement, et ses arches abritent dorénavant une myriade de petites boutiques autour du complexe La Fourmilière, qui mêle ateliers d'artistes et d'artisans. Une jolie jonction avec les ruelles du centre ancien.

**À NE PAS MANQUER**

- Espace muséal de Saint-Raphaël
- Routes de l'Estérel

**Au sommet du pic du Cap-Roux**

## À la mode néobyzantine

### Basilique Notre-Dame-de-la-Victoire

Sa façade en grès rosé, provenant de l'Estérel, domine le vieux port. Alors que la ville se transformait en villégiature chic, à la fin du 19e s., on remplaça la vieille église par cet édifice à l'immense dôme byzantin – un style très en vogue à l'époque ! À l'intérieur, la voûte du chœur rappelle la décoration de la basilique Sainte-Sophie d'Istanbul.

**Bd Félix-Martin**

## ROUTES DE L'ESTÉREL

Attention, l'accès au massif de l'Estérel est strictement réglementé pour préserver la flore et la faune. En période de risque d'incendie (grand vent et/ou sécheresse importante), les routes forestières sont fermées à la circulation automobile de 21h à 6h, et même en journée en cas de danger majeur. Pour connaître la situation, appelez le 04 89 96 43 43 (répondeur mis à jour quotidiennement). Voir aussi Carnet pratique (p.332).

## Entre mer et falaises

### Corniche d'Or

Grandiose ! La D559 longe le massif par le sud entre Saint-Raphaël et Théoule-sur-Mer (30km), suivant une portion de la via Aurelia (Rome-Arles) percée par les Romains, et souvent accompagnée par la ligne ferroviaire littorale. Une dizaine de kilomètres après Saint-Raphaël se dresse le **cap du Dramont**, dont le sémaphore domine la jolie petite île d'Or et la rade d'Agay, lotie jusqu'au hameau d'Anthéor ; c'est alors que la route se fait la plus sauvage, au pied des superbes éperons rocheux du **pic du Cap-Roux**, où l'ocre rivalise avec

**Les roches rouges de la pointe du Cap-Roux**

l'émeraude. Puis, passé le village du Trayas, la corniche se révèle particulièrement vertigineuse sur le territoire de Miramar, parsemé de riches villas. Enfin, à la **pointe de l'Esquillon** se dévoile, magistrale, la baie de Cannes, avec les Alpes à l'horizon.

### Vers les hauteurs du massif

#### Routes forestières

Une seule route (en cul-de-sac) s'enfonce à l'intérieur du massif. Elle monte jusqu'au **col Notre-Dame** (à 11km, où l'on est contraint de faire demi-tour), desservant au passage deux routes secondaires : la première, très courte, qui rejoint le col de Belle-Barbe ; la seconde, plus longue et plus jolie, qui mène au plateau d'Anthéor. Sillonner ces routes en voiture – idéalement dans la lumière de fin de journée – offre un bel aperçu du massif et de sa forêt méditerranéenne d'où émergent des chaos de roches rouges.

**D100 au départ d'Agay (dir. "Saint-Raphaël par l'intérieur") puis, après 1,5km à droite, le Gratadis (dir. "Massif de l'Estérel")**

## À FAIRE

### Allez à la plage

#### Plage du Veillat (Saint-Raphaël)

Du sable fin, du soleil à toute heure de la journée, une orientation qui la protège souvent du vent, une baignade surveillée, des activités nautiques... La plage qui longe la promenade René-Coty s'avère évidemment très fréquentée en été et le week-end dès les beaux jours. Si vous recherchez la tranquillité, optez pour la plage de galets de **Beaurivage**, un peu plus à l'est, ou partez pour les criques de l'Estérel (ci-dessous).

**Corniche de l'Estérel**

Au pied de la corniche très escarpée de l'Estérel se découpent de magnifiques anses de sable et de séduisantes criques rocheuses. D'ouest en est se succèdent ainsi les neuf plages de **Boulouris**, l'une des plus agréables étant la **crique de la Pescade**, à 5km de Saint-Raphaël. Au pied du cap du Dramont (à 7km de Saint-Raphaël), la plage du **Débarquement** profite du décor de l'île d'Or, mais vous pourriez lui préférer celle de **Camp-Long**, petite anse isolée aux accents paradisiaques. Plus loin, la **rade d'Agay** (à 10km de Saint-Raphaël) déroule un long ruban de sable doré de près de 1km, dominé au loin par les éperons rougeoyants du massif. Plus à l'est, jusqu'au Trayas, il n'y a plus de plage ni de sable (hormis à Anthéor), mais des calanques et des galets ; le relief se fait très tourmenté, seulement entrecoupé de petites criques. Notre plage préférée, celle de **Saint-Barthélemy** (à 17km de Saint-Raphaël), se love au pied du rocher du même nom.

## Naviguez vers l'Estérel et les îles

### TakSea

Très conviviales, des sorties en bateau semi-rigide (sorte de gros zodiac) pour caboter au plus près des rocs rouges de l'Estérel (50€/pers.) jusqu'aux plages idylliques des îles de Lérins et même jusqu'au port de Saint-Tropez (65€/pers.). Au ras de l'eau, on profite de la vue superbe sur la côte, et on peut se baigner à tout moment !

**165, quai Albert-Ier Saint-Raphaël 04 94 17 52 34 www.taksea.fr Sur rés.**

## Randonnez dans le massif de l'Estérel

Plus de 140km de sentiers ont été balisés dans l'Estérel, pour la plupart de petites boucles qui se prêtent davantage à la marche (peu de difficultés, sinon certains chemins très caillouteux) qu'à la grande randonnée. Autant de superbes promenades au milieu des chaos de rochers rouges et d'une flore typiquement méditerranéenne, avec la mer à l'horizon. Parmi nos préférées, celles du **pic du Cap-Roux** (2h-2h30), du **ravin du Mal-Infernet** (2h30-3h) ou du **pic de l'Ours** (1h30). Pour en savoir plus sur la flore et la faune de ce milieu naturel remarquable, vous pouvez aussi vous inscrire pour une balade accompagnée par un guide de l'Office national des forêts (ONF) via les offices de tourisme d'Agay ou de Saint-Raphaël (p.333).

**Rens. http://circuits.esterel-cotedazur.com**

## Promenez-vous à cheval

### Les 3 Fers

Randonnées au-dessus du Dramont pour les débutants, jusqu'à l'Estérel pour les cavaliers confirmés. Poneys pour les enfants à partir de 2 ans.

**Domaine du lac du Dramont 277, rue du Débarquement Le Dramont 06 85 42 51 50**

# NOS ADRESSES

## PAUSES

### On aime y revenir
**Mugs ♥**

Un joli antre contemporain où l'on pourrait passer la journée entière ! Café ou glace sur la terrasse sur le port, apéritif ou repas léger dans le jardin à l'arrière... Laissez-vous tenter par les formules déjeuner (de 11,50 à 22,90€) et leur choix de salades, planchas, focaccias, quiches, etc., parfaits pour un repas sain et savoureux.

**SAINT-RAPHAËL 84, rue Alphonse-Karr 04 94 95 10 19 www.le-mugs.com Juin-sept. : tlj. 8h-0h ; oct.-mai : dim.-mer. 8h-20h, jeu.-sam. 8h-0h**

### Chocolat-pistache
**Ice Corner**

Ce glacier artisanal fait face au nouvel embarcadère des Bateaux de Saint-Raphaël. Les grands classiques sont tous là, même s'il faut choisir parmi les 40 parfums... Tentez la glace au yaourt, acidulée et rafraîchissante.

**SAINT-RAPHAËL 53, quai Nomy 04 94 55 51 16 Avr.-mai, oct. : horaires aléatoires ; juin-sept. : tlj. 9h-1h**

### Casse-croûte gourmand
**Pâtisserie Le Provençal ♥**

Voilà une délicieuse pâtisserie à l'ancienne (depuis 1928) où les gourmands ne sauront plus où donner de la tête ! Idéal pour s'acheter de quoi aller grignoter sur la plage toute proche (beaux sandwichs).

**SAINT-RAPHAËL 95, bd Félix-Martin 04 94 95 04 26 www.le-provencal.net Mar.-sam. 6h30-19h**

### Le dessert incontournable
**La Tarte tropézienne**

Cette brioche légère fourrée de crème pâtissière est un classique de la Côte d'Azur. L'enseigne historique d'Alexandre Micka (créateur de cette "tarte" à Saint-Trop' en 1955) s'est installée à Saint-Raph'. À partir de 3,50€ la part.

**SAINT-RAPHAËL 26, pl. Galliéni 04 94 19 47 80 Haute saison : tlj. 7h-20h ; basse saison : tlj. 7h-19h30**

### Délices sucrés
**Calderon-Mairie**

Christophe Calderon est l'un des meilleurs pâtissiers-chocolatiers de sa génération. Il récite de belle manière les classiques sans s'interdire quelques compositions originales : outre les incontournables trianons, millefeuilles, macarons et ganaches, de nouvelles créations sont sans cesse proposées...

**SAINT-RAPHAËL 89, pl. de la Mairie 04 94 83 63 08 www.calderon-chocolatier.com Mar.-sam. 9h-13h et 14h30-19h, dim. 9h-13h**

## RESTAURANTS

### L'art de la simplicité
**Le Provençal Café €**

L'équipe de la pâtisserie du même nom (p.196) a ouvert son "bar à gourmandises" à deux rues de la maison mère, place Coullet, où elle dispose d'une séduisante terrasse ombragée d'oliviers. Au menu :

gâteaux, viennoiseries et, à midi, une intéressante restauration légère (formule quiche-boisson-café 10€). Un lieu bien agréable sous le soleil ou lové dans l'un des canapés...

**SAINT-RAPHAËL 36, pl. Pierre-Coullet 04 94 53 50 51 www.leprovencal.cafe Mar.-sam. 8h30-18h**

### Un bistrot pur jus

**Chez Gaston ♥€€**

Vieux bois, comptoir patiné, cochonnailles suspendues, et des spécialités dont on ne se lasse pas : tournedos charolais et sa sauce aux morilles fraîches, filet de loup à l'huile vierge de fenouil et d'aneth, baba au rhum... C'est généreux, franc, fort bien cuisiné : on en redemande ! Plats 24-28€.

**SAINT-RAPHAËL 36, rue Charabois 04 94 53 77 13 Juil.-août : tlj. soir ; sept.-juin : mar.-ven. midi et soir, sam. soir**

### Imbattable

**La Table ♥€€**

Une excellente surprise à deux pas du port ! Le chef, sérieux professionnel, sait mettre du goût dans ses assiettes : tout est généreux, frais, relevé, à l'image du gaspacho de tomate, feta et basilic, ou encore de la daurade royale et son risotto aux asperges... Plats 19-27€. Formules déjeuner 16,50€ et 20,50€.

**SAINT-RAPHAËL 47, rue Thiers 04 94 53 93 35 www.latablerestaurant.fr Juil.-août : tlj. soir ; sept.-juin : mar.-sam. midi et soir**

### Entre mer et Estérel

**La Belle Vie Café €**

Quoi de mieux que de déjeuner face à la belle rade d'Agay ? Abrité par une pergola, ce restaurant-terrasse propose une large carte de plats simples mais de qualité (de 6 à 14€) : salades copieuses, tartines chaudes, hamburgers, pizzas, tartare de poisson... Dans la journée, le lieu se prête aussi à une pause goûter-rafraîchissement (desserts 7€ env.).

**AGAY 300, bd de la Plage (10km à l'est du centre de Saint-Raphaël par la route côtière) 04 94 82 87 25 Avr.-mai : tlj. midi ; juin-sept. : tlj. midi et soir**

LA RECETTE

## TAPENADE

*Recette emblématique des apéritifs du Sud méditerranéen, la tapenade n'est pourtant apparue qu'à la fin du 19e s. Préparée avec des olives noires, elle peut aussi se réaliser avec des vertes : elle sera dans ce cas plus forte et un peu plus amère.*

**Pour 6-8 personnes**

- 300g d'olives noires dénoyautées
- 1 ou 2 gousses d'ail
- 8 filets d'anchois
- 100g de câpres
- 1/4l d'huile d'olive

Dans un mixer, hachez l'ail épluché avec les olives noires. Ajoutez la moitié de l'huile d'olive puis les câpres et les anchois hachés préalablement séchés sur du papier absorbant, enfin le reste de l'huile pour lier le tout. Mixez selon la texture désirée (avec morceaux ou crémeuse), puis servez avec des croûtons frottés à l'ail.

# FRÉJUS

Du haut de sa colline, vingt siècles nous contemplent ! Sans doute fondée par Jules César, la fière cité domina l'un des plus importants ports de la Méditerranée antique. Si ses beaux vestiges à ciel ouvert rappellent cette prospérité, l'agglomération moderne, autour de Port-Fréjus et de Fréjus-Plage, manque cruellement de charme. On s'échappera plus volontiers sur les rives de l'Argens, qui irrigue un arrière-pays paisible et verdoyant…

**ACCÈS**

- La vieille ville de Fréjus se situe à 10min de voiture sur les hauteurs de Saint-Raphaël et de Port-Fréjus.

## À VOIR

### FRÉJUS

Il y eut d'abord Forum Iulii, le "marché de Jules", étape stratégique sur la voie Aurélienne entre Arles et Rome… Puis, au Moyen Âge, il y eut Fréjus l'épiscopale, dont témoignent la cathédrale, le cloître et les ruelles du vieux village, qui offrent toujours le visage des 17e et 18e s. Changement de décor à la fin du 20e s. : sur le littoral, Port-Fréjus et Fréjus-Plage accueillent les estivants, faisant parfois tripler, en été, la population de la commune !

#### Des vestiges à lire dans la ville

**Cité romaine**

Les vestiges de Forum Iulii s'éparpillent un peu partout dans la ville. Si certains sont relativement bien conservés (les arènes et le théâtre), d'autres seront peu parlants pour les non-spécialistes : pensez aux visites guidées proposées par l'office de tourisme (p.333). La **porte des Gaules**, entrée ouest de la ville antique, a préservé l'une des deux tours rondes qui la flanquaient, percée de trois ouvertures. À 200m, donc hors les murs à l'époque, l'**amphithéâtre** (les "arènes" de Fréjus) date de la fin du 1er s. et a été rénové. Au nord, à l'écart du centre historique, les ruines du **théâtre romain** laissent encore deviner la forme de l'hémicycle. Quant à l'**aqueduc**, on peut admirer ses piles à la sortie est de la ville (à 500m de l'OT), dans un grand parc gazonné.

**Porte des Gaules** Rue Henri-Vadon **Amphithéâtre** Rue Henri-Vadon Avr.-sept. : mar.-dim. 9h30-12h30 et 14h-18h ; oct.-mars : mar.-sam. 9h30-12h et 14h-16h30 3€ (ou Fréjus Pass) **Théâtre romain Philippe-Léotard** Av. du Théâtre-Romain 04 94 51 83 83 (OT) Mêmes horaires et tarifs que l'amphithéâtre

#### Comprendre la Fréjus antique

**Musée archéologique**

N'y manquez pas ce qui est devenu l'emblème de Fréjus : l'Hermès bicéphale. Découvert dans les années 1970, ce buste de marbre blanc inspiré du style grec archaïque représente Bacchus d'un côté et un faune de l'autre.

Pl. Calvini 04 94 52 15 78 Avr.-sept. : mar.-dim. 9h30-12h30 et 14h-18h ; oct.-mars : mar.-sam. 9h30-12h et 14h-16h30 3€ (ou Fréjus Pass)

**À NE PAS MANQUER**

- Cité romaine de Fréjus
- Groupe épiscopal de Fréjus
- Vieux village de Roquebrune-sur-Argens
- Rocher de Roquebrune

**Le marché de Fréjus**

## Puissance et foi

### Groupe épiscopal

Choisissez la visite commentée, elle permet d'accéder à tous les espaces ! Le groupe épiscopal de Fréjus fut élevé entre le 11e et le 14e s. dans le grès brun-rouge de l'Estérel, à l'emplacement de la cité antique.

**Cathédrale** Son élégante flèche, couverte de tuiles vernissées, domine les toits de la vieille ville. Un sentiment de puissance se dégage de l'intérieur de l'édifice, très sombre et articulé en deux nefs : la nef principale (12e s.) et, au nord, la nef Saint-Étienne, qui était celle de l'ancienne église paroissiale (11e s.).

**Baptistère** C'est l'un des plus anciens baptistères de France : il date des 4e-5e s., soit l'âge paléochrétien. Sa coupole, soutenue par huit colonnes de granit gris surmontées de chapiteaux corinthiens en marbre, domine la petite piscine où étaient autrefois baptisés les enfants par immersion complète.

**Cloître** Autour d'une petite cour paisible où se niche un puits, remarquez la charpente en mélèze des galeries (14e s.), décorée de centaines de figures anthropomorphes, zoomorphes ou hybrides (guerriers, dragons, chimères), sur fond bleu ou rouge.

**Pl. Formigé 04 94 51 26 30 Mai-août : tlj. 10h-18h ; sept.-avr. : mar.-dim. 10h-13h et 14h-17h 6€**

## La dolce vita

### Villa Aurélienne

Coiffant les hauteurs de Fréjus, cette majestueuse villa de style palladien (1880) trône au cœur d'un parc de 22ha, à l'entrée duquel subsistent des vestiges de l'aqueduc romain. Elle accueille des expositions de photos.

**Av. du Général-Jean-Calliès 04 94 52 90 49 Selon le calendrier des expositions (voir l'OT)**

### Signée Cocteau

#### Chapelle Notre-Dame-de-Jérusalem

On l'appelle aussi la chapelle Cocteau, car sa décoration fut confiée à l'artiste. Cette église perdue dans la pinède faisait partie d'un projet de cité d'artistes qui ne vit jamais vraiment le jour... Jean Cocteau mourut subitement en 1963, sans avoir pu réaliser son décor, mais laissant quelque 150 dessins et croquis qui permirent à Édouard Dermit, son fils spirituel, de terminer le travail.

**Av. François-Nicolaï (4,5km au nord-est du centre historique sur la DN7 dir. Cannes) 04 94 53 27 06 Avr.-sept. : mar.-dim. 9h30-12h30 et 14h-18h ; oct.-mars : mar.-sam. 9h30-12h et 14h-16h30 3€ (ou Fréjus Pass)**

### Un petit paradis naturel

#### Étangs de Villepey

Un espace naturel fréquenté par 220 espèces d'oiseaux, dont des flamants roses et des hérons cendrés. Observez-les lors de leurs migrations, au printemps et au début de l'automne. Un sentier d'interprétation de 7km parcourt les étangs, permettant de découvrir la faune et la flore de ces zones humides.

**4km au sud-ouest de Port-Fréjus (prendre la route littorale D559 vers Saint-Aygulf et stationner à la plage des Esclamandes) www.conservatoire-du-littoral.fr**

**Le rocher de Roquebrune**

## ROQUEBRUNE-SUR-ARGENS

Un village remarquablement conservé, dont le décor de vieilles pierres mérite assurément une balade, avant de partir sur les sentiers de randonnée, à l'assaut du mystérieux rocher de grès rouge qui semble veiller sur tout le pays. La commune, très étendue, possède également une autre face : côté littoral, la petite station balnéaire des **Issambres** s'offre, entre Sainte-Maxime et Saint-Raphaël, à un tourisme essentiellement familial.

**12km à l'ouest de Fréjus**

### Des ruelles, des chapelles, des arcades…

**Vieux village**

Pour vous imprégner de l'atmosphère du bourg médiéval, arpentez ses ruelles tortueuses et grimpez ses escaliers étroits jusqu'à l'**église paroissiale Saint-Pierre-et-Saint-Paul**. Elle date du 16e s., mais renferme deux chapelles primitives des 11e et 13e s. Descendez ensuite par la rue des Portiques, où s'alignent des maisons à arcades bienvenues au plus fort des chaleurs estivales. Juste en face s'élèvent la Fontaine-Vieille et la tour de l'Horloge, ornée d'un superbe campanile ouvragé. À la **Maison du patrimoine**, l'histoire millénaire du village se raconte.

**Maison du patrimoine** Impasse Barbacane 04 98 11 36 85 Mai-oct. : mar.-sam. 9h30-12h30 et 14h-18h30 ; nov.-avr. : lun.-ven. 8h30-12h30 et 13h30-17h

### Une mystérieuse montagne

**Rocher de Roquebrune**

Dominant la plaine de l'Argens du haut de ses 373m, il intrigue avec ses versants à pic et ses teintes rougeâtres. L'érosion y a creusé des grottes, où s'abritèrent jadis des ermites. Au sommet, le fameux artiste de l'acier Bernar Venet a élevé 3 croix monumentales. On peut découvrir ce site naturel exceptionnel à pied (brochures à l'OT), la randonnée principale étant celle des **Trois-Croix du Rocher** (4km, 4-5h), d'où se dévoile une vue magistrale sur la plaine, le littoral, l'Estérel et même les Alpes !

## À FAIRE

### Faites une pause baignade

**Fréjus**

Pour trouver un peu de quiétude, il faut gagner l'ouest du port, où la plage de la **base nature François-Léotard** forme un cordon dunaire d'une relative tranquillité si l'on s'éloigne de l'entrée. C'est à 5km vers l'est que s'étendent les plages les plus sauvages, passé l'embouchure de l'Argens, sur le territoire de **Saint-Aygulf**. Plus on se rapproche de la station, plus la fréquentation augmente. Attention, les parkings sont rapidement saturés !

### Descendez l'Argens en canoë

**La Base du Rocher**

Lancez-vous, au départ du joli **lac Perrin**, alimenté par l'Argens. Trois circuits au choix : un itinéraire au pied du rocher de Roquebrune (6km AR, idéal en famille) ; la descente de l'Argens jusqu'à la mer (14km, un peu plus sportif) ; et enfin un parcours en amont du fleuve au départ des Arcs-sur-Argens (23km). Tarif 46€/demi-j. pour un canoë 4 places, descente de 20 à 35€/pers./j.

**19, chemin du Lac (500m au nord du village sur la RD7 dir. Le Muy, juste après le pont sur l'Argens) Roquebrune-sur-Argens 06 61 41 75 74 www.basedurocher.fr Avr.-sept. (rés. conseillée)**

# NOS ADRESSES

## PAUSES

### La poire et le fromage

**Le Palais du fromager €€**

Un "bar à fromages" où partager de belles planches fromagères : *stilton* anglais et confiture de poire, bruccio et châtaignes, tomme de montagne et myrtilles... Ardoises 13,50-17,50€.

**FRÉJUS 8, rue Sieyès 04 94 40 67 99 Mar.-sam. 9h-19h (21h mi-juin-sept.)**

### Qui veut une glace ?

**La Fabrique**

Son large choix de parfums de glaces et sorbets maison et sa jolie terrasse, face aux bateaux, lui donne l'avantage sur les autres glaciers !

**PORT-FRÉJUS 18, pl. Dei Civadeu Haute saison : tlj. 11h-0h ; basse saison : tlj. 13h30-18h30**

## RESTAURANTS

### La bonne table

**L'Amandier ♥€€**

Sous l'égide du chef Loïc Balanec, qui officia jadis chez les frères Pourcel, une cuisine créative et parfaitement maîtrisée. Saveurs provençales au gré des saisons, tels le filet de loup au four et sa fricassée d'artichauts ou la noisette d'agneau rôti, lasagnes de tomates et jus de viande au romarin. Menus 33 et 45€. Rés. impérative.

**FRÉJUS 19, rue Marc-Antoine-Desaugiers 04 94 53 48 77 www.restaurant-lamandier-frejus.com Mar. et jeu.-sam. midi et soir, lun. et mer. soir**

### Simple et frais

**À Table €€**

Le produit frais et local est le credo de ce couple sympathique : Laurence en salle, Charles-Henri aux fourneaux. La cuisine explore un registre plutôt traditionnel – tripes maison, daube de poulpe, wok de poulet, etc. Formule déj. 16,50€. Plats 15-24€.

**FRÉJUS 137, rue Grisolle 04 94 51 03 81 Lun.-jeu. midi, ven. midi et soir ; juil.-août : lun.-mer. midi, jeu.-ven. midi et soir**

### Avec le sourire

**Évelyne.com à la maison €**

Petits farcis niçois, quiche courgettes-chèvre, lapin à la moutarde, daube à la provençale, gâteau au chocolat... Une vraie cuisine ménagère servie sans prétention par une Évelyne toujours souriante ! Plat 10-14,50€. Pas de CB.

**ROQUEBRUNE-SUR-ARGENS 8, pl. Saint-Pierre 04 94 81 09 77 ou 06 73 35 65 59 Mar.-sam. midi ; en saison, également le mar., mer., ven. et sam. soir**

### À l'ombre d'un chêne

**Les Jardins de l'Orangeraie €€**

Dès les beaux jours, la cour ombragée par un chêne remporte tous les suffrages, mais la salle parée de blanc est également agréable... Un joli décor pour des assiettes exquises : carpaccio de daurade au pistou de roquette, souris d'agneau aux herbes de la garrigue... Formules à midi 19 et 21€, menu le soir 35€. Rés. conseillée.

**ROQUEBRUNE-SUR-ARGENS 401, bd Jean-Jaurès 04 94 81 22 16 Mar.-ven. midi et soir, sam. midi (également lun. soir en été)**

## SHOPPING

### Vins et produits de la ferme
**Jas des Oliviers**
Vaille que vaille, la ferme de la famille Ollivier résiste à l'urbanisation : vin de pays des Maures (essayez la cuvée Bergerie en blanc), AOC côtes-de-provence, confitures, fromage de chèvre, melons, pêches, tomates, fraises, poivrons, etc.

**FRÉJUS 1386, av. André-Léotard (2km au nord-est du centre sur la D100, dir. Saint-Raphaël) 04 94 51 15 19 www.jas-des-oliviers.com Juin-sept. : lun.-sam. 9h-12h et 14h30-19h ; oct.-mai : mar.-sam. 9h-12h et 15h-19h (visites sur rdv toute l'année)**

**Les productions du Jas des Oliviers**

### Petits creux et cadeaux sucrés
**Pâtissier Musso – Le Provençal**
Ses citrons confits, ses bonbons de chocolat et ses calissons sont fameux ! Joli choix de fougasses pour improviser un déjeuner sur le pouce.

**FRÉJUS 44, rue Jean-Jaurès 04 94 51 08 51 www.patisserie-musso.com Mar.-sam. 9h-19h ; dim. 9h-13h et 15h30-18h30**

### Cacao d'exception
**Chocolaterie du Rocher**
Une véritable institution locale, connue pour sa spécialité classée au patrimoine des confiseurs français : le "rocher de Roquebrune", au cœur de nougat... Également un "bar à chocolats" : chaud ou froid, c'est un régal !

**ROQUEBRUNE-SUR-ARGENS 15, pl. Perrin 04 94 79 17 26 Lun. 15h-19h, mar.-dim. 10h-12h30 et 15h-19h Fermé 15 j. en jan.**

### Rêve pastoral
**La Cueillette du Rocher ♥**
La fermette de Jean-François et Franck, avec sa buvette sous les tilleuls, son jardin d'herbes aromatiques et son grand potager. On peut faire ses courses dans l'échoppe ou cueillir soi-même fruits et légumes... Également des œufs, des confitures et des fromages artisanaux.

**ROQUEBRUNE-SUR-ARGENS Ferme du Rocher Av. Gabriel-Péri (sortie du village dir. Les Issambres) 04 94 45 57 90 www.fermedurocher.com**

## SORTIES

### Un petit rhum sur le port
**Kokonut Rhumerie**
Pour siroter un cocktail au rhum arrangé dans de grands fauteuils en bambou, en regardant se balancer les bateaux amarrés aux quais de Port-Fréjus... Bons tapas (5,50€).

**FRÉJUS 57, quai Cléopâtre 04 94 53 61 18 https://rhumeriekokonut.com Juil.-sept. : tlj. 15h-3h ; oct.-juin : mar.-dim. 14h-1h Fermé nov.-jan.**

Voir aussi **Le Mas des Escaravatiers** (p.191).

# LE GOLFE DE SAINT-TROPEZ

Oubliez les paillettes, la jet-set et les fêtes... Saint-Tropez demeure l'un des plus charmants ports de la côte... hors saison. Et sa magnifique presqu'île n'a rien de bling-bling, avec ses collines revêtues de vignobles et de pins, et ses criques à l'eau turquoise... En face, Sainte-Maxime affiche un caractère balnéaire plus calme, tandis que dans les terres, on s'échappe vers les forêts rafraîchissantes des Maures.

## ACCÈS ET TRANSPORTS

- Comptez 55min de trajet entre Saint-Raphaël et Saint-Tropez (via Sainte-Maxime)... hors embouteillages estivaux. Aux portes de la vieille ville, le parking du nouveau port est le plus pratique.
- Cars pour Saint-Tropez au départ de Saint-Raphaël, Toulon, Hyères aéroport... www.varlib.fr
- Liaisons en bateau entre Saint-Tropez et Sainte-Maxime (20min), Saint-Raphaël (1h), Cannes (1h15) et Nice (2h30). www.bateauxverts.com www.bateauxsaintraphael.com www.trans-cote-azur.com

## À VOIR

### SAINTE-MAXIME

La sœur jumelle de Saint-Tropez semble avoir assumé ses complexes : moins chic, moins belle, mais tellement moins snob que sa voisine... Village de pêcheurs à la fin du 19e s., Sainte-Maxime est devenue une station balnéaire, familiale et sans histoire. Elle s'enorgueillit aujourd'hui d'une vieille ville restaurée avec goût, d'un grand port de plaisance, d'une promenade à l'animation permanente, et d'une longue plage de sable en centre-ville. On déambulera sur les quais ou le long des ruelles pour admirer les belles villas du début du 20e s., ou encore l'église Sainte-Maxime (1762), qui renferme un bel autel en marbre (17e s.).

#### La folle aventure du son
**Musée du Phonographe et de la Musique mécanique**

Derrière une façade on ne peut plus kitsch, la passionnante histoire de la musique mécanique, des premières boîtes à musique au phonographe d'Edison, du haut-parleur de Louis Lumière au tourne-disque... Ne manquez pas le violon des tranchées, fabriqué avec deux gourdes et un manche à fusil, et le premier disque à aiguille, qui pesait 500g et tournait sur 130 tours !

**Parc de Saint-Donat D25 / Route du Muy (11km au nord-ouest de Sainte-Maxime dir. Le Muy) 04 94 96 50 52 Mai-oct. : mer.-dim. 10h-12h et 16h-18h 4€**

#### Les secrets de l'or vert
**Domaine de la Pierre-Plantée**

Thierry Olivier fait visiter son oliveraie de 3 500 arbres sur les hauteurs de Sainte-Maxime : 1h30 de balade, pour tout savoir sur la récolte des olives et la fabrication de l'huile. Celle-ci est en vente à la boutique (18€ le litre).

**Route du Muy (5km au nord-ouest du centre) 04 94 96 65 65 ou 06 71 15 32 36 Visites guidées avr.-juin et sept. : ven. 10h ; juil.-août : mar. et ven. 10h**

**À NE PAS MANQUER**

- Saint Tropez
- Musée de l'Annonciade
- Presqu'île de Saint-Tropez
- Gassin
- Grimaud
- Plage de Pampelonne

Saint-Tropez

## SAINT-TROPEZ

Charmant petit port de pêche ou capitale internationale de la frime ? Refuge des peintres ou royaume de l'arnaque touristique ? Saint-Tropez, c'est un peu tout cela à la fois : des façades ocre et rose, baignées d'une lumière incroyable, des ruelles délicieuses... Mais en été, Saint-Trop', c'est aussi des embouteillages monstres, des tarifs exorbitants, et puis tout cet univers clinquant, ce défilé de stars et de bimbos, ce ballet de curieux fascinés devant les yachts de luxe. Bref, un lieu où l'expression "voir et être vu" prend tout son sens !

### Carte postale romantique

#### Port et vieille ville (plan 11, B1)

Au printemps ou à l'automne, lorsque la petite cité azuréenne est épargnée par l'affluence touristique, ou au petit matin, quand l'eau de la baie dort encore et que seuls les Tropéziens sont levés pour faire le marché au poisson (chaque jour entre les quais et la place aux Herbes), le vieux port déploie tout son charme, avec ses hautes façades étroites et colorées. À admirer du môle qui clôture le port au nord. Derrière, au pied de la citadelle, la vieille ville et son dédale de ruelles et de placettes invitent à la déambulation.

### Les peintres et Saint-Tropez

#### Musée de l'Annonciade (plan 11, A2-B2)

L'histoire d'amour entre Saint-Tropez et la peinture débute en 1892, quand Paul Signac y accoste. Séduit par le petit port, épris de la lumière qui le baigne, il décide d'y rester. Inventeur du pointillisme, il fait venir à Saint-Tropez les jeunes peintres les plus talentueux du début du 20e s. : Matisse, Cross, Derain, Marquet. Vous serez immédiatement saisi par l'explosion de couleurs des

Plan 11
GOLFE DE SAINT-TROPEZ
GOLFE DE SAINT-TROPEZ
CIMETIÈRE MARIN
Place du Souvenir-Français
LA CITADELLE DE SAINT-TROPEZ - MUSÉE D'HISTOIRE MARITIME
100 m
N
Avenue Frédéric-Mistral
Avenue Paul-Signac
Cavaillon
Avenue Antoine-de-Saint-Exupéry
Montée de la Citadelle
Montée R.-Ringrave
Av. du Maréchal-Foch
Rue du Font Perdu
Rue du Peirou
Rue
Pl. H. Person
Traverse des 4 Vents
Rue de l'Aïoli
Place Forbin
R. du Petit-Bal
R. des Bouchonniers
Place Carnot
Rue de la Résistance
Av. de la Résistance
R. du Temple
TOUR VIEILLE
LA PONCHE
Place du Revelen
PORTE DU REVELEN
Rue des Pêcheurs
Pl. des Remparts
R. des Remparts
Bd d'Aumale
TOUR JARLIER
R. de la Treille
R. de la Miséricorde
R. Bergère
CHAPELLE DE LA MISÉRICORDE
Rue Gambetta
Boulevard Vasserot
Place des Lices
FONTAINE
CINÉMA LA RENAISSANCE
Av. A. Grangeon
R. de la Tour-Vieille
R. du Four
R. de la Ponche
R. St-Jean
Pl. de l'Ormeau
Rue de la Citadelle
Rue du Portail-Neuf
Rue des Feniers
Rue Gambetta
Pl. de la Garonne
Rue Fr.- Sibilli
SALLE J.-DESPAS
Place du XVe Corps
LA GLAYE
Rue sous la Glaye
Rue St-Esprit
R. du Puits
HÔTEL DE VILLE
N.-D.-DE-L'ASSOMPTION
R. du Clocher
R. Sibille
R. V. Laugier
Rue François-Sibilli
Rue Portalet
Quai F.-Mistral
TOUR SUFFREN
Rue du Cepoun-Sanmartin
Pass. du Port
STATUE DU BAILLI SUFFREN
Pass. Clemenceau
Rue Georges-Clemenceau
Rue Étienne-Berny
Rue des Charrons
Rue des Tisserands
Rue J.-Quaranta
Square J.-Moulin
LAVOIR VASSEROT
TOUR DU PORTALET
Quai Jean-Jaurès
Quai Suffren
MUSÉE DES PAPILLONS
Place Garrezio
Place aux Herbes
VIEUX-PORT
Môle Jean-Réveille
Place Grammont
Quai G.-Péri
Rue du Général-Allard
Traverse Tonnelier
Boulevard Louis-Blanc
Imp. Conquettes
Rue Boutin
Rue J.-Aïcard
MUSÉE DE L'ANNONCIADE
Q. H.-Bouchard
Quai de l'Épi
RÉSIDENCE DU PORT
Place Celli
POSTE
R. H.-Seillon
Av. du 11 Novembre-1918
R. du Général Allard
Rue Mermoz
Trav. du Marbrier
Avenue du 8-Mai-1945
Sq. Maréchal-de-Lattre-de-Tassigny
Pl. Croix-de-Fer
ESPLANADE DU NOUVEAU PORT
Quai d'Estienne-d'Orves
Quai de l'Épi
MUSÉE DE LA GENDARMERIE ET DU CINÉMA
Av. du Général-Leclerc
PORT-GRIMAUD
1
2
3
10
11
12
20
30
31
40
A
B
C
D

**Pauses (n°1 à 3)**
1 Café des Arts - *p.215* ......... C2
2 La Tarte tropézienne-Les Lices - *p.214* .............. B2
3 Sénéquier - *p.215* .............. B1

**Restaurants (n°10 à 12)**
11 L'Olive - *p.216* .................. C1
10 Le G' - *p.216* ..................... C1
12 Salama - *p.216* ................. B2

**Shopping (n°20)**
20 Atelier Rondini - *p.218* ........ B2

**Sorties (n°30 et 31)**
30 Les Caves du Roy - *p.219* .... C2
31 VIP Room - *p.219*.............. A2

**Hébergements (n°40)**
40 Le Colombier Hôtel - *p.347*.. B2

œuvres exposées (de 1890 à l'après-guerre), tels les tableaux nabis d'Édouard Vuillard, ou les palettes "fauves" de Georges Braque et d'Henri Matisse... Également quelques bronzes du sculpteur Aristide Maillol.

**Pl. Grammont ☎ 04 94 17 84 10 ⏲ Avr.-juin, oct. : mar.-dim. 10h-18h ; juil.-sept. : tlj. 10h-19h ; nov.-mars : mar.-dim. 10h-17h (nocturne lun. en été) € 4€**

Musée de l'Annonciade

## Sous vos yeux, toute la baie

### Citadelle de Saint-Tropez

**(plan 11, D1)**

Grimpez jusqu'à la citadelle : du haut des remparts, entre de superbes pins, la vue sur les toits de la cité, le port et la mer est d'une photogénie rare... Le plus beau panorama du golfe et de la ville. À l'intérieur du robuste donjon, une exposition retrace l'histoire maritime de Saint-Tropez. On y apprend que la cité fut un prospère port de pêche, s'illustra dans le cabotage, la production de câbles sous-marins et de torpilles, et eut ses explorateurs au long cours.

**1, montée de la Citadelle ☎ 04 94 97 59 43 www.saint-tropez.fr ⏲ Avr.-sept. : tlj. 10h-18h30 ; oct.-mars : tlj. 10h-17h30 € 4€**

## "Do you do you do you Saint-Tropez"

### Musée de la Gendarmerie et du Cinéma (plan 11, A2)

Quel lien entre la gendarmerie nationale et le cinéma ? La série du *Gendarme de Saint-Tropez* bien sûr ! De là à imaginer un musée évoquant à la fois l'histoire du corps de gendarmerie de la ville et la longue aventure du 7e art dans la cité, il n'y avait qu'un pas, franchi au sein même de l'ancienne gendarmerie tropézienne, dont la façade rappelle bien des souvenirs.

**2, pl. Blanqui ☎ 04 94 55 90 20 ⏲ Jan.-oct. : tlj. 10h-18h ; nov.-déc. : tlj. 10h-17h € 5€**

## SAINT-TROPEZ ET LES ARTISTES

Maupassant y était passé sur son voilier, puis Paul Signac y débarque en 1892, invitant les jeunes peintres de l'époque à le rejoindre : Cross, Derain, Marquet... Saint-Tropez devient dès lors le rendez-vous des artistes et des écrivains : Matisse y peint *Vue sur Saint-Tropez*, Colette y écrit *La Treille muscate* et la ville acquiert une notoriété qui n'ira qu'en grandissant. Après guerre, la vague littéraire de Saint-Germain-des-Prés y prend ses quartiers d'été, mais Juliette Gréco et Françoise Sagan laisseront bientôt la place au petit monde du show-biz et du cinéma. Dans les années 1960, Brigitte Bardot, Roger Vadim, Eddie Barclay transforment Saint-Tropez en Saint-Trop', tandis que Louis de Funès rend célèbre dans le monde entier l'uniforme de ses gendarmes.

***Saint-Tropez, le quai*** **(Paul Signac)**

## LA PRESQU'ÎLE DE SAINT-TROPEZ ★

### Sage et délurée

**Ramatuelle**

Ancrée au cœur même de la presqu'île de Saint-Tropez, Ramatuelle "la sage", cité médiévale aux ruelles étroites, truffée de passages couverts, se blottit sur les flancs d'une colline verdoyante, toisant la mer à l'horizon. Place de l'Ormeau, l'église Notre-Dame (16e s.) est adossée aux anciens remparts. De l'autre côté de l'église se découvrent les prisons, bâties sous Napoléon III dans un style très arabisant. À l'extérieur du village médiéval, à côté de la chapelle Sainte-Anne, Gérard Philipe repose au petit cimetière, sous un laurier... Ramatuelle "la délurée", quant à elle, s'étend le long des 4km de la plage de Pampelonne : une anse de sable magnifique, qui a échappé au bétonnage, mais pas à la frénésie tropézienne voisine... Entre les deux, la plaine et ses superbes vignobles, où il faut se perdre au milieu des pins parasols centenaires, à la recherche des criques sauvages de la presqu'île.

**10km au sud de Saint-Tropez**

### Belvédère naturel

**Cap Camarat**

Particulièrement magnifique dans la lumière rasante de la fin de journée ! Ce cap ferme au sud l'anse de Pampelonne. À côté de son sémaphore, un chemin s'enfonce dans le sous-bois : 100m plus loin se déploie un magnifique panorama sur la longue bande de sable blanc de la plage de Pampelonne et les hauteurs verdoyantes de la presqu'île. Le sentier rejoint, plus bas, celui du littoral (comptez 30min).

**7km à l'est du village de Ramatuelle par la route des plages (D93) puis celle de Camarat**

**Ramatuelle**

### Un village vigie

**Gassin** 👍

Un bonheur de vieilles pierres mangées par les bougainvillées... Perché à 201m d'altitude, dominant la plaine viticole, Gassin est un vieux village fortifié du 11e s., d'où l'on faisait jadis le guet pour prévenir les incursions de pirates. De son sommet, vous jouirez d'une vue somptueuse. Dirigez-vous vers la terrasse médiévale **Deï Barri** (les remparts), aux micocouliers légendaires. L'église voisine (1558) abrite un bénitier en marbre blanc classé.

**3,5km au nord-ouest de Ramatuelle par la D89**

**BON À SAVOIR**
Attention, en plein été, la **route littorale D98A** est rapidement engorgée, et ce à toute heure de la journée. Pour sillonner la presqu'île de Saint-Tropez, privilégiez la **D93** (également appelée "route des plages"), qui relie directement Ramatuelle et, tout au sud, La Croix-Valmer.

## VERS LE MASSIF DES MAURES

### Promenades avec vue

**Grimaud**

Le ravissement est total ! Du golfe de Saint-Tropez, la route serpente jusqu'à la cité, bâtie sur un éperon rocheux. Sur la place Neuve, à l'ombre de superbes micocouliers, une fontaine riante rafraîchit les visiteurs. Puis, de ruelles entrelacées en placettes fleuries, d'escaliers tordus en passages voûtés, se dévoilent tour à tour des arcades, une place Vieille toute méridionale, quelques galeries d'art et des massifs de bougainvillées flamboyants. Tableau séduisant, sur une placette, l'émouvante **chapelle des Pénitents** (15e s.) est l'ancien siège de la congrégation des Pénitents blancs, qui avait pour vocation d'aider les indigents. Elle renferme les reliques de saint Théodore et un beau retable du 17e s. Les ruines du **château** (11e s.) dominent le village. Escaladez les ruelles jusqu'au pied de sa première enceinte et entrez par la dernière porte encore debout : à gauche, le théâtre de plein air et ses gradins en pierre composent un cadre exceptionnel pour des concerts estivaux ; plus haut se dressent les vestiges de trois tours d'angle, d'où l'on jouit d'un panorama enchanteur sur les alentours.

**11km à l'ouest de Saint-Tropez**

**Canal de Port-Grimaud**

## Une fantaisie architecturale

### Port-Grimaud

Est-ce vraiment joli ou... trop toc ? À rebours de la modernité architecturale, cette étonnante cité lacustre surgie des marais en 1966 ne laisse personne indifférent, avec ses canaux, ses rues sinueuses et ses maisonnettes toutes différentes, alors qu'elles sont sorties de l'imagination d'un seul homme, François Spoerry, inspiré par les traditions les plus pittoresques de la région (crépis colorés, arcades, toits de tuiles, etc.). Fuyez la place des Artisans et la place du Marché pour vous perdre dans les méandres de la marina, déserte la plupart du temps... il se pourrait que vous vous laissiez prendre au charme de ses petits pontons, de ses eaux tranquilles et de ses façades à l'ancienne. Pour découvrir Port-Grimaud de la mer, vous pouvez embarquer sur un **coche d'eau** (collectif) ou louer l'une des barques électriques (et donc silencieuses) amarrées près de l'église.

**Coches d'eau** Pl. du Marché 06 73 87 76 84 www.hpco.fr Mi-fév.-mi-nov. : tlj. 6€
**Barques électriques** Pl. de l'Église 06 73 87 76 84 Avr.-oct. : tlj. 30€/30min

## Un village de traditions

### Cogolin

Sur son cœur ancien, le temps semble ne pas avoir eu de prise... L'une des bourgades les plus peuplées de la presqu'île de Saint-Tropez perpétue un artisanat sans âge : celui des pipes en bruyère et celui du tissage de tapis, à la renommée mondiale. Il faut parcourir la vieille ville, qui court au-dessus de la mairie jusqu'à la tour de l'Horloge (14e s.), ancienne entrée de l'enceinte du château fort. En chemin, remarquez les encadrements de portes de la rue Nationale et de la rue du Piquet (certains remontent au 12e s.), puis entrez dans la petite église Saint-Sauveur, place Dolet : elle conserve un exceptionnel triptyque en bois, peint en 1540 par André Carton, dit Hurlupin. À 4km au bord de la mer s'étend la station balnéaire, les **Marines-de-Cogolin**, au fond du golfe de Saint-Tropez.

**3km au sud de Grimaud par la D558**

## Vieilles pierres et brocantes

### La Garde-Freinet

Tout droit sortie d'un décor de crèche provençale ! Nichée au cœur du massif des Maures, à 365m d'altitude, cette ancienne capitale du bouchon a bien su mettre en valeur son patrimoine pour ses visiteurs. L'exploitation traditionnelle des châtaignes et du chêne-liège est redevenue artisanale. Très touristique pendant les journées d'été – Saint-Tropez n'est qu'à 20km –, La Garde-Freinet et ses 1 800 habitants retrouvent le soir leur quiétude. Au fil de ses ruelles en pente et de ses placettes ombragées bordées de vieilles maisons en pierre, on admirera ici une charmante fontaine, là un lavoir. Remarquez le clocher de l'église Saint-Clément, surmonté d'une cage d'horloge en ferronnerie. Flânez chez les nombreux brocanteurs et galeries d'art qui émaillent les rues, et rendez une visite au **Conservatoire du patrimoine** pour mieux appréhender la cité et le massif des Maures. Exposition bien illustrée et pédagogique sur les activités qui firent longtemps vivre la région : la culture de la châtaigne et du chêne-liège, ainsi que l'élevage des vers à soie.

8km au nord-ouest de Grimaud **Conservatoire du patrimoine du Freinet** Pl. de la Mairie 04 94 43 08 57 www.conservatoiredufreinet.org Avr.-oct. : lun.-sam. 9h-13h et 14h-17h ; nov.-mars : lun.-ven. 9h-13h et 14h-17h Entrée libre

### Habitat rupestre
**Fort Freinet**

Sur ce sommet, à 450m d'altitude, les fouilles ont dégagé les vestiges d'un village fortifié du Moyen Âge (12e-16e s.). Les habitants, dispersés dans la forêt, s'y étaient regroupés afin de se mettre en sécurité mais, la vie étant difficile sur ces hauteurs, ils se réinstallèrent finalement plus bas, à l'emplacement du village actuel. Le fort avait été entièrement creusé dans la roche : les maisons, la chapelle, le four, la citerne, etc. ! D'en haut, le panorama est exceptionnel.

Accès par la pl. de la Planette, d'où part un chemin de randonnée (30min de montée abrupte)

### Pour une respiration bienvenue
**Le Plan-de-la-Tour**

Un joli but de balade si l'on veut échapper à l'animation de la côte ! Typiquement provençal, le village plante ses maisons au milieu des vignes, sur les contreforts du massif des Maures. Il s'anime tous les jeudis, le matin, autour de son **marché** : les accordéonistes sont alors de sortie, de même que les "papets" de la cité, discutant "dou païs" alignés sur le banc des quatre chemins (place de la Victoire).

9km au nord-ouest de Sainte-Maxime par la D74

## À FAIRE

### Allez à la plage
**Sainte-Maxime**

Les plages du **centre-ville** et de la **Croisette** (surveillées de juin à septembre), à l'ouest du port, et celle de la **Madrague**, à l'est, sont de belles étendues de sable, mais pas toujours très propres, et évidemment bondées en été. De toutes les plages qui se succèdent entre Sainte-Maxime et Saint-Aygulf, nous vous en conseillons deux, juste avant Saint-Aygulf (à 12km de Sainte-Maxime) : la **Gaillarde**, très animée, et 500m plus loin la calanque du **Grand Boucharel**, petite crique de sable, malheureusement bordée par la route.

**Saint-Tropez**

Les plages de Saint-Tropez s'étendent vers l'est et sont toutes reliées par le sentier du littoral, qui part de la tour du Portalet. La plus proche du centre (1,3km, 20min), vite bondée donc, est la plage des **Graniers**. Plus loin, la **baie des Canebiers** dessine une anse de sable plus longue (2,9km, 50min). C'est ici que Brigitte Bardot a élu domicile, dans la célèbre Madrague. Suivent la **plage des Salins** (4km par la route, 9km par le sentier du littoral, 2h40), et

La plage de l'Escalet

enfin **Tahiti**, qui inaugure Pampelonne. Évitez les plages à l'ouest du centre, en fond de golfe, un peu trop proches des ports et de la route principale.

### Plage de Pampelonne

La plage mythique de la presqu'île de Saint-Tropez ! C'est le rendez-vous des gens célèbres, beaux et (surtout) riches, qui y débarquent directement en yacht : 4km de sable fin, orientés plein est et relativement préservés, où s'alignent une trentaine de plagistes. Moins de strass et plus de calme en allant vers le sud. À savoir : deux espaces sont naturistes (à hauteur du chemin de la Matarane et de celui des Baraques).

**Accès par plusieurs petits chemins desservis par la route des plages, la D93, entre Ramatuelle et Saint-Tropez € Parkings 4,50€ en saison**

### Plage de l'Escalet

Ce beau ruban de sable piqueté de rochers offre des coins de tranquillité. Pour fuir la foule, empruntez tout au sud le sentier du littoral qui mène jusqu'au **cap Taillat**. Vous croiserez en chemin nombre de petites criques aux eaux turquoise et, en dépassant le cap, découvrirez la plage de la **Briande** et son écrin de nature sauvage (comptez 30min à pied du parking de l'Escalet).

**5km au sud de Ramatuelle par la D93 dir. La Croix-Valmer € Parkings gratuit et payant (peu de places en saison, arriver tôt)**

### Plage de Grimaud

Cette magnifique étendue de sable fin et doré s'étend sur 2km à gauche de Port-Grimaud, au fond du golfe de Saint-Tropez.

**Accès par Port-Grimaud ou par la D559 en direction de Sainte-Maxime**

## Rejoignez les plages à la voile

### Caseneuve Maxi Catamaran

Embarquez sur ce catamaran pour la journée jusqu'aux plages du cap Taillat (p.213), avec pause repas au plus près de criques sauvages (95€). Rés. par téléphone.

**Quai Guepratte (nouveau port) Saint-Tropez 06 20 58 65 29 www.anne-caseneuve.com Avr.-mi-oct.**

### Lancez-vous en kayak ou en paddle

Dans toutes les stations balnéaires du golfe, vous pourrez louer en saison kayak, paddle, planches à voile et catamaran. Certains clubs proposent également des sorties à la journée.

**Club nautique de Sainte-Maxime** Base nautique Paul-Bausset 21, bd Jean-Moulin 04 94 96 07 80 www.cnsm83.fr **Pep's Spirit** Route des Plages Ramatuelle 06 22 72 69 36 ou 06 38 45 80 14 www.peps-spirit.fr **Riviera Water Sports** Plage de Port-Grimaud 07 82 15 55 83 www.rivierawatersports.com **Centre nautique de Cogolin** 04 94 56 14 08 www.cogolin.fr

### Randonnez dans la forêt des Maures

Le Point infos tourisme de La Garde-Freinet délivre des fiches gratuites qui décrivent dix randonnées balisées, généralement dessinant une boucle. Renseignez-vous, avant de partir, sur le niveau de risque d'incendie au Point infos tourisme ou au 04 89 96 43 43.

**Les Roches blanches**

À faire absolument pour le panorama ! Cette montagne doit son nom au quartz qui la constitue et qui lui donne, de loin, des allures de sommet aux neiges éternelles. Du village, un sentier y grimpe, empruntant une partie de la route des Crêtes. Distance 6 ou 8km, au choix (3-4h).

**La Garde-Freinet**

**Chapelle Saint-Clément**

Une promenade familiale à l'ombre des châtaigniers. La chapelle, à l'architecture du 12e s., a été restaurée dans les années 1960 par le sculpteur Di Teana. Distance 4km (1h20).

**La Garde-Freinet**

### Découvrez les Maures à cheval

**Centre équestre de la Mène**

Pour s'immerger dans le massif, promenades à cheval à travers les Maures, balades avec des ânes bâtés et randonnées de deux ou trois jours avec bivouac. Tarif 20€/h, 45€/3h, 85€ la journée avec un pique-nique.

**Hameau de la Tourre (à mi-chemin entre La Garde-Freinet et Grimaud) 06 11 81 11 32 https://ranch-la-mene.fr**

## NOS ADRESSES

### PAUSES

#### La star de la pâtisserie

**La Tarte tropézienne-Les Lices**

C'est ici que l'on trouve la véritable tarte tropézienne : une brioche légère, parfumée à la fleur d'oranger et généreusement fourrée de crème pâtissière ! L'adresse propose aussi sandwichs, quiches, pizzas et salades, pour improviser un pique-nique à petit prix sous les platanes de la place des Lices voisine...

**SAINT-TROPEZ (plan 11, B2 n°2) Pl. des Lices 04 94 97 94 25 www.latartetropezienne.fr Tlj. 6h30-19h30**

## Les meilleures glaces du coin !

### Géo Glacier

Géo, maître glacier à Sainte-Maxime, fait le bonheur des petits et des grands depuis 1946 ! Au choix, quelque 40 parfums, parmi lesquels pomme verte, melon, marron, tiramisu...

**SAINTE-MAXIME Promenade Simon-Lorière 04 94 96 03 85 Avr.-oct. : tlj. 10h-0h**

## Le Saint-Tropez villageois

### Café des Arts

Son vieux zinc est le rendez-vous des anciens et des amateurs de belote à l'heure de l'apéritif. Installé en terrasse, sur la mythique place des Lices, profitez de l'animation du marché le matin, ou des parties de pétanque enjouées en fin d'après-midi. Carte bistrot à l'heure des repas.

**SAINT-TROPEZ (plan 11, C2 n°1) 1, pl. des Lices 04 94 97 02 25 Mai-sept. : tlj. 8h-2h ; oct.-avr. : tlj. 8h-20h**

## Terrasse mythique

### Sénéquier

Les célébrissimes fauteuils rouges de Sénéquier, où se sont assis notamment Jean Cocteau, Errol Flynn et Paul Éluard, sont aujourd'hui assaillis par les vacanciers. C'est la terrasse légendaire du port. Tarifs en rapport !

**SAINT-TROPEZ (plan 11, B1 n°3) Quai Jean-Jaurès 04 94 97 20 20 Juil.-août : tlj. 7h30-2h ; sept.-juin : tlj. 8h-0h Fermé jan.-mi-fév.**

## Le rendez-vous

### L'Olivier

À Ramatuelle, un bon poste d'où observer le va-et-vient des passants, L'Olivier dresse sa petite terrasse sans prétention sur la place de l'Ormeau. On y boit des *cappuccino* préparés dans les règles, on y prend le petit déjeuner, un verre, une gaufre...

**RAMATUELLE Pl. de l'Ormeau Juil.-août : mar.-dim. 8h-0h ; mai-juin, sept. : mar.-dim. 8h-20h**

**La terrasse mythique du café Sénéquier**

## RESTAURANTS

### Coquet et bon
**La Maison bleue €€**

C'est une maison de poupée au décor ravissant et à la jolie terrasse. Cuisine simple, où s'invitent des spécialités du cru, tels la pissaladière, l'aïoli (un jour/sem.), les plats de pâtes, etc. Plat du jour à midi 16€, menus 29 et 37€.

**SAINTE-MAXIME 48, rue Paul-Bert ☎ 04 94 96 51 92 ⏱ Avr.-mai, oct. : mer.-lun. midi et soir ; juin-sept. : tlj. midi et soir ; mi-déc.-mars : mer.-dim. midi et soir Fermé nov.-mi-déc.**

### Un vrai savoir-faire
**L'Ormeau ♥€€€**

Velouté de haricots lingots au lard fumé, bouillabaisse du chef, souris d'agneau et caviar d'aubergine, parfait au chocolat : de solides spécialités bistrotières, un accent provençal marqué et un chef qui témoigne d'un vrai savoir-faire, voilà la clé d'un bon repas ! Plats 17-34€.

**SAINTE-MAXIME 38, rue Hoche ☎ 04 94 49 17 44 ⏱ Juil.-sept. : tlj. soir ; oct.-juin : jeu. soir, ven.-mar. midi et soir**

### Simplicité inespérée
**L'Olive €€**

Un restaurant "normal" à Saint-Tropez, quelle gageure ! Ni décoration tapageuse ni carte ampoulée, mais une cuisine provençale bien tournée et sans chichis : beignets de fleurs de courgette, calamars grillés, daube de veau, tarte tropézienne... Plats 16-28€.

**SAINT-TROPEZ (plan 11, C1 n°11) 11, rue Aire-du-Chemin ☎ 04 94 97 09 21 ⏱ Été : tlj. midi et soir ; hiver : lun.-jeu. midi, ven.-sam. midi et soir**

### Une bonne affaire !
**Le G' €€**

Un bon bistrot à l'ambiance décontractée, autour d'assiettes réjouissantes : salade de gambas panées, filet de loup rôti et jus de veau infusé au romarin, panna cotta à la mangue... De la terrasse, jolie vue sur la chapelle de la Miséricorde. Menus du soir 32 et 37€.

**SAINT-TROPEZ (plan 11, C1 n°10) 67, rue du Portail-Neuf ☎ 04 94 79 85 09 ou 07 86 31 11 22 ⏱ Avr.-oct. : mar.-dim. midi et soir**

### De Saint-Tropez à Casablanca
**Salama ♥€€€**

N'hésitez pas à en pousser la porte : dans la Villa Romana, ancien théâtre des belles nuits tropéziennes, c'est

Petits farcis de légumes provençaux

l'Orient ! La carte est à l'unisson : briouates et pastillas, tajines et couscous (29-45€), pâtisseries. Délicieux...

**SAINT-TROPEZ (plan 11, B2 n°12) 1, chemin des Conquettes 04 94 96 52 93 www.restaurant-salama.com Avr.-oct. : tlj. soir**

## Ça chante dans l'assiette

### La Farigoulette €€

Dans son nom, une ode à la Provence. Dans les assiettes aussi ! Souris d'agneau au four, anchoïade, petits farcis, seiches à la provençale... Une terrasse dominant la presqu'île de Saint-Tropez, une autre nichée dans la verdure. Plats 15-32€. Pas de CB.

**RAMATUELLE 31, rue Victor-Léon 04 94 79 20 49 Avr.-juin, sept. : mer.-lun. midi et soir ; juil.-août : tlj. soir**

## *Come a casa !*

### La Forge €€€

À l'entrée de Ramatuelle, dans l'ancienne forge du village, Francesca et Paolo ont créé une table italienne originale, alliant gastronomie et inventivité : risotto au citron et thym, osso buco de veau en *gremolata*, et même des tournedos à la... Rossini ! Entrées 17-25€, plats 23-37€.

**RAMATUELLE Rue Victor-Léon 04 94 79 25 56 www.laforgederamatuelle.fr Pâques-fin oct., Noël : tlj. midi et soir**

## Son nom lui va si bien !

### La Verdoyante ♥€€

Cette adorable auberge jouit de l'une des plus belles terrasses qui soient : à son pied se déroule un superbe paysage verdoyant – oliviers, vignes, pins – jusqu'au golfe de Saint-Tropez ! Côté cuisine, le chef maîtrise ses gammes provençales avec art. Menu terroir à 30€.

**GASSIN 866, chemin vicinal Coste-Brigade (1km au nord de Gassin dir. Saint-Tropez) 04 94 56 16 23 www.la-verdoyante.fr Pâques-mi-oct. : mar. soir, mer.-dim. midi et soir**

## Cadre et cuisine d'exception

### Bello Visto ♥€€

Sous les micocouliers, un panorama à couper le souffle ! Et bonne surprise, les assiettes débordent de saveurs : caviar d'aubergine aux piments doux et pulpe de basilic, gnocchis de pommes de terre aux truffes et étuvée de cébettes, quasi de veau rôti à l'ail... Menus 43-65€. Rés. indispensable.

**GASSIN Pl. Deï-Barri 04 94 56 47 33 bellovisto.eu Avr.-oct. : tlj. midi et soir**

## Ambiance populaire

### Le Clem's €

L'adresse incontournable du vieux village. Sa grande terrasse sur la rue ne désemplit jamais ! Cuisine toute simple mais bonne et plutôt généreuse, qu'il s'agisse d'une omelette, d'une salade (César, niçoise, etc.) ou d'une grillade. Plats 14-17€.

**GRIMAUD 3, bd des Micocouliers 04 94 43 20 19 Tlj. midi et soir (café dès 7h le matin) Fermé en jan., et lun. et mar. soir en hiver**

## Pizza ou antipasti ?

### Le Saint-Joseph ♥€€

L'endroit, rustique en diable, est une authentique trattoria italienne. Vous aurez le choix entre de belles pizzas (10-17€) garnies de bons produits, et un séduisant éventail de spécialités transalpines – charcuteries au couteau, raviolis aux cèpes et mascarpone, *tagliata* de faux-filet... Plats 16-22€. Accueil sympathique en prime !

**GRIMAUD 2, montée Saint-Joseph 04 94 43 28 84 Juil.-août : tlj. soir ; sept.-juin : jeu.-ven. et dim.-mar. midi et soir, sam. soir**

## Du poisson, du poisson !

### La Table du mareyeur €€€

Une valeur sûre, parmi la profusion de restaurants de poisson à

Port-Grimaud. Deux menus, à 26 et 39€, mais c'est dans la carte qu'il faut piocher les plus belles pièces, tels ces poissons sauvages grillés entiers pour deux (env. 40-48€/pers.).

**GRIMAUD 10-11, pl. des Artisans Port-Grimaud 04 94 56 06 77 www.mareyeur.com Mi-juin-mi-sept. : lun.-mer. et ven.-sam. soir, jeu. et dim. midi et soir ; mars-mi-juin, mi-sept.-nov. : mar.-dim. midi et soir**

### Excellent rapport plaisir-prix
**La Grange des agapes ♥€€€**

À l'étage d'une petite épicerie fine, une salle fraîche et élégante. Le chef, un passionné, œuvre au milieu des clients, derrière une grande verrière. Le résultat est de grande qualité, avec des menus réjouissants de 23 à 60€.

**COGOLIN 7, rue du 11-Novembre 04 94 54 60 97 www.grangeagapes.com Mar.-sam. 12h-14h et 19h30-22h30**

### Chaleureux et bien situé
**Le Carnotzet €€**

Le rendez-vous incontournable, sous le kiosque de la place du Marché. Pas de surprise côté menu, qui affiche simplement tartares, plats de pâtes, grillades de viande rouge et poissons au beurre, ainsi qu'un intéressant choix de vins. Plat du jour 13-15€.

**LA GARDE-FREINET 7, pl. du Marché Jeu.-lun. 7h-14h30 et 18h-22h**

## SHOPPING

### L'appel du sucre
**Pierrugues**

La meilleure pâtisserie de la ville ! On y craque pour la Maximoise – un délice de brioche feuilletée aux fruits confits et à la crème –, pour le nougat au miel de lavande et aux amandes de Provence, ou la gamme de chocolats sans sucre ajouté. Belle terrasse pour déguster les coupes glacées.

**SAINTE-MAXIME 6, pl. Victor-Hugo 04 94 96 17 64 Tlj. 7h30-0h Fermé en nov. et horaires réduits en hiver**

### La vraie sandale tropézienne
**Atelier Rondini**

Le berceau des "tropéziennes", ces fameuses sandales à lanières fabriquées depuis les années 1920, toujours aussi prisées, qui se déclinent en spartiates et nu-pieds divers. Paire pour adulte de 150 à 235€.

**SAINT-TROPEZ (plan 11, B2 n°20) 18, rue Georges-Clemenceau 04 94 97 19 55 www.rondini.fr Mar.-sam. 9h30-12h30 et 14h-18h30, dim. 10h30-13h et 15h-18h30**

### Pur fruit
**La Maison des confitures**

Pas moins de 450 variétés de confitures, toutes artisanales. Notre préférée : la confiture aux fraises des bois. Également un point de vente en saison dans Saint-Tropez.

**GASSIN 825, route du Bourrian (3km au nord de Gassin par la D89) 04 94 43 41 58 www.maisondesconfitures.fr Juin-sept. : lun.-sam. 9h30-20h, dim. 10h-13h ; oct.-mai : lun.-sam. 9h30-19h (et dim. 10h-13h pendant les vac. scol.)**

### Crus de prestige
**Château Minuty**

Cette majestueuse propriété viticole mérite un détour pour son grand parc et sa chapelle de 1870, que l'on peut visiter librement. Sans oublier le caveau de dégustation, où l'on fait connaissance avec les crus maison, dont les célèbres "Prestige rosé" et "M Blanc".

**GASSIN 2491, route de la Berle 04 94 56 12 09 www.minuty.fr Juin-août : tlj. 9h-19h ; sept.-mai : lun.-ven. 9h-12h et 14h-18h**

### Pour l'apéritif
**Coopérative des vignerons de Grimaud**

Impossible de manquer, à l'entrée sud du village, la coopérative historique des vignerons de Grimaud, fondée en 1932. La plupart des parcelles, situées à la croisée des Maures et de la presqu'île de Saint-Tropez, sont classées en AOP côtes-de-provence (rosés, rouges et blancs).

**GRIMAUD 36, route des Oliviers (à l'entrée sud du village sur la D14) 04 98 12 68 10 Juil.-août : lun.-sam. 9h-13h et 15h-19h ; sept.-juin : lun.-sam. 9h-12h30 et 14h-18h**

Les célèbres pipes Courrieu

### Simenon les appréciait
**Les Pipes Courrieu & Fils**

Réputées dans le monde entier, les pipes de Cogolin sont fabriquées ici, dans ce minuscule atelier. Une tradition vieille de plus de 200 ans, perpétuée par la famille Courrieu. Elles sont confectionnées artisanalement à partir de souches de bruyère arborescente, un arbuste sauvage très présent dans les Maures. N'hésitez pas à demander des explications !

**COGOLIN 58, av. Georges-Clemenceau 04 94 54 63 82 Lun.-sam. 9h-12h et 14h-19h (ouvert certains dim.)**

## SORTIES

Pour boire un verre le soir à Saint-Tropez, rendez-vous sur le vieux port ! Face aux yachts, les quais ne sont qu'une succession de terrasses où se pavaner… Quelques adresses concentrent l'attention des badauds : le Quai (quai Jean-Jaurès), animé de shows toute la soirée, et le Bar du Port (quai Suffren), où la jeunesse lookée aime siroter un cocktail avant de se diriger vers les discothèques.

### Tenue correcte exigée
**Les Caves du Roy**

Très chic, très glamour, très paillettes, très show-biz, très Hollywood, très *beautiful people* : c'est la boîte où "tout le monde" passe depuis 1967, dans l'enceinte du Byblos, le fameux palace tropézien. La plus belle, mais de loin la plus chère. Tenue plus que correcte exigée.

**SAINT-TROPEZ (plan 11, C2 n°30) Av. Maréchal-Foch 04 94 97 16 02 www.lescavesduroy.com Mi-avr.-juin, sept. : ven.-sam. 0h-5h ; juil.-août : tlj. 0h-5h**

### Voir et être vu
**VIP Room**

Des soirées select courues des vedettes… Il y traîne toujours quelques stars de la télé-réalité.

**SAINT-TROPEZ (plan 11, A2 n°31) Nouveau Port 06 77 07 77 07 www.viproom.fr Juil.-août : tlj. 0h-5h**

# LA CORNICHE DES MAURES ★

Superbe massif se déployant entre Fréjus et Hyères, les Maures tombent dans la mer entre Cavalaire et Le Lavandou, formant une corniche fortement découpée et bordée de plages de rêve. Dans les terres, Bormes-les-Mimosas croule sous les fleurs, tandis que Collobrières, "capitale" des Maures, entretient la tradition de sa crème de marron...

## ACCÈS

- La D559 longe le pied du massif, desservant toutes les communes du littoral de La Croix-Valmer (à 20min de Saint-Tropez) au Lavandou (à 25min de Hyères).
- Liaisons en cars VarLib avec Toulon, Hyères, Saint-Tropez... www.varlib.fr

## À VOIR

### AU FIL DU LITTORAL

**Station Belle Époque**

**La Croix-Valmer**

Dominant la baie de Cavalaire, prodiguant des vues superbes sur les caps Taillat et Lardier, La Croix-Valmer devient une villégiature très à la mode à la fin du 19e s. et au début du 20e. Entre le village et la plage de Gigaro (3km plus bas), plusieurs villas à l'architecture majestueuse l'attestent ; notamment la **maison des Pères du Saint-Esprit** et la **villa Couadan** (au-dessus de la plage de Sylvabelle), construite pour Sarah Bernhardt.

**14km au sud-ouest de Saint-Tropez**

**Pour sa plage**

**Cavalaire-sur-Mer**

Une grande station balnéaire populaire, avec son port de plaisance, sa promenade et son interminable baie bordée d'une plage de sable de plusieurs kilomètres, l'une des plus belles du littoral varois. Ici, tout est tourné vers le tourisme sportif et familial. À l'est, refermant la baie, le sauvage cap Lardier annonce la presqu'île de Saint-Tropez...

**6km au sud-ouest de La Croix-Valmer**

**SENSATIONS FORTES**

L'été, le **domaine du Rayol** prête son cadre magique à des concerts de musique classique (musique de chambre, récitals) et méditerranéenne (groupes locaux) : les "soirées romantiques" ! Informations auprès du domaine.

**Jardins d'Éden**

**Domaine du Rayol**

Dans un site d'une beauté naturelle exceptionnelle, au bord de l'eau, une ancienne résidence d'été au jardin luxuriant, planté d'espèces exotiques et réhabilité par le paysagiste Gilles Clément. Tous les climats méditerranéens

**À NE PAS MANQUER**

- Domaine du Rayol
- Vieux village de Bormes-les-Mimosas
- Fort de Brégançon
- Chartreuse de la Verne

**Le domaine du Rayol**

du monde y sont évoqués, au fil d'une promenade divine, de jardin australien en jardin californien, de prunier du Natal en lin de Nouvelle-Zélande... Jusqu'à une petite crique, la baie du Figuier. Pour en savoir plus, attendez le départ d'une visite guidée (sans supplément de prix). Librairie spécialisée et café des Jardiniers.

**Av. des Belges Rayol-Canadel-sur-Mer (7km à l'ouest de Cavalaire) 04 98 04 44 00 www.domainedurayol.org Avr.-juin, sept.-oct. : tlj. 9h30-18h30 ; juil.-août : tlj. 9h30-19h30 ; nov.-mars : tlj. 9h30-17h30 12€**

### Option farniente et fiesta

#### Le Lavandou

Le long de sa grande plage de sable doré, Le Lavandou aligne pêle-mêle brasseries, pizzerias à la chaîne, boutiques de maillots de bain et boîtes de nuit... Une étape rêvée pour les amateurs de farniente, de bains de soleil, de décibels et d'animations diverses !

**20km à l'ouest de Cavalaire**

## BORMES-LES-MIMOSAS

Le mimosa en fleur, dont la ville a fait son emblème, embaume en hiver, et les bougainvillées envahissent les façades, égayant les ruelles pentues de la vieille ville. La mer s'étire au loin, tandis que la forêt des Maures réserve, au-dessus du village, de belles promenades à l'ombre des châtaigniers et des chênes-lièges. Insolente de couleurs et de parfums, comptant parmi les villages les plus fleuris de France, Bormes attire immanquablement le tourisme, mais il est néanmoins très agréable d'y séjourner, d'autant plus que la vie y est moins chère que sur la côte voisine !

**5km au nord du Lavandou**

Les mimosas de Bormes

### Rue des Orangers, impasse des Coquelicots, montée du Paradis...
**Vieux village**

Un labyrinthe où s'entrecroisent venelles fleuries, escaliers aux pierres usées et mystérieux passages voûtés (*cuberts*). Difficile de ne pas s'égarer ! Alors, laissez-vous inspirer par les noms poétiques de ces ruelles pentues et de ces délicieuses placettes : place du Figuier, du Lou Poulid Cantoun ("joli coin") au poivrier centenaire, de l'Isclou d'Amour ("îlot d'amour") à la fraîche fontaine, venelle des Amoureux, rue des Orangers, impasses des Coquelicots, des Belles-de-Nuit, montée du Paradis, traverse des Troubadours... et rue Rompi-Cuou ("Casse-cul" en provençal) !

### Extérieur épuré, intérieur kitsch
**Église Saint-Trophyme**

On aime ses faux marbres, ses couleurs vives, et la grande et très expressive toile du peintre italien Patritti, *Le Triomphe de saint Trophyme* (1860), qui surmonte l'autel. Cette petite église d'inspiration romane fut édifiée à la fin du 18e s. à l'entrée de la ville médiévale.

**Rue Carnot ◷ Tlj. 8h-20h**

### Peintures et sculptures
**Musée Arts et Histoire**

Le clou de ce musée, installé dans une maison restaurée du 17e s. , est sans doute *La Toilette*, un tableau réalisé en 1915 par Théo Van Rysselberghe, peintre néo-impressionniste belge qui vécut au Lavandou. Autre personnage intéressant, Emmanuel-Charles Bénézit, peintre des salons parisiens et fils de l'auteur du célèbre dictionnaire Bénézit qui répertoria, dès 1911, les artistes du monde entier.

**103, rue Carnot 04 94 71 56 60 Fermé pour travaux, réouverture prévue fin 2022**

### Les vacances du président

#### Fort de Brégançon

La résidence de villégiature officielle du président de la République depuis 1968 ! Cet ancien fort militaire dressé sur une presqu'île rocheuse se découvre lors de visites guidées : un jardin merveilleux vous accueille, contrastant avec l'austérité de l'édifice. Plusieurs terrasses offrent des vues sur les îles d'Or et le littoral environnant, splendide et très préservé avec ses petites plages ourlées d'eaux turquoise et ses collines couvertes de pins. Votre guide enrichit son discours d'une multitude d'anecdotes liées aux séjours des présidents au fort. Une visite passionnante !

**Cabasson (8km au sud de Bormes par la D41 et la D41A) Visites guidées (2h30) seulement (rens. à l'office de tourisme de Bormes, cf. Carnet pratique) 10€**

## AU CŒUR DU MASSIF DES MAURES

### Prendre de la hauteur

#### Cols de Babaou et de Gratteloup

Pour une vue exceptionnelle sur les îles d'Or et les salins d'Hyères, montez au col de Babaou (414m), à une dizaine de kilomètres de Collobrières. Poursuivez ensuite jusqu'au col de Gratteloup : la route serpente en hauteur, dévoilant un paysage à couper le souffle. Des monts boisés ondulent à perte de vue, vierges de toute trace d'habitation, à quelques kilomètres à peine d'un littoral pourtant bondé !

**13km au nord de Bormes-les-Mimosas par la D41**

### Capitale du liège et de la châtaigne

#### Collobrières

Un de ces villages où l'on aime à se réfugier lorsque la côte devient invivable. Blotti au creux du massif des Maures, à 153m d'altitude, Collobrières a conservé un petit côté rustique et authentique qui fait son charme. Le boulevard Lazare-Carnot aligne platanes et troquets en enfilade, le joli Pont-Vieux enjambe le Réal comme au 11$^{e}$ s. et, chaque été, la place de la Libération fête l'eau courante en faisant jaillir le vin collobriérois de sa fontaine ! Bref, un village délicieux, où la vie s'écoule paisiblement. Dans l'**église Notre-Dame-des-Victoires**, remarquez, en entrant, les glands sculptés sur le chapiteau de gauche, et les châtaignes sur celui de droite.

**21km au nord de Bormes par la D41, ou 32km par La Londe-les-Maures**

### Solitude mystique

#### Chartreuse de la Verne

Au cœur de la forêt des Maures, à 420m d'altitude et dans un calme absolu, une ancienne chartreuse du 12$^{e}$ s. transformée en monastère par les sœurs de Bethléem, qui y vivent dans le silence. De l'église romane, vue magnifique sur le grand cloître et le cimetière. Dans la cellule reconstituée d'un père chartreux, on ressent la solitude dans laquelle vivaient ces moines. La visite s'achève par la traversée de l'huilerie et du cellier.

**12km à l'est de Collobrières par la D14 dir. Grimaud, puis piste goudronnée 04 94 43 45 41 Juin-sept. : tlj. 11h-18h ; oct.-mai : tlj. 11h-17h (fermé mar. déc.-fév.) 6€**

### Une vue inoubliable

### Sanctuaire Notre-Dame-des-Anges

Il faut grimper à ce sanctuaire pour le panorama extraordinaire qu'il offre, car c'est l'un des plus hauts sommets des Maures (760m). La vue sur l'enfilade des Maures, la mer, les îles d'Or et la presqu'île de Giens est exceptionnelle ! La première chapelle ayant occupé le site fut bâtie au 6$^{e}$ s., mais celle que vous verrez date de 1844. Sa nef unique abrite de nombreux ex-voto, dont le plus curieux, suspendu à la voûte, figure un crocodile...

**17km au nord de Collobrières (D14 puis D39 jusqu'au col des Fourches, avant une petite route sur la gauche de 5km) Tlj. 6h45-20h**

### Éducatif et attendrissant

### Village des Tortues

Quelque 1 500 tortues, de France et d'ailleurs sont réunies dans les deux hectares de ce parc animalier. Celles d'Hermann ne vivent plus qu'en Corse et dans les Maures. La visite de ce village vise à sensibiliser le public sur la nécessité de les protéger – et de ne pas les garder en captivité. Ne manquez pas la clinique, où environ 300 d'entre elles sont soignées chaque année, la nurserie où s'ébattent des bébés, et venez plutôt le matin si vous souhaitez assister au nourrissage.

**1065, route du Luc Gonfaron Carnoules (23km au nord de Collobrières par la D14 et la D39) 04 89 29 14 10 www.villagedestortues.fr Mi-mars-mi-oct. : tlj. 10h-18h et pendant vac. scol. de Toussaint et de Noël ; mi-oct.-mi-mars : mer. et sam.-dim. 10h-17h 14-16€**

## LA LONDE-LES-MAURES

Au pays du côtes-de-provence ! Tout autour de La Londe-les-Maures, les vignes s'étendent à perte de vue, tapissant les contreforts du massif des Maures. Charnière entre l'arrière-pays et l'espace maritime, la bourgade de La Londe a aussi sa station balnéaire et ses plages, ainsi qu'un port de plaisance, le port Miramar, où l'on peut embarquer pour Port-Cros et Porquerolles.

### Idéal en famille

### Jardin zoologique tropical

Près de 6ha de forêts et de jardins plantés d'essences exotiques et peuplés de plus de 80 espèces différentes : singes-écureuils, suricates, lémuriens, gros pigeons de Nicobar aux ailes irisées... Vous serez étonné par l'impressionnante collection de calaos (l'une des plus belles d'Europe). Très didactique.

**583, route de Saint-Honoré (2km au nord-est de La Londe dir. Le Lavandou par la D559, au bord de la route) 04 94 35 02 15 www.zootropical.com Fév.-mars : tlj. 14h-17h ; avr.-sept. : tlj. 10h-19h ; oct. : tlj. 14h-18h ; nov.-jan. : w.-e. et j. fér. 14h-17h (vac. scol. tlj.) 12€**

# À FAIRE

## Allez à la plage

### Crique de Bonporteau

Un joyau de crique serrée entre deux promontoires escarpés, à l'écart de l'agitation estivale de la grande plage.

**Cavalaire-sur-Mer (prendre la D559 dir. Le Lavandou et tourner sur le premier chemin à gauche après le rond-point de Bonporteau : se garer sur le chemin)**

### Cavalaire-sur-Mer

Une plage de sable fin courant sur près de 5km, du port de la station, à l'ouest, jusqu'à la plage de Gigaro, à La Croix-Valmer, à l'est. Le tout jalonné de paillotes, de buvettes, d'activités nautiques, de terrains de beach-volley, de matelas et de parasols.

### Le Lavandou

Vous n'aurez que l'embarras du choix ! Le Lavandou égrène douze perles de sable fin, blotties au creux de collines verdoyantes et léchées par une eau cristalline. Vous trouverez, d'ouest en est, l'Anglade et la Grande Plage (au centre-ville), la plage de Saint-Clair et ses reflets d'or, celles de la Fossette, d'**Aiguebelle**, la plus chic, puis les trois ravissantes criques de l'Éléphant, de Jean-Blanc et du Rossignol. La grande anse de **Cavalière** regroupe plusieurs plages : celles du Layet (naturiste, minuscule et bondée), de Cavalière et du cap Nègre, au pied duquel se niche la plage de Pramousquier.

**Accès par la D559, qui longe la mer, et par la piste cyclable Le Lavandou-Pramousquier**

### Plage de Cabasson

Une séduisante plage de sable blanc et fin, avec vue imprenable sur le fort de Brégançon. À l'arrière, parc avec sanitaires, jeux pour enfants et tables de pique-nique. À l'est, un sentier permet de rejoindre en quelques minutes la petite plage de Brégançon.

**8km au sud de Bormes par la D41 et la D41A € Parking (fin mars-fin oct. tlj. 8h-20h) 10€**

**La crique de Bonporteau**

La plage du Layet au Lavandou

### Plage de l'Estagnol

Cette splendide anse, bordée par une pinède, est sans aucun doute l'une des plus belles du secteur ! Elle étend son sable blanc sur les terres du domaine viticole de Brégançon, qui en autorise l'accès de Pâques à septembre.

**Environ 7km au sud-ouest de Bormes par la D41 et la D42A ⏲ Parking (Pâques-sept. tlj. 8h30-20h) 11€**

### Plage du Pellegrin

Un ruban de sable fin aux eaux limpides et frangée de pins, qui déroule un paysage de rêve, digne des plus belles plages polynésiennes ! La petite route qui y mène est magnifique, entre vignes et bosquets de pins. Un conseil : laissez votre véhicule à La Londe, sur le parking de la plage de l'Argentière, et allez-y à pied (1km, 20min environ).

**4km au sud-est de La Londe par la D559A et par la route des plages € Parking (avr-sept. 8h-20h) 11€**

## Explorez des épaves englouties

**Cavalaire** est un site de plongée reconnu : cargos, sous-marins, avions de chasse couverts d'éponges et de gorgones gisent au fond de la baie, servant d'abri aux congres, aux mérous, aux crustacés... *Le Togo* (1882), sabordé en 1918, est l'un des plus célèbres de ces vestiges. La qualité des eaux, limpides et protégées des courants par les îles d'Or et le cap Lardier, promet de grands moments de plongée. À **La Londe**, plusieurs clubs emmènent les plongeurs dans les eaux de Port-Cros et de Porquerolles et sur les épaves mythiques du secteur.

**Mio Palmo Plongée** Résidences du Port 158, esplanade Sainte-Estelle Cavalaire-sur-Mer ☎ 04 94 12 71 33 ou 06 08 43 10 98 www.miopalmoplongee.com **Lavandou Plongée** Nouveau port (à la sortie de la ville, dir. Cavalaire, près de l'aire de carénage) Le Lavandou ☎ 04 94 71 83 65 https://lavandou-plongee.com **Aqualonde** Port Miramar La Londe-les-Maures ☎ 04 94 01 20 04 ou 06 09 88 45 55 www.aqualonde-plongee.com

## Suivez un sentier sous-marin

### Jardin des Mattes

Ce sentier se parcourt avec palmes, masque et tuba, suivant un balisage flottant et sept panneaux explicatifs immergés, mis en place de juin à septembre (accès libre) à la pointe de l'éperon rocheux de la plage de l'Argentière. En été, un guide naturaliste organise une découverte accompagnée du sentier. La pêche à la ligne, la pêche sous-marine et le ramassage des coquillages sont interdits sur la zone.

Plage de l'Argentière La Londe-les-Maures Découverte accompagnée juil.-août : rens. à l'OT

### Partez en randonnée
**Dolmen de Gaoutabry**

Une randonnée à ne pas manquer, vers le plus grand dolmen du Var, juché sur une colline au cœur du maquis. Cette tombe collective contenait les ossements d'au moins 34 individus entourés d'offrandes (poteries, outils, bijoux, etc.) datant de la fin du néolithique (2 800 ans av. J.-C.) et de l'âge du cuivre (2 000 ans av. J.-C.). Passages escarpés : soyez bien chaussé. Départ 2km au nord de La Londe, au bord de la D88, boucle de 7,4km (2h).

# NOS ADRESSES

## PAUSES

### Les pieds dans l'eau
**Marius à la plage**

Envie de jouer les Robinson ? Gagnez le bout de la plage de Gigaro et installez-vous dans cette paillote posée directement sur le sable, à 3m de la mer ! Parfait pour boire un verre en fin d'après-midi.

**LA CROIX-VALMER Plage de Gigaro 04 94 54 25 05 Avr.-oct. : tlj. midi et soir**

### Pour un bon pique-nique
**L'Épicerie du village**

Un grand choix de délicieux sandwichs à composer soi-même avec du fromage, de la charcuterie, des légumes marinés... Assiettes-repas également. Petite terrasse à l'arrière.

**BORMES-LES-MIMOSAS 23, rue Carnot 06 24 62 58 47 ou 06 26 54 67 75 Fin fév.-mai, oct. : tlj. 10h-15h ; juin-sept. : tlj. 10h-15h et 19h-24h**

## RESTAURANTS

### Pour le cadre et la cuisine
**Couleurs jardin €€€**

Une terrasse perchée dans les pins, juste au-dessus de la belle plage de Gigaro, et un savoureux éventail de spécialités méditerranéennes où le poisson tient le premier rang (poulpe à l'ail et au persil, calamars et poivrons grillés, *tataki* de bonite et wok de légumes...). Plats et pizzas 14-34€.

**LA CROIX-VALMER Plage de Gigaro 04 94 79 59 12 Avr.-mi-oct. : tlj. midi et soir**

### Retrouver la Provence
**La Favouille €€**

Sur une petite place ombragée de platanes, à deux pas de l'église et du port, la Favouille étale sa terrasse. On s'y régale de tous les classiques de la cuisine provençale, relevés d'herbes, d'ail, de pistou ou d'huile d'olive. Aïoli le vendredi uniquement. Formule 16,50€ à midi, menus à 25 et 34€.

**LE LAVANDOU 9, rue Abbé-Hélin 04 94 71 34 29 https://restaurantlafavouille.fr Mi-avr.-mi-oct. (jours et horaires : se rens.)**

### La mer dans mon assiette
**Les Tamaris ♥€€€**

Un vrai restaurant de bord de mer, où les poissons sont grillés au feu de bois et accompagnés d'une excellente ratatouille : comptez de 28€ à 85€/kg pour les plus "nobles" (daurade royale, pagre), et 180€/kg pour la langouste. Excellente bouillabaisse (75€).

**LE LAVANDOU** Bd de la Baleine Saint-Clair (2km au nord-est du centre-ville par la D559) 04 94 71 02 70 Avr.-oct. : tlj. midi et soir

## Intime et exquis

### Le Jardin ♥€€

L'enchantement opère dès que l'on pénètre dans ce ravissant jardin au cœur du vieux village. L'agneau de 7h, fondant à souhait, et son tian de légumes sont un pur délice ! Et que dire du pavé de cabillaud sauce pomme-chorizo et sa purée de patates douces... ? Entrée et plat 30-35€ environ.

**BORMES-LES-MIMOSAS** 1, ruelle du Moulin 04 94 71 14 86 www.lejardinrestaurant-bormes.com Mi-fév.-mai : mer.-dim. midi et soir ; juin-mi-oct. : mer.-dim. soir

## Belle adresse

### La Tonnelle €€€

L'endroit, déjà, est insolite ! Une jolie boutique où s'amoncellent broderies, peluches et jouets d'antan... Dans l'assiette, une cuisine méditerranéenne pleine de saveurs, mâtinée d'influences d'ailleurs. Trois menus de 35 à 45€.

**BORMES-LES-MIMOSAS** 23, pl. Gambetta 04 94 71 34 84 http://restaurant-la-tonnelle.com Juil.-sept. : lun.-mar. soir, mer.-dim. midi et soir ; oct.-juin : mer.-dim. midi et soir

## Une institution

### La Petite Fontaine €€

À l'ombre des platanes, de bons plats du terroir : fromage de tête maison, daube de bœuf à la provençale... Arrosez le tout d'un excellent vin de pays et terminez par une glace aux marrons. Menus 28 et 35€ (20-30€ à midi).

**COLLOBRIÈRES** Pl. de la République 04 94 48 00 12 Mi-mars-mi-juin, mi-sept.-mi-nov. : mar.-dim. midi et soir ; mi-juin-mi-sept. : mar.-dim. midi

## Sous les platanes

### La Terrasse provençale €€

Devant une façade ocre, sur une place plantée de platanes majestueux, s'étend une vaste terrasse où il fait bon s'attabler pour savourer une cuisine préparée avec soin (souris d'agneau, gambas à la provençale, etc.). Accueil convivial. Menu 30€, formule plat et dessert 19€.

**COLLOBRIÈRES** 6, pl. de la République 04 94 28 19 57 Avr.-oct. : mer.-dim. midi et soir ; nov.-mars : mer.-dim. midi

**Les fameux marrons glacés de la Confiserie azuréenne**

### L'une des meilleures tables
**Le Jardin provençal ♥€€**

Façade ocre et volets couleur lavande, terrasse ombragée... Mais la meilleure raison de se poser dans ce jardin est la bourride (35€, tous les jours sur réservation) ! Menu 39€.

**LA LONDE-LES-MAURES 18, av. Georges-Clemenceau ☎04 94 66 57 34 🕒Mer.-dim. midi et soir**

## SHOPPING

### Du mimosa pour soi
**Pépinières Cavatore**

Chez Gérard Cavatore, vous pourrez déambuler à loisir au milieu de plus de 180 espèces et variétés de cette plante au feuillage ensoleillé et au parfum suave. C'est, en France, la plus belle collection spécialisée de mimosa ! Vente sur place ou par correspondance.

**BORMES-LES-MIMOSAS 22, chemin des Orchidées Quartier de Manjastre (7km au nord-ouest de Bormes par la D41 et la D98, à gauche à la hauteur du col de Grateloup) ☎04 94 00 40 23 www.mimosa-cavatore.com 🕒Lun.-ven. 9h-12h30 et 14h-18h, sam. 9h-12h**

### Couleurs et senteurs
**Savonnerie de Bormes**

Olive, figue, romarin, thym, lavande... La savonnerie artisanale de Bormes fleure bon la Provence ! Elle propose des savons de toutes les couleurs, de toutes les tailles, de tous les parfums (2,40€/100g). Pour les gourmands, ils prennent la forme de calissons, d'éclairs au chocolat, de macarons, etc Également des huiles essentielles, des sels de bain et des eaux de toilette.

**BORMES-LES-MIMOSAS 11, rue Carnot (autre boutique au 10, venelle des Amoureux) ☎04 94 01 31 10 www.savonnerie-bormes.com 🕒Tlj. 10h-12h30 et 14h-18h**

### Le marron dans tous ses états
**Confiserie azuréenne**

Passage obligé : la mythique fabrique artisanale de marrons glacés et de crème de marron de Collobrières, grandes spécialités des Maures ! Petit musée et boutique où on peut acheter toutes les spécialités du lieu.

**COLLOBRIÈRES Bd Kœnig ☎04 94 48 07 20 www.confiserieazureenne.com 🕒Juil.-août : tlj. 10h-12h30 et 13h30-19h30 ; sept.-juin : tlj. 10h-12h30 et 13h30-18h30**

## SORTIES

Les fêtards apprécieront **Le Lavandou** pour sa vie nocturne très animée en haute saison : bars et discothèques se concentrent aux deux extrémités de la promenade.

### Faire la fête en maillot
**Acampa**

Le soir, ce restaurant de plage fait aussi office de bar où l'on peut faire la fête en plein air, sous les étoiles... Cocktails et rhums arrangés, bières à la pression et tequila frappée au mètre !

**LE LAVANDOU Plage de Cavalière Av. du Cap-Nègre (7km à l'est du centre du Lavandou par la D559) ☎04 94 05 76 51 www.acampaplage.com 🕒Avr.-juin, sept.-mi-nov. : tlj. 9h-21h30 (fermé dim. soir) ; juil.-août : tlj. 7h30-2h**

# HYÈRES

La ville aux 7 000 palmiers a gardé toute l'élégance d'un âge d'or balnéaire dont elle fut l'une des pionnières au 19e s. Plus haut, dans la cité médiévale, étals colorés et fleurs envahissent les ruelles, qui grimpent à l'assaut d'une colline où trône, impassible, la villa Noailles. Mais Hyères, c'est aussi une presqu'île, d'anciens salins peuplés d'oiseaux, de petits ports authentiques, de longues plages de sable doré...

### ACCÈS

- Hyères se situe à mi-route de Toulon et Bormes-les-Mimosas (à 15-20min). Les parkings Clemenceau et du Casino (payants) sont très bien placés pour la visite du centre à pied.
- Aéroport de Hyères-Toulon à 5km du centre-ville (10-15min en navette Mistral).
- Liaisons TGV avec Paris (env. 4h20), Marseille, Cannes, Nice, Menton, etc., et 30 TER/j. pour Toulon.

## À VOIR

### LA VILLE MÉDIÉVALE

**Beauté épurée**

**Église Saint-Louis**
**(plan 12, B1)**

À deux pas de la porte Massillon, qui marque l'entrée de la ville médiévale, elle s'élève sur l'agréable place de la République, à l'emplacement d'un ancien couvent des Frères mineurs. Simplicité du plan et du décor – une constante de l'esprit franciscain – caractérise l'édifice, bâti dans la seconde moitié du 13e s. et agrémenté de vitraux au 19e s.

**Pl. de la République ◷ Tlj. 8h-19h**

**Le cœur battant d'Hyères**

**Rue et place Massillon (plan 12, B2)**

Depuis le Moyen Âge, l'étroite rue Massillon est la plus commerçante de la vieille ville. Étals gorgés d'olives, de fruits et de légumes, rôtisserie, fromagerie... les effluves variés et alléchants ne manqueront pas d'aiguiser votre appétit. La rue débouche sur la place Massillon : au pied de la **tour des Templiers** (12e s.), qui accueille aujourd'hui des expositions, les tables des cafés et des restaurants envahissent les pavés d'une placette à l'âme toute provençale. À deux pas, les touristes prennent la pose sous les voûtes colorées de la rue des Porches.

**Tour des Templiers ◷ Juil.-août : lun.-sam. 10h-13h et 16h30-19h30 ; sept.-juin : mar.-sam. 10h-13h et 14h-17h**

**Superbe belvédère**

**Collégiale Saint-Paul (plan 12, A1)**

Il faut grimper en haut de la vieille ville pour admirer cette église (12e-13e s.). Vous ne pourrez pas manquer, sur la petite place qui la devance, le très beau point de vue sur les toits de la ville et, au loin, les îles d'Hyères.

**Pl. Saint-Paul ◷ Mar.-sam. 10h-13h et 14h-17h (été 16h-19h)**

**À NE PAS MANQUER**

- Villa Noailles
- Palaces et demeures du 19e s.
- Presqu'île de Giens

La collégiale Saint-Paul, vieille ville de Hyères

## Jardin d'écrivain

**Parc Sainte-Claire** (plan 12, A2)

Des essences subtropicales plantées en terrasses entourent le castel Sainte-Claire, curieuse construction de style néoroman (19e s.) où vécut la romancière américaine Edith Wharton de 1927 à 1937, et qui abrite aujourd'hui le siège du parc national de Port-Cros.

**Allée du Castel-Sainte-Claire Tlj. 8h-19h (hors saison 17h30-18h)**

## Sublime villa dédiée aux arts

**Villa Noailles** (plan 12, A1)

Un chef-d'œuvre avant-gardiste, une villa baignée de lumière, où la simplicité extérieure s'oppose au raffinement fonctionnel de l'intérieur. Posée sur la colline, avec toute la ville et la mer sous les yeux, elle fut dessinée en 1923 par Robert Mallet-Stevens pour le couple de mécènes Charles et Marie-Laure de Noailles. Man Ray, Picasso, Cocteau, Giacometti ou Dalí y séjournèrent... Aujourd'hui, elle accueille plusieurs festivals et expositions, dont le très couru Festival de mode et de photographie. En contrebas de la villa, le **parc Saint-Bernard**, aménagé en terrasses, fut créé par Charles de Noailles, qui y fit planter des essences exotiques et méditerranéennes.

**Montée de Noailles 04 98 08 01 98 https://villanoailles.com Juil.-sept. : mer.-jeu. et sam.-lun. 14h-19h, ven. 15h-21h ; oct.-juin : mer.-dim. 13h-18h Entrée libre**

## Vestiges avec vue

**Château** (plan 12, A1)

D'en haut, le panorama sur la baie d'Hyères et l'arrière-pays est splendide ! Coiffant le sommet de la colline sur laquelle se déploie la vieille ville, les ruines

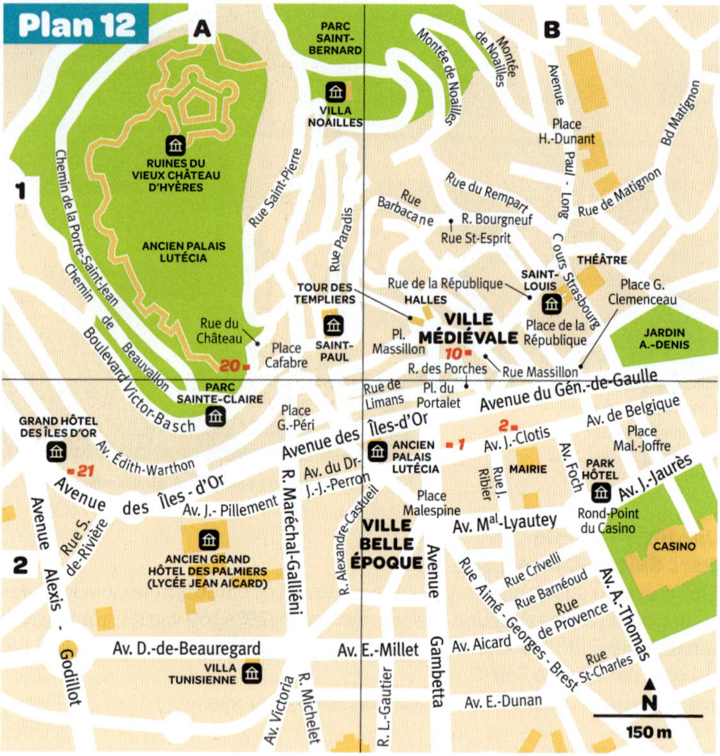


| Restaurants (n°1 et 2) | Shopping (n°10) | Hébergements (n°20 et 21) |
|---|---|---|
| *1* Bagus Kafé - *p.236*........... B2 | *10* Côté Sud - *p.237*.............. B1 | *20* Castel Pierre Lisse - *p.348*.... A1 |
| *2* Le Jardin - *p.236*............. B2 | | *21* Les Orangers - *p.348*......... A2 |

dominent l'enchevêtrement des toits hyérois. Le château fut construit au 11$^{e}$ s. par les seigneurs de Fos, puis remanié au cours des siècles par les comtes de Provence. On dit que Saint Louis, de retour de la 7$^{e}$ croisade, y aurait séjourné en 1254... Il fut ensuite démantelé, lors des guerres de Religion.

**Montée de Noailles (accès en voiture, ou à pied par la rue Saint-Pierre, à partir de la villa Noailles) © Entrée libre**

## LA VILLE BELLE ÉPOQUE

Au 19$^{e}$ s., le développement du chemin de fer, la mode du tourisme d'hiver et son microclimat font d'Hyères une station balnéaire réputée, fréquentée aussi bien par les artistes et gens de lettres (Lamartine, Hugo, Maupassant, Tolstoï...) que par la reine Victoria et l'aristocratie britannique. De majestueuses maisons et anciens palaces témoignent brillamment de cette époque.

### Caprices d'architectes

**Palaces et belles demeures du 19e s.**

Petite balade en contrebas de la ville médiévale, où les rues deviennent avenues.

**Park Hôtel** (plan 12, B2) Commencez la visite par cet ancien palace de style néoclassique (18e s.), dont la rotonde abrite l'office de tourisme (6, av. de Belgique).

**Ancien palais Lutétia** (plan 12, B2) Ce fut le premier grand hôtel d'Hyères au 19es. Victor Hugo, entre autres, y séjourna. Il arbore de belles cariatides, des colonnes antiques et des guirlandes de fruits (11bis, av. des Îles-d'Or).

La Villa Tunisienne

**Grand Hôtel des Palmiers** (plan 12, A2) Dans ce prestigieux hôtel de la fin du 19e s., à la façade jaune ornée de balcons ouvragés lie-de-vin, loge aujourd'hui un lycée (4, rue Maréchal-Gallieni).

**Villa Tunisienne** (plan 12, A2)Encore une splendide villa de style orientaliste, blanche, avec des volets et des faïences dans les tons de bleu. Elle fut construite en 1884 par l'architecte Chapoulart, qui en fit sa résidence (1, av. Andrée-de-David-Beauregard).

**Grand Hôtel des Îles d'Or** (plan 12, A2) Cette imposante bâtisse, à la façade jaune rythmée de beaux balcons en fer forgé, fut le fleuron des palaces au 19es., avec pas moins de cent chambres orientées plein sud, un jardin d'hiver et un parc luxuriant (62, av. des Îles-d'Or).

**Écuries et manège Godillot** (plan 12, A2) Ce superbe édifice, dont la façade ocre se pare de céramiques et de têtes de chevaux en bronze, a été conçu pour l'industriel Alexis Godillot. Du château que celui-ci voulait construire, seuls les écuries et le manège virent le jour en 1882 (22, rue Victor-Hugo).

**SUR LES TRACES DE…**

**Alexis Godillot** (1816-1893) avait fait fortune en fournissant, entre autres, des chaussures (les fameux "godillots" !) aux armées de Napoléon III. Il s'installe à Hyères dans les années 1860, entreprend la modernisation de la ville et y développe le tourisme hivernal. C'est à lui et à l'architecte Pierre Chapoulart que la ville doit sa physionomie actuelle.

## LA PRESQU'ÎLE DE GIENS

Un "double-tombolo" : c'est ainsi que l'on nomme cette formation géologique rarissime. Des langues de sable, longues de 4 à 5km et festonnées de plages, relient l'ancienne île de Giens au continent. Fruit du travail des courants marins, sur des millénaires, elles enserrent une vaste zone de marais, l'ancien salin et l'étang des Pesquiers.

## Ruines au bord de la mer
### Site archéologique d'Olbia

Un site exceptionnel dont les ruines (thermes, monuments cultuels, habitats) se dispersent dans un champ, au bord de l'eau. Au 4e s. av. J.-C., les Phocéens de Massilia (Marseille), pour protéger des pirates leurs navires marchands en route vers l'Italie, fondèrent ici un comptoir fortifié, qui constituait une vraie petite ville. Découvrez-la de préférence avec un guide !

**Quartier de l'Almanarre (3km au sud du centre d'Hyères par la D559 dir. Carqueiranne) 04 94 65 51 49 ou 04 94 31 12 31 Avr.-juin, sept.-oct. : lun.-ven. 9h30-12h et 14h-17h30, sam.-dim. 14h-17h30 ; juil.-août : lun.-ven. 9h30-12h et 14h30-18h, sam.-dim. 14h30-18h 3,50€**

## Ancien quartier de sauniers
### Les Salins et Port-Pothuau

Authentique et préservé ! À l'extrémité est du territoire hyérois, le quartier des Salins est un petit port plein de charme où se côtoient bateaux de pêche et de plaisance, quelques maisons, bars et restaurants, et une poignée de commerces.

**8km à l'est du centre d'Hyères par la D98 et la D12**

## Sel et oiseaux
### Espace nature des Vieux Salins d'Hyères

Au milieu des anciens salins. Exposition intéressante sur leur fonctionnement, la faune et la flore. À l'étage, ne manquez pas le "migrascope", une roue que

**Véliplanchistes aux abords de la presqu'île de Giens**

l'on fait tourner pour savoir quels oiseaux sont présents sur le site en fonction des mois. Jumelles d'observation sur la terrasse.

**Les Salins 04 94 01 09 77 Mars-juin, sept.-oct. : mer.-dim. 9h-12h et 14h-17h30 ; juil.-août : mer.-dim. 9h-12h et 16h-20h ; nov.-fév. : mer.-dim. 9h30-16h30 Entrée libre**

### Presque une île...

### Giens

Au centre de l'île, **Giens** possède tous les charmes de la Provence... Grimpez au sommet du square Bachaga-Boualam : la vue sur le "double-tombolo" de Giens, la mer, le littoral et les îles d'Or y est splendide. Du village, vous gagnerez facilement l'iconique petit **port du Niel**, qui accueille encore quelques bateaux de pêche (accès à pied en une dizaine de minutes, en prenant l'escalier à gauche entre le restaurant Le Provençal et le square).

**11km au sud du centre d'Hyères par la D197**

## À FAIRE

### Allez à la plage

### Le littoral

De la sortie nord du port d'Hyères à Port-Pothuau, la D42 longe une série de plages, dont celle du **Ceinturon**, long ruban de sable et de gravier. Celle de l'**Ayguade**, également vaste mais avec des galets, présente l'avantage d'être plus éloignée de la route. Notre préférée est la plage du **Pentagone**, à l'est de Port-Pothuau. Aussi appelée plage des Salins, cette étendue de sable doré (2km), qui borde les Vieux Salins d'Hyères, se fait de plus en plus sauvage lorsque l'on s'achemine vers son extrémité est.

### Les tombolos

Sur la côte ouest de la presqu'île de Giens, la plus sauvage, la longue plage de l'**Almanarre** déroule quelque 4km de sable grossier, sous des vents souvent forts, parfaits pour les véliplanchistes. Sur le tombolo est, le sable est plus fin et les eaux se font moins profondes : c'est l'idéal pour les enfants. Notez que les plages de la **Bergerie** et de la **Badine**, tout au sud, sont sans doute les plus agréables.

### La presqu'île

La presqu'île de Giens est truffée de criques aux eaux limpides, dont beaucoup ne sont accessibles que par le sentier du littoral. La plage du **Pradeau**, petite anse de graviers bordée de rochers et de pins, est orientée sud et bien abritée du mistral (se garer au parking de la Tour-Fondue, puis emprunter le sentier du littoral sur la droite, qui mène en 10min à la plage). Pour atteindre celle du **Four-à-Chaux**, il faut prendre à Giens la route de la Madrague jusqu'à son terminus, puis traverser à pied le site naturel des Chevaliers, ombragé de pins majestueux – le lieu rêvé pour un pique-nique avant ou après la baignade. En une dizaine de minutes, vous parviendrez à cette plage aux eaux turquoise et à l'abri des vents. En suivant le bord de mer vers l'ouest, vous accéderez facilement à une série de petites criques.

### Longez le littoral à pied ou à vélo

**Route du Sel**

Entre la plage de l'Almanarre et l'ancien salin, d'octobre à avril, la route est interdite à la circulation. Vous pourrez alors la parcourir à pied ou à vélo, en prenant le temps de vous arrêter sur les promontoires installés pour observer les oiseaux : flamants roses, aigrettes garzettes, chevaliers gambettes, et bien d'autres encore, pointent parfois le bout de leur bec.

**3km au sud du centre de Hyères par la D559**

# NOS ADRESSES

## RESTAURANTS

### Avec le sourire

**Bagus Kafé ♥€**

Une excellente restauration rapide, sur place ou à emporter : salades, sandwichs, smoothies... tout est fait maison, avec de bons produits frais agrémentés de saveurs d'ailleurs. Jardin charmant à l'arrière. Formule salade, boisson et dessert 14€.

**HYÈRES (plan 12, B2 n°1) 5, av. Joseph-Clotis**
**04 94 23 74 95 Lun.-sam. 8h-18h**

### D'ici et d'ailleurs

**Le Jardin ♥€€**

L'entrée laisse apparaître un joli jardin. On y déjeune rapidement à midi, ou l'on y dîne sous une lumière tamisée le soir. Cuisine du monde, au gré des saisons, sauf les deux spécialités de la maison : le poulpe, en daube ou dans un risotto, et la salade de poulet asiatique. Plat du jour 18,50€, plat et dessert 20-30€ env.

**HYÈRES (plan 12, B2 n°2) 19, av. Joseph-Clotis**
**04 94 35 24 12 Avr.-oct. : tlj. 12h-22h (service continu) ; nov.-mars : lun.-mar. et jeu. 12h-15h, ven.-sam. 12h-15h et 19h-22h**

### Face à la plage

**L'Abri-Côtier ♥€€**

Ses murs bigarrés et son équipe décontractée n'empêchent pas la cuisine d'être excellente ! À la carte se côtoient bavette de bœuf, pavé de mahi-mahi et camembert au pistou, spécialités corses et indonésiennes et rhums arrangés. Comptez 26-34€ pour un plat et un dessert, formules tapas 6-14€.

**HYÈRES 31, pl. Daviddi L'Ayguade (8km au sud-est du centre-ville par la D197 et la D42)**
**04 94 66 42 58 Avr.-juin, sept. : jeu.-mar. midi et soir ; juil.-août : mer.-jeu. soir, ven.-mar. midi et soir**

### La meilleure bouillabaisse

**Le Pothuau ♥€€€**

Difficile d'être mieux placé : sur le port de pêche ! Un vrai bon restaurant de produits de la mer, au décor simple, et deux patrons au parler jovial. Menus 26-37€, plateaux de coquillages 38€.

**HYÈRES 4, pl. des Pêcheurs Les Salins (8km à l'est du centre d'Hyères par la D98 et la D12)**
**04 94 66 40 37 www.restaurant-pothuau.fr**
**Tlj. midi et soir (fermé dim. soir oct.-avr.)**

### Un cadre irrésistible

**Le Poisson rouge €€**

Dînez au son du doux clapotis des vagues, sur le petit port du Niel, dissimulé dans une échancrure de la côte. Une belle terrasse pour un repas sous le signe du poisson sauvage et de la cuisine provençale. Menu 28€. Comptez 27-37€ pour une entrée et un plat.

**PRESQU'ÎLE DE GIENS Port du Niel 04 26 85 07 67 www.restaurantlepoissonrouge.fr Avr.-fin sept. : mar.-sam. 12h-14h et 19h-22h, dim. 12h-14h**

### Les pieds dans l'eau
### Le Pradeau Plage ♥€€€

La petite plage du Pradeau en contrebas, des bateaux au mouillage sur l'eau turquoise, l'ombre d'imposants pins parasols... le cadre est aussi idyllique que la cuisine est délicieuse. Les mets de la mer sont en vedette : dos de cabillaud à la bisque d'écrevisses, brochette de gambas, noix de Saint-Jacques et poisson à la crème de *pata negra*, etc. Formules 32-43€.

**Au Pradeau Plage**

**PRESQU'ÎLE DE GIENS 1420, av. des Arbanais 04 94 58 29 06 www.pradeauplage.com Avr.-oct. : tlj. 12h-15h30 et 19h-21h30**

## SHOPPING

### Caverne d'Ali Baba
### Côté Sud

Noires ou vertes, les olives fleurent bon la Provence et mêlent leur parfum à ceux des fagots de thym (farigoulette) et des épices. Entrez dans l'intemporelle boutique de Côté Sud... et ne passez pas à côté de l'anchoïade, ici douce et sans arête.

**HYÈRES (plan 12, B1 n°10) 31, rue Massillon 06 16 55 31 99 Juil.-août : lun.-sam. 8h-19h, dim. 8h-13h ; sept.-juin : mar.-sam. 8h-19h**

## SORTIES

### Sea, sex and sun
### Kaïna Beach

Plage privée, restaurant les pieds dans l'eau, bar où siroter un cocktail (8-16€), le Kaïna Beach organise aussi des soirées musicales. Aux beaux jours, c'est l'un des lieux prisés de la vie nocturne hyéroise.

**HYÈRES 2396, bd du Front-de-Mer Les Salins (8km au sud-est du centre d'Hyères par la D98 et la D12) 04 94 00 68 18 https://kainabeach.fr Avr.-mi-sept. : tlj.**

### Danser un verre à la main
### La Mandra

Belle terrasse sous les pins avec vue panoramique sur la plage de l'Almanarre pour ce restaurant-bar à cocktails, réputé pour ses soirées enflammées par des DJ's connus.

**PRESQU'ÎLE DE GIENS 1264, route de la Madrague (12km au sud du centre d'Hyères par la D197) 04 94 58 77 77 Mi-mars-juin, sept.-fin oct. : jeu.-lun. midi et soir, mer. midi ; juil.-août : tlj. midi et soir (bar 19h-1h)**

# LES ÎLES D'HYÈRES ★

Merveilles naturelles ardemment protégées par le parc national de Port-Cros, elles ont chacune leur personnalité : Porquerolles, ourlée de plages de rêve et plantée de vergers ; Port-Cros, sauvage, tapissée de forêts, habitée d'une riche vie marine et terrestre ; le Levant, militaire et naturiste...

## À VOIR

### ÎLE DE PORQUEROLLES

Des trois îles, c'est la plus accessible, la plus grande et la plus accueillante. La plus touristique aussi ! Il faut dire qu'avec ses plages sublimes, ses chemins que l'on parcourt à vélo, son village et sa place d'Armes où s'improvisent des parties de pétanque, l'île est un vrai petit coin de paradis. Pour mieux l'apprécier, il faut y passer la nuit, malgré les tarifs élevés des hôtels : après que les visiteurs sont repartis par la dernière navette, on a alors les sentiers et les plages paradisiaques rien que pour soi, plus encore au printemps et en automne...

**ACCÈS**

- TLV-TVM Liaisons fréquentes vers **Porquerolles** (20min) de la gare maritime de la Tour-Fondue, sur la presqu'île de Giens. Pour **Port-Cros** (1h de traversée) et le **Levant** (1h30), départ du port d'Hyères. Liaisons entre Port-Cros et le Levant en juil.-août. Pas de liaison Porquerolles-Port-Cros. 04 94 58 21 81 www.tlv-tvm.com
- Vedettes Îles d'Or Liaisons toute l'année Lavandou-Port-Cros et Lavandou-Levant (30-50min). Liaisons interîles (Porquerolles-Port-Cros) en juil.-août. 04 94 71 01 02 www.vedettesilesdor.fr
- Les Bateliers de la Côte-d'Azur En saison, liaisons avec Porquerolles et Port-Cros et croisières à la journée avec escale dans les deux îles. Port Miramar La Londe-les-Maures 04 94 05 21 14 www.bateliersdelacotedazur.com

#### Cordon de défense
**Forts de Porquerolles**

Au nombre de neuf, construits entre le 16e et le 19e s. pour protéger la côte, ils témoignent de l'histoire mouvementée de l'île, et constituent les buts de belles balades à pied ou à vélo. À 400m au-dessus du village (attention, montée raide), le **fort Sainte-Agathe** abrite des expositions permanentes. De son sommet, on jouit d'une belle vue panoramique sur l'île. À l'ouest, le **fort du Grand-Langoustier** occupe une pointe battue par les vents. À l'opposé de l'île, à l'est, le **fort de la Repentance** culmine à 114m d'altitude, encaissé dans la roche.

**Accessibles par les sentiers de l'île :2h30 pour Le Grand Langoustier, et 1h pour la Repentance**

#### Introduction à la découverte de l'île
**Maison du parc-Jardin Emmanuel-Lopez**

Informations, expositions, animations diverses et balades à thème. Dans le jardin botanique Emmanuel-Lopez, on fait connaissance avec les espèces adaptées à la sécheresse et économes en eau...

**À NE PAS MANQUER**

- Plages de Porquerolles
- Sentiers de Port-Cros
- Sentier sous-marin de Port-Cros

**Le port de Porquerolles**

**(300m à l'ouest de la pl. d'Armes) Mars-début juil., mi-sept.-mi-nov. : tlj. 9h30-12h30 et 14h-18h ; début juil.-mi-sept. : tlj. 9h30-12h30 et 14h30-18h30 (et pendant les vac. scol. de Toussaint) ; mi-nov.-fin fév. : lun.-ven. 9h30-12h30 et 13h30-17h Entrée libre**

**BON À SAVOIR**

Chaque été, la **fondation Carmignac** expose son fonds d'art contemporain dans un mas merveilleusement intégré à la nature : plafond aquatique, jardin de sculptures, visite pieds nus pour une immersion totale, buvette sous les arbres… on n'est pas bien, là ?

**La Courtade 04 65 65 25 50 www.fondationcarmignac.com Mai-juin, sept.-oct. : tlj. 10h-18h ; juil.-août : tlj. 9h30-19h € 15€**

## ÎLE DE PORT-CROS

L'arrivée à Port-Cros a quelque chose de magique et de très dépaysant. Port-Cros est la plus petite et la plus sauvage des îles de Hyères. Repliée sur elle-même, moins mondaine que Porquerolles, elle recèle un patrimoine biologique et des paysages exceptionnels : ici, pas de grandes plages de carte postale, mais une beauté sauvage, une végétation luxuriante, des sous-bois odorants sillonnés de sentiers de randonnée, une faune et une flore préservées par un parc national et, surtout, un véritable joyau de vie sous-marine…

### Magnifique vue sur l'île

### Fort de l'Estissac

Ce beau bâtiment en forme d'étoile a été construit en 1635 à la demande de Richelieu : il faisait partie du système défensif de la côte, qui compte d'autres forts non ouverts à la visite. Il accueille l'été une exposition sur l'histoire de

Port-Cros, la biodiversité marine et l'action du parc national. Du sommet de sa tour, on jouit d'une vue superbe sur l'île et la rade.

**À 15min à pied du village par la route des Forts ⌚ Juin-sept. (se rens. à la Maison du parc, cf. Carnet pratique) € Entrée libre**

## ÎLE DU LEVANT

La plus singulière des trois îles d'Hyères ! Le Levant est à 90% propriété de l'armée et à 10%... domaine naturiste, celui d'Héliopolis. Sachez toutefois que le Levant est ouvert à tous et que les non-pratiquants sont les bienvenus. Vous y serez d'ailleurs bien plus tranquille, en été, qu'à Porquerolles ou Port-Cros. Qu'y a-t-il à faire au Levant ? Pas grand-chose, sinon profiter de superbes panoramas, admirer la végétation luxuriante et se laisser vivre, à un rythme un brin hippie, et sans éclairage public !

### COULEUR LOCALE

Sur l'**île du Levant**, deux mots à retenir si vous ne faites pas partie des initiés : "textiles", le sobriquet dont sont affublés les non-naturistes, et "minimum" (maillot de bain, paréo, cache-sexe...), qui désigne ce que vous devrez porter dans les lieux publics (mairie, poste) et sur le port, où le naturisme est interdit.

# À FAIRE

### Lézardez sur une plage divine ou dans une crique intime

**Côte nord de Porquerolles 👍**

Les plages paradisiaques de Porquerolles s'alignent sur sa côte nord, abritée de la haute mer : de longues étendues de sable fin, bordées de pins, d'eucalyptus, d'arbousiers et de tamaris, et baignées par une mer cristalline. Très fréquentées

**La plage du Grand-Langoustier, Porquerolles**

en saison pendant la journée, elles se vident le soir, après le départ du dernier bateau... La plage de la **Courtade** est la plus proche du village (500m) et la plus grande. Marchez jusqu'aux criques qui se dessinent à son extrémité, après les rochers. Bien protégée du mistral, la **plage d'Argent** (20min à pied du village) doit son nom au quartz qui compose son sable étincelant. Celle du **Grand-Langoustier** est une jolie anse de sable au creux de la presqu'île, accessible après une marche un peu sportive (1h-1h15). En face, regardant le sud, sa petite sœur au sable noir...

**Côte sud de Porquerolles**

Elle déroule un paysage échancré, hérissé de hautes falaises tombant dans une mer souvent agitée, où se dissimulent de petites calanques. Trois d'entre elles sont accessibles à pied et offrent des lieux de baignade privilégiés. D'ouest en est : la **calanque du Brégançonnet**, très bien abritée (à 45min du village à pied), celle de l'**Oustaou de Diou** (45min) et, à l'extrémité est de l'île, la **crique de la Galère**, la moins fréquentée (1h30 de marche).

**Port-Cros**

L'île ne compte que trois plages, toutes accessibles à pied : la **plage du Sud**, que l'on atteint par un sentier ombragé et sans dénivelé (30min) ; celle de la **Palud**, petite anse de sable bordée de tamaris et de roseaux, que l'on rejoint par le superbe sentier des plantes (40min) ; et la plage de graviers de **Port-Man**, la plus grande mais la plus éloignée du port (1h30), et qui attire beaucoup de bateaux de plaisance.

**Le Levant**

L'île possède une seule plage de sable, la plage des **Grottes**, très fréquentée en été. Mais le petit chemin qui part à droite du port (vers le nord) passe par une succession de calanques rocheuses qui offrent des possibilités de baignade. Les bords de mer sont strictement naturistes.

## Sillonnez Porquerolles à pied ou à vélo

Une infinité de chemins et de sentiers très bien balisés et entretenus sillonnent l'île. Les plus faciles (pas de dénivelé) sont ceux qui rejoignent les **plages de la côte nord** et, au sud, le sentier qui mène au **phare** à travers les vergers du conservatoire botanique du littoral. Plus sportifs (et moins fréquentés) : la **pointe du Grand-Langoustier**, à l'ouest, et les ascensions vers les **forts**. Partout, des vues magnifiques ! Plusieurs loueurs de vélos, aux tarifs équivalents (env. 18€/j.), attendent les visiteurs dans le village. Procurez-vous la visiocarte (3€), en vente au bureau d'informations.

## Faites le tour de Port-Cros à pied

Port-Cros se découvre uniquement à pied, au fil de 31km de sentiers et de pistes bien balisés où l'on est souvent seul. Munissez-vous d'eau et de bonnes chaussures, car les chemins sont parfois escarpés : renseignez-vous au préalable à la Maison d'information du parc national de Port-Cros (p.334). Parmi les plus beaux de ces itinéraires, suivez le **sentier des Plantes**, qui rejoint la plage de la Palud en 45min (facile), et le **sentier des Crêtes**, pour les plus sportifs (3h, très escarpé).

### Observez la vie sous-marine sans bouteille

**Sentier sous-marin de la plage de la Palud**

Simplement équipé d'un masque et de palmes, suivez les balises disposées dans l'eau, entre la plage de la Palud et le rocher du Rascas.

**Port-Cros (à 45min de marche du village) Accès libre juin-sept.**

### Rencontrez les mérous de Port-Cros

Les fonds sous-marins de Port-Cros comptent parmi les plus riches de la Méditerranée française, et les mérous qui entourent l'îlot de la Gabinière sont peu farouches. Pour plonger sans passer par un club, vous devez demander une autorisation préalable à la Maison du parc.

**Porquerolles Plongée** Sur le port 04 98 04 62 22 www.porquerollesdiving.com **Sun Plongée** Port-Cros 04 94 05 90 16 ou 06 80 32 14 16 https://sunportcros.com

# NOS ADRESSES

## PAUSES

### Petit plaisir

**Coco Frio**

Plus de 60 parfums de crèmes glacées et de sorbets, des plus classiques aux plus originaux, mais toujours délicieux !

**PORQUEROLLES** (au bas de la pl. d'Armes) 04 94 58 35 13 Avr.-juin, sept.-nov. : tlj. 10h-18h30 ; juil.-août : tlj. 10h-0h

### Cœur battant de l'île

**L'Escale**

Rendez-vous des pêcheurs et des marins, c'est le café préféré des Porquerollais, avec sa double terrasse : côté port et côté rue. Patio l'été pour tapas et cocktails, feu de cheminée et plats chauds l'hiver...

**PORQUEROLLES** Rue de la Ferme 04 94 58 30 18 Fév.-mars, oct.-déc. : mar.-dim. 7h30-21h ; avr.-sept. : tlj. 7h30-0h

### Panier pique-nique

**Les P'tits Plats ♥€**

Toute une gamme de délicieux plats cuisinés, à emporter : saumon mariné, légumes farcis, agneau au curry, tapenade, tarte salée ou aux fruits, etc. Également des jus de fruits frais, pressés à la demande. Accueil très agréable.

**PORQUEROLLES** Chemin du Langoustier (prendre la route du Phare, puis la 1re rue à droite après la pl. d'Armes) 04 94 58 38 21 Mi-avr.-juin, sept.-mi-oct. : lun.-sam. 8h30-13h et 17h-19h30, dim. 8h30-13h ; juil.-août : tlj. 8h30-19h30

## RESTAURANTS

### Romantique à souhait

**La Plage d'argent €€**

Face à une mer turquoise, ce restaurant fait le bonheur des baigneurs tout au long de la journée ; le soir, sa vaste terrasse est idéale pour dîner en tête à tête. Salades-repas et assiettes à partager au déjeuner, plats plus élaborés le soir. Plat et dessert 25-35€.

PORQUEROLLES Plage d'Argent 04 94 58 32 48 http://laplage-dargent.com Mi-avr.-juin, sept. : tlj. 12h-15h30 (bar jusqu'à 18h) ; juil.-août : lun., mer., ven. et dim. 12h-15h30, mar., jeu. et sam. 12h-15h30 et soir sur rés. (bar 9h-23h)

### Bonne adresse
**Le Pélagos €€**

Excellent rapport qualité-prix ! Le Pélagos sert une cuisine de la mer (dos de cabillaud sauce chorizo, filet de saint-pierre sauce safranée) ou du terroir (barigoule d'artichauts, poêlée de courgettes, filets de canette aux figues). Plat et dessert 20-25€.

PORQUEROLLES Pl. d'Armes 04 94 58 38 63 Mi-fév.-mi-nov. : tlj. midi et soir (mais se rens. hors été)

### Bon et décontracté
**La Trinquette ♥€€**

Une excellente table qui met à l'honneur le poisson et les fruits de mer. Si vous aimez la soupe de poisson, ne manquez pas celle du patron, qui sait aussi très bien cuisiner le... foie gras ! Formules plat et dessert 21,50-27,50€.

PORT-CROS Sur le port 04 94 05 93 75 ou 04 94 05 95 75 www.restaurant-trinquette-port-cros.fr Mi-mars-mi-oct. : tlj. midi et soir

### Sain et frais
**La Palmeraie ♥€€**

Les tartines "bio" accompagnées d'une salade sont parfaites à midi : à déguster sous les palmiers, entre hamac et table de ping-pong ! Le soir, profitez du menu de produits frais, et terminez votre journée par un punch coco-cannelle maison.

Au menu de La Plage d'Argent

LE LEVANT Chemin de l'Ayguade Héliopolis 04 94 05 90 85 http://palmeraie.chez.com Mai-juin, sept. : ven.-mar. midi et soir, jeu. soir ; juil.-août : tlj. midi et soir ; oct.-avr. : w.-e. table d'hôtes sur rés.

### Vue sur Port-Cros
**Le Gambaro €€**

Attablé à cette terrasse, face à la mer, difficile de résister au plaisir de s'offrir un bon poisson : la spécialité de la maison, qui n'a d'autre prétention que de régaler ses clients avec les produits de la pêche du jour. Entrée et plat 30-35€.

LE LEVANT Héliopolis (au-dessus du port) 04 94 05 90 69 Avr.-sept. : tlj. midi et soir

## SHOPPING

### Le vin de Porquerolles
**Domaine de la Courtade**

Ses 34ha de vignes (cultivés en biodynamie) sont plantés à l'est du village. Le rouge est un classique, élevé en fût de chêne et vinifié à partir de 97% de mourvèdre, cépage noble de Méditerranée. Visite (mar.-dim. en saison à 11h) et dégustation sur rdv.

PORQUEROLLES Plage de la Courtade 04 94 58 31 44 ou 06 16 20 73 83 www.lacourtade.com

# TOULON

Lovée au fond de l'une des plus belles rades de la Méditerranée, Toulon ne dévoile pas immédiatement ses attraits. Ne vous laissez pas décourager par les barres d'immeubles qui hérissent la ville et ses grandes artères, souvent embouteillées... Son charme se cache dans son vieux centre piéton, sa rade mythique où se croisent navires militaires et voiliers de plaisance, et au mont Faron, d'où le panorama est inoubliable !

## À VOIR

### LA VIEILLE VILLE ET LE PORT

Le vieux Toulon se découvre à pied, au fil de ses nombreuses fontaines (au 19e s., la ville en comptait plus de 200), telle celle des Trois-Dauphins (1782), place Puget, surmontée d'une vasque où poussent des fougères, un laurier-rose et même un figuier. Autres curiosités, les hommages à Raimu, l'enfant du pays, né à Toulon en 1883. Son buste trône place des Trois-Dauphins, tandis que la célèbre partie de cartes de César est représentée sous la forme d'une sculpture place Raimu, et d'une fresque géante place Victor-Hugo. De la vieille ville, vous gagnerez facilement le port à pied, pour flâner sur les quais.

**ACCÈS**

- Toulon se trouve à 20min de voiture de Hyères (A570) et à 50min de Marseille (A50). Parkings payants aux abords de la vieille ville.
- Aéroport de Toulon-Hyères (à 20km) relié au centre par les bus du réseau Mistral (40min).
- Liaisons en train avec Paris (TGV, 4h env.), Marseille, Cannes, Nice, Menton...
- Liaisons en bateau (réseau Mistral) toute l'année avec La Seyne-sur-Mer, Tamaris et Saint-Mandrier.

#### Le plus beau est à l'intérieur
**Cathédrale Sainte-Marie-de-la-Seds**

Son clocher carré (1740) surgit au-dessus des toits de la vieille ville, surmonté de son campanile typiquement provençal. À l'intérieur, ne manquez pas les deux toiles de Pierre Puget, peintes autour de 1650 : *L'Apparition de la Vierge au bienheureux Félix de Cantalice* (chapelle Sainte-Anne) et *L'Annonciation* (chapelle de la Vierge), ainsi que, dans la chapelle du Corpus Domini, l'autel baroque en marbre de Christophe Veyrier, élève et neveu de Puget.

**55, pl. de la Cathédrale ◷ Lun.-sam. 7h30-19h, dim. 7h30-12h et 16h-19h**

#### Un bain de clichés
**Maison de la photographie**

Les anciens bains publics, totalement rénovés, se dédient désormais à la photographie. Expositions temporaires mettant à l'honneur aussi bien les grands photographes internationaux que des artistes régionaux (portrait, photographie contemporaine, etc.).

**Rue Nicolas-Laugier et pl. du Globe ☎ 04 94 93 07 59 ◷ Mar.-sam. 12h-18h € Entrée libre**

**À NE PAS MANQUER**

- Musée national de la Marine
- Mont Faron
- Musée de la Mine de Cap Garonne
- Balades en bateau dans la rade

**Au musée national de la Marine**

## L'art aujourd'hui

### Hôtel des Arts

Un centre d'art dynamique, dans un splendidc bâtiment du début du 20e s. Ses salles spacieuses et claires offrent un écrin de choix à des expositions d'art contemporain (surtout design et architecture d'intérieur), sous la houlette de la métropole Toulon Provence Méditerranée.

**236, bd Maréchal-Leclerc ☎ 04 94 93 37 90 www.hda-tpm.fr ⏲ Mar.-dim. 10h-18h (fermé dim. en hiver) € Entrée libre**

## L'école de Toulon

### Musée d'Art

Le bâtiment, de style Renaissance italienne, est magnifique (1888) ! Il abrite une belle collection de tableaux de paysagistes provençaux de la fin du 19e s., dont Courdouan, qui en était le chef de file. Également de nombreuses œuvres d'artistes contemporains : au gré des accrochages, César, Christo, Buren, Niki de Saint Phalle ou Cartier-Bresson. Une riche collection mise en valeur par la récente rénovation du musée.

**113, bd du Maréchal-Leclerc ☎ 04 94 36 81 15 ⏲ Mar.-dim. 12h-18h € Entrée libre**

## Beau et passionnant

### Musée national de la Marine 👍

D'impressionnants objets à découvrir, à commencer par la monumentale et magnifique porte de l'Arsenal (1738), par laquelle on pénètre dans les lieux. Toute l'histoire de la Marine française est ici racontée, de façon chronologique, au travers d'objets, de tableaux, de photographies... Au rez-de-chaussée, on découvre d'énormes atlantes en bois sculpté qui décoraient les poupes des vaisseaux et, derrière, de magnifiques (et rares) maquettes pédagogiques de frégates et autres navires en bois du 18e s. Un espace est réservé aux sous-marins et porte-avions des 20e et 21e s., avec notamment une reconstitution grandeur nature du tableau de manœuvre du *Charles-de-Gaulle*.

**Pl. Monsenergue 04 22 42 02 01 www.musee-marine.fr Juil.-août : tlj. 10h-18h ; sept.-juin : mer.-lun. 10h-18h 6,50€**

**IL ÉTAIT UNE FOIS...**
C'est sous Louis XIV que le port de Toulon est choisi pour accueillir la **Marine nationale**. Le destin militaire de la ville est scellé, bientôt les galères royales vont s'y amarrer... Aujourd'hui, Toulon demeure le premier port militaire de Méditerranée. La base navale abrite des frégates, des sous-marins et le fameux porte-avions nucléaire *Charles-de-Gaulle*.

## LE QUARTIER DU MOURILLON

Sur la presqu'île fermant la rade de Toulon au sud-est, le quartier du Mourillon est considéré comme le quartier chic de la ville. Avec ses belles maisons bourgeoises dressées face à la mer, il est particulièrement apprécié des Toulonnais pour ses plages bien aménagées, ses nombreux restaurants et sa vie nocturne.

### Dans les malles des voyageurs
**Musée des Arts asiatiques**

Les trésors autrefois rapportés par les marins de leurs missions outre-mer, ont été mis en scène dans la villa Jules-Verne (qu'occupèrent le fils et le petit-fils du célèbre écrivain). La muséographie, très réussie, livre d'intéressants éclairages sur la culture de chacun des pays abordés.

**169, littoral Frédéric-Mistral 04 94 36 83 10 Mar.-sam. 12h-18h Entrée libre**

### Entrez dans une tour à canons
**Tour Royale**

Celle que l'on surnomme la "Grosse Tour" est un monument emblématique de la ville : 60m de diamètre, des murs de 7m d'épaisseur, et un superbe point de vue sur la rade. De la quarantaine d'ouvrages, forts, tours et batteries, érigés dès le 16e s. autour de la rade pour protéger Toulon, la tour Royale (1514-1524) est l'un des rares qui puissent se visiter.

**Av. de la Tour-Royale 04 94 36 89 16 Juil.-sept. : tlj. 9h-18h 2€**

## LE MONT FARON

Telle une sentinelle dressée au nord de la ville (*faro* en provençal signifie "phare"), le mont Faron culmine à 584m, offrant une vue prodigieuse sur la rade. Sur ses pentes, le blanc du calcaire se mêle au vert typique d'une végétation méditerranéenne aride. Il existe plusieurs moyens d'accéder au site, dont le **téléphérique**, qui garantit sensations et points de vue. En voiture, une route splendide (mais très étroite, impressionnante et heureusement à sens unique) serpente à l'assaut du sommet. Enfin, de nombreux sentiers de randonnée parcourent la montagne et grimpent jusqu'à son faîte où se tient le **mémorial du Débarquement de Provence**, installé dans un fort. C'est d'ici que les troupes de Napoléon surveillaient la rade de Toulon.

**Téléphérique** Bd Amiral-Vence 04 94 92 68 25 www.telepherique-faron.fr Fév.-nov. : tlj. 10h-17h30 (ou 18h, 18h30, 19h, 19h45, selon la période de l'année) 8€ AR **Mémorial du Débarquement de Provence** 04 94 88 08 09 Juin, sept. : tlj. 10h-12h30 et 13h15-18h30 (juil.-août 10h-18h30) ; juil.-août : tlj. 10h-18h30 ; oct.-mai : tlj. 10h-12h30 et 13h15-17h15 4€

## LE PRADET

Pour ceux qui recherchent un peu de tranquillité sur la côte, la petite station balnéaire du Pradet constitue une option agréable, à proximité de Toulon, avec ses plages et son petit port plein de charme (Les Oursinières).

9km à l'est de Toulon par la D559

### Pour petits et grands

### Musée de la Mine de Cap Garonne

À découvrir absolument ! Cette ancienne mine de cuivre abrite désormais un musée passionnant, organisé autour de thèmes tels que la vie des mineurs, la minéralogie et le cuivre. Autour de la mine, le cadre est somptueux et ménage de magnifiques points de vue sur la mer, la rade et la presqu'île de Giens. Un sentier de découverte du cap Garonne en fait le tour (p.248).

1000, chemin du Baou-Rouge (3km au sud du centre du Pradet par la D86, suivre le fléchage "Musée de la Mine") 04 94 08 32 46 www.mine-capgaronne.fr Juil.-août : tlj. 14h-17h30 (visites guidées toutes les 30-40min) ; sept.-juin : mar.-dim. 14h-17h ; visite guidée 15h Fermé en jan. 7€

Toulon et la presqu'île de Saint-Mandrier vues du mont Faron

# À FAIRE

Un matelot de la marine nationale

## Parcourez la rade en bateau

Des visites commentées de 1h environ invitent à aborder Toulon côté mer et à approcher l'arsenal. Au fil du trajet, vous verrez le port militaire, le cimetière des navires de guerre, le porte-avions *Charles-de-Gaulle* (s'il n'est pas en mission), les anciens chantiers navals de La Seyne-sur-Mer, les forts, la baie du Lazaret et, enfin, la presqu'île de Saint-Mandrier qui ferme la rade.

**Les Bateliers de la Rade** Quai de Cronstadt 04 94 46 24 65 www.lesbateliersdelarade.com Départs tlj. avr.-sept. (plus de bateaux en juil.-août) et pendant les vac. scol. 15€ **Groupement des Bateliers toulonnais** Quai de la Sinse 04 94 48 01 00 www.visitedelaradedetoulon.com Départs avr.-oct. : tlj. (plus de bateaux en juil.-août) et pendant les vac. scol. de février. Horaires sur le site Internet 15,50€

## Bronzez et nagez dans la grande bleue

### Plages du Mourillon

Les Toulonnais vont y pique-niquer. Plusieurs petites anses de sable et de graviers (plage du Lido, anse Mistral, anse de la Source, anse des Pins), bien protégées par des épis rocheux, se succèdent. Malgré leur proximité avec la ville, leurs eaux sont de très bonne qualité. Elles sont en outre bien aménagées, avec aire de jeux pour les enfants, grand parking, bars, restaurants, accès pour les personnes handicapées et espaces verts à l'arrière.

Au sud-est de la ville

### Le Pradet

La commune compte cinq plages qui s'étendent d'ouest en est. Dans l'ordre, celle du **Pin de Galle**, constituée de sable et de petits galets, où l'on perd pied assez rapidement. La plage du **Monaco**, avec sable et petits gravillons, aux eaux également profondes, avec zone naturiste sur le côté gauche, et parking payant en saison. La plage des **Bonettes**, faite de sable et de petits cailloux, plus adaptée aux familles avec son fond en pente douce, présente l'inconvénient d'être à l'ombre assez tôt dans l'après-midi (parking payant en saison). La plage de la **Garonne**, une grande étendue de sable fin, très prisée par les familles, mais qui est située en bordure de route. Enfin, la petite plage des **Oursinières**, de sable et de galets, à côté du port du même nom.

## Promenez-vous au bord de la mer

### Sentier de découverte Jean-François-Jubé

Une promenade merveilleuse dans un lieu préservé. Le parcours en boucle est ponctué de plaques informatives aménagées par le Conservatoire du littoral.

Facile mais rocailleux (soyez bien chaussé) et pas du tout ombragé (en été, prévoyez de le parcourir aux heures les moins chaudes), il offre des points de vue sublimes sur la mer et le littoral : la rade de Toulon, la presqu'île de Saint-Mandrier, le cap Sicié (à l'ouest) et la presqu'île de Giens (à l'est). Départ du musée de la Mine de Cap Garonne (p.247), boucle de 1,5km (30-40min).

**Le Pradet**

# NOS ADRESSES

## PAUSES

### Institution

**Le Grand Café de la Rade**

L'incontournable brasserie du port, où il est de bon ton de venir boire un verre le soir ou le week-end. Cocktails variés, avec ou sans alcool. Service de restauration.

**TOULON 224, av. de la République (quai Cronstadt) 04 94 62 76 69 www.grandcafedelarade.com Tlj. 9h30-23h (18h30 en hiver)**

## RESTAURANTS

### Pour le déjeuner

**La Feuille de chou €**

Pour combler à midi les petites comme les grandes faims ! La cuisine maison est séduisante – petits farcis provençaux, daube de poulpe, risotto à la truffe en saison –, les oliviers de la place pavée fournissent une ombre providentielle. Plats 15-25€, formule déj. 20,50€.

**TOULON 15, rue de la Glacière 04 94 62 09 26 Lun.-sam. midi (ouvertures ponctuelles le soir en été)**

### Heureuses fusions

**La Grignotière €€**

Le quartier du Claret est un peu à l'écart du centre, mais cette table mérite le détour pour ses mariages inédits de saveurs, notamment sur le mode sucré-salé : clafoutis à la fourme, figues et jambon cru, mais aussi poulpe pané et aïoli, tagine d'agneau aux pruneaux... Le soir, on dîne à la fraîche sur la terrasse de l'arrière-cour. Plats (souvent à partager) 10-13€/pers.

**TOULON 30, rue Capitaine-Colonna 04 94 62 17 12 Mar. et jeu.-ven. midi et soir, mer. midi, sam. soir**

### Pizzas au top

**Chez Gaetano €€**

Comme bien souvent, le port n'est pas l'endroit où venir échouer si vous chercher une bonne table en ville. Le restaurant de Gaetano sort toutefois du lot. Bien connue des Toulonnais, l'adresse régale depuis 1954 les amateurs de (copieuses) pizzas au feu de bois. Comptez 14,50-24€ selon la taille.

**TOULON 158, av. de la République 04 94 93 02 02 www.gaetano-pizza.com Mar.-sam. 12h-14h et 19h-23h**

### N°1 pour le poisson !

**Au Sourd ♥€€**

Une institution toulonnaise, et assurément l'un des meilleurs restaurants de la ville ! Ici, le poisson est roi : chapon, saint-pierre, rouget de roche, cigale, langouste sont pêchés le jour même. La traditionnelle soupe n'en est que plus délectable. Essayez aussi les fritures (de girelles, de crevettes...), l'une des spécialités de la maison. Pensez à réserver pour la bouillabaisse. Menus et formules 36-40€.

**TOULON 10, rue Molière 04 94 92 28 52 https://restaurantausourd.fr Mar.-sam. 12h-14h et 19h15-22h**

### Une table au Mourillon

**Tables & Comptoir €€**

Serge et Stéfanie Vaz : ces deux-là ont tout bon ! un décor de vieille épicerie remis au goût du jour et une cuisine impeccable, au plus près des saisons et du terroir. Le chef concocte des plats simples à midi et se laisse aller à plus de sophistication le soir, avec une cuisine gastronomique raffinée. Entrée et plat 37€ env.

**TOULON 3, bd Eugène-Pelletan Le Mourillon 04 94 10 83 29 Juil.-août : lun.-sam. soir ; sept.-mai : mar.-ven. midi et soir, sam. soir (seulement le soir en hiver) Fermé en juin**

### Un sans-faute

**L'Aparté ♥€€**

L'une de nos adresses préférées pour le déjeuner. Ici, aucune fausse note : tout est frais, délicieux, et l'accueil est des plus aimables. Au menu, un tiramisu à la brousse avec ses légumes grillés, une assiette végétarienne, une salade généreuse, un excellent burger, etc. Belle palette de desserts aussi ! Plats env. 15€.

**TOULON 11, rue Paul-Lendrin 06 67 94 76 22 Lun.-sam. midi et certains soirs en haute saison**

Voir aussi **Jean Graine** (p.190).

**Sur le marché provençal de Toulon, cours Lafayette**

## SHOPPING

### Une vraie carte postale
**Marché provençal de Toulon**

Sans doute l'un des plus beaux marchés de la région : pêches, abricots, tomates gorgées de soleil, parfums de thym et de romarin, monticules d'olives... et des vendeurs à l'accent si chantant ! En descendant vers la rade, les vêtements succèdent aux produits alimentaires.

**TOULON Cours Lafayette ⌚ Mar.-dim. 7h30-12h30**

### Ô cacao
**Le Caillou du Faron**

Bien qu'excentrée, cette chocolaterie artisanale mérite le détour. Les douceurs y adoptent la forme de curiosités locales : le béret du mousse, le boulet de Toulon, le caillou du Faron (13€ les 200g) ou encore le galet du Mourillon... À découvrir également, les navettes ainsi que les délicieux croquets toulonnais (7€ le paquet). Comment ne pas craquer ?

**TOULON Av. des Meuniers (4,5km au nord-ouest du centre-ville dir. "Toulon Ouest" puis "Le Revest-les-Eaux") ☎ 04 94 91 28 34 ⌚ Lun.-ven. 9h-12h et 14h-18h**

### Vignoble historique
**Clos Cibonne**

Domaine vieux de plus de deux siècles, le Clos Cibonne possède l'un des plus anciens crus classés des côtes-de-provence (1955). Les 15ha du vignoble sont plantés uniquement d'un cépage rare : le tibouren, remontant à l'Antiquité ! Vente à la propriété.

**LE PRADET Chemin de la Cibonne 2km au sud-est du centre-ville par la D559 puis à droite par le chemin de la Carraire ☎ 04 94 21 70 55 www.clos-cibonne.com ⌚ Mar.-sam. 9h-12h et 14h-17h30 (15h-18h30 en juil.-août)**

Voir aussi **Vibe** (p.190).

## SORTIES

Le soir, les rues du centre de Toulon sont quasiment désertes. Pour un peu d'animation, optez pour le quartier du Mourillon.

### La fête vue sur mer
**Le Satyn's**

Au bord de la plage des Pins, ce restaurant organise, été comme hiver, des soirées à thème (salsa, reggae...) ou animées par un DJ. Restauration traditionnelle et plateaux de tapas à partager (16-30€).

**TOULON Promenade Henri-Fabre ☎ 04 94 75 94 23 www.lesatyns-toulon.com ⌚ Juin-sept. : tlj. 19h-2h ; oct.-mai : mar.-dim. 18h-2h**

### Cosy, chaleureux, musical
**Le Bar à Thym**

Brouhaha grondant, ambiance surchauffée pendant le week-end, beau décor des années 1920, et pas moins de 90 bières en bouteilles ! Il se passe toujours quelque chose au Bar à Thym : des "sessions guitare acoustique" aux concerts en passant par les sets de DJ's. Happy hour tlj. 18h-20h30. Tapas, burgers, assiettes de fromages, etc., pour les petits creux.

**TOULON 32, bd Cunéo ☎ 04 94 41 90 10 http://barathym.net ⌚ Tlj. 18h-4h**

Voir aussi **Galerie NO/ID*** et **Roger Bar** (p.190).

# LA CÔTE PROVENÇALE

Entre Toulon et Saint-Cyr-sur-Mer, la côte dessine d'amples baies où s'abritent des ports au fort parfum de Provence, de petites stations balnéaires ponctuées de caps, et en toile de fond, des collines où se dressent bourgs médiévaux et chapelles isolées, entourés des vignes de Bandol...

### ACCÈS

- La D559 dessert toutes les communes du littoral entre Toulon et Saint-Cyr-sur-Mer (45min sans arrêt).
- La Seyne-Six-Fours, Sanary-sur-mer, Bandol et Saint-Cyr-sur-Mer sont reliées en train par la ligne TER Marseille-Toulon-Les Arcs.

## À VOIR

### LA SEYNE-SUR-MER

L'intérêt de La Seyne-sur-Mer réside dans son histoire militaire et navale ; son visage a été façonné par les chantiers navals depuis le 19e s., et bien avant par les trois forts qui participaient à la protection de la rade de Toulon. Aujourd'hui, en plus de ses jolies plages, elle mise sur la revalorisation de ce patrimoine qui la différencie de ses sœurs balnéaires de la côte varoise.

**8km à l'ouest de Toulon**

#### Lieu de mémoire

**Pont levant du parc de la Navale**

On y entre par la même porte par laquelle passèrent, entre 1862 et 1989, des centaines de milliers d'ouvriers. Ce pont ferroviaire (1913-1917) servait à acheminer les matériaux nécessaires à l'approvisionnement des ateliers. Aujourd'hui redressé à la verticale, il fait office de belvédère. Un ascenseur vous mènera jusqu'à son sommet, d'où toute la rade de Toulon se déploie...

**Quai Philippe-Taillez ☎ 04 94 89 55 39 ⏲ Tlj. 8h30-12h30 et 13h30-18h € Entrée libre**

#### Vigie sur la rade

**Musée Balaguier**

Ses canons pointent toujours vers la mer ! Sur la quarantaine de forts, tours et batteries érigés dès le 16e s. autour de la rade pour protéger Toulon, trois seulement ont subsisté, dont le **fort Balaguier** (1636). Il abrite aujourd'hui un musée où est organisée chaque année une grande exposition temporaire consacrée à la marine méditerranéenne et à l'histoire de la ville. Du sommet du fort, la vue embrasse la rade. Dans le beau jardin azuréen, faites une visite à la salle des Bagnes : documents, panneaux, dessins et objets y relatent les terribles conditions de vie des forçats...

**924, corniche Bonaparte (2km au sud-est du centre-ville par la corniche, suivre le fléchage) ☎ 04 94 94 84 72 ⏲ Juil.-août : mar. 15h-19h, mer.-dim. 10h-12h et 15h-19h ; sept.-juin : mar. 14h-18h, mer.-dim. 10h-12h et 14h-18h € 3€**

**À NE PAS MANQUER**

- Chapelle Notre-Dame-du-Mai
- Sanary-sur-Mer
- Musée romain de Taurœntum
- La Cadière-d'Azur
- Le Castellet
- Chapelle Notre-Dame du Beausset-Vieux

**Sur les sentiers du cap Nègre, Six-Fours-les-Plages**

### L'ancienne mode du tourisme d'hiver

**Quartier Tamaris**

Le souvenir d'une station balnéaire très courue. Dans les années 1870, des villas, des hôtels et des casinos voient le jour, bâtis dans un style néomauresque alors en vogue. Très vite, les artistes affluent : Gabriele D'Annunzio, Auguste Renoir, Émile Loubet, George Sand... En longeant la corniche, remarquez d'abord la villa Capriciosa (ancien casino), puis l'Institut de physiologie marine (1899), aux allures de palais des rives du Bosphore. Sur les hauteurs, la **villa Tamaris**, belle demeure d'inspiration toscane (1890), accueille aujourd'hui des expositions d'art contemporain.

**Villa Tamaris-Centre d'art** Av. de la Grande-Maison 04 94 06 84 00 www.villatamaris.fr
Mar.-dim. 14h-18h30 (jusqu'à 19h juil.-août) Entrée libre

## SIX-FOURS-LES-PLAGES

Autrefois bâti sur une colline, le village "descendit" vers la plaine à partir du 17e s. La commune s'est étendue peu à peu jusqu'au rivage, poussée par le développement du tourisme balnéaire. Devenue une grande station familiale, Six-Fours mérite le détour pour ses sites remarquables : le port du Brusc, petit port de pêche et de plaisance occupé dès le 3e s. av. J.-C. par les Grecs, l'île des Embiez (p.254) et le cap Sicié, sanctuaire naturel.

**6km à l'ouest de La Seyne**

### En guise d'introduction

**Collégiale Saint-Pierre**

Il faut absolument monter sur sa colline, à 210m d'altitude, pour la vue à 360 degrés sur la rade de Toulon d'un côté, Six-Fours et la côte provençale de l'autre ! L'abside et la croisée du transept témoignent de la chapelle romane du 11e s. L'église gothique l'engloba au début du 17e s. Entrez pour y admirer le mobilier, particulièrement riche, dont une statue de la Vierge attribuée à Pierre Puget.

**Accès par la montée du Fort (du centre-ville, suivre le fléchage) Juin-sept. : mer.-lun. 10h-12h et 15h-19h ; oct.-mai : mer.-lun. 10h-12h et 14h-18h Entrée libre**

### Pour le cadre et la vue

**Batterie du cap Nègre**

Sur un site naturel magnifique, cet ouvrage militaire, réalisé sous Louis-Philippe pour protéger les côtes, accueille des expositions temporaires. Au sommet de cette tour en moellons basaltiques, beau point de vue sur le littoral.

**Corniche de Solviou 04 94 25 53 84 Mar.-ven. 9h30-12h et 14h-17h30, sam.-dim. 14h-17h30 Entrée libre**

### Pour une balade botanique ou un concert

**Île du Grand Gaou**

Reliée au continent par une passerelle, cette toute petite île (10ha) présente un large éventail de la flore méditerranéenne, à découvrir le long d'un sentier botanique (1h). Micro-plages aux eaux limpides (la baignade y est interdite...), roches hérissées côté mer, pins d'Alep couchés par les effets du mistral, et quelques bancs pour contempler la grande bleue, etc. Voilà ce qui vous attend sur ce bout de terre enchanteur. Comptez environ 1h de balade. Aires de pique-nique.

**5km au sud-ouest du centre de Six-Fours (après le port du Brusc) Tlj. 8h-20h (été 21h)**

### Émouvante

**Chapelle Notre-Dame-de-Pépiole**

Elle serait l'une des plus vieilles chapelles d'Europe, d'origine préromane – 6e s. ! – puis agrandie et restaurée à partir du 9e s. Elle se dresse, avec ses murs de grosses pierres apparentes et ses trois absides juxtaposées, dans un décor harmonieux d'oliviers et de cyprès... À l'intérieur, on admire une Vierge à l'Enfant en bois du 16e s. de toute beauté.

**Chemin de la Pépiole (4km au nord du centre de Six-Fours) 04 94 63 38 29 Tlj. 15h-18h Entrée libre**

### Idéale pour une excursion à la journée

**Île des Embiez**

Ce bout de terre long d'à peine 1,5km fut acheté en 1958 par Paul Ricard (1909-1997), fondateur de la société Pernod-Ricard. Des bateaux la desservent de 7h à 0h (un peu moins hors saison) au départ du port du Brusc (trajet 10min). On la parcourt facilement à pied ou à vélo, de falaises en petites calanques, à travers les vignes, la pinède ou la garrigue... Empruntez le sentier ponctué de panneaux informatifs qui fait le tour de l'île et grimpez jusqu'à la tour de la Marine, pour apprécier le panorama. Au-dessus du port, le fort Saint-Pierre

**Crique de l'île des Embiez**

abrite un **institut océanographique** dont le rôle consiste à mieux connaître le milieu marin et à sensibiliser le public à la protection de la mer.

**Accès en bateau** 04 94 10 65 20 www.lesilespaulricard.com AR 18€ **Institut océanographique Paul-Ricard** 04 94 34 02 49 www.institut-paul-ricard.org
Se renseigner pour les horaires

**SENSATIONS FORTES**

La bien nommée **Corniche merveilleuse** (D2816) permet de gagner Le Brusc au départ des Sablettes en longeant le bord de mer (suivre le fléchage ND-du-Mai / Corniche merveilleuse). Elle serpente sur les flancs du cap Sicié, ménageant des points de vue époustouflants sur la mer. Mais, en raison des risques d'incendie, elle est souvent fermée en été...

## Vision romantique

### Chapelle Notre-Dame-du-Mai

Perchée au sommet du cap Sicié, elle contemple la mer depuis 1625. Le pèlerinage dont elle faisait l'objet était appelé *bagno camiso* ("baigne chemise"), tant la montée, sous le soleil, est éprouvante ! Il faut s'y rendre pour son prodigieux point de vue, le cap tombant dans les flots 350m plus bas ! Au loin : les falaises de Cassis, les îles d'Hyères, la rade de Toulon et le massif des Maures. La chapelle est tapissée d'ex-voto.

**Cap Sicié (6km au sud-est de Six-Fours par la D16 puis la D2816 ; route fermée en été : se garer au Brusc et monter à pied sur 4km) Mai : tlj. 9h-18h ; oct.-avr. : 1er et 3e dim. du mois 14h30-17h30 Entrée libre**

## SANARY-SUR-MER

C'est au petit matin qu'il faut flâner à Sanary, quand le soleil encore bas baigne de lumière les façades pastel des maisons et qu'un marché provençal aligne ses étals parfumés... Sur le port, des pêcheurs démaillent avec nonchalance

Pointus dans le port de Sanary-sur-Mer

leurs filets ou vendent rascasses, daurades et autres rougets fraîchement pêchés. Le long des quais plantés de palmiers tanguent les célèbres pointus, ces barques de pêcheurs traditionnelles.

**5km au nord de Six-Fours**

## Objets sortis du fond de la mer

### Tour de Sanary-Musée d'Archéologie sous-marine

Les objets provenant des fouilles effectuées sur des épaves coulées à proximité du Brusc, des Embiez et de Sanary sont exposés dans la tour de guet romane qui domine le port : ancres, amphores, cols d'amphore, et surtout de ravissantes lampes à huile (1er s. av. J.-C.). Belle vue sur Sanary et ses environs...

**Pl. de la Tour ⏲ Avr., sept. : tlj. 10h30-12h30 et 14h30-18h ; mai-août : tlj. 10h-12h30 et 15h30-19h ; oct.-mars : mer.-dim. 10h-12h30 et 14h30-18h € Entrée libre**

## BANDOL

Bandol, c'est d'abord une baie sublime, un abri naturel connu dès l'Antiquité, blotti au creux de collines boisées ; c'est ensuite l'une des plus anciennes stations balnéaires de la côte, où descendirent Thomas Mann, les frères Lumière, Marcel Pagnol, Raimu ou Fernandel... Aujourd'hui, la ville vit au rythme de son grand port de plaisance et de son front de mer animé. Bandol, c'est aussi un arrière-pays où pinèdes, garrigues et vignobles réputés composent un patchwork verdoyant.

**7km à l'ouest de Sanary-sur-Mer**

**COULEUR LOCALE**
L'**AOC Bandol** : un terroir ensoleillé, vallonné, où la vigne est cultivée en restanques. Le mourvèdre, cépage noir à maturité tardive, doit entrer au minimum pour 50% dans la composition des vins rouges (complétée par le cinsault et le grenache). Les rosés dominent la production (60%), mais la gloire revient au rouge, élevé au minimum 18 mois en fût de chêne.

### Pêche et plaisance

**Port**

Remarquez le bel alignement de pointus, amarrés les uns à la suite des autres dans la partie est du port, le long du quai Charles-de-Gaulle. Plus à l'ouest prennent place d'imposantes embarcations de luxe et, entre les deux, les bateaux de pêche artisanale perpétuent une activité économique qui était florissante au début du 20e s.

### Promenade-baignade

**Île de Bendor**

Cette minuscule île (400m par 200m) fut la première acquise par Paul Ricard dans les années 1950. Autour du minuscule port, des maisonnettes aux teintes pastel lui donnent des allures de village de poupée. Estimant le lieu en péril, la société Paul Ricard a fermé l'île au public pour d'importants travaux, avant une réouverture prévue en 2026.

## SAINT-CYR-SUR-MER

Une localité, deux visages : à l'intérieur des terres, un vieux village ombragé de platanes centenaires ; côté mer, Les Lecques, une station balnéaire familiale. En suivant le littoral vers le sud, vous tomberez sous le charme du petit port de la **Madrague**, qui a su garder une atmosphère authentique, et plus encore de la calanque de **Port d'Alon**, échancrure turquoise entre deux caps...

**8km au nord de Bandol**

### La vie au temps des Romains

**Musée romain de Taurœntum**

Imaginez-vous au 1er s. de notre ère... Vous êtes dans une *villa maritima*, dominant la Méditerranée, où les navires romains voguent vers Massilia. Des jardins en terrasses descendent vers la mer et une longue pergola à colonnes de granit vous ouvre majestueusement le passage... Vingt siècles plus tard, on admire encore les superbes mosaïques de trois des pièces, le très beau sarcophage en pierre sculpté (2e-3e s.) mis au jour en 1830 ainsi que le "tombeau-maison" d'un enfant, unique en France !

**131, route de la Madrague (sur la corniche entre la Madrague et Les Lecques) 04 94 26 30 46 https://museedetauroentumsaintcyrsurmer.fr Fermé pour travaux début 2022 : se renseigner avant**

## LES VILLAGES DE L'ARRIÈRE-PAYS

### Un village provençal où les artisans sont rois

**Ollioules**

Il fait bon se promener dans ce gros bourg médiéval typiquement provençal... Allez-y de préférence un jeudi ou un samedi matin, pour son marché, et asseyez-vous à une terrasse de la place de la Mairie à l'heure du traditionnel pastis. Ollioules est une cité bien vivante, labellisée Ville et métiers d'art, où sont installés une trentaine d'artistes et artisans d'art : mosaïstes, céramistes, peintres, marbriers, sculpteurs, verriers...

**6km au nord-est de Sanary par la D11**

### Spectaculaire

**Évenos**

D'abord, on longe les magnifiques **gorges d'Ollioules**, qui laissent apparaître de hautes falaises et abritent une multitude de cavernes... À leur sortie, une route grimpe au village d'**Évenos**, perché tel un nid d'aigle sur son éperon. Ses habitations, bâties en basalte, ont été désertées par la population dès le 17$^{e}$ s., au profit des hameaux de la plaine. Aujourd'hui, l'atmosphère y est celle d'un village désert, à la fois étrange et fascinante, presque tragique sous les ruines imposantes d'un château féodal (13$^{e}$ s.). Le petit café semble le seul lieu de vie apparent du village.

**5km au nord d'Ollioules par la DN8**

### Route panoramique

**Le Gros-Cerveau**

Au départ d'Ollioules, la route, très étroite (D2020), devient rapidement merveilleuse en serpentant en bordure de cette grosse colline, livrant des vues fantastiques sur la mer et le littoral. Après 9km, garez-vous et empruntez la piste qui mène au fort du Gros-Cerveau, ouvrage militaire du 19$^{e}$ s. désaffecté, juché à 429m d'altitude (30min AR). De ce point élevé, la vue est splendide au sud sur le littoral et au nord sur l'arrière-pays... Au retour, prenez la direction de l'ouest, sur la crête (env. 10km), jusqu'à un second fort, au-dessus de Bandol.

**Attention, le massif du Gros-Cerveau est inaccessible en voiture de juin à mi-sept.**

### Pans de remparts et dédale de ruelles

**La Cadière-d'Azur**

Ici commence la Provence de Marcel Pagnol... La Cadière-d'Azur cultive son image de cité provençale, posée sur son éperon rocheux au milieu des vignobles et d'une garrigue odorante, à l'écart de la folie estivale de la côte pourtant toute proche. Depuis quelques années, des ateliers d'artisans s'y ouvrent aux visiteurs. Entrez par la **porte Saint-Jean** (au centre, à côté de la mairie, 1561) et remarquez ses vantaux en bois sculpté ornés de fer forgé. Après l'enceinte médiévale, les ruelles grimpent et s'entrecroisent, bordées de maisons anciennes où s'accrochent lierre et bougainvillées. Montez sur la droite vers l'**église** paroissiale dédiée à saint André (1508), patron du village.

Sa cloche est la plus ancienne de Provence (15e s.). Grimpez ensuite au sommet du village ; sur une place se trouve une table d'orientation d'où vous aurez une vue splendide sur la campagne. Au loin se détache la silhouette longiligne du massif de la Sainte-Baume.

**10km au nord de Bandol**

### Décor de cinéma
**Le Castellet**

Ici fut tourné le film de Marcel Pagnol *La Femme du boulanger*, en 1938. Certes très touristique, Le Castellet est un ravissant village perché au-dessus de la plaine plantée de vignobles de Bandol, face à La Cadière-d'Azur. Ses ruelles pavées, animées de boutiques, d'ateliers et de terrasses de restaurants, son émouvante église romane (12e s.) invitent à la flânerie.

**4,5km au nord-est de La Cadière-d'Azur**

**La Cadière-d'Azur et son vignoble**

### Émouvants témoignages et marché coloré
**Chapelle Notre-Dame du Beausset-Vieux**

Cet édifice roman du 12e s., construit sur une petite colline, est célèbre pour ses nombreux ex-voto, dont plusieurs évoquent les protections de Notre-Dame du Beausset-Vieux lors des épidémies de peste en 1720 et de choléra en 1849. Vue splendide ! Allez-y un dimanche ou un vendredi matin, et profitez du **marché provençal** très réputé qui anime le bourg du Beausset.

**7km à l'est de La Cadière-d'Azur, 3km au sud du village du Beausset Avr., oct. : tlj. 14h-18h ; mai-juin, sept. : tlj. 14h30-18h30 ; juil.-août : tlj. 15h-19h ; nov.-mars : tlj. 14h-17h (w.-e. uniquement en jan.) Entrée libre**

## À FAIRE

### Bronzez et baignez-vous
**Plage des Sablettes**

Cette belle étendue sableuse de 1,5km s'étire le long de l'isthme sablonneux reliant La Seyne-sur-Mer à la presqu'île de Saint-Mandrier. Préférez le côté Mar Vivo, à l'extrême droite, plus familial et moins fréquenté. Parking gratuit.

**La Seyne-sur-Mer**

### Plage du Bœuf

Cette crique de rêve aux eaux translucides, nichée au pied d'une pente tapissée de pins, se rejoint en 30min à pied à partir de la plage du Fabrégas. Chaussez-vous bien, les derniers mètres sont escarpés.

**La Seyne-sur-Mer**

### Six-Fours

Ses plages sont orientées plein ouest : les jours de grand vent, les vagues, dignes de l'Atlantique, font la joie des riders ! Au nord, nous vous conseillons la plage de **Bonnegrâce** (également appelée Brutal Beach) : c'est la plus fréquentée, la plus animée, et la plus belle. À son extrémité nord, vous trouverez la plage de la **Frégate**, au sable fin et équipée de quelques terrains de beach-volley.

### Plage de Rènecros

Cette jolie étendue au sable fin et aux eaux claires se dessine au fond d'une anse arrondie. Bordée de belles maisons (comme la villa Raimu, appelée aussi "Ker Kokotte"), elle est frangée à certains endroits par des pins parasols qui procurent une ombre bienfaisante. Parking gratuit (à quelques minutes à pied).

**Bandol (à l'ouest, par la corniche Bonaparte)**

### Criques de Bandol

Toute une série de criques de galets facilement accessibles à pied ou en voiture : plage de l'**Éden Roc**, de **Barry**, du **Capélan**, de **l'Anglaise** et des **Engraviers** (45min à pied pour atteindre cette dernière).

**Suivre à pied le sentier du littoral au départ de la plage de Rènecros, ou en voiture dir. "Les plages" du centre de Bandol (la route s'arrête plage de l'Anglaise)**

### Plage des Lecques

Sa pente très douce en fait une plage sûre et surtout fréquentée par les familles. Surveillée, équipée de bars, restaurants, sanitaires et jeux pour enfants.

**2km à l'est du centre de Saint-Cyr par la D559**

### Calanque de Port d'Alon

L'endroit est idyllique : une baie étroite et profonde cachée sous les pins, une eau cristalline et de jolis fonds à explorer avec un masque. Cela attire du monde, d'autant que l'accès en voiture est facile : en été, arrivez tôt le matin ! Parkings payants en saison.

**5km au sud du centre de Saint-Cyr par la D559 dir. Bandol, puis prendre à droite (fléchage)**

## Faites une randonnée palmée

### Atelier bleu-CPIE

En compagnie d'un écoguide de la mer, partez explorer les fonds de la calanque de Port d'Alon ! Tarif 28€.

**Saint-Cyr-sur-Mer ☎ 04 42 08 07 67 www.cpie-coteprovencale.org ⏲ Juil.-août : lun.-ven. (départ 9h30 et 13h30)**

## Pratiquez la plongée en pleine mer

Au large du cap Sicié et de la presqu'île de Saint-Mandrier, de splendides sites attendent les plongeurs, débutants ou expérimentés. Plusieurs épaves gisent non loin des côtes : le *Dornier*, le *Tromblon* et l'*Arroyo*. Les alentours de l'île des Embiez sont aussi très riches en vie marine. Nombreux prestataires à La Seyne-sur-Mer, Saint-Mandrier, Six-Fours, Bandol...

**Saint-Mandrier Plongée**

Une équipe sympathique et très professionnelle. Plongées entre le cap Sicié et la presqu'île de Giens, voire l'ouest de Porquerolles. Baptême 70€, plongée d'exploration à partir de 35€.

**Quai Séverine Saint-Mandrier-sur-Mer 04 94 63 66 07 ou 06 22 20 38 87 www.saint-mandrier-plongee.com**

## Partez à la rencontre des baleines et des dauphins

**Découverte du Vivant**

On l'ignore souvent, mais il est possible d'observer des baleines et des dauphins en Méditerranée. Encadré par des naturalistes aguerris, vous mettrez le cap au large, vers des canyons sous-marins près desquels vous aurez de grandes chances de voir différents types de dauphins, des globicéphales noirs, des cachalots et le fameux rorqual commun, le deuxième plus grand animal de la planète. Tarif 82€.

**Navire Croix du Sud V Quai Charles-de-Gaulle Sanary-sur-Mer 06 10 57 17 11 www.decouverteduvivant.org Mai-oct. : dim. 9h30-18h**

## Partagez le quotidien d'un pêcheur

***Jo-Ghis***

Embarquez avec Éric Gaussen, tôt le matin, à bord de son bateau de pêche artisanale. Vous l'aiderez à relever les filets posés la veille : une excellente façon d'appréhender le métier de patron-pêcheur !

**Quai Charles-de-Gaulle (à côté du carrousel) Bandol 06 87 73 02 07 Mer.-ven. et dim.-lun. (selon météo, rés. impérative)**

**Couple de dauphins communs**

### Marchez le long de la côte
**Sentier du littoral entre Bandol et Saint-Cyr**

Une splendide balade le long de l'ancien chemin des douaniers entre Bandol et le port de la Madrague à Saint-Cyr-sur-Mer, qui suit la côte en passant par la pointe du Deffens et la calanque de Port d'Alon. Le retour se fait de préférence en car (ligne 8001 du réseau VarLib) ou en train. Itinéraire disponible à l'office de tourisme. Départ de la corniche Bonaparte, au-dessus de l'anse de Rènecros, distance 15km (4h30), niveau moyen. Attention, le sentier est en partie interdit en cas de pluie ou d'orage.

# NOS ADRESSES

## PAUSES

### Sandwichs gourmets
**Le Pain de Bandol**

Sitôt franchie la porte, vous serez enveloppé par une merveilleuse odeur de pain frais... Agrémenté de produits de qualité (fromage, saucisson, jambon, etc), ce pain bio donne d'excellents sandwichs (autour de 5€).

**BANDOL 1, rue des Écoles 04 94 32 30 48 Mar.-sam. 7h-13h et 15h30-19h, dim. 7h-13h**

### L'amour du sucré
**La Femme du boulanger**

Hommage à Marcel Pagnol qui tourna le film du même nom dans le village ! Pour les petits creux ou une pause gourmande, rendez-vous dans cette jolie pâtisserie artisanale, où flotte la bonne odeur du chocolat et des biscuits de nos grands-mères.

**LA CADIÈRE-D'AZUR 3, rue du Portail 04 94 32 65 33 Mer.-dim. 8h-20h (tlj. pendant les vac. scol.) Fermé mi-jan.-début fév. et 10 j. fin juin**

### Idéalement situé
**Le Bard'Ô**

Face à la mer, avec sa grande terrasse en balcon dominant la plage de Portissol, le Bard'Ô prête son cadre à des soirées DJ animées. Bar et restaurant pendant la journée.

**SANARY-SUR-MER Plage de Portissol 04 94 88 42 56 www.le-bardo.com Mi-juin-mi-sept. : tlj. 8h30-2h30 ; mi-sept.-mi-juin : dim.-jeu. 9h-23h, ven.-sam. 9h-3h**

**Dessert gourmand**

## RESTAURANTS

### Bonne adresse du front de mer

**La Vague d'or €€**

De loin la plus élégante des terrasses qui s'alignent sur le front de mer de La Seyne ! Et la cuisine y est tout aussi raffinée, avec des formules brasserie d'un excellent rapport qualité-prix. Menus de 19,90 à 39,90€.

**LA SEYNE-SUR-MER Promenade Jean-Charcot Les Sablettes 04 94 94 80 00 Mi-avr.-mi-sept. : tlj. 8h-0h ; mi-sept.-mi-avr. : tlj. 8h-18h (jusqu'à 0h le sam.)**

### Très bon et frais

**Au goût-thé II €€**

Une valeur sûre de Saint-Mandrier, avec terrasse et salle contemplant le port. La carte, réduite, varie en fonction du marché (gambas grillées au beurre d'anchois, filet de barbue beurre d'orange...). Entrée et plat 27-42€, menu 35€.

**SAINT-MANDRIER-SUR-MER 30, quai Jean-Jaurès 04 94 63 51 57 Tlj. 12h-14h30 et 19h-21h30 Fermé en déc.**

### Cuisine du marché

**Lou Figuier ♥€€**

Allez-y les yeux fermés ! La cuisine fait honneur aux produits de la mer, sur une minuscule terrasse cachée derrière le port du Brusc. Les plats changent selon l'humeur du chef, le marché et la pêche du jour. Excellentes sardines confites à l'ail et à la coriandre. Menus 28-38€.

**SIX-FOURS-LES-PLAGES 43, rue Marius-Bondil Le Brusc 04 94 34 00 29 Mi-juin-sept. : mar.-sam. midi et soir ; oct.-mi-juin : mar.-ven. soir, sam.-dim. midi et soir**

### Pour les grandes faims

**La P'tite Bouff' €€**

Vous ne ressortirez pas le ventre vide ! Dans ce restaurant du port du Brusc, les plats sont copieux et... délicieux. Le chef joue l'originalité avec, par exemple, une choucroute de la mer, mais ne néglige pas les grands classiques. Menu 29€.

**SIX-FOURS-LES-PLAGES 195, Quai Saint-Pierre Le Brusc 04 94 10 61 91 Juil.-août : jeu. soir, ven.-mar. midi et soir ; sept.-juin : mar. midi, jeu.-lun. midi et soir**

### Idéal en famille

**Le Mont Salva €€€**

Pour échapper à la foule, grimpez jusqu'à cette auberge tranquille sous les pins, et profitez des spécialités maison : pieds et paquets, bouillabaisse, loup en croûte de sel, soupe de poisson... Menus 26-60€.

**SIX-FOURS-LES-PLAGES Chemin du Mont-Salva Le Brusc 04 94 34 03 93 www.restaurant-reception.com Mar.-dim. midi et soir**

### Recettes indémodables

**Les Goûts et les Couleurs ♥€€**

L'amour du travail bien fait, les recettes de nos grands-mères et les saveurs méditerranéennes, un trio qui marche ! Daube de poulpe, soupe de poisson, encornets farcis... Entrée plus plat 31-38€.

**SANARY-SUR-MER 13, rue Barthélemy-de-Don 04 94 88 18 36 Mar.-sam. midi et soir**

### Simple et chaleureux

**Le Provençal €€**

S'il fallait goûter une seule soupe de poisson... celle du chef est succulente ! Bonne cuisine familiale derrière le port (poissons grillés issus de la pêche locale, langoustes, pieds et paquets, etc.). Entrée plus plat 21-40€.

**SANARY-SUR-MER 23, rue Jean-Jaurès 04 94 74 11 93 Jeu.-lun. midi et soir (et mar. en été)**

### 100% iodé

**La Caravelle ♥€€**

Une des exceptions du front de mer : cette table rondement menée de père en fils depuis 1955 vaut vraiment une halte. On se régale ici de poissons ultra frais et de spécialités provençales, comme les sardines farcies, l'aïoli et la soupe de poisson. Entrée plus plat 30-45€, menus 30-45€. Accueil charmant.

**BANDOL 43, quai Charles-de-Gaulle 04 94 29 54 19 https://la-caravelle.eatbu.com Sept.-juin : ven.-mar. midi et soir ; juil.-août : tlj. midi et soir**

### Guinguette dans la calanque

**Chez Tonton Ju ♥€**

Les pieds sur la plage de Port d'Alon. Ici, on ne sert que des plats froids : salades, tartare de bœuf, assiettes de coquillages (sauf juil.-août), de 9 à 18€, et pour finir fromages et bons desserts maisons (6€)... Réservation impérative !

**SAINT-CYR-SUR-MER Calanque de Port d'Alon 04 94 26 20 08 Fin mars-début oct. : tlj. midi**

### Typiquement provençal

**La Farigoule €€**

Une cuisine typiquement provençale : joue de bœuf cuite très longtemps, pieds et paquets façon grand-mère, tian de légumes et grillades au feu de bois. Dès les beaux jours, jolie terrasse en pierre ombragée d'une tonnelle. Menus du jour 22-26€. Un favori des locaux !

**LE CASTELLET 2, pl. du Jeu-de-Paume 04 94 32 64 58 www.lafarigoule-restau.fr Mai-sept. : mar.-dim. midi et soir ; oct.-avr. : lun.-mar. midi, jeu.-dim. midi et soir**

### Sympathique bar à vins

**Le Pied de nez €€**

À l'inverse des adresses trop touristiques du Castellet, un endroit intime à l'accueil chaleureux. Cuisine du marché, pleine de fraîcheur, et belle carte des vins d'ici et d'ailleurs. Terrasse avec vue panoramique sur les vignobles. Formule entrée, plat et dessert 35€.

**LE CASTELLET 8, rue Montée Saint-Éloi 04 94 29 72 26 lepieddenez.com Mi-juil.-août : jeu.-dim. midi et soir, mar.-mer. soir ; sept.-mi-juil. : jeu.-lun. midi et soir**

### Gastronomie étoilée

**Hostellerie Bérard & Spa €€€**

Un temple de la gastronomie provençale dans cet ancien couvent devenu hôtel de charme (p.349). À la suite de son père, Jean-François Bérard rend un superbe hommage aux saveurs du Sud, et le panorama sur la plaine est tout aussi mémorable ! Menus 39-102€. Prix plus doux au **Bistrot de Jef** (menu 36€).

**LA CADIÈRE-D'AZUR 6, rue Gabriel-Péri 04 94 90 11 43 www.hotel-berard.com Mer.-ven. et dim. midi et soir, mar. et sam. soir ; hiver fermé le mar. et ouvert sam. midi**

## SHOPPING

### Découvrir l'AOC bandol

**Œnothèque des vins de Bandol ♥**

La plupart des producteurs de l'appellation AOC s'y regroupent. Dégustations commentées et vente d'un large choix de bouteilles, aux prix des domaines. Accueil avenant.

**BANDOL Pl. Lucien-Artaud (en face du casino) 04 94 29 45 03 http://maisondesvins-bandol.com Lun.-sam. 10h-13h et 15h-18h30**

Vendanges au domaine Bunan

## Douceur artisanale
### Nougats Jonquier

Ingrédients traditionnels, sans conservateurs ni colorants, noirs ou blancs, durs ou mous... les nougats Jonquier réjouissent les gourmands depuis 1885 !

**OLLIOULES 16, rue Nationale 04 94 63 20 38 https://nougat-jonquier.fr Lun.-ven. 9h-12h30 et 14h30-18h, sam. 9h-12h30**

## Balade dans les vignes
### Domaine Bunan

L'un des domaines phares de l'appellation bandol pour la qualité de ses vins. Possibilité de faire une "smart-balade" de 20 à 45min dans les vignes et les chais, le long d'un itinéraire fléché guidé par votre smartphone (également support papier).

**LA CADIÈRE-D'AZUR 338 bis, chemin de Fontanieu (3km au sud du village) 04 94 98 58 98 https://boutique.bunan.com Avr.-sept. : lun.-sam. 9h-12h30 et 14h-19h, dim. 10h-12h30 et 16h-19h ; oct.-mars : lun.-sam. 9h-12h et 14h-18h**

## La meilleure huile d'olive
### Moulin de Saint-Côme

On y va pour son huile d'olive vierge, la véritable et unique spécialité du moulin de Saint-Côme, certainement l'une des meilleures de la région !

**LA CADIÈRE-D'AZUR (3km au sud du centre de La Cadière-d'Azur par la D266 dir. Saint-Cyr/Bandol) 04 94 90 11 51 www.moulindesaintcome.fr Lun.-sam. 9h-12h et 14h30-19h (et dim. ap-midi en été et en déc.)**

## En direct des ruches
### Miellerie de l'Oratoire

Un détour s'impose pour rencontrer Olivier Paxé, sympathique et passionné apiculteur, et repartir avec l'un de ses onctueux nectars : miel de lavande, de châtaignier, de bruyère, d'arbousier... De 5,50 à 16€ le pot.

**SAINTE-ANNE-DU-CASTELLET 987, chemin de l'Estagnol (5km au nord de La Cadière par la D87) 04 94 32 65 78 www.miel2lor.com Mar., jeu.-ven. et dim. 15h30-18h30, mer. et sam. 10h30-12h30 et 15h30-18h30 (tlj. en été)**

Les eaux de l'Argens et du Verdon irriguent cette Provence nourricière où l'on prend le temps de vivre. Des collines douces piquetées de villages perchés, de vergers et d'oliviers, aux reliefs tourmentés de la Sainte-Baume, en passant par la déchirure des gorges du Verdon et la sérénité dégagée par l'abbaye du Thoronet, cet arrière-pays réserve bien des émotions !

# L'arrière-pays varois

**Dans le massif de la Sainte-Baume**

# Plan 13

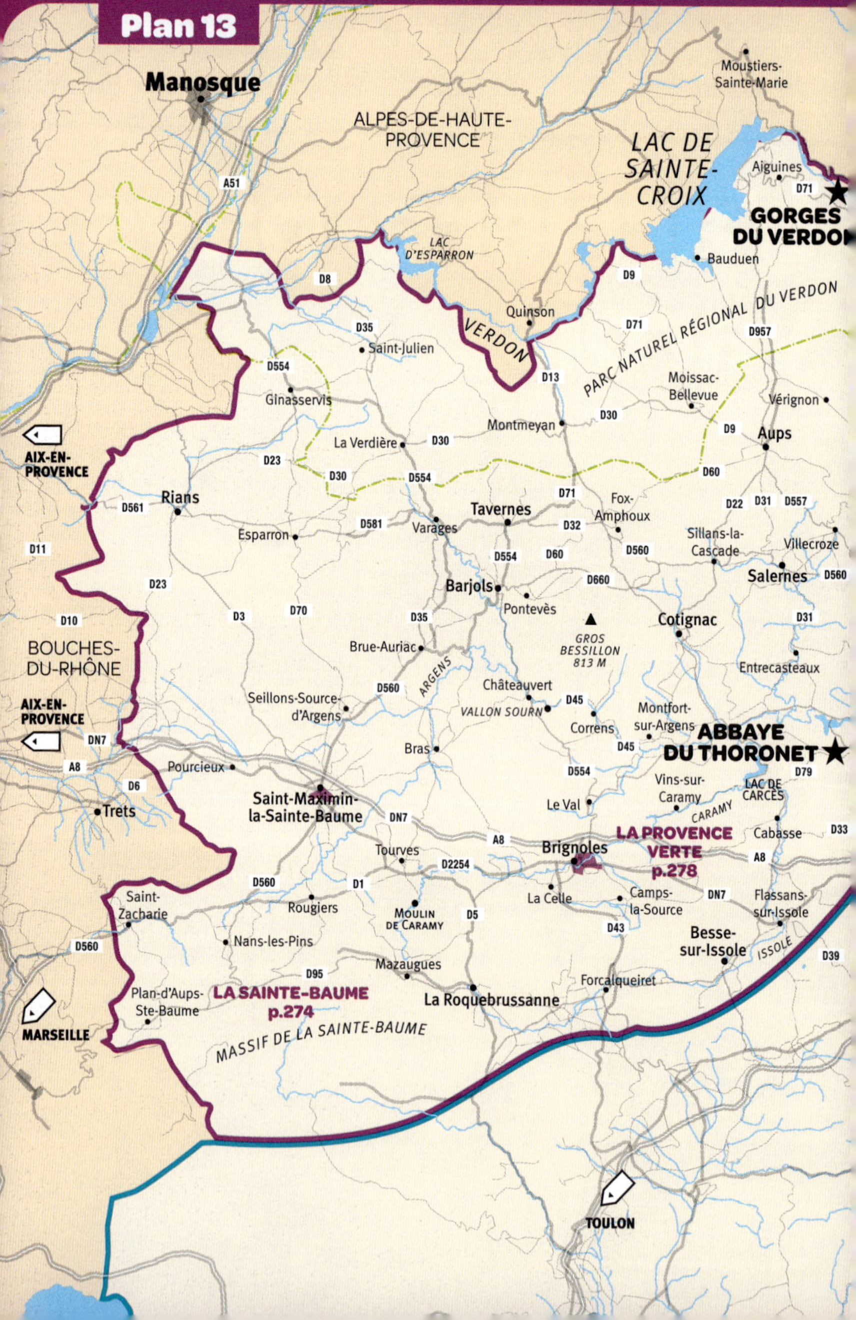

Manosque
ALPES-DE-HAUTE-PROVENCE
Moustiers-Sainte-Marie
LAC DE SAINTE-CROIX
Aiguines
D71
GORGES DU VERDON
Bauduen
A51
LAC D'ESPARRON
D8
D9
Quinson
VERDON
D71
PARC NATUREL RÉGIONAL DU VERDON
D957
D35
Saint-Julien
D554
D13
Moissac-Bellevue
Vérignon
Ginasservis
D30
Montmeyan
D9
Aups
AIX-EN-PROVENCE
La Verdière
D30
D23
D30
D554
D60
D71
Fox-Amphoux
D22
D31
D557
Rians
D561
Tavernes
D581
Varages
D32
Sillans-la-Cascade
Villecroze
Esparron
D11
D554
D60
D560
Salernes
D560
D23
Barjols
D660
Pontevès
D10
D3
D70
D35
Cotignac
D31
GROS BESSILLON 813 M
BOUCHES-DU-RHÔNE
Brue-Auriac
Entrecasteaux
ARGENS
Châteauvert
D560
D45
Montfort-sur-Argens
AIX-EN-PROVENCE
Seillons-Source-d'Argens
VALLON SOURN
Correns
ABBAYE DU THORONET
DN7
D45
Bras
A8
Pourcieux
D554
D79
D6
LAC DE CARCÈS
Vins-sur-Caramy
Trets
Saint-Maximin-la-Sainte-Baume
Le Val
CARAMY
DN7
LA PROVENCE VERTE p.278
Cabasse
D33
A8
Brignoles
Tourves
D2254
A8
D560
D1
La Celle
Camps-la-Source
DN7
Flassans-sur-Issole
Saint-Zacharie
Rougiers
MOULIN DE CARAMY
D5
D43
Besse-sur-Issole
D560
Nans-les-Pins
ISSOLE
D39
Mazaugues
D95
Forcalqueiret
Plan-d'Aups-Ste-Baume
LA SAINTE-BAUME p.274
La Roquebrussanne
MARSEILLE
MASSIF DE LA SAINTE-BAUME
TOULON

Castellane
CANNES ET LE PAYS GRASSOIS p.127
POINT SUBLIME
D952
PAS DE BAOU
Trigance
D23
Bargème
MONTAGNE DE LACHENS 1 714 M
PONT DE L'ARTUBY
D71
Comps-sur-Artuby
D21
D563
LE HAUT VAR ET LE VERDON p.296
Mons
D25
ALPES MARITIMES
COL DU BEL HOMME
D53
D37
D955
ROUTE RÉGLEMENTÉE
Seillans
Tourettes
Callian
Bargemon
Fayence
D49
Montferrat
D562
Montauroux
Ampus
D25
D53
LAC DE SAINT-CASSIENS
Châteaudouble
Callas
Tourtour
D54
D562
GRASSE, NICE
D49
D955
Figanières
LA DRACÉNIE p.286
D77
D25
ENDRE
Bagnols-en-Forêt
A8
VAR
D557
Flayosc
Draguignan
D47
D10
DN7
MONASTÈRE ST-MICHEL DU VAR
D57
Trans-en-Provence
La Motte
D50
Lorgues
MASSIF DE L'ESTÉREL
CHAPELLE STE-ROSELINE
Le Muy
D562
A8
D10
Les Arcs
ARGENS
Taradeau
Le Thoronet
Fréjus
DN7
A8
Vidauban
D7
D17
D25
Le Luc
Le Cannet-des-Maures
D8
D559
COL DE GRATTELOUP
A57
Sainte-Maxime
La Garde-Freinet
D75
LA CÔTE VAROISE p.183
PRESQU'ÎLE DE SAINT-TROPEZ
N
5 km
CORNICHE DES MAURES

# QUATRE BONNES RAISONS...

... de découvrir l'arrière-pays varois, ses vieilles pierres, ses barrières rocheuses, ses gorges vertigineuses.

**L'ABBAYE DU THORONET** (p.290), pour vibrer à l'occasion d'une messe en grégorien, chantée dans un joyau incontesté d'architecture monastique. Saisissant !

**LES GORGES DU VERDON** (p.297), pour un voyage fascinant sur des eaux émeraude, lors d'une descente en kayak ou en rafting.

**LE MASSIF DE LA SAINTE-BAUME** (p.274), pour gagner des crêtes associées au culte millénaire de sainte Marie Madeleine, hauteurs bien mystiques !

**TOURTOUR** (p.297), pour se faire son cinéma en retrouvant l'ambiance d'un film de Pagnol... accent compris.

# RENDEZ-VOUS AVEC...

**Valérie Rousselle** règne sur le château Roubine, l'un des crus classés des côtes-de-provence, et sur le château Sainte-Béatrice, un autre domaine de Lorgues, en Dracénie. Cette Tropézienne nous emmène à la découverte du haut Var.

## Mon restaurant

### B Bruno

Une institution de Lorgues, d'un très bon rapport qualité-prix. Cet établissement gastronomique propose notamment un menu où la truffe est présente tout au long du repas. Il s'agit de la melanosporum qui vient de la région d'Aups, dans le Var, où se tient chaque année un fameux marché de la truffe. Menus 78-195€.

**LORGUES 2345, route des Arcs Le Plan Campagne Mariette (2km au sud-est du centre-ville par la D10) ☎ 04 94 85 93 93 www.restaurantbruno.com**

**CHÂTEAU ROUBINE**

A Le domaine de Valérie Rousselle.
**LORGUES 4216, route de Draguignan (5km à l'est de la ville) ☎ 04 94 85 94 94 www.chateauroubine.com**

## Mon marché

### C Marché provençal de Lorgues

Il se tient sur le cours principal et attire des centaines de personnes chaque mardi matin. C'est le marché provençal par excellence, avec de nombreux producteurs de fruits et légumes, de pâtes fraîches, des revendeurs d'épices... On est chez Pagnol, dans une très bonne ambiance.

**LORGUES Dans les rues du centre-ville ◷ Mar. matin**

## Ma promenade préférée

### D Chapelle Saint-Ferréol

Du vieux Lorgues, où l'on peut admirer l'oppidum ligure, la porte sarrasine ou l'impressionnante collégiale, on emprunte un sentier qui mène, en quatorze stations d'un chemin de croix, à la chapelle Saint-Ferréol au charme fou. On peut y visiter un musée des Arts sacrés et bénéficier d'une vue imprenable.

**LORGUES Corniche de Saint-Ferréol ☎ 06 12 89 43 51 ◷ Juil.-août : jeu. 10h-13h et 15h30-17h Sur rdv hors saison**

## Ma route des vins

### E Lorgues Terre de vins

Nous avons créé un passeport découverte qui permet aux curieux de visiter douze domaines viticoles très différents dans un rayon de 30km autour de Lorgues. Il y a en

**L'abbaye cistercienne du Thoronet et son cloître**

**SI L'ARRIÈRE-PAYS VAROIS ÉTAIT...**
**Une couleur** Ce serait le rosé, couleur de la sensualité, de la douceur de vivre et de l'amour, et bien sûr la couleur du breuvage de notre beau pays.

parallèle de cet itinéraire de nombreuses activités proposées, de l'accrobranche, un spa, la visite d'une collection de vieux tracteurs ou encore une balade sur un sentier vigneron...

**Autour de Lorgues**
**www.lorguesterredevins.com**

## Ma destination culturelle

### F Abbaye du Thoronet

Ce magnifique édifice cistercien (p.290) a été bâti au 12e s. Il est d'une simplicité remarquable et présente notamment comme caractéristique d'offrir une acoustique exceptionnelle, raison pour laquelle un festival de musique y est organisé chaque été. C'est vraiment une balade qui vaut le détour.

**14km au sud-ouest de Lorgues 04 94 60 43 96 www.le-thoronet.fr Fermé 1er jan., 1er mai, 1er et 11 nov., 25 déc. € 8€**

## Mon musée

### G Terra Rossa

C'est la cité de la céramique, fondée à Salernes. Le bâtiment de Terra Rossa (p.291) a été dessiné par l'architecte Jean-Michel Wilmotte, et je trouve que ce musée met parfaitement en valeur tout le travail et la tradition provençale de la terre cuite. Dans le village, on trouve également plusieurs céramistes à qui il faut rendre visite.

**SALERNES Quartier Les Launes**
**04 98 10 43 90 www.terrarossasalernes.fr Avr.-sept. : lun. 15h-18h, mar.-ven. 10h-12h20 et 15h-18h, sam. 10h-12h30 et 15h-17h € 5€**

# LA SAINTE-BAUME

Montagne sacrée de la Provence, à cheval sur le Var et les Bouches-du-Rhône, la Sainte-Baume déploie sur près de 12km une longue crête calcaire culminant à 1 147m. À son pied s'étend une forêt millénaire primaire, jamais exploitée par l'homme : un milieu naturel exceptionnel et unique par la diversité et la richesse de sa flore et de sa faune.

**ACCÈS**

- Nans-les-Pins ouvre la principale porte d'accès à la Sainte-Baume. Comptez 1h de trajet de Toulon (D5).

## À VOIR

### SAINT-MAXIMIN-LA-SAINTE-BAUME

Un gros bourg au caractère provençal bien affirmé, avec sa place ombragée de platanes, son marché, sa foire aux santons et ses joueurs de pétanque... Mais la ville possède une histoire singulière : Marie Madeleine, disciple du Christ, y serait en effet morte dans les bras de saint Maximin ! Pour accueillir ses reliques, une basilique monumentale fut édifiée au 13e s. Au sud, le massif sacré de la Sainte-Baume dresse son impressionnante muraille de calcaire.

**70km au nord de Toulon par A57/D554/D5**

**Un lieu de pèlerinage fort**

#### Basilique Sainte-Marie-Madeleine

Le tombeau de Marie Madeleine est le "troisième de la chrétienté" (après ceux de Jésus à Jérusalem et de saint Pierre à Rome) ! Au centre de la basilique inachevée (elle n'a ni portail ni clocher), la crypte contient quatre sarcophages (4e et 5e s.), dont le fameux reliquaire de la sainte et celui de saint Maximin. Les grandes orgues (1772-1774) de la basilique sont mondialement connues : elles comptent quatre claviers et pas moins de 2 962 tuyaux !

**Pl. de l'Hôtel-de-Ville 04 94 78 00 19 www.mariemadeleine.fr Tlj. 7h30-19h30**

### LE MASSIF DE LA SAINTE-BAUME

La forêt domaniale d'environ 139ha qui s'étend au pied de la grotte de Sainte-Marie-Madeleine est protégée en tant que réserve biologique (réseau européen Natura 2000) et a été récemment labellisée "forêt modèle" (c'est la première et la seule en France). Par ailleurs, la Sainte-Baume est devenue en 2017 le 52e parc naturel régional français.

**Mystique**

#### Grotte de Sainte-Marie-Madeleine

C'est dans une grotte creusée dans l'abrupt de la falaise que Marie Madeleine passa, dans la prière, les 33 dernières années de sa vie. On accède au sanctuaire (en 45min) par le "chemin des Roys", aménagé au 14e s. pour les pèlerins, ou par le "chemin du Canapé" (GR®9), puis par un escalier de 150 marches. Sur

**À NE PAS MANQUER**

- Basilique Sainte-Marie-Madeleine
- Massif de la Sainte-Baume
- Grotte de Sainte-Marie-Madeleine
- Saint-Pilon et sentier des crêtes

**Sur le "chemin des Roys", vers la grotte de Sainte-Marie-Madeleine**

**SUR LES TRACES DE…**
Le massif doit son nom à la grotte (*baumo* en provençal) dans laquelle aurait vécu **sainte Marie Madeleine**. La légende rapporte qu'au terme de son exil elle se retrouva en Provence, qu'elle entreprit d'évangéliser avec saint Maximin, avant de se retirer seule dans cette grotte. En réalité, on dénombre plusieurs tombeaux de la sainte dans tout le monde chrétien.

le parvis de la grotte, d'où l'on bénéficie d'une superbe vue sur le plateau de Plan-d'Aups, s'élèvent l'ancien monastère des dominicains et l'abri du pèlerin. La grotte est toujours sous la protection de la congrégation des dominicains.

**Plan-d'Aups-Sainte-Baume (3km à l'est du village) Parking à l'hostellerie de la Sainte-Baume ou au croisement D80/D95, puis 45min à pied 04 42 04 54 84 Mars-mi-oct. : tlj. 7h30-18h30 (8h30 lun.) ; mi-oct.-fév. : tlj. 8h30-17h Entrée libre**

## Une activité minière oubliée

### Musée des Gueules rouges

Un musée interactif et moderne, à la découverte d'une activité industrielle méconnue en Provence : l'extraction de la bauxite (dont on tire l'aluminium), dont le Var constitua le principal foyer en France de la fin du 19e s. jusqu'aux années 1980. De couleur ocre, le minerai valut aux mineurs le surnom de "gueules rouges". Attention, on ne peut pénétrer dans la galerie de la mine qu'en suivant une visite guidée.

**Av. de la Libération Tourves (8km au sud-est de Saint-Maximin par la DN7) 04 94 86 19 63 Mai-sept. : mer., w.-e. et j. fér. 14h-18h (vac. scol. : mer.-dim. visites guidées 14h30, 15h30 et 16h30) ; oct.-avr. : mer. et sam.-dim. 14h-17h (vac. scol. : mer.-dim. visites guidées 14h30 et 15h30) 6€**

# À FAIRE

## Randonnez autour de la grotte

Le massif de la Sainte-Baume recèle de très nombreux sentiers, dont la plupart partent de Nans-les Pins et de Plan-d'Aups. Les offices de tourisme (p.334) vous en fourniront les plans et les fiches détaillées. À éviter néanmoins le week-end, lorsque la montagne sacrée est prise d'assaut par les régionaux... Attention, l'accès au massif peut être restreint en cas de risque d'incendie ; appelez le serveur vocal (tel. 04 89 96 43 43) pour connaître la réglementation du jour.

La grotte de Sainte-Marie-Madeleine

### Saint-Pilon et sentier des crêtes

Vous êtes sur la crête de la Sainte-Baume, en surplomb de la grotte, à 994m d'altitude, et le panorama est époustouflant : la montagne Sainte-Victoire se dresse à quelques kilomètres, les Alpes du Sud et les sommets des Écrins se devinent au nord par temps clair, la Méditerranée et les îles d'Hyères se dessinent au sud... Vous pouvez poursuivre la promenade en empruntant le sentier des crêtes (GR®98) vers l'ouest. Départ de l'hostellerie de la Sainte-Baume (6km, 3h-3h30 AR), ou par le chemin des Roys (récupérez le GR®9 au carrefour de l'Oratoire des quatre chemins), difficulté moyenne.

## Promenez-vous en vélorail

### Vélorail de la Sainte-Baume

Une balade de 15km pour le moins insolite et sportive, sur l'ancienne voie ferrée jalonnée de viaducs, de ponts et d'un tunnel. Comptez de 1h30 à 2h AR. Mars-juin et sept.-oct. : 1 départ/j. mer.-ven., 3 départs/j. le w.-e. ; juil.-août : 3 départs/j. mar.-dim. ; nov.-fév. : 1 départ/j. le w.-e. Réservation par tél. obligatoire. Tarif 40€ le vélorail (2-5 pers.).

**Départ gare vélorail de Pourcieux, à côté de l'ancienne gare SNCF (7km à l'ouest de Saint-Maximin) 06 33 81 50 87 www.velorail83.com**

## Parcourez le massif à dos d'âne

### Balalin Balal'âne

Partez une demi-journée ou plus sur les anciens chemins muletiers, avec des compagnons nommés Sidonie, Nina ou Filou ! Comptez 36€ la demi-journée.

**257, impasse du Champ-des-Fourches (sur la D80, tourner à droite à hauteur de la mairie) Plan-d'Aups-Sainte-Baume 06 72 93 64 27 http://balalin.balalane.free.fr Sur rdv**

# NOS ADRESSES

## RESTAURANTS

### Simple et charmant

**Côté Jardin €€**

Avec sa belle verrière et son ravissant jardin, l'agréable restaurant de l'Hôtel de France : si la cuisine reste simple, c'est l'une des meilleures options pour un repas à moindre coût à Saint-Maximin. Plats 15-24€.

**SAINT-MAXIMIN-LA-SAINTE-BAUME 3-5, av. Albert-Ier 04 94 37 48 12 (restaurant) www.hotelsaintmaximin.com Tlj. 12h-14h30 et 19h-22h30**

### Nourritures terrestres

**Côté sud €€€**

Face à la basilique, une jolie table provençale tenue par un jeune chef amoureux des produits locaux. Aubergines confites, mozzarella burratina et basilic ; merlu façon bouillabaisse aux petits légumes… Tout est frais et gourmand ! Repas 35-40€.

**SAINT-MAXIMIN-LA-SAINTE-BAUME 50, rue du Général-de-Gaulle 04 94 59 84 61 Mars-déc. : mar.-dim. midi et certains soirs sur rés. ; hors-saison jeu.-dim. midi**

### Idéal pour les randonneurs !

**Hostellerie de la Sainte-Baume €**

La table est conviviale, dans cette maison tenue par des religieux, au point de départ et d'arrivée des sentiers vers la grotte de la Sainte-Baume. Menu 17€ à midi, 13€ le soir (vin et café compris).

**PLAN-D'AUPS-SAINTE-BAUME Lieu-dit La Sainte-Baume (3km à l'est du village) 04 42 04 54 84 www.saintebaume.org Service à 12h45 au déj. et 19h15 au dîner**

**Avant ou après une randonnée**

### Tradition sans chichis

**Lou Pèbre d'Aï €€**

Le nom sent bon la Provence – *lou pèbre d'aï* désigne la sarriette en provençal – et les recettes, indémodables, mettent notamment à l'honneur le gibier et la truffe en saison. Menus 28 et 38€.

**PLAN-D'AUPS-SAINTE-BAUME Face à la mairie 04 42 04 50 42 www.loupebredai.com Mars-déc. : jeu.-lun. midi et soir, mar. midi**

### FAITES PROVISION DE FROMAGE

De Saint-Maximin, faites un détour jusqu'à la **ferme de la Cabreto**, petite exploitation familiale qui produit et affine du fromage de chèvre (tomme, petits crémeux…). Achetez des chèvres frais pour les déguster arrosés d'huile d'olive au romarin, c'est un délice !

**BRAS (12km au nord-est de Saint-Maximin ; de Bras, prendre la route de Barjols sur 3,5km, puis le chemin de Coudène) 07 71 21 32 52 ferme.cabreto.free.fr Tlj. 9h-12h30 et 15h-19h Production de mi-fév. à nov.**

# LA PROVENCE VERTE

Pourquoi verte ? Pour ses vallons boisés, ses vignobles, ses champs de blé, ses plantations d'oliviers et même de pruniers... Cette campagne varoise est devenue le "cœur nourricier" du département, et ses petits villages sont autant de joyaux à visiter. Ici, on se trouve à la fois si proche et si loin de la côte, et l'on prend le temps de vivre...

**ACCÈS**

- Comptez 40min de voiture pour rejoindre Brignoles de la côte (Toulon ou Hyères).
- La ville est reliée par le réseau de cars VarLib à Toulon, Cotignac, Lorgues, Aups, Draguignan...

## À VOIR

### BRIGNOLES

Ancien fief des comtes de Provence, comptant aujourd'hui près de 17 000 habitants, Brignoles offre à qui sait l'apprivoiser la fraîcheur de ruelles restées populaires et la séduction de façades décaties. Entrez par le "Grand Escalier", au cœur de la cité médiévale, ou suivez la rue Entraigues, sur l'ancien tracé des remparts (13e s.), jusqu'à la porte Saint-François. Au nord de la place des Comtes de Provence, la rue des Lanciers, habitée jadis par les gardes du prince, vous mène face à l'**église Saint-Sauveur** (12e s.), cœur de la première cité féodale. À l'est, la place Saint-Pierre constitue l'entrée orientale des remparts ; admirez-y deux superbes porches du 16e s. Terminez votre visite par la **tour Malaute**.

**Éclectique**

**Musée des Comtes de Provence-pays Brignolais**

Il loge dans l'ancienne résidence d'été des comtes de Provence (13e s.). La chapelle dédiée à saint Louis d'Anjou, patron de Brignoles, abrite une belle collection d'art sacré. Près de l'entrée, ne manquez pas le sarcophage de la Gayole (2e s.), retrouvé à La Celle : ce serait le plus ancien monument chrétien de Gaule ! Traditions populaires et artistes locaux complètent la visite, qui s'achève au sommet de la tour de guet.

**Pl. des Comtes-de-Provence 04 98 05 92 88 ou 04 98 05 93 75 Mai-sept. : mer. et sam.-dim. 14h-18h (vac. scol. : mer.-dim.) ; oct.-avr. : mer. et sam.-dim. 14h-17h (vac. scol. : mer.-dim.) Fermé en jan. 4€**

### LES ENVIRONS DE BRIGNOLES

**Histoire d'une comtesse qui devint abbesse**

**Abbaye royale de La Celle**

L'un des plus anciens couvents de la région, fondé au 11e s. par les bénédictins. Sous l'autorité de l'abbesse Garsende de Sabran (13e s.), comtesse de Provence entrée en religion, il accueillit nombre de jeunes filles de la plus haute noblesse provençale... ce qui, plus tard, causa sa perte, car il fut fermé en 1657 pour problèmes de discipline ! De l'abbaye, aujourd'hui transformée en hôtel, seuls subsistent les dortoirs et le logis du prieur, la salle capitulaire, le cloître (qui

**À NE PAS MANQUER**

- Musée des Comtes de Provence-pays Brignolais
- Abbaye royale de La Celle
- Rocher de Cotignac
- Barjols

**Au musée des Comtes de Provence**

accueille des expositions) et la chapelle romane, devenue l'église paroissiale de La Celle et renfermant le sarcophage de Garsende de Sabran.

**9, pl. des Ormeaux (2km au sud-ouest de Brignoles) 04 98 05 05 05 Mars-avr., sept.-déc. : mar.-dim. 10h30-17h30 ; mai-août : mar.-dim. 10h30-18h30 Fermé jan.-fév.**

## Escapade de charme

### Le Val

Voilà un ravissant village provençal, à quelques kilomètres de Brignoles, qui mérite une halte : on flâne volontiers au gré de ses placettes et ruelles paisibles, riches de plusieurs petits musées (ouverts à la demande auprès du Point accueil), dont l'amusant **musée du Jouet ancien et de la Figurine historique**, collection patiemment constituée par un couple passionné. Quant à l'église Notre-Dame-de-l'Assomption, du 11e s., elle est surmontée de l'un des plus beaux campaniles en fer forgé de la région.

5km au nord de Brignoles **Musée du Jouet ancien et de la Figurine historique** Chemin du Marteau Visite sur rés. du lun. au ven. auprès du Point accueil du Val 2€ **Point accueil du Val** Pl. du 4-Septembre (derrière l'église) 04 94 37 02 20 www.la-provence-verte.net/ot_leval Sur rdv

## La force et l'élégance

### Château de Vins-sur-Caramy

Entre la forteresse médiévale et l'habitation d'agrément de style Renaissance, ce château construit au début du 16e s. associe tours d'angle et meurtrières avec de grandes fenêtres à meneaux et une cour au décor raffiné. Cinq chambres d'hôtes pleines de caractère y sont aménagées.

7km au nord-est de Brignoles 04 94 72 50 40 Avr.-oct. : mer.-sam. 10h-12h et 15h-17h, dim. 15h-17h Visite guidée d'heure en heure (rés. conseillée) 6€

# L'HUILE D'OLIVE

L'olivier est l'arbre méditerranéen par excellence. Introduit dans la région par les Grecs il y a près de 3 000 ans, il s'épanouit dans un climat chaud et sec, sur les terrains pauvres, les sols d'éboulis calcaires ou argilo-calcaires. Ici, on le cultive le plus souvent en terrasses (restanques) ou sur des terres de garrigue. La Côte d'Azur se situe en tête des régions oléicoles françaises avec plus de 50% de la production (le Var est le 2e département). Et elle peut s'enorgueillir, depuis 2007, de son AOC huile d'olive de Provence ! Plusieurs moulins oléicoles de la région vous invitent à découvrir la méthode d'extraction et les différentes qualités d'huile : le "fruité vert" (l'huile produite à partir d'olives récoltées au début de leur maturité, à l'amertume plus ou moins marquée), le "fruité mûr" (l'huile traditionnelle, peu amère, élaborée avec des olives à totale maturité), et le "fruité noir", plus rare, qui s'obtient en faisant macérer les olives avant de les broyer (goût puissant d'olive noire, de tapenade).

**Un olivier à l'heure de la récolte**

## COTIGNAC

À l'ombre d'un mystérieux rocher, tout le cachet de ces villages d'arrière-pays où il fait bon se retirer en été, avec ses terrasses sous les platanes et ses places paisibles... Les nombreux artistes venus ici chercher l'inspiration valent à Cotignac son surnom de "petit Saint-Tropez"... ce qui s'applique aussi à ses prix, qui ont tendance à s'envoler en période estivale ! Ne repartez pas sans avoir goûté les spécialités locales : les gelées ou les pâtes de coing, confectionnées de manière artisanale.

**20km au nord de Brignoles**

**Cotignac au pied de son Rocher**

### Petite merveille de géologie

**Rocher de Cotignac**

Autrefois, la Cassole s'écoulait ici en cascade, et ses eaux sculptèrent de grands abris naturels où les hommes surent trouver refuge. Un **escalier** de 90 marches se faufile toujours le long des parois (départ des "jardins du Rocher", derrière la mairie) et mène à une terrasse aménagée, puis à une grande salle troglodytique, fortifiée par les villageois pour préserver leurs provisions des pilleurs au cours du Moyen Âge. Au sommet de la falaise de 80m, on aperçoit deux tours dites "sarrasines", ruines des 12e et 13e s. La vue est somptueuse.

**Accès au sommet : sentier de 3km au départ du cimetière ("parcours santé") Escalier du rocher Avr.-juin, sept.-oct. : lun.-sam. 14h30-17h30, dim. et j. fér. 10h-12h30 et 14h30-17h30 ; juil.-août : tlj. 11h-13h et 15h-19h € 2€**

### Prières royales

**Sanctuaire Notre-Dame-de-Grâces**

Les multiples apparitions de la Vierge ont fait de ce sanctuaire un lieu de pèlerinage encore vivace. On dit que c'est grâce à une prière, dite ici même par un moine pour Louis XIII et Anne d'Autriche, que la reine tomba enfin enceinte... du futur Louis XIV !

**Route en face de l'OT 04 94 69 64 90 https://nd-de-graces.com Tlj. 7h30-19h € Entrée libre**

## AU FIL DE L'ARGENS

Au sud de Cotignac, l'Argens, discret fleuve côtier se jetant dans la Méditerranée près de Fréjus (p.198), irrigue une région rurale préservée, toute en douces collines parsemées de bois et de vignobles. Sur son cours se sont développés de robustes bourgs, décors de vieilles pierres que l'on découvre à l'occasion d'une excursion d'une journée, voire d'une demi-journée (à vélo pour les plus courageux), qui inclura les superbes gorges du vallon Sourn.

## Classique
### Château d'Entrecasteaux

C'est le comte de Grignan, gouverneur de Provence et gendre de Mme de Sévigné, qui remania au 17e s. cette ancienne forteresse du 11e. Devant la façade sud, tournée vers le village, rien de moins qu'un jardin à la française dessiné par Le Nôtre ! L'intérieur, magnifiquement restauré, se visite uniquement avec un guide. En sortant, ne manquez pas de vous aventurer dans le village, aux ruelles aussi rustiques qu'escarpées.

**Entrecasteaux (8km à l'est de Cotignac) 04 94 04 43 95 www.chateau-entrecasteaux.com Pâques-juin : dim. et j. fér. 16h ; juil.-sept. : dim.-ven. 16h (et 11h30 en août) Visites guidées uniquement € 10€**

## Un village écologique
### Correns

Posté à l'écart des principaux axes, Correns aurait pu, comme beaucoup de communes rurales françaises, se désertifier peu à peu. Mais voilà : en 1997, la mairie et ses viticulteurs décident de se lancer dans le bio pour sauver leur agriculture... Depuis, le village revit et les ventes de vin ont explosé. Aujourd'hui, tout Correns est bio : les trois domaines viticoles, les vignes des 80 viticulteurs adhérant à la coopérative, mais aussi le maraîchage, les ruches, l'élevage de poules !

**14km au sud-ouest de Cotignac**

## Gorges et falaises
### Vallon Sourn

Une parfaite oasis de fraîcheur en été ! Des gorges creusées par l'Argens, de hautes falaises abruptes où nichent les rapaces, une végétation dense où l'orme est roi, une rivière sauvage où l'on croise hérons et martins-pêcheurs...

**Dans le vallon Sourn**

le vallon “sombre” (*sourn* en provençal) serpente sur une dizaine de kilomètres entre Correns et Châteauvert. Plage aménagée sur les bords du fleuve.

**Entre Correns et Châteauvert (7km à l'ouest) sur la D45 qui longe l'Argens (plusieurs parkings le long de la route)**

## Un destin tracé par les eaux

### Barjols

Pas moins de 28 fontaines et 12 lavoirs émaillent les rues de ce village perché entre Verdon et Argens, qui s'offrent donc pour une balade pleine de fraîcheur ! Cette abondance d'eau fit la prospérité de la cité dès le Moyen Âge, avec une intense activité de tannerie, alimentée en peaux de moutons par les élevages de la région. Le travail du cuir a longtemps rythmé la vie locale, en particulier dans le **quartier du Réal**, mais la dernière entreprise a fermé ses portes en 1981, et les tanneries se reconvertissent peu à peu en ateliers d'artistes et d'artisans. Dans le village ancien, on admirera l'imposante **collégiale Notre-Dame-des-Épines** et son tympan roman représentant le Christ en majesté. Parmi ses richesses intérieures, la vasque en pierre des fonts baptismaux (1595) et une Vierge à l'Enfant (18e s.) attribuée au peintre provençal Van Loo. Sur les hauteurs de Barjols, le **vallon des Carmes**, site paradisiaque creusé par la rivière du Fauvery, recèle de splendides cascades. Un sentier balisé y mène au départ du quartier du Réal.

**15km au nord-ouest de Cotignac par la D13 et la D560**

## D'eau et de terre : la faïence

### Varages

Comme à Barjols, l'abondance de l'eau permit à une industrie de se développer : ici, la faïence s'épanouit au 18e s. Aujourd'hui, la tradition reste vivace et l'artisanat d'art refleurit. N'hésitez pas à pousser la porte des ateliers d'artistes installés dans le village. Pour en savoir plus, visitez aussi son petit **musée** et sa magnifique collection de plus de 2 000 pièces.

**22km au nord-ouest de Cotignac par la D560**

# À FAIRE

## Essayez-vous à l'escalade

Les falaises du **vallon Sourn** constituent un site d'escalade réputé de plus de 200 voies. Vous trouverez le topoguide dans les offices de tourisme. L'office de tourisme de Brignoles (p.334) fournit des informations sur les structures proposant des stages d'initiation.

## Baladez-vous dans les bois

### Cascade de Sillans

Au débouché de la forêt, on s'émerveille devant cette chute qui ruisselle sur 44m le long d'une paroi couverte de mousses et d'autres plantes, jusqu'à

La cascade de Sillans

une large vasque aux eaux émeraude. Départ du parking près de l'école, avant de franchir le pont pour entrer dans le village par la D560, distance 1,5km AR (30min).

**Sillans-la-Cascade (7km au nord de Cotignac)**

### Pagayez sur l'Argens

**K-Noé**

Pour descendre les superbes gorges du vallon Sourn : un parcours de 7km, aussi paisible que bucolique... Kayak monoplace 22€, 2-3 places 38€.

**Correns (14km au sud-ouest de Cotignac) 04 94 59 58 51 ou 06 85 73 38 07 www.k-noe.com Sur rés. au plus tard la veille**

# NOS ADRESSES

## RESTAURANTS

### Le cochon y est roi

**El Cochino €**

"Votre porc d'attache" : tout est dit dans le slogan ! La grande terrasse sous les platanes est un spot tout indiqué pour les apéros entre amis, autour d'une jolie sélection de vins du coin et de généreuses planches de charcuteries et de fromages.

**BRIGNOLES 11, pl. Caramy 04 94 78 33 07 Mar.-sam. 12h-14h et 19h-22h**

### Signé Ducasse

**Hostellerie de l'abbaye de La Celle €€€**

Vous êtes dans la propriété... d'Alain Ducasse ! L'été, on s'attable dehors pour profiter d'un cadre magique, face aux cyprès, aux mûriers centenaires, et au potager où sont cueillis les légumes servis dans l'assiette ! Gastronomie de haut vol, pleine de finesse... Menus 56-110€.

**LA CELLE 10, pl. du Général-de-Gaulle 04 84 49 05 24 ou 04 98 05 14 14 www.abbaye-celle.com Juin-août : mer.-lun. midi et soir ; sept.-mai : tlj. midi et soir (fermé mar.-mer. de sept. à déc. et en mai) Fermé jan.-mi-fév.**

### Mérite le détour

**La Crémaillère €€**

Faites abstraction du cadre : la cuisine est exquise, avec ses recettes de saison qui embaument la région ! Pressé de lapereau aux aromates, filet de bœuf au vin de poivre et moût de raisin, et assiette gourmande de desserts. Menus 19,50 et 32€.

**LE VAL 23, rue Nationale (5km au nord de Brignoles) 04 94 86 40 00 www.lacremaillere-leval.fr Été : mar. et jeu.-dim. midi et soir, mer. midi ; reste de l'année : mar. et jeu.-sam. midi et soir, mer. et dim. midi**

### Place de la Mairie

**Le Temps de pose ♥€**

Voilà bel et bien un endroit délicieux pour le café du matin, le thé de l'après-midi, ou le repas de la mi-journée. La maîtresse des lieux concocte des soupes et des quiches savoureuses, de belles salades garnies, un plat du jour aux petits oignons (moussaka, daube), ainsi que de délicieux desserts... Plats 8-13€.

**COTIGNAC 11, pl. de la Mairie 04 94 04 69 17 Mi-avr.-mi-déc. : mar.-dim. 9h-18h30 (ouvert pour le dîner en haute saison)**

### Plus près des ceps
### Le Clos des vignes €€€

Un hymne au terroir, face aux vignobles : ris de veau doré et carottes glacées, dos de cabillaud aux morilles et polenta au comté... Grillades aux sarments de vigne à midi en semaine. Formule déj. 16,50€.

**COTIGNAC Route de Montfort 04 94 04 72 19 http://restaurant-leclosdesvignes.com Mar.-dim. midi et soir**

### 100% bio et local
### Auberge de Correns €€€

La table où retrouver les bons produits locaux de Correns, cuisinés avec une simplicité de bon aloi : feuilleté au chèvre, rôti de porc dans son jus ou moelleux au chocolat, évidemment accompagnés par les vins "naturels" de la commune ! Menus 27, 38 ou 49€.

**CORRENS 34, pl. du Général-de-Gaulle 04 94 59 53 52 ou 06 62 88 47 92 www.aubergedecorrens.fr Mer.-dim. midi et soir (tlj. en juil.-août) Fermé jan.-mi-fév.**

## SHOPPING

### Le coing et les abeilles
### Les Ruchers du Bessillon ♥

Aussi doux que délicieux, le miel de lavande est la grande spécialité de la famille Guieu. Également des miels de sapin, de châtaignier, de bruyère, de thym... et la fameuse gelée de coings de Cotignac.

**COTIGNAC Cours Gambetta 04 94 77 75 69 www.lesruchersdubessillon.com Été : ven.-sam. 10h-12h30 et 15h-18h, mar.-jeu. et dim. 10h-12h30 ; reste de l'année : lun.-sam. 9h30-12h30 et 15h30-18h30**

### Idée cadeau
### Poterie de Sandra

Dans la famille des potiers provençaux, on aime Sandra, ses petits bols colorés (env. 15€), ses grands saladiers (40€) et ses mille autres objets originaux en terre vernissée.

**COTIGNAC 11, Grande-Rue 06 17 58 31 08 Juil.-août : 10h30-13h et 16h-19h ; sept.-mai horaires réduits**

### Le canard dans tous ses états
### Les Moulins Aufiés

Le foie gras ? On ne le fait pas que dans le Sud-Ouest ! Rendez donc visite à Vincent Tirard Collet, qui confectionne de délicieuses spécialités : foie gras entier ou en bloc, terrines, rillettes et plats cuisinés...

**CARCÈS (7km au sud-ouest de Cotignac ; à 5km de Carcès, dir. Brignoles puis Correns) 04 94 59 50 98 https://saveurscampagnardes.fr Lun.-ven. 9h-12h et 14h-18h30, sam. 9h-12h**

### AOC côtes-de-provence
### Vignerons de Correns

Cette coopérative propose des AOC côtes-de-provence, du vin de pays du Var, des vins de pays d'Argens et de l'huile d'olive.

**CORRENS Chemin de l'Église 04 94 59 59 46 www.vigneronsdecorrens.fr Lun.-mer. 14h30-18h, jeu.-sam. 9h30-12h30 et 14h30-18h (jusqu'à 19h l'été)**

# LA DRACÉNIE

Caressée au nord par le Verdon, au sud par la Méditerranée, la Dracénie reste à l'écart des foules. Un monde secret, peu fréquenté, où les villages tantôt émergent d'un océan de vignes, tantôt sont perchés modestement sur des collines entre garrigues et maquis. La vie y est tranquille, ponctuée par les fêtes villageoises, rythmée par les vendanges et les travaux des champs.

**ACCÈS**

- Draguignan se trouve à 35min de route du littoral (Fréjus ou Sainte-Maxime).
- La gare des Arcs-Draguignan (10km de Draguignan, liaison avec TedBus) est reliée à Paris (TGV, 4h30), Marseille, Toulon, Nice, Menton... (TER).

## À VOIR

### DRAGUIGNAN

La Provence telle qu'on l'imagine – celle des étals de fruits et de légumes, et du pastis que l'on sirote à l'ombre des platanes – revit ici place du Marché et place aux Herbes. Autour, dans les rues commerçantes pleines de charme, le temps s'écoule paisiblement.

**Repère dans la ville**

**Tour de l'Horloge**

Le charme de ce beffroi communal du 17e s. tient à sa simplicité : une tour carrée surmontée d'un campanile en fer forgé flanqué de quatre échauguettes. Montez en haut pour la belle vue !

**Rue de l'Horloge ⏲ Mi-juin-mi-sept. : mar.-sam. 10h-12h30 et 16h-18h € Entrée libre**

**Le cœur battant de la cité**

**Place du Marché**

La place du Marché (les mercredis et samedis) invite à la rêverie, assis à l'une de ses nombreuses terrasses... Ne manquez pas, à deux pas, la **place aux Herbes**, plus intime, où se dresse une jolie fontaine. Vous y remarquerez une tour-porche du 13e s. ornée du blason de la ville, où figure un dragon.

**Mérite vraiment le détour**

**Musée des Arts et Traditions populaires**

On y admire des collections ethnographiques de qualité, remarquablement bien mises en valeur, où se raconte la vie traditionnelle locale.

**75, pl. Georges-Brassens ☎ 04 94 47 05 72 ⏲ Mar.-sam. 9h-12h et 14h-18h € 3,50€**

**Les pépites d'un joli musée**

**Musée des Beaux-Arts**

Ce sympathique musée recèle des œuvres de grands maîtres : Rubens, Renoir, Houdon, Boucher ou encore Camille Claudel, qui a signé l'admirable *Rêverie*

**À NE PAS MANQUER**

- Chapelle Sainte-Roseline
- Bargème
- Abbaye du Thoronet
- Terra Rossa
- Seillans

**Draguignan, dominé par sa tour de l'Horloge**

*au coin du feu*. Quant au Rembrandt, *L'Enfant à la bulle de savon*, il a été volé et retrouvé plusieurs fois...

**9, rue de la République 📱 04 98 10 26 85 🕒 Mar.-sam. 9h-12h et 14h-18h (travaux jusqu'au printemps 2022) € Entrée libre**

### Beau spécimen
### Pierre de la Fée

L'un des plus imposants dolmens de Provence, haut de plus de 2m et pesant plus de 60t ! Cette sépulture collective date de la fin du néolithique (environ 2 500 ans av. J.-C.) ; la légende attribue son érection à une fée...

**Av. de Montferrat (1km au nord-ouest du centre-ville par le bd Maréchal-Foch, le bd de la Liberté et, à gauche, l'av. de Montferrat, puis suivre le fléchage)**

## LES ARCS-SUR-ARGENS

Ne passez pas votre chemin ! Si la ville "moderne" des Arcs n'incite pas à s'y arrêter, la cité médiévale, remarquablement restaurée et appelée **"Le Parage"**, mérite une promenade, au fil de ses ruelles pavées ponctuées de placettes et de fontaines, et bordées de belles demeures fleuries. Chemin faisant, on parvient au sommet, couronné par les ruines du château du 13e s. où naquit sainte Roseline.

**10km au sud de Draguignan**

### Chapelle d'artistes
### Chapelle Sainte-Roseline 👍

Marc Chagall, Jean Bazaine, Raoul Ubac et Diego Giacometti ont signé les mosaïques, vitraux et bas-reliefs qui illustrent la vie et les miracles de sainte

Roseline. C'est la mécène Marguerite Maeght qui, en 1968, finança les travaux de restauration de cette chapelle typiquement provençale où repose la sainte, dans une châsse de verre.

**Route de Sainte-Roseline (4km au nord-est des Arcs par la D91) ⏲ Mar.-dim. 14h30-17h (jusqu'à 18h l'été) € Entrée libre**

### Table d'orientation connectée
### Panorama de Taradel

Le paysage high-tech ! Une table d'orientation à partir de laquelle, grâce à votre smartphone, vous accéderez à des informations sur les vignobles, le patrimoine, les loisirs, l'histoire de la vallée, etc. Belle vue sur la plaine de l'Argens en contrebas et le massif des Maures au sud. À deux pas se dressent des vestiges d'un ancien castrum du 12$^{e}$ s.

**Taradeau (6km à l'est des Arcs)**

> **COULEUR LOCALE**
> Ville d'histoire, Arcs-sur-Argens perpétue ses traditions médiévales et provençales à l'occasion du grand festival des **Médiévales**, qui mobilise une grande partie des habitants : marché, tir d'engins de guerre, parades costumée, son et lumières, etc.
> **www.medievales-des-arcs.com Années impaires, 2$^{de}$ quinzaine de juil.**

## AU NORD DE DRAGUIGNAN

### Village et gorges, pour crapahuter
### Gorges de Châteaudouble

Châteaudouble se juche en aplomb d'un canyon au fond duquel on voit la courageuse Nartuby se frayer un chemin entre les parois qu'elle a creusées. Ces gorges, longues de 5km, sont appréciées pour l'escalade, avec plus de 400 voies réparties sur plusieurs sites. À l'entrée sud des gorges, le hameau de **Rebouillon** offre une halte de charme : une poignée de maisons rêveuses, jadis habitées par des paysans qui produisaient un oignon célébré dans la France entière.

**15km au nord de Draguignan par la D562, la D54 et la D51**

### Parcours fleuri
### Jardin des Senteurs

Toutes les ruelles de Figanières y mènent ! Tout en haut de ce charmant village agricole, en contrebas des ruines d'un château médiéval, on pénètre dans ce délicieux jardin botanique par une galerie-tonnelle couverte de glycines, puis l'on chemine à l'envi entre ses massifs aux thématiques variées : la roseraie, le jardin d'eau, le jardin blanc, les senteurs étranges, le jardin de curé... tous ménagés entre les caprices de la roche. Des soirées-concerts sont organisées sur le site en été.

**Pl. de la Lirette Figanières (8km au nord de Draguignan) ⏲ Mai-sept. : tlj. 9h-18h € Entrée libre**

## Pays de l'huile d'olive

### Callas

À Callas, on se balade de calades en ruelles, levant les yeux pour voir, au sommet de hautes maisons, les fameux greniers sèche-figues. On se perd dans les gorges de Pennafort, dont la roche rouge tranche sur le vert des pinèdes. On rend visite à la famille Bérenguier, qui plante l'olivier et produit son huile depuis 1928.

**12km au nord-est de Draguignan par la D562**

## De fontaine en lavoir… et en musée !

### Bargemon

Trois petits musées de passionnés donnent son caractère à ce village médiéval ; le **musée-galerie Honoré-Camos**, dans une ancienne chapelle, retrace l'histoire de Bargemon ; le **musée des Fossiles et Minéraux** expose une impressionnante collection (plus de 3 000 pièces !), la plupart provenant de la région ; enfin, le **musée de la Mécanographie**, très pointu, s'intéresse aux machines à écrire anciennes et autres machines à calculer… En sortant, n'hésitez pas à flâner au gré des ruelles médiévales, et de leurs galeries et ateliers.

21km au nord-est de Draguignan par la D562, la D225 et la D25 **Musée-galerie Honoré-Camos** Pl. Saint-Étienne 04 94 76 72 88 Juin-sept. : mer.-dim. 10h-12h30 et 15h30-19h ; oct.-mai : mer.-dim. 10h-12h30 et 14h30-18h Entrée libre **Musée des Fossiles et Minéraux** 8, rue de la Résistance 04 94 67 61 44 Avr.-sept. : mer. et ven. 14h-18h, jeu. et sam.-dim. 10h-12h et 14h-18h ; oct.-mars : mer.-dim. 14h-18h Entrée libre **Musée de la Mécanographie** Rue de la Prison 04 94 70 65 77 ou 04 94 47 81 73 Réouverture en 2022 : tél. avant pour les horaires Entrée libre

**Place Chauvier, Bargemon**

### Notre préféré...

**Bargème**

C'est le plus charmant, le plus farouche, le plus solitaire et le plus haut perché des villages de la région ! Le plus calme aussi : passé les portes d'une enceinte bien conservée, il règne au cœur de cette masse de pierres un grand silence. Bargème est établi à 1 100m d'altitude, en balcon sur la montagne de Lachens, dont les terres sauvages sont propices à l'élevage ovin ainsi qu'à l'éclosion du lavandin. Dominé par les vestiges du château médiéval des seigneurs de Pontevès, il abrite une belle église romane.

**41km au nord-est de Draguignan par la D562, la D25 et la D37**

## LORGUES

Au centre d'une région de vignobles et d'oliviers urbanisée, cette cité médiévale enrichie d'un quartier Renaissance est un centre commerçant animé qui a su résister aux réhabilitations désordonnées. Il faut y arriver un mardi, jour de marché. Lorgues devient alors le cœur d'un petit monde bariolé et gentiment gouailleur... À quelques kilomètres s'élève l'un des joyaux français de l'art cistercien, l'abbaye du Thoronet.

**12km à l'ouest de Draguignan**

### Merveille d'architecture romane

**Abbaye du Thoronet ★**

Ses volumes dégagent tant d'harmonie qu'ils laissent un souvenir ému et profond ! La visite commentée est indispensable pour comprendre l'histoire de cette construction hors normes, en saisir la portée symbolique spirituelle, et mieux connaître le quotidien très ascétique des moines cisterciens qui la bâtirent au 12e s. Elle commence par l'église, dont la qualité de l'appareillage et la pureté des formes sont le seul et unique luxe. Plus loin, la salle capitulaire, le dortoir des moines, le cloître où rien ne distrait du recueillement. Aucun décor, mais des proportions idéales qui dégagent une incroyable sérénité...

**14km au sud-ouest de Lorgues 04 94 60 43 90 www.le-thoronet.fr Avr.-sept. : tlj. 10h-13h et 14h-18h30 ; oct.-mars : tlj. 10h-13h et 14h-17h 8€**

> **SENSATIONS FORTES**
> Riche en chants, la liturgie cistercienne exigeait une acoustique exceptionnelle. Vous en aurez un merveilleux aperçu en assistant à la **messe chantée en grégorien** dans la sublime église de l'abbaye du Thoronet (tous les dim. à 12h).

## SALERNES

La beauté de Salernes ? Le travail de la terre, qui a fait sa richesse autrefois et se perpétue aujourd'hui par la présence d'artisans d'art de talent, de fabriques de carrelage et du superbe musée Terra Rossa. Et pour un bain de nature et de quiétude, le vallon de Saint-Barthélemy (p.293) est tout indiqué !

**22km à l'ouest de Draguignan**

**Musée Terra Rossa, Salernes**

## Art millénaire, architecture contemporaine

**Terra Rossa**

Un voyage inoubliable dans l'univers de la céramique, mis en scène par l'architecte Jean-Michel Wilmotte autour des fours d'une ancienne fabrique. On retiendra notamment le four, monumental, en début de visite, la salle consacrée à la fabrication des tomettes, et une collection unique en Europe de 2 400 carreaux décorés, réalisés entre le Moyen Âge et le 20e s.

**Quartier Les Launes 04 98 10 43 90 www.terrarossasalernes.fr Avr.-sept. : lun. 15h-18h, mar.-ven. 10h-12h20 et 15h-18h, sam. 10h-12h30 et 15h-17h 5€**

### COULEUR LOCALE

La tomette, ce carreau hexagonal couleur sang, emblème de la Provence, fut produite dans la région de Salernes par millions, et expédiée aux quatre coins du monde, du milieu du 19e s. à celui du 20e. Plus de quinze fabricants de carrelages haut de gamme perpétuent cette tradition.

## LE PAYS DE FAYENCE

Fayence s'accroche à un éperon rocheux, dominant une vaste plaine d'où surgissent d'autres villages tout aussi perchés : on ne manquera pas, à quelques kilomètres à peine, Seillans, sûrement le plus attrayant du canton !

## Ruelles tortueuses et belles vues

### Fayence

On restera dans sa partie haute, où la petite ville dévoile son charme provençal dans un labyrinthe d'escaliers, de calades ou d'andrones (rues en escaliers parfois enjambées par les maisons)... Vous y croiserez notamment une tour sarrasine (13e s.), et l'imposante église Saint-Jean-Baptiste (18e s.), rare exemple de baroque provençal. Montez jusqu'à la place du Château, ancienne résidence des évêques de Fréjus, et à la tour de l'Horloge pour profiter d'un superbe panorama sur les massifs de l'Estérel et des Maures.

**30km à l'est de Draguignan**

## Un surréaliste en Provence

### Seillans 👍

Ce village harmonieux, dont les maisons pastel, vieux rose ou miel se serrent autour d'un château, a gardé le souvenir de deux habitants fameux : le surréaliste Max Ernst (1891-1976) et son épouse, la peintre américaine Dorothea Tanning (1910-2012). Une centaine de lithographies et de gravures des dix dernières années de la vie de Max Ernst sont exposées dans le cadre de la **collection Max-Ernst**, à la maison Waldberg (office de tourisme). Ernst l'inventif y expérimente diverses techniques, collages, frottages, décalcomanies aléatoires, dripping, etc., sollicitant sans cesse le hasard dont il fait la trame de son œuvre. En haut du village, sa sculpture *Le Génie de la Bastille* est un clin d'œil à la colonne de la place parisienne. Non loin de là, la chapelle romane fortifiée **Notre-Dame-de-l'Ormeau** (12e s.) recèle un fabuleux retable baroque daté du 16e s.

**Collection Max Ernst** Pl. du Thouron 📱 04 94 76 01 02 🕒 Mai-oct. : tlj. 9h30-13h et 14h30-17h45 ; nov.-avr. : jeu. et sam. 9h-12h30 et 14h-17h15 (mêmes horaires mar.-sam. pendant les vac. scol.) € 5€ **Chapelle Notre-Dame-de-l'Ormeau** Accès par la D19 dir. Fayence 🕒 Visite commentée uniquement : jeu. 16h30 toute l'année (1h, 5€, sur rés.)

## Vues spectaculaires

### Mons

Ce délicieux village perché offre un panorama d'une étonnante ampleur, de Toulon aux montagnes mentonnaises. En face se distinguent Cannes et les îles de Lérins, bien visibles par temps clair, et la nuit se détache le pinceau lumineux du phare du cap Camarat...

**13,5km au nord de Fayence par la D563**

## Activités nautiques

### Lac de Saint-Cassien

Une invitation à la baignade et au canotage, sur des eaux bien ombragées par des pins et des chênes verts. Pour dénicher des accès à l'eau, parcourez la D37 qui longe en partie sa rive est et piquez une tête ! Base de loisirs multiactivités (Okwide La Plage) sur la rive occidentale, au pied du pont de la D37.

**10km env. au sud-est de Fayence par la D19, la D562 et la D37**

# À FAIRE

## Essayez-vous à l'œnologie ou au... VTT

### Château de Berne

Dans ce domaine viticole, on peut se promener gratuitement (6 sentiers, de 1h à 2h30 de marche), faire du VTT (4 sentiers de 4,4 à 9,5km, location sur place)... et visiter le vignoble et la cave !

**Route de Salernes Lorgues (3km au nord-ouest du centre-ville par la D10) 04 94 60 43 60 www.chateauberne.com Tlj.**

**Dans le potager du château de Berne**

## Randonnez dans des sites agrestes

### Vallon de Saint-Barthélemy

Une courte randonnée dans cet agréable vallon vous donnera l'occasion d'en découvrir quelques sites remarquables : une rivière, la Braque, la chapelle Saint-Barthélemy, qui offre un superbe point de vue, et une maison troglodytique. Départ du parking Saint-Barthélémy à Salernes, boucle de 4km (1h30).

### Randonnée des mégalithes de Mons

À la rencontre des onze dolmens mis au jour sur la commune. Datant de la fin du néolithique, ils témoignent d'une occupation vieille de plus de 4 000 ans. Départ place Saint-Sébastien à Mons, boucle de 18km (6h). Rens. à l'OT.

# NOS ADRESSES

## RESTAURANTS

### Lieu de mémoire

#### Les 1 000 Colonnes €€

Cette taverne née au 15e s. s'est enrichie d'un décor de miroirs et colonnes qui évoque aujourd'hui un café d'artistes... Et sa terrasse ouvre sur une délicieuse place ! Cuisine classique inspirée des saveurs provençales. Entrée plus plat 20-45€.

**DRAGUIGNAN 2, pl. aux Herbes 04 94 68 52 58 Mi-juin-mi-sept. : mar.-sam. midi et soir ; mi-sept.-mi-juin : mar.-sam. midi, ven.-sam. soir**

### Chaleureux et copieux

#### La Table de Martine €€

Sur la place du marché, cette table sympathique draine une clientèle fidèle. Très bonne cuisine traditionnelle aux saveurs provençales (gnocchis au pesto, souris d'agneau confite, gambas au foie gras...). Menus 29-39€, formule 19€ à midi.

**DRAGUIGNAN 18, pl. du Marché 04 94 68 00 09 Juin-sept. : jeu.-ven. et dim.-mar. midi et soir, sam. soir ; oct.-juin : lun.-mar. et jeu.-sam. midi et soir, dim. midi**

### Toute une atmosphère

**Le Domino ♥€€**

Une ancienne demeure bourgeoise avec jardin, maison de charme d'un couple voyageur... La cuisine est simple et goûteuse, la carte voyageant entre Provence et Mexique. Entrée plus plat 28-42€, formule à midi 18€.

**DRAGUIGNAN 28, av. Lazare-Carnot ☎04 94 67 15 33 www.ledomino.fr ⏲Mar.-ven. midi et soir ; sam. soir**

### Avenant et délicieux !

**La Fleur de Thym ♥€€**

On apprécie la cuisine inventive et raffinée de Cédric Cottrel, qui mise sur les produits de saison. Goûtez un peu : risotto crémeux aux cèpes et trompettes de la mort, duo de roulade de saumon et filet de cabillaud... Menu 34€.

**FLAYOSC 3, bd Jean-Moulin (7,5km à l'ouest de Draguignan par la D557) ☎04 94 50 31 53 www.lafleurdethym.org ⏲Mi-avr.-mi-oct. : ven.-mar. midi et soir, mer.-jeu. midi ; mi-oct.-mi-avr. : ven.-mar. midi et soir (rés. conseillée le soir) Fermé 20 déc.-début fév.**

### Un parfum d'Italie

**La Main à la pâte €**

Délicieuses pâtes fraîches maison et appétissants produits italiens, à emporter ou à savourer dans la petite salle attenante à la boutique. Menus 25 et 37€, plats à partir de 14€.

**LORGUES 1, rue de la Vieille-Commune ☎04 94 73 73 73 ⏲Juin, sept. : lun.-mar. et ven.-sam. midi et soir, jeu. et dim. soir ; juil.-août : lun.-mar. et ven.-sam. midi et soir, mer.-jeu. et dim. soir ; oct.-mai : lun.-mar. et jeu.-sam. midi et soir**

### Recettes de saison

**La Farigoulette €€**

Dans une ancienne bergerie à la jolie terrasse, sur les hauteurs du village, ce restaurant sert une bonne cuisine traditionnelle, qui évolue en fonction des saisons. Menus 32,50 et 40,50€.

**FAYENCE 1, pl. du Château ☎04 94 84 10 49 ⏲Jeu.-lun. midi et soir et mar. soir en été ; hiver : lun.-mar. et jeu. midi, ven.-dim. midi et soir**

### Chic

**Le Castellaras €€€**

Une superbe bastide provençale perchée sur une colline, où l'on se délecte d'une cuisine du marché subtile qui a valu plusieurs récompenses à Hermance Carro et Quentin Joplet. Menus 47, 69 et 97€.

**FAYENCE 461, chemin de Peymeyan (2km à l'est du village par la D19 dir. Seillans, puis à droite en suivant le fléchage) ☎04 94 76 13 80 www.restaurant-castellaras.com ⏲Avr.-juin, sept.-oct. : mer.-dim. midi et soir ; juil.-août : mar.-ven. soir, sam.-dim. midi et soir**

### Grillade au bord de la piscine

**Moulin de la Camandoule / L'Escourtin €€€**

De la gastronomie en pleine nature ! Cuisine classique mais pleine de sincérité : risotto de riz rouge et saint-jacques, dos de sandre poêlé et ravioli à la ricotta... Formule à midi 27,90€, menus 40-58€. Snack-grill au bord de la piscine aux beaux jours.

**FAYENCE 159, chemin de Notre-Dame (1km à l'est par la D19, dir. Seillans) ☎04 94 76 00 84 www.moulindelacamandoule.com ⏲Juil.-août : lun.-jeu. soir, ven.-dim. midi et soir ; sept.-juin : mer.-jeu. soir, ven.-mar. midi et soir**

### Sous les platanes

**La Gloire de mon père €€€**

L'accueil des plus avenants, la cuisine méditerranéenne raffinée, la terrasse sous les platanes et le panorama sont les multiples atouts de cette adresse renommée. À noter, plusieurs plats végétariens. Formule déj. 26€. Menus 32 et 42€.

**SEILLANS 1, pl. du Thouron ☎04 94 60 18 65 www.lagloiredemonpere.fr ⏲Mai-sept. : jeu.-mar. midi et soir, mer. soir ; oct.-avr. : jeu.-lun. midi et soir**

## SHOPPING

### Viticulteur esthète

**Château Sainte-Roseline ♥**

Le vignoble, créé par le pape Jean XXII, produit toujours ses cuvées remarquables. Dégustations gratuites, expositions d'art contemporain, concerts...

**LES ARCS-SUR-ARGENS Route de Sainte-Roseline (4km à l'ouest du centre des Arcs par la D91) 04 94 99 50 30 www.sainte-roseline.com Été : lun.-ven. 10h-19h, w.-e. et j. fér. 10h-18h ; reste de l'année : lun.-ven. 10h-13h et 14h-18h30, w.-e. et j. fér. 10h-13h et 14h-18h**

### Ferme fromagère

**La Pastourelle**

Catherine et Jean Fleury proposent une vingtaine de délicieux fromages (tomme, crémeux, brique, etc.), frais ou affinés, élaborés avec le lait de leurs chèvres, brebis et vaches. Possibilité de visiter gratuitement la bergerie, d'assister à la traite à partir de 18h et de goûter le lait de chèvre chaud, directement sorti du pis !

**CHÂTEAUDOUBLE Le Plan (15km au nord de Draguignan par la D54) 04 94 70 90 00 http://ferme-de-la-pastourelle.com Tlj. 8h30-13h et 15h-19h**

**Max Doleatto, du moulin du Flayosquet**

### L'huile d'olive la plus pure

**Moulin du Flayosquet ♥**

Depuis cinq générations, on perpétue ici les méthodes de fabrication à l'ancienne, par décantation manuelle de l'huile. Trois huiles au choix, dont "l'Authentique", onctueuse et généreuse...

**FLAYOSC Hameau du Flayosquet (12km au nord-est de Lorgues) 04 94 70 41 45 Fév.-juin : mar. et ven. 10h-12h et 14h-18h30 (tél. avant de passer) ; juil.-août : lun.-sam. 9h30-12h30 et 14h30-19h (sam. 18h) ; nov.-jan. : lun.-sam. 9h-12h et 14h-18h30**

### Condiments précieux

**Vinaigrerie Le Clos Saint-Antoine**

Vinaigre au thym citronné, aux six épices, à l'ail et à la sarriette... : une gamme de vinaigres artisanaux originaux, à partir de bons vins de Provence. Goûtez aussi les moutardes aromatiques.

**CALLAS 26, chemin des Costes (1km au sud-est du centre de Callas par la D25) 04 94 67 95 85 leclossaintantoine.com Juin-sept. : lun.-sam. 9h30-12h30 et 14h30-19h ; oct.-mai : lun. 14h30-17h30, mar.-sam. 10h-12h et 14h30-17h30**

### Céramique à emporter

**Véro Vagh ♥**

Une sardine porte-bonheur ? Un dessous-de-plat, un bijou ? Ou l'un de ces miroirs "boulimiques", de ces "pots aux roses" qui sont la véritable signature de Véronique Vagh... à découvrir dans sa boutique-salon de thé.

**SALERNES 12, cours Bouge 06 64 19 46 73 www.verovagh.com Été : mar.-sam. 10h-12h et 16h-19h, dim. 10h-13h (et lundi en juil.-août) ; hiver : mer.-sam., dim. matin (se renseigner pour les horaires)**

Voir aussi **Château Roubine**, **Marché provençal de Lorgues** et **Lorgues Terre de vins** (p.272).

# LE HAUT VAR ET LE VERDON

C'est la Provence sauvage, celle qui chante la truffe et l'huile d'olive, et sait accueillir les amoureux de la nature. Elle est bordée au nord par le Verdon, qui coule dans une incroyable échancrure bleu turquoise, dessinant l'un des plus beaux canyons au monde.

**ACCÈS**

- De Draguignan, 35min de voiture pour Aups (D557), 20min supplémentaires pour le Verdon (D957).
- Aups est relié à Draguignan, Brignoles, Tourtour ou Bauduen par le réseau de cars VarLib.

## À VOIR

### AUPS

Proche du lac de Sainte-Croix (16km), Aups est la porte sud du parc naturel régional du Verdon. Fontaines relayant les sources de la vallée, ruelles donnant sur des lavoirs, toits abricot et clochers à campanile, tout ici invite à régler son pas sur celui d'une Provence idéale, dont les passions sont la truffe, l'olive et le tourisme vert...

**Le diamant noir**
**Maison de la truffe**

Une visite très complète, pédagogique et ludique, à ne pas manquer ! À l'aide d'une scénographie moderne et astucieuse, hommage est rendu au diamant noir, l'une des vedettes locales, sous tous ses aspects (trufficulture, mythe, vertus, économie...). Boutique (truffes et produits à base de truffes).

**Pl. Martin-Bidouré 04 94 84 00 69 Juil.-août : lun.-sam. 9h30-12h30 et 14h-18h ; sept.-juin : lun.-mar. et jeu.-ven. 9h-12h30 et 14h-17h30, mer. et sam. 9h-12h30 Entrée libre**

**Pour sa collection d'art religieux**
**Collégiale Saint-Pancrace**

Le jeune martyr romain Pancrace fut décapité à l'âge de 15 ans pour avoir refusé de renier le Christ. Cette collégiale (15$^{e}$ s.), édifiée dans un style gothique provençal par un architecte anglais, recèle une relique du saint.

**Rue Gabriel-Péri Tlj. 9h-17h**

### LES ENVIRONS D'AUPS

**Village médiéval dans un décor surnaturel**
**Villecroze**

La falaise de Villecroze est perforée d'un entrelacs de **grottes** naturelles, avec concrétions et lac souterrain, où les villageois trouvaient jadis refuge lors des invasions. Au 16$^{e}$ s., un seigneur la transforma en forteresse, la couvrant d'une façade Renaissance. Au pied de la muraille s'étend un charmant parc floral, idéal pour une sieste ou un pique-nique...

**8km au sud-est d'Aups par la D557 Grottes 04 94 67 50 00 (OT) Avr.-juin : mer.-dim. 13h-17h ; juil.-août : tlj. 10h-17h ; sept. : mar.-dim. 10h-12h et 14h-17h 4€**

**À NE PAS MANQUER**

- Maison de la truffe
- Tourtour
- Gorges du Verdon

Fontaine de Tourtour

### Le "village dans le ciel"

### Tourtour

Ce village hissant ses toits le long d'une crête vers un ciel immense est l'un des plus beaux de France ! À l'horizon moutonne une Provence encore sauvage. De l'église Saint-Denis, le regard porte des Maures jusqu'au mont Ventoux ! Flâner dans Tourtour est un délice. La vie s'y organise autour de la place de l'Ormeau, d'où part un dédale de ruelles médiévales au fils desquelles on découvre de nombreuses galeries d'artistes. Ne manquez pas, devant la mairie, deux sculptures monumentales de Bernard Buffet (qui habitait ici), dons de son épouse Annabel.

**10km au sud-est d'Aups par la D77**

## LES GORGES DU VERDON ★

Elles s'étirent sur 50km entre le lac de Sainte-Croix et Castellane, mais le parcours le plus spectaculaire, le "Grand Canyon", se déroule d'Aiguines, près du lac, jusqu'au Point sublime. La meilleure façon d'en saisir la majesté est de l'aborder par le haut. En voiture, rive droite ou rive gauche, ne choisissez pas : faites les deux mais évitez le mois d'août, surfréquenté. Le matin, les contrastes sont plus marqués.

### Bonheur

### Bauduen

Un village adossé à la falaise qui a gardé intacte la mémoire d'une Provence mythique. Bouée à la main, les enfants se précipitent en riant vers le lac de Sainte-Croix (cf. ci-après), aux eaux si douces, si bleues et si tranquilles. Près de l'église, l'**Art en jouet** invite à une visite originale : trois gigantesques

**Bauduen, sur les rives du lac de Sainte-Croix**

maquettes animées construites à partir de Playmobil ! Chacune occupe une pièce entière et restitue un thème : la ville, les Indiens et le Moyen Âge (avec ses cités médiévales et ses chaumières).

**16km au nord d'Aups par la D957 et la D49 L'Art en jouet Ancien presbytère (à côté de l'église) Rue Peireblanc 04 94 84 21 89 ou 06 79 12 07 67 Juil.-août : dim.-ven. 10h30-12h30 et 15h-19h30 3,50€**

## Bijou turquoise

### Lac de Sainte-Croix

Au sortir des gorges du Verdon, cet immense lac baigne depuis 1972 (date de construction du barrage) des paysages encore intacts : 2 200ha d'une eau pure (c'est une réserve d'eau potable pour Marseille, Toulon et Aix) qui se prête à la baignade, au kayak et à la voile, d'où sont bannis bateaux à moteur et jet-ski. Un village, Les Salles, a été immergé, puis reconstruit au bord du lac sans jamais retrouver son âme, tandis que Bauduen, promis au même sort, fut miraculeusement épargné.

## La "corniche sublime"

### Rive sud du Verdon

Baptisée Corniche sublime, la rive gauche (ou sud) demeure moins fréquentée que la rive droite. D'Aiguines, il faut suivre la D71 pour longer le Grand Canyon. Après le **col d'Illoire**, à 964m d'altitude, découvrant un plan large sur la sortie des gorges, on atteint le cirque et la source de Vaumale. Étape obligatoire sur la terrasse de l'hôtel du Grand Canyon, bâti à l'aplomb de la falaise à 300m du Verdon : une perspective en enfilade sur la faille appelée l'étroit des Cavaliers s'offre dans toute sa splendeur. Juste avant de passer le **col du Fayet** (935m) et ses tunnels, le site, impressionnant, s'ouvre sur la baume aux Bœufs et le défilé des baumes Fères. Puis on atteint le **pont de l'Artuby** : une arche unique de 110m rejoint les deux rives, dominant l'Artuby de 182m. Enfin, on arrive après 25km aux balcons de la Mescla, où le Verdon forme un méandre étroit dans lequel l'Artuby vient se jeter.

**SENSATIONS FORTES**

Prenant sa source à 2 150m d'altitude, près du col d'Allos, le **Verdon** dévale 172km pour se jeter dans la Durance. Son plus beau parcours a lieu dans les gorges du Grand Canyon, une entaille gigantesque creusée dans le plateau calcaire. Exploré au début du 20e s., le plus grand canyon d'Europe est aussi le 2e de la planète après celui du Colorado !

### Entrée en matière

**Rive nord, au départ de Moustiers-Sainte-Marie**

Le premier belvédère ménage une vue plongeante de part et d'autre du **pont du Galetas** : d'un côté l'eau chargée de fluor du Verdon, sortie du Grand Canyon, de l'autre les eaux turquoise du lac de Sainte-Croix. Après le col de l'Olivier (711m), on atteint le belvédère de **Mayreste**. Un sentier pédestre d'environ 150m (glissant) aboutit à l'aplomb de la falaise, d'où l'on aperçoit la rive sud. L'itinéraire serpente jusqu'au belvédère précédant le col d'Ayens (1 032m). La vue sur le ravin de Mainmorte est spectaculaire.

**D957 jusqu'à Moustiers-Sainte-Marie, puis D952 en direction des gorges**

### Incontournable !

**Rive nord, la route des Crêtes**

Une douzaine de belvédères rythment ce magnifique parcours, dévoilant des à-pic vertigineux : Trescaïre, au-dessus du couloir Samson, La Carelle et l'Escalès qui attirent les amateurs d'escalade, la Dent d'Aire, qui ouvre sur l'une des plus belles perspectives... C'est au **Pas de la Baou**, à 1 285m d'altitude, que le dénivelé atteint son maximum, 715m au-dessus du Verdon ! Les belvédères du Tilleul et des gorges des Guègues découvrent ensuite un large plan d'ensemble sur la rive gauche, le pont de l'Artuby, les balcons de la Mescla et les tunnels du Fayet. À La Maline, la circulation reprend dans les deux sens. Au-delà, au belvédère de **l'Imbut**, le Verdon disparaît en empruntant des galeries souterraines pour ressortir au pied des falaises du Baou Béni.

**Boucle de 23km à partir de La Palud-sur-Verdon Attention, la D23 est en sens unique sur la moitié de son parcours : démarrer à la sortie de La Palud côté est (route de Castellane) devant l'auberge des Crêtes**

### Gouffre et vautours

**Point sublime**

Voici l'entrée des gorges du Grand Canyon côté nord, là où le Baou rejoint le Verdon. À 787m à l'aplomb de la falaise, le belvédère du Point sublime domine le début du couloir Samson et ses parois gigantesques. Les visiteurs, happés par le gouffre saisissant, ne doivent pas oublier de regarder vers le haut : il arrive que le site soit survolé par le vautour fauve, un des rapaces les plus grands d'Europe, réintroduit dans la région en 1999. Il se reconnaît à son bec recourbé, à son long cou terminé par une collerette blanche et à son plumage fauve.

**Sur la D952, à 27km de Moustiers**

## À FAIRE

### Flottez, sautez, nagez

Dans l'eau et sur l'eau du Verdon, différentes activités sont proposées... En randonnée aquatique, équipé d'une combinaison Néoprène et d'un casque, on explore la rivière en alternant marche, nage, sauts et floating. Le canyoning combine descente en rappel et nage en eau vive. Quant au rafting, il embarque 5 à 8 personnes sur un radeau pneumatique insubmersible, pour un parcours spectaculaire mais à la portée de tous. Adressez-vous à l'office de tourisme d'Aiguines pour tout renseignement sur les activités sportives.

**Des Guides pour l'Aventure** Moustiers-Sainte-Marie 06 85 94 46 61 ou 06 70 76 03 36 www.guidesaventure.com **Verdon Passion** Moustiers-Sainte-Marie 06 08 63 97 16 www.verdon-passion.com **Bureau d'information touristique d'Aiguines** Hôtel de Ville 04 94 70 21 64 www.aiguines.fr

### Parcourez le Grand Canyon à pied

Quelques règles à respecter pour profiter de ce site unique : ne pas randonner seul sans avoir prévenu quelqu'un, se renseigner sur les débits et lâchers d'eau prévus (auprès de l'OT), s'informer des conditions météo, prévoir un équipement adéquat, ne rien cueillir, ne laisser aucun détritus et rester sur les sentiers balisés. L'idéal est de se procurer la carte de randonnée IGN Top25 n°3442 *Gorges du Verdon-Moustiers-Sainte-Marie*, très complète.

**Sentier Blanc Martel**

Le grand classique de la rive nord. Cette randonnée exigeante, passant par plusieurs tunnels et grottes, mène au couloir Samson. Curiosités à mi-chemin, la brèche Imbert, et en fin de parcours les tunnels de Trescaïre (110m) et du Baou (670m), le couloir Samson et la baume aux Pigeons, une grotte de 30m de hauteur. Départ du chalet de la Maline (D23 à partir de La Palud), distance 14km (6-7h env.), arrivée au parking du couloir Samson puis accès par un dernier sentier (raide) au Point sublime (prenez une navette, cf. ci-après, ou un taxi pour récupérer votre véhicule), niveau difficile (interdit aux enfants de moins de 8 ans et aux chiens).

**Sentier de l'Imbut**

Longeant le torrent jusqu'à l'Imbut, c'est le plus beau parcours des gorges, sur la rive gauche, mais aussi le plus difficile. Il vous procurera quelques sensations fortes... À découvrir au fil de la marche : Le Maugué, un cheminement en encorbellement, 20m au-dessus du Verdon pour franchir le Mauvais Gué, un chaos rocheux qui contraint la rivière à disparaître momentanément. Suivre le balisage blanc et rouge jusqu'à la passerelle piétonnière de l'Estellié

**Descente du Verdon en rafting**

(qui rejoint le Blanc-Martel), puis le balisage jaune le long du Verdon, jusqu'à l'Imbut, et faire demi-tour. Départ du chalet de la Maline ou hôtel du Grand Canyon, distance 6km AR (4-5h), niveau difficile (interdit aux enfants de moins de 10 ans et aux chiens).

### Navette des gorges

Elle circule entre Castellane et le chalet de la Maline via les campings, le Point sublime et La Palud-sur-Verdon, desservant ainsi les deux points d'accès au sentier Blanc-Martel.

**04 92 34 22 90 www.autocars-delaye.fr Avr.-juin : w.-e. et j. fér. ; juil.-mi-sept. : tlj.**

## Randonnez en famille vers des sites spectaculaires

### Chapelle Notre-Dame-de-Baudinard

Une piste facile mène à cette chapelle d'origine romane (16e s.) appelée aussi Notre-Dame-de-la-Garde. Perchée à 709m d'altitude au sommet d'une colline boisée, elle offre un panorama époustouflant sur le lac de Sainte-Croix et ses environs. Départ du village de Baudinard, suivre le fléchage, distance 2km AR (40min).

**15km au nord-ouest d'Aups par la D9**

### Couloir Samson

Du parking, la passerelle franchissant le torrent du Baou conduit à ce défilé, qui constitue une balade facile et spectaculaire – elle passe par deux tunnels que l'on traverse avec une lampe électrique. Les enfants adorent ! Comptez 1h30 AR, niveau facile.

**D952, peu après le Point sublime en direction de Castellane, parking sur la droite**

# NOS ADRESSES

## RESTAURANTS

### Terroir aux accents latino
**La Truffe €€€**

La truffe, oui, mais aussi des assiettes de jambon ibérique ou des *empanadas* argentines... Eh oui, le chef est argentin et aime à marier différentes cultures. Mais la truffe n'est jamais oubliée : gnocchis à la truffe noire, tête de moine truffe et caviar, ou encore glace vanille et son caramel truffé. Entrée plus plat 35-60€.

**AUPS 12, rue du Maréchal-Foch 04 94 67 02 41 ou 06 87 13 41 57 https://restaurantlatruffe.com Mi-juin-mi-sept. : mer.-dim. midi et soir ; mi-sept.-mi-juin : mer.-jeu. et dim. midi, ven.-sam. midi et soir**

### Repas avec vue
**À la Farigoulette €€**

Ce restaurant, qui fait aussi bar, tabac et glacier, sert une bonne cuisine provençale familiale : escargots, écrevisses, salade au chèvre frais et tapenade... Autre atout : ses deux terrasses, l'une sur la place du village, l'autre à l'arrière avec une vue éblouissante. Formule déj. 19,90€. Le soir entrée plus plat 28-40€.

**TOURTOUR 7, pl. des Ormeaux 04 94 70 57 37 Avr.-mi-oct. : tlj. midi et soir ; mi-oct.-mars : dim.-jeu. soir, ven.-sam. midi et soir**

### Cuisine raffinée et créative
**La Table €€€**

Que diriez-vous d'un tournedos de thon mi-cuit et sa mousseline de pomme de terre aux algues wakame, ou d'un suprême de pigeon braisé et son risotto aux girolles ? Les menus à 29€ (végétarien), 39 et 48€ sont d'un excellent rapport qualité-prix ! Rés. fortement conseillée.

**TOURTOUR 1, traverse du Jas-Les-Ribas 04 94 70 55 95 www.latable.fr Avr.-nov. : mer.-lun. midi et soir ; déc.-mars : mer.-dim. midi et soir**

### Les pieds dans le lac
**Auberge du Lac €€€**

Cet hôtel-restaurant idéalement situé au bord du lac de Sainte-Croix propose une cuisine de terroir (poisson de Méditerranée et d'eau douce, agneau de pays, gibier en saison...), servie dans des salles chaleureuses meublées à l'ancienne et avec vue imprenable sur le lac. Petite terrasse. Plats 13-33€, menu 29€.

**BAUDUEN Rue Grande 04 94 70 08 04 www.aubergedulacbauduen.fr Avr.-oct. : mar.-dim. midi et soir**

### Se régaler sur le Grand Canyon
**Le Moulin de Soleils €€**

Face au panorama grandiose des gorges, on s'attable dans un moulin à farine du 19e s. pour déguster une succulente cuisine du pays : agneau confit et son jus au romarin, pavé de truite de Sainte-Croix, daube de joue de bœuf provençale, pizzas à la farine bio (10-12,50€)... Menus 15€ (midi) et 25€, plats 13-19€.

**TRIGANCE Sur la D955 (5km au nord de Trigance, 15km au sud-est de La Palud) 04 94 76 92 62 Mai-juin, sept.-nov. : dim.-jeu. 12h-14h30, ven.-sam. 12h-14h30 et 19h-21h ; juil.-août : tlj. 12h-14h30 et 19h-21h**

### Des crêpes en altitude
**Le Mur d'abeilles ♥€**

La crêperie-buvette qui offre la plus belle vue sur les gorges ! À 963m de hauteur, Michèle officie aux fourneaux depuis 1996 face au Verdon et aux vautours. Ses crêpes au froment sont des plus savoureuses, garnies au chèvre et miel, au chorizo, à l'aubergine, aux tomates séchées, etc., ou encore au chocolat noir amer. Plats de 6 à 20€.

**ROUGON** Au bout du village (10km à l'est de La Palud) 04 92 83 76 33 Avr.-nov. : tlj. 12h-22h

### Pour la vue

**Auberge du Point sublime €€**

Face au belvédère, l'auberge propose des paniers pique-nique (9,50€), des formules du jour (17,50-21€), et des menus de 27 à 38€. Accueil souriant.

**ROUGON** Lieu-dit du Point-Sublime (à 7km de La Palud vers Castellane par la D952 et à 3km du village de Rougon) 04 92 83 60 35 www.auberge-pointsublime.com Fin avr.-fin oct. : ven.-sam. midi et soir, dim.-lun. soir

## SHOPPING

### Exquise huile d'olive

**Boutique du moulin Gervasoni**

Une huile d'olive réputée et récompensée, fabriquée par la même famille depuis trois générations. Elle est vendue à la boutique installée dans un vieux moulin à huile du 18e s., aux côtés de nombreuses spécialités provençales (tapenade, anchoïade, tissus provençaux, savons, etc.).

**AUPS** 91, montée des Moulins 04 94 70 04 66 www.moulingervasoni.com Avr.-juin, sept. : lun.-sam. 9h30-12h et 14h30-18h30 ; juil.-août : lun.-sam. 9h30-19h

### La passion du bois

**La Boutique de l'olivier ♥**

Un grand choix de superbes objets en bois d'olivier, faits main par Olivier, tourneur sur bois, dans son atelier caché derrière sa petite boutique.

**Les truffes d'Aups**

Des saladiers (de 80 à 250€), des planches à découper (à partir de 8€), des beurriers, des échiquiers...

**AUPS** 7, rue Gabriel-Péri 06 42 45 30 04 Pâques-fin sept. : lun.-sam. 8h-19h, dim. 8h-13h ; fin sept.-Pâques : mar.-sam. 8h-19h, dim. 8h-13h

### FAITES PROVISION DE TRUFFES À AUPS

Le diamant noir est l'une des passions d'Aups (p.296), que vous pourrez partager en profitant de ses grands marchés annuels : le marché à la truffe noire en hiver, et le marché à la truffe blanche en été. Le 4e dimanche de janvier, c'est la fête de la truffe avec démonstration de cavage, dégustations et concours de chiens truffiers !

**Marché à la truffe noire** Pl. Frédéric-Mistral Jeu. 9h30-12h (du dernier jeu. de nov. à fin fév. ou mi-mars selon la production) **Marché à la truffe blanche d'été** Pl. Martin-Bidouré (face à l'OT) Mer. matin juin-août (selon la production)

# Pour aller plus loin



**Buste de saint Tropez, exposé pendant la Bravade**

# MILIEUX NATURELS

La Côte d'Azur allie intimement les séductions de la mer aux charmes de la montagne. Déjà flagrant dans le Var, le contraste entre arrière-pays et littoral s'accentue dans les Alpes-Maritimes. On le retrouve aussi dans le climat, également double, méditerranéen et alpin. Mais partout du soleil à longueur d'année, et une lumière exceptionnelle : voilà une terre réellement bénie tant elle réunit d'attraits...

### Le littoral : une côte azur et porphyre

La Côte d'Azur exerce un charme qui doit beaucoup à l'omniprésence des montagnes. De la frontière italienne au Var, la côte est le plus souvent escarpée. De Menton à Cannes, le littoral, presque totalement urbanisé, aligne les villégiatures mythiques de la Riviera française, dont la plus célèbre est Nice. Les Alpes sont tout d'abord vigoureuses : elles chutent brutalement dans les flots, tandis que les routes en corniches s'arriment aux pentes vertigineuses, où s'accorchent de luxueuses villas et jardins en terrasses. À partir de Nice se succèdent de vastes golfes aux courbes nonchalantes, puis le littoral renoue avec les reliefs de l'Estérel (616m au mont Vinaigre). Ce chaos de porphyres d'un rouge flamboyant est le royaume des criques aux tons roses et des calanques. La côte s'alanguit ensuite le long de la plaine alluviale de l'Argens (Fréjus). Entre Saint-Raphaël et Hyères, le rivage, encore relativement sauvage, se déchire en une succession de pointes rocheuses, dont la presqu'île de Saint-Tropez, coiffée de pins parasols. Sur cette portion du littoral, les Maures, vieux massif érodé de faible altitude, plongent dans les flots.

### Un arrière-pays montagneux

Des chaînons provençaux jusqu'aux massifs alpins du Mercantour, la montagne est omniprésente. Développées en amphithéâtre face aux flots, les Préalpes de Nice dressent une barrière entre la région niçoise d'une part, et le Var, la plaine du Pô et la vallée de la Roya de l'autre. Remontant vers le nord, on croise un échantillonnage de roches primitives formant de hautes cimes (Gélas, 3 143m) d'où dévalent la Tinée, la Vésubie ou la Roya. On arrive alors dans un monde purement minéral, poignant, chahuté par les glaciations du quaternaire. Les Préalpes de Grasse atteignent 1 778m au Cheiron. Dénudés, constitués de calcaire, disposés en crêtes parallèles, les sommets dominent de vastes plateaux aux allures de causses. Ce sont les "Plans" de Provence, entaillés de canyons (gorges du Verdon) ou de gorges plus modestes appelées "clues". Au nord de Toulon, les chaînons s'élèvent péniblement, mais des reliefs accidentés, une structure complexe et des falaises abruptes accentuent leur physionomie montagnarde : le massif de la Sainte-Baume culmine à 1 147m. Entre les crêtes, des vallées favorables

**Le cap Taillat, presqu'île de Saint-Tropez**

au maraîchage, à la culture (olivier et vigne), et de charmantes petites villes (Brignoles, Aups, etc.).

### Les îles

Les plus spectaculaires sont les îles d'Hyères (p.238), trois promontoires témoins du massif des Maures qui émergent à un jet de pierre de la presqu'île de Giens. Plus tourmentée au sud, l'île de Porquerolles déroule au nord un rivage sablonneux ourlé de pinèdes, tandis que Port-Cros domine les flots de ses rochers culminant à près de 200m. C'est un parc national terrestre et marin. Propriété de la Marine nationale à 90% et site naturiste pour le reste, l'île du Levant est ceinturée de falaises quasi infranchissables, entaillées en de rares endroits par des calanques. Au large de Cannes, l'archipel de Lérins (p.144) fait face à la pointe Croisette : deux

**ESPACES PROTÉGÉS**

La région compte la plus forte proportion d'aires naturelles protégées de France (6,5% de son territoire, contre une moyenne nationale de 1,3%). Les seuls départements du Var et des Alpes-Maritimes comptent deux des dix parcs naturels nationaux, Mercantour et Port-Cros, et deux parcs régionaux, celui des Préalpes d'Azur sur les hauteurs de Grasse, et celui du Verdon, à cheval entre le Var et les Alpes-de-Haute-Provence, auxquels s'ajoutent un grand nombre d'espaces réglementés.

**Le Verdon, lors de sa traversée du parc du Mercantour**

îlots solitaires et rêveurs, Sainte-Marguerite et Saint-Honorat, occupé par un monastère, domaine privé ombragé de cyprès. Il fait bon y chercher le dépaysement, le calme et la fraîcheur des allées d'eucalyptus.

### Le climat

Abritée derrière l'écran du Massif central et des Alpes, la Côte d'Azur bénéficie de l'influence méditerranéenne jusqu'aux premières barrières alpines, où la météo subit soudain la rigueur montagnarde. Baptisée "l'empire du soleil", cette région figure parmi les plus ensoleillées de France : l'ensemble de la côte jouit de 2 700 à 2 900 heures d'ensoleillement par an (contre une moyenne de 1 700 heures pour Paris, par exemple). Sécheresse estivale, douceur hivernale (8°C en moyenne à Nice, 3°C à Paris), seuls l'automne et le printemps sont arrosés, et ce de pluies souvent torrentielles. Le mistral est craint aussi, mais moins qu'en Provence, car atténué par la barrière naturelle des massifs (Estérel, Maures). Il souffle néanmoins en rafales, surtout au printemps ou à la fin de l'hiver, favorisant une luminosité exceptionnelle.

### La forêt

La grande forêt méditerranéenne de feuillus qui, il y a cinq mille ans, couvrait la région n'est plus qu'un lointain souvenir. Broutée par les troupeaux, défrichée pour l'agriculture, surexploitée pour alimenter les chantiers navals ou la construction, ravagée par les incendies, elle subsiste vaillamment en certains lieux privilégiés comme l'ubac de la Sainte-Baume, où quelques hêtraies primaires font de la résistance. Les arbres les plus répandus sont les chênes à feuilles persistantes, chêne vert (yeuse) sur les sols calcaires et chêne-liège dans les Maures et l'Estérel. Ces deux massifs abritent aussi le pin maritime, aux aiguilles bleutées et à l'écorce vineuse, très présent dans l'œuvre de Cézanne. Le pin parasol pousse souvent en solitaire, au contraire du pin d'Alep, qui s'offre généreusement sur le littoral. En altitude, dans les Alpes du Mercantour, les paysages renouent avec le hêtre, le sapin, le mélèze et le résistant pin cembro, au feuillage sombre et fourni.

### La garrigue et le maquis

Quand la forêt est ravagée par les flammes, elle fait place aux maquis et aux garrigues, végétations basses. Le maquis, dépassant rarement les 2m, prospère sur les sols siliceux. C'est un enchevêtrement d'arbustes chétifs, de buissons épineux où se mêlent genévriers, arbousiers, bruyères arborescentes et salsepareille. La garrigue emprunte son nom au petit chêne garric (ou kermès) et se contente de sols arides souvent calcaires. Tissu végétal clairsemé, elle est formée de sous-arbrisseaux et de plantes parfumées (thym, romarin, fenouil et lavande). Quand la garrigue se développe à flanc de montagne, dans les anfractuosités de la roche, elle dessine des taches brunes sur le calcaire blanc ("garrigue à peau de léopard").

### Fonds rocheux et herbiers de posidonies

Pour les moins téméraires, masques et tubas permettent de s'initier aux charmes sous-marins popularisés notamment par *Le Monde du silence*, le fameux documentaire tourné par le commandant Cousteau et Louis Malle dans la région. La montagne se poursuit sous les eaux, pour former des fonds rocheux toujours aussi séducteurs, bien que la faune s'y raréfie et que les sacs en plastique s'y invitent. Y prospère la posidonie (nom dérivé de Poséidon, dieu grec de la Mer), plante marine dont la longue chevelure se déploie au gré des courants. Ces herbiers de posidonies, qui abritent nombre de poissons, ont été menacés par une nouvelle venue, la *Caulerpa taxifolia*, surnommée l'"algue tueuse" en raison de sa toxicité pour le milieu marin. Apparue au milieu des années 1980, elle avait très rapidement colonisé en 2005 des dizaines de milliers d'hectares, mais, sans explication, la plante envahissante avait reperdu 90% de son territoire au milieu des années 2010.

### LE FEU, FLÉAU DES FORÊTS AZURÉENNES

Sécheresse, aiguilles de pin desséchées, mistral sont autant de facteurs aggravants. Malgré les surveillances et le débroussaillage, les incendies détruisent certaines années des centaines d'hectares. Ceux de l'année 2003 ont réduit en cendres près de 20 000ha dans le seul Var, mais cela reste exceptionnel. Une amélioration constante avait été observée entre 2011 et 2016 (en moyenne, de 250 à 300ha brûlés), mais 2017 fut à nouveau une année noire, avec plus de 4 000ha disparus sur les deux départements. La plupart de ces incendies sont le résultat d'imprudences (grillades en montagne, jets de mégots, etc.).

# HISTOIRE

À la jonction du littoral méditerranéen et des Alpes, proche du couloir rhodanien, la région parut déjà accueillante aux hommes de la préhistoire. Elle sera vite convoitée par les Grecs, puis colonisée par les armées de l'Empire romain. Touchée par les invasions burgondes et wisigothes, elle passe ensuite sous la domination catalane puis angevine. Longtemps lié aux États italiens, le comté de Nice ne rejoindra la France qu'en 1860.

### Une occupation très ancienne

Environ un million d'années avant notre ère, les premiers hommes hantent les plages azuréennes, une occupation ancienne attestée par les fouilles archéologiques de la grotte du Vallonet (Roquebrune-Cap-Martin). Vers 400 000 av. J.-C., des pasteurs nomades organisent des campements provisoires à Terra Amata (près de Nice). La grotte du Lazaret fut, elle, habitée 200 000 ans av. J.-C. par des groupes de chasseurs nomades qui dormaient, dit-on, sur des litières d'algues marines. Le mégalithique est très présent dans la région avec plusieurs dizaines de dolmens, dont la Pierre de la Fée à Draguignan (p.287), particulièrement spectaculaire, et celui de la Boussière, à Cabasse, dans le Var, qui a livré des ossements carbonisés et le squelette d'un enfant. Plus tard, à l'âge du bronze (entre 1800 et 700 av. J.-C.), la vallée des Merveilles fut le sanctuaire d'un culte qui n'a pas encore livré tous ses mystères (p.104).

### Colonies grecques

Quand les Grecs débarquent, 600 ans av. J.-C., la Provence n'est pas une terre vierge : les Celto-Ligures occupent depuis longtemps un vaste territoire entre Rhône et Loup, vivant sur des oppidums fortifiés en une fédération de dix-sept peuplades. Génies de la navigation et du commerce, les Grecs de Phocée (Asie Mineure) les chasseront du littoral pour fonder Massalia (Marseille) et établir des comptoirs : Citharista (La Ciotat), Olbia (Hyères), Antipolis (Antibes), Nikê (Nice). Massalia et Rome entretiennent d'étroits liens militaires et financiers.

### Une province romaine... puis indépendante

En 125 av. J.-C., les Grecs appellent à la rescousse leurs alliés romains pour contenir l'incessante menace des Celto-Ligures. C'est ainsi que les armées romaines découvrent la Côte d'Azur et y fondent des villes de garnison. La romanisation ira crescendo jusqu'à l'instauration de la Provincia Romana (27 av. J.-C.), ensuite baptisée Gallia Narbonensis, la Narbonnaise, dont Pline dira : “plus qu'une province, c'est une autre Italie”. Sa prospérité durera jusqu'à la domination des Francs, vers 530. De 732 à 739, Charles

Martel pacifie le pays, troublé alors par les incursions arabes. Au 9e s., la Provence devient une principauté indépendante placée sous la lointaine souveraineté de Charlemagne. Les Sarrasins envahissent la côte des Maures et, de là, font des raids jusqu'au cœur des Alpes. Ils sont expulsés en 974 par Guillaume le Libérateur, comte d'Arles, qui, étendant son autorité à toute la Provence, en fait un comté unique.

### Du comté de Provence...

De la fin du 11e jusqu'au 15e s., l'histoire de la Côte d'Azur se confond avec celle de ses comtés et fluctue aux hasards de mariages qui scellent des alliances politiques. Une éphémère dynastie de comtes d'Arles et d'Avignon (comté de Provence) voit son pouvoir émietté après une de ces alliances : le Nord est octroyé au comte de Toulouse, le Sud et les rivages azuréens tombent dans l'escarcelle de la puissante dynastie catalane des Raimond Bérenger. À l'aube des années 1200, Raimond Bérenger V affermit ce pouvoir et transforme le comté en un véritable "État régional" (établissement de baillies, circonscriptions administratives gérées de main de maître par des hommes de confiance, juristes catalans). Cette période est marquée par une floraison de prieurés et de châteaux, encore présents dans les paysages, et l'épanouissement de l'art roman provençal. Cet essor économique, spirituel et culturel durera jusqu'au milieu du 13e s. En 1246, toujours par le jeu des mariages, le comté est offert en dot à Charles d'Anjou, habile Capétien qui fera régner sur la région la "paix angevine". Charles II, son fils, continuera l'ouvrage et ce jusqu'à la tragédie de la peste noire (milieu du 14e s.).

### ... au royaume de France

Démographiquement exsangues, les vallées niçoises se placent en 1388 sous la protection du comte de Savoie, qui possède aussi le Piémont et se verra

**Le château d'Entrecasteaux, forteresse du 11e s.**

plus tard attribuer la Sardaigne. Au 14$^{e}$ s., pour repeupler la région, certains seigneurs proposent aux émigrants ligures des "actes d'habitation" en échange de la reconstruction des villages désertifiés. La région se redresse et Nice, flanquée de son port franc, Villefranche, devient l'une des villes phares du comté de Savoie. Pendant ce temps, sur la portion occidentale de la Côte d'Azur, règne René d'Anjou (1436-1480), piètre politique mais grand protecteur des arts. Son neveu Charles III, lègue le comté à l'un de ses cousins, Louis XI, roi de France, sous la condition du "maintien de ses us, rites, mœurs, styles et louables coutumes". C'est la fin de la Provence comtale, et, en 1481, la Côte d'Azur occidentale devient l'une des provinces du royaume de France. Unie et rattachée en droit à la France, la Provence gardera des privilèges propres – libertés et franchises – jusqu'en 1789.

### Conflits d'influence et guerres de Religion

De 1524 à 1544, la guerre entre François I$^{er}$ et Charles Quint, soutenu par la Savoie, affecte durement la région. Loyalistes, les Provençaux aident le roi de France à chasser les troupes impériales qui envahissent le pays. En 1614, Nice devient capitale provinciale après que le duc de Savoie Charles-Emmanuel I$^{er}$ y a installé un sénat, à la fois cour d'appel et conseil de gouvernement. En 1639, Richelieu crée une marine militaire ; de fait, les ports sont améliorés afin de repousser les pirates, et aussi les Espagnols. Ces derniers s'étaient emparés des îles de Lérins en 1635, mais avaient été repoussés deux ans plus tard par des milices locales. Les conflits entre la France et la Savoie ayant repris, les Français occupent Nice et son comté de 1707 à 1713. Le "grand hiver" de 1709 gèle les oliviers ; la région (comme tout le pays) souffrira encore en 1720 d'une grande épidémie de peste.

### Naissance et essor du tourisme

Dès 1780, les aristocrates anglais lancent la vogue de la Riviera. On ne s'y rend pas pour s'adonner aux plaisirs ou aux turpitudes, et encore moins aux joies de la baignade : on tente d'y guérir sa neurasthénie ou ses maladies pulmonaires. La Riviera est alors décrite comme une "sorte de serre pour santés délicates". Les Anglais seront rejoints après la Révolution par l'élite italienne, allemande et russe. À partir de 1864, la côte devient plus accessible grâce à l'ouverture d'une ligne de train Paris-Nice. On y séjourne alors l'hiver, exclusivement. Après la Première Guerre mondiale, la clientèle s'élargit aux artistes, aux "élégantes" et aux bourgeois, qui fréquentent les palaces. Et c'est un hôtelier visionnaire qui construit à Juan-les-Pins le premier hôtel à rester ouvert l'été : les Américains lancent alors la mode des bains de mer, une "fantaisie presque immorale". L'année 1936 et le Front populaire inaugurent le tourisme de masse ; l'après-guerre voit arriver dans le Sud une ruée de citadins bien portants venus jouir d'une nature encore intacte. De 1945 à 1955, on assiste au phénomène le plus fabuleux de l'histoire du tourisme : en une décennie, la clientèle quadruple !

# ARCHITECTURE ET HABITAT

Vestiges antiques imposants, chapelles romanes, cathédrales baroques, forteresses accrochées à leur éperon rocheux, villas balnéaires exubérantes de la Belle Époque, concepts originaux de Port-Grimaud ou de Marina-Baie-des-Anges : la région, carrefour de civilisations, concentre nombre d'expressions de l'histoire de l'architecture.

## L'empreinte antique

Des vestiges significatifs attestent l'ampleur de la romanisation de la Côte d'Azur. L'arche d'un aqueduc, le souvenir de thermes ou encore les amphithéâtres de Nice ou de Fréjus évoquent bien ce que furent ces cités romaines à leur apogée, vers le 4e s. Monument grandiose élevé à la gloire d'Auguste sur les hauteurs de Monaco (27 av. J.-C.), le Trophée des Alpes (p.72) célèbre la soumission des peuples des montagnes. Des musées – celui des Explorations du monde à Cannes (p.137), du Masque de fer et du Fort royal sur l'île Sainte-Marguerite (p.145), de Cimiez à Nice (p.56), d'Art et d'Histoire de Provence à Grasse (p.174), ou d'Archéologie à Antibes (p.153) – conservent de belles collections archéologiques.

**Le Trophée des Alpes, La Turbie**

## Le patrimoine religieux roman

Théâtre d'un nouvel essor de la christianisation, le 12e s. voit éclore une multitude d'églises. On doit cette renaissance architecturale au talent de maçons itinérants originaires de Lombardie, qui s'inspirent des techniques de construction antiques. Parfois perdus dans des sites rocailleux et austères, ces sanctuaires romans (chapelles rurales, églises, ou abbayes, comme on en voit à Coaraze, à Saint-Dalmas, à Breuil, à Valbonne ou encore au Thoronet) présentent de savants appareillages, des volumes harmonieux, des ornementations sobres où l'on retrouve la frise lombarde aux motifs géométriques et végétaux. Le clocher est svelte, et la façade, sage, ouvre sur une nef unique. Du 14e au 16e s., des artistes piémontais ou provençaux orneront ces églises de peintures murales aux couleurs franches destinées à catéchiser une population illettrée. Elles sont investies d'un caractère protecteur (contre les épidémies, les risques du voyage...) par l'invocation permanente qu'elles symbolisent.

### Le décor baroque

Plus tardif – du 17e jusqu'au milieu du 18e s. –, le baroque provençal s'illustre dans l'urbanisme et l'architecture civile (place Garibaldi et palais Lascaris à Nice, parvis Saint-Michel à Menton), mais surtout dans l'art religieux. Après la crise de la Réforme, l'Église catholique extériorise sa foi en une débauche de fastes – il s'agit de provoquer l'émotion pour capter les âmes. La région (surtout le comté de Nice) s'enflamme pour le baroque, subtile alchimie entre les volumes stricts de la Renaissance, l'usage des courbes et le recours à un riche répertoire décoratif. Théâtralisées, souvent colorées et toujours surmontées d'un fronton, les façades des églises affichent une succession de formes fluides qui captivent et guident le regard de la terre au ciel. En entrant, le fidèle est saisi par la richesse ornementale : ors, stucs, draperies, trompe-l'œil, chapelles latérales et volumes majestueux qui convergent vers le chœur, à l'image de l'église du Gesù (p.50), dans le Vieux Nice.

### Les villages perchés

Hérités du Moyen Âge, les villages perchés sont typiques du paysage régional. Suspendus à flanc de colline ou posés sur une plateforme, souvent fondus dans le décor avec leur univers rocailleux, ils constituaient de solides places fortes contre les pillards. Au 15e s., la paix est revenue : sous la pression démographique, la population se “déperche”, l'habitat gagne les plaines et les vallées. Tous ces villages ont quasiment le même plan urbanistique. Les rues, plus ou moins concentriques, se serrent autour d'un noyau central constitué par l'église, la place et le château féodal. La circulation se fait (à pied) dans des venelles qui épousent les caprices de la roche, ou par d'étroits escaliers. Les placettes sont minuscules, et presque toujours agrémentées de fontaines. En montagne, les maisons, aux ouvertures économes, sont bâties en schiste ou en granite, matériaux trouvés sur place ou glanés dans les torrents. L'appareillage est tantôt visible, tantôt crépi de chaux colorée, ce qui donne aux cités frontalières ce visage italianisant si charmeur. Sur les toits apparaissent la lauze, le bois de mélèze et, plus récemment, la tôle.

### Une architecture Belle Époque

À la fin du 19e s., dans le sillage de l'aristocratie anglaise, toute une clientèle riche et cultivée choisit la Côte d'Azur comme villégiature d'hiver. Pour loger ces résidents fidèles, accompagnés d'une domesticité nombreuse, certains architectes ne craignant pas l'outrance ont créé un surprenant patrimoine, qui va du joyeux bric-à-brac de l'éclectisme jusqu'aux réalisations en béton armé. Du cap d'Antibes au cap Ferrat, de Cannes à Menton, de luxueuses villas aux dimensions de palais affichent de curieux mélanges

**Dans les jardins de la villa Ephrussi de Rothschild, Saint-Jean-Cap-Ferrat**

d'influences tantôt arabisantes, tantôt gothiques ou encore vénitiennes. Pour la construction des grands palaces (Carlton, Negresco...), les architectes donnent dans le monumental mais délaissent cette fois l'excentricité au profit d'une élégance classique. Les ornementations sont réservées aux fenêtres, les halls et les salles de réception reflètent l'intense vie mondaine... À l'issue de la Belle Époque, le paysage architectural de la Côte d'Azur, fantaisiste et glamour, est posé, mais à Hyères s'annonce déjà une véritable révolution avec la livraison, par Mallet-Stevens, de la célèbre villa Noailles (p.231), qui pose nombre des principes du modernisme.

## Le jardin méditerranéen, un art de vivre

Ici, aucun jardin n'échappe aux images profondément liées à la Méditerranée : la mer, le soleil, la vigne, l'olivier, les cyprès, l'eau. Il est aussi partie intégrante de la demeure. Patios, terrasses, galeries à colonnades, pergolas : l'art de vivre se cultive autant à l'intérieur qu'à l'extérieur. La fin du 19e et tout le 20e s. introduira une nouvelle volonté : la valorisation de la vue sur la "grande bleue", comme à la fastueuse villa Ephrussi de Rotschild et ses neuf magnifiques jardins thématiques (p.70), ou au jardin exotique de Monaco (p.79). La raison reviendra dans les années 1920, une période de crise économique : on va aimer le jardin moins ostentatoire, pour privilégier la promenade sous les cyprès et les perspectives depuis les terrasses bordées de jarres fleuries. À cette même époque, pourtant, de superbes villas avec jardin sont construites, notamment à Menton (p.84), par les plus grands concepteurs. Autre caractéristique : le souci scientifique n'est pas négligé, la Côte d'Azur ayant été un véritable laboratoire pour de nombreux botanistes.

## PEINTURE

Climat, paysages, couleurs et surtout lumière... les conditions offertes par la région ont attiré les peintres, et particulièrement à partir de la fin du 19e s., quand les artistes sortent de leurs ateliers pour capturer le réel. La Côte d'Azur a ainsi été le catalyseur de plusieurs mouvements artistiques majeurs : postimpressionnisme, fauvisme, cubisme, nouveau réalisme...

### Les primitifs niçois

Entre la fin du 15e et le milieu du 16e s., quelques décennies voient l'apparition puis l'apogée d'une école de peinture, les "primitifs niçois", qui s'affranchira vite des influences gothiques pour tendre vers la Renaissance italienne et l'art flamand. Une œuvre abondante s'attache à humaniser le thème religieux, avec un penchant pour le naturalisme et les couleurs douces. Parmi des dizaines de peintres représentatifs de ce courant, les plus notables sont ceux de la famille Bréa (p.101).

### Des impressionnistes à Cocteau

À la fin du 19e s., les peintres délaissent la Bretagne, la Normandie et leurs cieux d'opale pour venir dans le Sud "s'escrimer avec le soleil". Ce furent d'abord les chefs de file du postimpressionnisme, Signac (à Saint-Tropez), Monet (à Antibes) et Renoir, qui finira sa vie à Cagnes, où il peindra inlassablement les oliviers de son domaine. Ils sont bientôt suivis de Matisse, qui décorera la chapelle du Rosaire de Vence (p.167), puis de Picasso, qui débarque en 1919 à Saint-Raphaël. Pour honorer ce dernier, la région compte pas moins de trois musées (à Vallauris, Antibes et Mougins). Autre maître, Cocteau conçoit à Menton son propre musée (p.82), et décore une magnifique chapelle à Villefranche (p.68).

### L'après-guerre

Seconde Guerre mondiale : Alberto Magnelli, Jean Arp, Sonia Delaunay, Max Ernst fondent le "groupe de Grasse", alliant inspiration libre et matériaux disparates. C'est sur la Côte d'Azur, où il arrive en 1950, que Chagall ouvre son répertoire à d'autres techniques : vitrail, sculpture, mosaïque. La fin des années 1950 connaît de nouvelles effervescences : de jeunes artistes natifs de la région, Arman et Yves Klein, forment avec Malaval, Gilli et Fillion un groupe qu'ils baptisent l'École de Nice, puis signent en 1960 un autre manifeste, celui du nouveau réalisme, auquel adhèrent César et Niki de Saint Phalle. Avec le mouvement Support/Surface, dont font partie les artistes locaux Noël Dolla, Bertrand Pagès ou Claude Viallat, Nice s'affirme encore sur la scène artistique internationale.

# TRADITIONS POPULAIRES

Sans cesse soumise à l'apport culturel de nouveaux migrants, l'identité de la Côte d'Azur perdure au travers de traditions immuables : le goût de la vie à l'extérieur, la convivialité un peu exubérante des fêtes traditionnelles, le foisonnement des marchés et même la passion de la chasse. Et n'oublions pas certains rituels, éléments incontournables d'une riche sociabilité, comme la pétanque ou l'heure du pastis.

## Les étoffes "indiennes"

Arrivées à Marseille avec les bateaux de la Compagnie des Indes, les étoffes "indiennes" séduisent Louis XIV et tout le royaume de France. Les Provençaux maîtrisent vite cette technique d'impression réalisée à l'aide de tampons en bois (méthode déjà utilisée dans l'imprimerie). Ils copient les motifs exotiques, répétitifs, où alternent oiseaux et végétaux. Puis les petits personnages stylisés apparaîtront dans l'inspiration de ces "indiennes", si bien assimilées qu'elles furent rebaptisées "tissus provençaux". Le renouveau identitaire du 19e s. et le tourisme les ont remises au goût du jour. Elles sont toujours fabriquées à la planche et au rouleau de cuivre dans des entreprises semi-artisanales, comme Souleiado et Les Olivades. Autre spécialité de la région, le boutis ou "piqué de Provence" : deux étoffes de coton fin mises en relief par un matelassage cousu en carré ou en losange.

**Éléments de costume provençal**

## L'art de la terre

La présence de bancs d'argile de bonne qualité explique une longue tradition de potiers à Biot, sur les hauteurs d'Antibes, où déjà les Grecs façonnaient des amphores et des jarres destinées à la conservation de l'huile. Vernissées ou émaillées, festonnées de frises, rustiques et ventrues, les poteries de Biot ornent aujourd'hui jardins et balcons. De la cité voisine de Vallauris, la céramique acquiert une renommée nationale à partir du 17e s. Si la fabrication de vaisselle en terre ne résiste pas à l'irruption de l'inox, la poterie culinaire est toujours largement représentée, ainsi que les bibelots décoratifs (bougeoirs, brûle-parfums, coupes). Pablo Picasso donnera ses lettres de noblesse à la céramique de Vallauris, et beaucoup d'artistes et d'artisans contemporains s'inscriront dans son sillage.

### Les verreries soufflées

Héritiers d'un savoir-faire ancestral, les souffleurs de verre de Biot produisent des objets uniques d'après la technique du verre bullé. Les voir au travail est un spectacle – contorsions quasi chorégraphiques de l'artisan qui plonge son souffle au cœur d'une boule incandescente de verre en fusion, et la malaxe aux fers jusqu'à l'obtention de l'objet fini. Tant de grâce et de dextérité nécessitent près de dix ans d'apprentissage. Carafe à long bec pour boire à la régalade, le porron est un des classiques provençaux de la production des maîtres verriers de Biot, qui élaborent aussi, pour certains, des œuvres plus personnelles. D'autres artistes du verre se sont notamment installés à Vallauris, à Antibes et à Saint-Paul-de-Vence.

### Les santons

Du provençal *santoun* ("petit saint"), le santon naît après la Révolution française, quand les signes religieux ostensibles sont interdits, et que les crèches disparaissent – momentanément – des églises. Chaque famille organise alors sa crèche dans l'intimité du foyer et fabrique des figurines en terre peinte pour faire revivre la scène de la Nativité (une tradition de Naples sans doute véhiculée par certains immigrés). Le premier santonnier connu s'appelle Jean-Louis Lagnel (1764-1822). Depuis, bien d'autres ont repris le flambeau.

**La Fête du citron de Menton**

**Noël**

On célèbre ici la Nativité dans le strict respect des traditions. Le cycle de Noël commence à la Sainte-Barbe, soit le 4 décembre, pour s'achever le jour de la Chandeleur. Début décembre, les enfants sèment au fond d'une assiette des grains de blé qui, montés en herbe, serviront à la décoration de la crèche. C'est aussi début décembre que se tiennent les premières foires aux santons. À la messe de minuit, chaque village donne sa pastorale, suite de chants dialogués racontant la Nativité. Autre rituel aujourd'hui réhabilité, le pastrage : offrande de l'agneau par des bergers jouant du fifre et du tambourin (le berger n'a jamais été autant fêté que depuis qu'il est en voie de disparition...). Avant de se rendre à la messe de minuit, on partage le gros souper, un repas sans viande qui se termine par le cérémonial des treize desserts (symbole de la Cène, avec Jésus et ses douze apôtres).

**Un calendrier festif bien rempli**

La fête est au cœur de la culture régionale. En janvier, on célèbre les premiers mimosas par des corsos fleuris et des fanfares, alors qu'en février le citron est honoré à Menton par une fête qui dure environ quinze jours et nécessite 180 tonnes d'agrumes. Parmi les nombreuses fêtes traditionnelles, celle de la Saint-Marcel à Barjols (Var, mi-jan.) est sans doute l'une des plus anciennes et des plus originales : pendant que les jeunes villageoises sautillent (la fameuse "danse des tripettes"), on immole un bœuf, au préalable béni devant le maître-autel de l'église... Toutes ces manifestations sont l'occasion d'agapes suivies de travestissements, de danses et de farces d'origine païenne. Le plus célèbre de ces carnavals, celui de Nice, est hérité d'une tradition vieille de sept siècles, événement considérable qui attire des foules. Basse Provence et Var sont la terre d'élection des bravades. À l'origine, ces processions religieuses escortées d'hommes en armes étaient censées honorer le saint local, ou bien les hôtes de marque. Transformées en fêtes municipales, les bravades animent rituellement la baie de Saint-Tropez en une explosion de couleurs et de pétards.

**La chasse et le braconnage**

Qui a fréquenté les bistrots du Sud sait que la chasse y est une tradition fortement ancrée. Avec un rien de frime et beaucoup de verve, des hommes en treillis content autour d'un "petit jaune" leurs exploits de chasse, lesquels alimentent toute une littérature régionale (Tartarin de Tarascon est un voisin). La chasse est un fait méditerranéen. On la pratique plus en Espagne ou en Italie qu'en Angleterre, et bien plus au sud de la Loire qu'au nord. Ici, c'est un loisir populaire – pas de chasse à courre, ni de chasses privées comme en Sologne ou en Camargue – et les chasseurs s'organisent en "sociétés communales" pour traquer le sanglier, le lapin, la bécasse et le becofigo (passereau à bec, *beccafico* en italien, becfigue en français). Cette chasse au passereau, l'une des originalités de la région, développe d'astucieuses stratégies, comme le "lècquage" (usage de pièges

**La pétanque, sport régional**

à assommoir) ou la chasse au poste, où l'on reproduit le chant d'amour de la grive à l'aide d'un appeau.

### Les jeux de boules

Il aura fallu attendre 1907 et la crise d'arthrite de Jules Hugues, star de la boule, pour que la longue (ou jeu provençal), pratiquée depuis l'Antiquité et plutôt prisée par les élites, se transforme en la populaire pétanque. Traditionnellement, la longue se joue à une vingtaine de mètres du bouchon (ou petit ou boucin) et impose au pointeur d'avancer d'un pas en lançant sa boule, et au tireur d'entrer en action par trois pas sautés. À la pétanque, les joueurs se mesurent (par équipes de deux ou de trois, soit en doublette ou triplette) sur des distances de 6 à 10m, les pieds dans un cercle dont on ne doit pas franchir les limites. Mais la pétanque n'est plus seulement un aimable divertissement prêtant à de grandes “pagnolades”. Elle est devenue un véritable fait de société et un sport à part entière. La Fédération française de pétanque compte plus de 300 000 licenciés, qui participent à des championnats de tous niveaux jusqu'au mondial.

### Langue

Le provençal est affilié à la grande famille des langues du Sud, les langues d'oc. Il se pratique d'Arles à Menton mais, plus qu'une langue vivante, il tient aujourd'hui lieu d'affirmation identitaire. Né au 2e s., le provençal allie les patois locaux au “latin vulgaire” des colons romains. C'est pourquoi il apparaît comme une mosaïque de parlers et non pas comme une langue uniforme. Exclusivement orale pendant huit siècles, la langue d'oc est codifiée au 10e s. et deviendra celle des édits et des chartes. Le français gagne la partie en 1539 : l'ordonnance de Villers-Cotterêts l'impose sur tout le territoire comme langue officielle, à l'exclusion notoire du comté de Nice, où le provençal nissard sera utilisé par l'administration jusqu'à la fin du 16e s. Après avoir frôlé l'oubli, le provençal connaît un regain d'intérêt au début du 20e s., sous l'impulsion de Frédéric Mistral (1830-1914), cf. Littérature (p.321). Ce romancier réinventera sa langue natale, notamment en publiant *Tresor dóu felibrige*, le premier dictionnaire provençal-français. Depuis, le provençal a trouvé asile sur des chaînes de télévision, sur certaines radios régionales et dans les pages du quotidien *Nice-Matin*.

# LITTÉRATURE

Les premiers écrivains de la région sont les troubadours : leur poésie lyrique est alors écrite en langue d'oc, et non plus en latin, ce qui contribue à leur succès populaire. Beaucoup plus tard, Frédéric Mistral, le chantre du provençal, redonnera ses lettres de noblesse à une culture littéraire typiquement régionale.

## La littérature provençale

Ardents défenseurs des langues d'oc, les troubadours du Moyen Âge sont les chantres de l'amour courtois et d'un humanisme qui cherche encore ses marques. Les plus brillants se sont illustrés en Aquitaine, mais on se souvient qu'à Pignans (Var) ils exercèrent leur verve satirique contre un clerc qui les traîna au tribunal pour diffamation. Le provençal se révèle au 16$^{e}$ s. grâce à des auteurs tels que Louis Bellaud de la Bellaudière ou un siècle plus tard, Nicolas Saboly, créateur de pastorales. La littérature provençale régionaliste atteindra son apogée avec Frédéric Mistral. Né en 1830 dans les Bouches-du-Rhône, Mistral suscitera néanmoins des vocations littéraires dans le département du Var, où Joseph Trussy écrit une *Marguerite* (*Margarido*) inspirée de la *Mireille* (*Mirèio*) du maître. Côté niçois, le nissart a particulièrement vécu dans une presse abondante dont subsiste un titre, *Lou Sourgentin*, et dans l'œuvre de l'écrivain de théâtre Francis Gag (1900-1988). On mentionnera encore Louis Nucéra (1928-2000), auteur niçois s'exprimant en français.

## La Côte d'Azur, muse des écrivains

Les écrivains sont les premiers véritables découvreurs de la Côte d'Azur. Le pionnier, Tobias Smollett, homme de lettres et médecin, livre en 1766 un récit peu complaisant de son voyage sur la Riviera où, pourtant, il s'empresse de revenir. Dès 1839, la librairie niçoise Visconti devient l'un des rendez-vous obligés des arts et des lettres français. On y croise Théodore de Banville, Frédéric Mistral, Alexandre Dumas, l'excentrique et fielleux chroniqueur Alphonse Karr, etc. Plus tard, Nietzsche décrit les couleurs niçoises “comme immatérielles et spiritualisées”. “Les jours se succèdent ici d'une beauté insolente”, note à son tour Jules Romains dans un ouvrage dédié à la côte, *La Douceur de vivre*. Et puis vient Maupassant, précédant de quelques décennies la vague des Anglo-Saxons. Dandys désabusés, les poètes américains de la “génération perdue” (Hemingway, Fitzgerald, Miller) hantent les plages de Juan-les-Pins, à la suite du magnifique Francis Scott Fitzgerald qui s'en est inspiré pour *Tendre est la nuit*. En 1955, Françoise Sagan débarque à Saint-Tropez : on retrouve les plages de la Riviera et une évocation des amours estivales dans *Bonjour tristesse*.

# GASTRONOMIE

Elle est méditerranéenne, évidemment. La cuisine est donc parfumée (ail, fenouil et herbes aromatiques, toujours utilisés avec parcimonie et subtilité) et bien sûr mijotée à l'huile d'olive. Au menu, des produits régionaux : beaucoup de bons poissons (rascasse, espadon, loup, etc.), consommés sitôt pêchés, des légumes gorgés de soleil, du fromage de chèvre ou de brebis, et quelques friandises immémoriales (nougats, pâte de coings, oreillettes, etc.) que l'on déguste au repas de Noël.

### Les labels

L'Union départementale des offices de tourisme et syndicats d'initiative des Alpes-Maritimes a créé le label "cuisine nissarde, le respect de la tradition" (autocollant avec une Niçoise en costume, portant un panier de légumes). Les restaurateurs qui en sont dépositaires s'engagent à perpétuer la gastronomie niçoise, qui mêle les influences ligures et provençales. Une précision pour la salade niçoise : elle doit comporter à la fois des tomates, des œufs, du poivron et du thon, de petits artichauts, des filets d'anchois et du basilic émincé.

**DES PRODUCTEURS ACCUEILLANTS**

Le long des routes de campagne, vous découvrirez une quantité de petites exploitations où sont cultivés ou fabriqués des produits qui fleurent bon le terroir méridional : l'huile d'olive autour de Toulon, les marrons glacés à Collobrières, le miel de lavande un peu partout, les fruits confits au Bar-sur-Loup, du fromage de chèvre dans le haut Var, les truffes à Aups... Beaucoup de ces producteurs ouvrent leurs exploitations au public et vendent directement à la propriété. N'hésitez pas à leur rendre visite pour mieux comprendre leurs métiers ou simplement acheter leurs produits.

### Quelques spécialités incontournables

Outre la célébrissime bouillabaisse (cf. encadré), on peut citer la socca niçoise (appelée "cade" à Toulon), une galette de farine de pois chiches additionnée d'eau et d'huile d'olive, et cuite au four à bois. Idéale également pour manger sur le pouce, la pissaladière (p.172) est une tarte aux oignons confits garnie de pissala (crème onctueuse à base de purée d'anchois) et d'olives noires. Plat de fête à accompagner d'un vin gouleyant du Bellet, l'estocaficada est composée de morceaux de morue séchée qui mijotent pendant au moins quatre heures dans un assortiment de légumes (poivrons, tomates, etc.) et de plantes aromatiques (fenouil, marjolaine, sarriette) auxquels on ajoute une bonne dose d'eau-de-vie. La porchetta est un cochon de lait farci aux herbes avec ses propres abats et servi en tranches avec du mesclun. Enfin, si l'aïoli, mayonnaise à l'ail, est célèbre, on méconnaît souvent l'aïoli provençal, un plat à part entière qui réunit poisson poché et légumes cuits à l'eau, que l'on déguste simplement avec la fameuse sauce.

Fleurs de courgettes farcies

### La viticulture

La Provence est le berceau des vignobles français. Depuis l'Antiquité, la viticulture y a connu bien des vicissitudes mais le mot d'ordre actuel est "retour à la qualité". En blanc et en rosé, le bandol se boit jeune. Le rouge, vin puissant à la robe sombre, vieillit remarquablement bien et accompagne tous les plats provençaux ; on lui attribue de délicats parfums de groseille et de sous-bois. Sans cesse améliorés par des cépages nouveaux (dont le cabernet-sauvignon), les côtes-de-provence produisent essentiellement des rosés secs, mais aussi des rouges musclés et des blancs subtils à ne pas ignorer. Sur un minuscule vignoble de 35ha et vieux de vingt-trois siècles, les viticulteurs niçois élèvent un vin rare, le bellet rouge, rosé et blanc. Tous ces vins se découvrent à la table des restaurants locaux, généralement de bons conseils pour les connaisseurs avertis comme pour les néophytes.

### LA BOUILLABAISSE

Une vraie bouillabaisse ne compte pas moins de trois poissons – rascasse, congre et grondin –, auxquels certains ajoutent des crustacés ou des favouilles (petits crabes). Son assaisonnement est tout un art : un zeste d'orange, un verre de cognac et du safran. La bourride, parent pauvre de la bouillabaisse, est un ragoût de poissons blancs relevé avec un aïoli (corsé).

### Les AOC

Premier département producteur de rosé, le Var possède trois AOC : bandol, coteaux-varois et côtes-de-provence, auxquelles s'ajoutent des IGP (indications géographiques protégées) et des vins de pays. Les grands domaines sont souvent ouverts au public, proposant dégustations, espace de vente et parfois visite des chais ou de la propriété. Les plus petits producteurs vendent leur récolte à une coopérative : on en compte généralement une dans chaque village à vocation viticole, souvent assortie d'une boutique. On compte beaucoup moins de vignes dans les Alpes-Maritimes, mais une petite AOC locale pour le vin de Bellet, à Nice, et les vins des baous, produits autour de Saint-Jeannet.

16
18
20
22
S
SE
SW

# Carnet pratique



**Tout pour garder le bon cap**

# ⓘ INFOS UTILES

Toutes les informations pour organiser votre voyage et profiter pleinement de votre séjour.

## AVANT DE PARTIR

### BUDGET

D'une manière générale, les tarifs augmentent considérablement en **haute saison**, de la mi-juin à la mi-septembre (ou en juillet-août, selon les établissements), où ils sont parfois deux fois plus élevés qu'en hiver ! Attention : la demi-pension est obligatoire dans certains hôtels et plusieurs nuits consécutives sont parfois exigées dans les chambres d'hôtes. Dans ce guide, la gamme de prix (cf. encadré) est basée, d'une part, sur le coût de deux plats ou du premier menu du soir, sans boisson, et, d'autre part, sur les prix d'une chambre double (sans petit déjeuner) en haute saison.

**GAMME DE PRIX**

| Restauration | Hébergement |
|---|---|
| € <20€ | € <70€ |
| €€ 20-35€ | €€ 70-100€ |
| €€€ >35€ | €€€ >100€ |

### INFORMATIONS TOURISTIQUES

#### RÉGION ET DÉPARTEMENTS

**Comité régional de tourisme Provence-Alpes-Côte-d'Azur**
04 91 56 47 00 https://provence-alpes-cotedazur.com

**Comité régional de tourisme Côte d'Azur France**
04 93 37 78 78 https://cotedazurfrance.fr

**Var Tourisme**
04 94 18 59 60 www.visitvar.fr

**Golfe de Saint-Tropez Tourisme**
04 94 55 22 00 www.golfe-saint-tropez-information.com

#### SITES INTERNET

**www.cote.azur.fr**
L'annuaire des services, de Menton à Saint-Tropez.

**www.provenceweb.com**
Pour préparer au mieux ses vacances en Provence et en Côte d'Azur, un site complet avec photos, rubriques thématiques détaillées, cartes, etc.

**https://cotedazurfrance.fr**
Pour tout savoir sur les fêtes et manifestations, mais aussi les activités, la gastronomie...

### QUAND PARTIR ?

La saison touristique sur la Côte d'Azur s'étend de **début avril à début novembre**. En dehors de cette période, de nombreux hôtels, restaurants et services divers sont fermés, notamment dans les stations balnéaires. Si vous souhaitez éviter la foule et les fortes chaleurs, optez pour un séjour au **printemps** ou à l'**automne**. En **très haute saison**,

**CLIMAT ET SAISONS**

| | |
|---|---|
| **Saison touristique** | De Pâques à novembre, pic de fréquentation en juillet et août |
| **Ensoleillement** | Entre 2 700 et 2 900 h/an |
| **Précipitations** | Nice : 850 mm/an, Mercantour : 1 400 mm/an |
| **Température de la mer** | De 12°C à 23°C |
| **Prévisions Météo France** | Tél. 3250 ou www.meteofrance.com |

du 15 juillet à fin août, la côte est surpeuplée et la réservation est indispensable plusieurs semaines à l'avance. N'hésitez pas alors à vous réfugier dans l'arrière-pays, aux villages accrochés à la montagne, dont les vieilles pierres préservent un peu de la chaleur. En **hiver**, les stations de ski des Alpes-Maritimes sont surtout fréquentées pendant les week-ends et les vacances scolaires. La côte a aussi ses adeptes à cette période : la douceur du climat et la floraison du mimosa en février-mars, particulièrement spectaculaire, attirent de nombreux touristes !

## AGENDA

Festivals de théâtre ou de musique, célébrations religieuses, foires de produits du terroir... Le calendrier festif et culturel de la Côte d'Azur affiche de nombreuses manifestations tout au long de l'année. À la belle saison, ne manquez pas les fêtes de village, et à Noël, les traditions provençales de la partie ouest du Var (crèches décorées de santons, pastorales, souper de Noël...).

### JANVIER

**Fête de la truffe**
Marché aux truffes, dégustations, concours de chiens truffiers.
Aups 4e w.-e. de jan.

**Mimosalia**
Exposition-vente de plantes de collection.
Bormes-les-Mimosas Dernier w.-e. de jan.

**Fête de la Saint-Marcel et danse des Tripettes**
Grande fête provençale, avec messe traditionnelle, procession, danses folkloriques, bal, etc.
Barjols W.-e. le plus proche du 16 jan.

### FÉVRIER

**Grand corso fleuri**
Un défilé de chars fleuris de mimosa dans la vieille ville.
Bormes-les-Mimosas Dernier dim. de fév.

**Fête du citron**
Presque aussi populaire que le carnaval de Nice, elle dure deux semaines et propose un spectaculaire défilé de chars ornés d'agrumes.
Menton www.fete-du-citron.com
2e quinz. de fév.

**Carnaval de Nice**
Le plus grand carnaval de France.
Nice www.nicecarnaval.com En fév.

## MARS

**Festin des Cougourdons**
Pour fêter le printemps : cougourdons (coloquintes) décorés, dégustations et musique dans le parc des Arènes de Cimiez.
Nice Dim. avant les Rameaux

## AVRIL

**Bacchus, la fête des vins et de la gastronomie**
Stands des domaines viticoles et des produits du terroir, animations (défilés, fanfares, expositions, spectacles de rue, etc.).
Toulon www.bacchus-fete.com 3 j. fin mars ou début avr.

**Fête de l'oranger**
Grande fête célébrant le souvenir des orangeraies qui alimentaient les parfumeries de Grasse.
Le Bar-sur-Loup Lun. de Pâques

## MAI

**Festival international du film**
Cf. Le Festival de Cannes (p.141).
Cannes www.festival-cannes.fr En mai

**La Bravade**
Processions en l'honneur du saint patron de la ville, qui se pare entièrement de rouge et de blanc.
Saint-Tropez 16, 17 et 18 mai

## PENTECÔTE

**Bormes médiéval**
Une multitude d'animations : camp médiéval, tournois équestres, ateliers pour enfants, marché et repas médiévaux, concerts...
Bormes-les-Mimosas W.-e. de Pentecôte

**Pèlerinage de Provence**
Marche-pèlerinage jusqu'à l'hôtellerie de la Sainte-Baume le dimanche, puis jusqu'à la grotte Sainte-Marie-Madeleine le lundi.
Saint-Maximin-la-Sainte-Baume Dim. et lun. de Pentecôte

## JUIN

**Festival Couleurs urbaines**
Festival de reggae.
La Seyne-sur-Mer festival-couleursurbaines.com Fin mai ou début juin

## JUILLET

**Jazz à Juan**
Le premier festival de jazz européen et l'un des plus importants du monde.
**Juan-les-Pins** www.jazzajuan.com En juil.

**Festival Jazz Verdon**
Concerts de jazz gratuits dans plusieurs communes du haut Var, dont Aups, Villecroze et Tourtour.
En juil.

**Fête de la Sainte-Marie-Madeleine**
Messe célébrée dans la grotte de la sainte, festivités et processions les jours précédents.
Massif de la Sainte-Baume 22 juil.

**Jazz à Porquerolles**
Concerts de grands noms au fort Sainte-Agathe, et petit festival "bis" dans les rues. Bateau retour après les concerts à 0h30.
**Porquerolles** www.jazzaporquerolles.org 5 j. la 1re quinz. de juil.

**Festival des jazz**
Nombreux concerts dans la ville.
Saint-Raphaël En juil.

**Les Nuits auréliennes**
Festival de théâtre dans le théâtre romain.
Fréjus En juil.

**Festival Rockorama**
Concerts de rock et de musiques issues du rock.

Toulon www.rockorama.fr 3 j. fin juin-début juil.

**Festival Les Nuits du Sud**
Concerts, animations, etc.
Vence www.nuitsdusud.com En juil.

**Festival Nuits classiques**
Il attire à Ramatuelle les plus grands artistes, orchestres et solistes.
Ramatuelle www.festivalderamatuelle.com Fin juil.

**Sanary sous les étoiles**
Le centre-ville est animé de musiques de toutes sortes (jazz, rock, classique). Concerts gratuits.
Sanary-sur-Mer En juil.-août

**Fête du jasmin**
Corso fleuri, bataille de fleurs, etc.
Grasse Fin juil.-début août

## AOÛT

**Les soirées du Castellet**
Concerts de jazz, de musique classique, de musique du monde...
Le Castellet www.lessoireesducastellet.fr 1re quinz. d'août

**Festival de théâtre et de variétés**
Ramatuelle www.festivalderamatuelle.com 1re quinz. d'août

**Les Médiévales**
L'un des grands événements de la Provence verte : l'ancienne cité des comtes de Provence revit pendant 3 jours à l'heure du Moyen Âge.
Brignoles Mi-août

**Jazz Festival Ramatuelle**
Ramatuelle jazzaramatuelle.com 2e quinz. d'août

## SEPTEMBRE

**Les musicales de Bandol**
Concerts de musique de chambre.
Bandol www.musicales-de-bandol.org 4 j. la 1re quinz. de sept.

**Foire de la Gastronomie et du Terroir**
Une grande fête pastorale qui célèbre le savoir-faire local.
Guillaumes Mi-sept.

## OCTOBRE

**Fêtes de la châtaigne**
Marchés des artisans et producteurs, expositions, animations pour les enfants...
Collobrières Les 3 derniers dim. d'oct.

**Fête de l'olivier**
Une fête à la riche programmation : démonstrations culinaires, danses provençales, concerts, stands, visites commentées, conférences, expositions...
Ollioules 1er w.-e. d'oct.

**Les Voiles de Saint-Tropez**
Rassemblement de voiliers prestigieux.
Saint-Tropez www.lesvoilesdesaint-tropez.fr Fin sept.-début oct.

## NOVEMBRE

**Foire aux santons**
La plus importante du département avec environ 120 exposants installés dans le cadre prestigieux du Couvent Royal.
Saint-Maximin-la-Sainte-Baume 3e w.-e. de nov.

## DÉCEMBRE

**Défilé de santons et marché de Noël**
Toute la magie d'un Noël provençal.
La Cadière-d'Azur Mi-déc.

# TRANSPORTS

## ALLER SUR LA CÔTE D'AZUR

### EN AVION

**Aéroport de Nice**
Nombreuses liaisons assurées par Air France au départ de Paris-Orly et CDG (10-20 vols/j.), et d'Orly par Easyjet. Environ 1h20 de vol. Autres départs de nombreux aéroports de province.
0820 42 33 33 www.nice.aeroport.fr

**Aéroport de Toulon-Hyères**
Liaisons régulières avec Paris-Orly par Transavia, et de Brest par TUI Fly.
0825 01 83 87 www.toulon-hyeres.aeroport.fr

### EN TRAIN

**SNCF**
De nombreux TGV directs partent tous les jours de Paris-Gare de Lyon pour Cannes, Nice, Toulon, Antibes et les Arcs-Draguignan. Comptez 4h de trajet pour Toulon, 4h30 pour les Arcs-Draguignan, 5h pour Cannes et 5h30-6h pour Antibes et Nice.
3635 www.oui.sncf

**Gare de Cannes**
(plan 8, C2) Rue Jean-Jaurès 3635

**Gare de Nice**
(plan 4, B1) Av. Thiers 3635

**Gare de Toulon**
Pl. de l'Europe 3635

**Gare d'Antibes**
(hors plan 9 par A1) Av. Robert-Soleau Antibes 36 35

**Gare des Arcs-Draguignan**
Av. de la Gare Les Arcs-sur-Argens
3635

### EN VOITURE

L'"autoroute du Soleil" (A6-A7) relie Paris à Lyon et descend jusqu'à Salon-de-Provence. Au départ de Bordeaux, empruntez l'A62 jusqu'à Toulouse, puis suivez la direction de Narbonne (A61), Nîmes (A9) et enfin Salon-de-Provence (A54). De là, prenez l'A8, "la Provençale", en direction de Nice et Menton, qui dessert la région d'ouest en est. À Aix, l'autoroute A52 rejoint Toulon. Paris-Toulon : 840km et env. 69€ de péage. Bordeaux-Toulon : 710km et env. 63,50€ de péage.

## SE DÉPLACER DANS LA RÉGION

### EN TRAIN

Le réseau de TER dessert les principales villes de la côte. Il permet de relier Marseille à la frontière italienne (Vintimille) en passant notamment par Toulon, Saint-Raphaël, Cannes, Antibes, Nice, Monaco et Menton.

### TABLEAU KILOMÉTRIQUE

| | Toulon | Draguignan | Saint-Tropez | Saint-Raphaël | Cannes | Nice |
|---|---|---|---|---|---|---|
| **Draguignan** | 86 | | | | | |
| **Saint-Tropez** | 70 | 50 | | | | |
| **Saint-Raphaël** | 95 | 35 | 40 | | | |
| **Cannes** | 120 | 60 | 80 | 40 | | |
| **Nice** | 150 | 90 | 115 | 70 | 30 | |
| **Monaco** | 170 | 110 | 130 | 90 | 50 | 20 |
| **Paris** | 844 | 870 | 880 | 875 | 906 | 940 |

Toutes les gares du littoral sont desservies, ainsi que les communes situées entre Hyères et Draguignan, dans l'arrière-pays varois. Sachez enfin que le plus simple pour gagner les grandes villes de la côte au départ de Toulon est de prendre le TGV ou un TER direct, dont les temps de trajet sont identiques à quelques minutes près (Toulon-Cannes : env. 1h20 ; Toulon-Antibes : env. 1h30 ; Toulon-Nice : env. 1h50).

**TER Paca-SNCF**
0 800 11 40 23 www.ter.sncf.com/paca

### EN CAR

De nombreuses compagnies d'autocars sillonnent la région. Pour consulter les itinéraires et les horaires, renseignez-vous dans les offices de tourisme et les gares SNCF. De même, plusieurs villes bénéficient de réseaux interurbains qui permettent de se déplacer aux alentours, et notamment de plage en plage.

**https://zou.maregionsud.fr**
Site qui centralise tous les moyens de transport en commun dans la région PACA. Il suffit d'indiquer le lieu de départ et le lieu d'arrivée pour que le site propose toutes les solutions de déplacement, en précisant les horaires et les tarifs.

**Lignes d'Azur**
Le réseau des bus et trams du département des Alpes-Maritimes.
08 1006 1006 www.lignesdazur.com

### EN BATEAU

Un moyen sympathique et très pratique pour visiter les grandes villes de la côte : les liaisons maritimes ! Elles relient entre elles les communes de la rade de Toulon, les ports du golfe de Saint-Tropez, mais aussi Saint-Tropez ou Saint-Raphaël avec Cannes, ou encore Nice avec Monaco... Des liaisons maritimes existent également pour rejoindre les îles de Lérins (au départ de Cannes, Juan-les-Pins, Golfe-Juan) et les îles d'Hyères (au départ de Toulon, Hyères, La Londe-les-Maures, Le Lavandou, Cavalaire-sur-Mer, notamment).

### EN VOITURE

L'axe principal est l'autoroute A8, dite “la Provençale”, reliant Aix-en-Provence à Menton et à la frontière italienne (en grande partie par l'intérieur des terres). Elle est dédoublée sur tout son long par la fameuse N7 (devenue DN7 et D6007). Le littoral du Val est bordé par l'A50, puis l'A57, l'A570, la D98 et la D559. Les D559, D6098, D6007 et M6007 longent celui des Alpes-Maritimes, ainsi que l'A8 à l'est.

# SUR PLACE

## À TABLE !

Sur le littoral, bien sûr, le poisson est roi et les restaurants de produits de la mer pullulent. Attendez-vous cependant à payer très cher dans un vrai et bon restaurant de poisson : un plat vous reviendra largement à 25 ou 30€, et une bonne bouillabaisse à une soixantaine d'euros. Dans l'arrière-pays, les très bonnes tables campagnardes sont nombreuses et les produits de la ferme parfaitement cuisinés. N'hésitez pas à manger chez les exploitants (vignerons, fermiers, etc.) qui, de plus en plus, ouvrent leur table, notamment dans le cadre du réseau "Bienvenue à la ferme".

## BAIGNADE ET PLAGES

### LA MÉDITERRANÉE

De Menton à Cannes, la Riviera offre d'abord de jolies baies, mais aussi des portions très découpées. En dehors de rares endroits, le littoral est construit et longé par la route. De Fréjus au Lavandou, la corniche des Maures, escarpée, laisse s'immiscer de grandes anses de sable, comme à Cavalaire ou à Ramatuelle, tandis que les environs de Bormes-les-Mimosas dévoilent quelques petites plages de sable aux décors enchanteurs et à l'environnement très préservé. De Hyères à Bandol, vous trouverez de belles plages de sable doré, comme le long de la presqu'île de Giens. À Porquerolles vous attendent sans doute les plus belles plages de la région : côtes sauvages, eaux turquoise, sable fin...

### PLAGES NATURISTES

Vous trouverez une dizaine de plages naturistes sur le littoral varois. Le naturisme est toléré dans les criques isolées et les zones difficiles d'accès. Les adeptes se donnent rendez-vous à Héliopolis sur l'île du Levant, domaine naturiste mais accessible à tous. Côté Alpes-Maritimes, les sites sont moins nombreux.

**Fédération française de naturisme**
http://ffn-naturisme.com

## INCENDIES

Dans la forêt varoise, la réglementation en matière de protection contre les incendies est devenue très stricte : l'accès aux massifs (Sainte-Baume, Maures, Estérel, monts Toulonnais, etc.) est réglementé de mi-juin à fin septembre. Certaines routes sont systématiquement fermées à la circulation motorisée durant cette période. Voici quelques règles élémentaires à respecter : ne fumez pas en forêt, ne jetez ni mégots ni allumettes par la fenêtre des voitures ; n'allumez pas de feu de bois, de barbecue, de camping-gaz ; le camping sauvage est interdit en forêt ; prévenez les pompiers au moindre soupçon de fumée. Pour connaître les prévisions de Météo France, composez le 32 50, puis le numéro du département (06 pour les Alpes-Maritimes, 83 pour le Var).

## OFFICES DE TOURISME

**Office de tourisme et des congrès de Nice Côte d'Azur**
5, promenade des Anglais 04 92 14 46 14 www.nicetourisme.com Mai : lun.-sam. 9h-18h, dim. 10h-17h ; juin-sept. : tlj. 9h-19h ; oct.-avr. : lun.-sam. 9h-18h

**Office de tourisme de Saint-Jean-Cap-Ferrat**
59, av. Denis-Séméria 04 93 76 08 90 www.saintjeancapferrat-tourisme.fr Mai-mi-juin : lun.-sam. et j. fér. 10h-13h et 14h-18h ; mi-juin-sept. : tlj. 10h-13h et 14h-18h ; oct.-avr. : lun.-sam. 9h-13h et 14h-17h, j. fér. 9h30-13h

**Office de tourisme d'Èze**
Pl. du Général-de-Gaulle 04 93 41 26 00 www.eze-tourisme.com Fév.-juin, oct. : lun.-sam. 9h-12h et 14h-17h ; juil.-sept. : tlj. 9h-12h et 14h-18h ; nov.-jan. : lun.-sam. 9h-12h et 14h-16h

**Direction du tourisme et des congrès de Monaco**
2a, bd des Moulins (au nord des jardins du Casino) (00 377) 92 166 166/116 www.visitmonaco.com Lun.-sam. 9h-19h

**Office de tourisme de Menton**
(plan 5, A3) Palais de l'Europe 8, av. Boyer 04 83 93 70 20 www.menton-riviera-merveilles.fr Juil.-août : tlj. 9h-19h ;
sept.-juin : lun.-sam. 9h30-12h30 et 14h-18h

**Office de tourisme Tende-vallée des Merveilles**
103, av. du 16-Septembre-1947 04 83 93 98 82 www.tendemerveilles.com www.menton-riviera-merveilles.fr Juil.-août : tlj. 9h-12h et 14h-18h ; sept.-juin : lun.-sam. 9h-12h30 et 14h-17h, dim. 9h-12h

**Office de tourisme de Saint-Martin-Vésubie**
Pl. du Général-de-Gaulle 04 93 03 21 28 www.saintmartinvesubie.fr Juil.-août : tlj. 9h-12h30 et 13h-20h ; sept.-juin : lun.-sam. 9h-12h30 et 14h-18h, dim. 9h-12h30

**Office de tourisme de Cannes**
(plan 8, B3) Palais des Festivals 1, bd de la Croisette 04 92 99 84 22 www.cannes-destination.fr Mars-juin, sept.-oct. : tlj. 9h-19h ; juil.-août : tlj. 9h-20h ; nov.-fév. : tlj. 10h-18h

**Office de tourisme d'Antibes**
(plan 9, A1) Pl. Guynemer 04 22 10 60 10 www.antibesjuanlespins.com Juil.-août : tlj. 9h-19h ; avr.-juin, sept. :

**Office de tourisme du Haut-de-Cagnes**
Pl. du Docteur-Maurel 04 92 02 85 05 www.cagnes-tourisme.com Juil.-août : mar.-sam. 14h-18h lun.-sam. 9h30-12h30 et 14h-18h, dim. 9h-13h ; horaires réduits en hiver

**Office de tourisme de Vence**
8, pl. du Grand-Jardin 04 93 58 06 38 www.vence-tourisme.fr Avr.-juin, sept.-oct. : lun.-sam. 9h-18h ; juil.-août : lun.-sam. 9h-19h, dim. 10h-18h ; nov.-mars : lun.-sam. 9h-17h

**Office de tourisme de Saint-Paul-de-Vence**
2, rue Grande 04 93 32 86 95 www.saint-pauldevence.com Juin-sept. : tlj. 10h-19h (fermé 13h-14h w.-e. et j. fér.) ; oct.-mai : tlj. 10h-18h (fermé 13h-14h w.-e. et j. fér.)

**Office de tourisme de Grasse**
18, pl. aux Aires 04 93 36 66 66 www.paysdegrassetourismo.fr Mai-juin, sept. : lun.-ven. 9h-18h, sam.-dim. 10h-13h et 14h-17h ; juil.-août : lun.-sam. 9h-19h, dim. 10h-19h ; horaires réduits en hiver

**Office de tourisme de Saint-Raphaël**
99, quai Albert-Ier 04 94 19 52 52 www.saint-raphael.com Juil.-août : lun.-sam. 9h-19h, dim. 9h30-12h30 et 14h30-18h30 ; sept.-juin : lun.-sam. 9h-12h30 et 14h-18h (18h30 pendant vac. scol.)

**Bureau d'information d'Agay**
Pl. Charles-Giannetti 04 94 82 01 85 www.saint-raphael.com Juil.-août : tlj. 9h30-12h30 et 14h30-18h30 ; reste de l'année : se renseigner sur les horaires

**Office de tourisme de Fréjus**
249, rue Jean-Jaurès 04 94 51 83 83 https://frejus.fr Juin, sept. : lun.-sam. 9h30-12h30 et 14h-18h ; juil.-août : tlj. 9h30-18h ; oct.-mai : lun.-sam. 9h30-12h et 14h-18h

**Golfe de Saint-Tropez Tourisme**
2, rue Blaise-Pascal Cogolin 04 94 55 22 00 www.golfe-saint-tropez-information.com Juil.-août : lun.-ven. 9h-19h, sam. 9h30-17h30 ; sept.-juin : lun.-ven. 9h-18h, sam. 9h30-17h30

**Office de tourisme de Saint-Tropez**
8, Quai Jean-Jaurès 04 94 97 45 21 www.sainttropeztourisme.com Mai-sept. : lun.-sam. 9h30-18h, dim. 10h-17h ; oct.-avr. : lun.-sam. 9h30-13h et 14h-17h30

**Office de tourisme de Sainte-Maxime**
21, pl. Louis-Blanc 04 94 55 75 55 www.sainte-maxime.com Avr.-juin, sept. : tlj. 9h-12h30 et 14h-18h30 ; juil.-août : tlj. 9h-19h ; oct.-mars : tlj. 9h-12h et 14h-18h

**Office de tourisme de Cavalaire**
Maison de la mer (entre le front de mer et le port) 04 94 01 92 10 www.cavalairesurmer.fr Mi-juin-mi-sept. : tlj. 9h-19h ; mi-sept.-mi-juin : lun.-ven. 9h-12h30 et 14h-18h, sam. 9h-12h30 (horaires étendus pendant les vac. scol.)

**Office de tourisme de Bormes-les-Mimosas**
1, pl. Gambetta 04 94 01 38 38 www.bormeslesmimosas.com Avr.-mi-juil. : lun.-sam. 9h30-12h30 et 14h30-18h (18h30 juin et sept.), dim. et j. fér. 9h30-13h30 ; mi-juil.-fin août, sept.-oct. : tlj. 9h30-13h et 14h30-19h (jusqu'à 18h et fermé le dim. en sept.) ; nov.-mars : lun.-sam. 10h-12h et 14h-16h

**Office de tourisme du Lavandou**
Quai Gabriel-Péri 04 94 00 40 50 www.ot-lelavandou.fr Mi-juin-mi-sept. : lun.-sam. 9h-12h30 et 14h-19h, dim. 9h30-12h30 et 15h-18h ; mi-sept.-oct., mai-mi-juin : lun.-sam. 9h-12h30 et 14h30-18h ; horaires réduits en hiver

**Office de tourisme d'Hyères**
Rotonde du Park Hôtel 16, av. de Belgique 04 94 01 84 50 www.hyeres-tourisme.com Avr.-juin, sept. : lun.-ven. 9h-18h (jusqu'à 17h en avril), sam. 9h-16h ; juil.-août : lun.-sam. 9h-18h, dim. 9h-13h ; oct.-mars : lun.-ven. 9h-17h, sam. 9h-16h

**Maison d'information du parc national de Port-Cros**
04 94 01 40 70 www.portcros-parcnational.fr Avr.-mai : tlj. 30min à l'arrivée des bateaux ; juin-oct. : tlj. 9h-12h30 et 15h-17h30

**Bureau d'information de Porquerolles**
04 94 58 33 76 www.hyeres-tourisme.com Avr.-juin : lun.-sam. 9h-17h30, dim. 9h-13h ; juil.-août : lun.-sam. 9h-18h15, dim. 9h-13h ; horaires réduits en hiver

**Office de tourisme de Toulon**
12, pl. Louis-Blanc 04 94 18 53 00 https://toulontourisme.com Lun. et mer.-sam. 9h-18h, mar. 10h-18h, dim. 9h-13h

**Office de tourisme de Bandol**
Allées Vivien (sur le port) 04 94 29 41 35 www.bandoltourisme.fr Juin-sept. : tlj. 9h-19h ; oct.-mai : tlj. 10h-18h

**Office de tourisme de Saint-Maximin-la-Sainte-Baume**
Pl. Jean-Salusse 04 94 59 25 89 www.la-provence-verte.net/ot_stmaximin Avr.-juin, sept. : lun.-sam. 9h-12h et 14h-17h30 ; juil.-août : lun.-sam. 9h-12h30 et 14h-19h, dim. 9h-12h30 ; oct.-mars : lun.-mer. et ven.-sam. 9h-12h et 14h-17h30, jeu. 14h-17h30

**Office de tourisme de la Provence verte**
Carrefour de l'Europe Brignoles 04 94 72 04 21 www.la-provence-verte.net Avr.-juin : lun.-sam. 9h-12h et 14h-18h ; juil.-août : lun.-sam. 9h-12h30 et 14h-19h, dim. 9h-12h30 ; oct.-mars : lun.-mer. et ven.-sam. 9h-12h et 14h-18h, jeu. 14h-18h

**Office de tourisme intercommunal de la Dracénie**
2, av. Lazare-Carnot Draguignan 04 98 10 51 05 www.tourisme-dracenie.com Mai-juin, sept. : lun.-ven. 9h-12h30 et 14h30-18h, sam. 9h-12h30 ; juil.-août : lun.-sam. 9h-12h30 et 14h30-18h, dim. 9h30-12h30 ; oct.-avr. : lun.-ven. 9h-12h30 et 13h30-17h, sam. 9h-12h30

**Bureau d'information touristique d'Aups**
Pl. Martin-Bidouré 04 94 84 00 69 www.aups-tourisme.com Juil.-août : lun.-mar. et jeu.-ven. 9h-12h30 et 15h30-19h, mer. et sam. 9h-12h (fériés 10h-12h30) ; sept.-juin : lun.-mar. et

jeu.-ven. 9h-12h et 14h30-17h30, mer. et sam. 9h-12h

**Maison des gorges du Verdon et office de tourisme**
Le Château La Palud-sur-Verdon
04 92 77 32 02 www.lapalud-verdontourisme.com www.verdontourisme.com Avr., oct. : mar.-sam. 9h-12h et 14h-18h ; mai : lun.-sam. 9h-12h et 14h-18h, j. fér. 9h30-12h30 ; juin-sept. : lun.-sam. 9h-12h et 14h-18h30, dim. et j. fér. 9h30-12h30 ; nov.-mars : lun. et mer.-ven. 10h-12h et 14h-17h

# SPORTS ET LOISIRS

## CYCLOTOURISME ET VTT

Sillonner les pistes cyclables de la côte ou grimper les sentiers de randonnée cyclotouristes de l'arrière-pays : les possibilités de pédaler dans la région sont nombreuses. Comme pour les randonnées pédestres, les offices de tourisme délivrent topo-guides (payants) et plans de parcours balisés sur leur territoire. Le département du Var a édité un guide détaillant 22 itinéraires cyclotouristes dans le département. Il a également créé un parcours cyclable du littoral qui suit le tracé de l'ancienne voie de chemin de fer de Provence, soit 92km entre Six-Fours et Saint-Raphaël. Le département des Alpes-Maritimes propose les "guides RandOxygène" (www.randoxygene.org) : 34 itinéraires tous niveaux. Vous trouverez aussi une vingtaine de descriptifs d'itinéraires sur le site https://cotedazurfrance.fr.

## ESCALADE ET ALPINISME

Des Préalpes niçoises aux gorges du Verdon, en passant par quelques sites comme le vallon Sourn ou les baous de la vallée du Var, nombreuses sont les occasions de gravir des parois rocheuses. Pour les alpinistes aguerris, rendez-vous sur les cimes du Mercantour (Gélas, mont Clapier, etc.). Contactez la FFME (Fédération française de la montagne et de l'escalade). Sachez, d'autre part, que les vias ferratas, à mi-chemin entre l'alpinisme et l'escalade, se développent fortement et sont accessibles à tous.

**Fédération française de la montagne et de l'escalade**
01 40 18 75 50 www.ffme.fr

## GOLF

Du compact aux grands parcours de 9 ou 18 trous, retrouvez les adresses de tous les golfs de la région sur le site de la Fédération française de golf. Pour obtenir des informations sur les 18 parcours des Alpes-Maritimes, consultez l'onglet Golf sur le site https://cotedazurfrance.fr, et retrouvez les 15 parcours du Var sur www.visitvar.fr.

**Ligue de golf de Provence-Alpes-Côte d'Azur**
04 42 76 35 22 https://liguegolfpaca.org

## PÊCHE

La **pêche en eau douce** est largement répandue dans l'arrière-pays varois (Gapeau, Réal Martin, Argens) et dans les vallées des Alpes-Maritimes (Roya, Bévéra). N'oubliez pas votre permis de pêche, les contrôles sont fréquents ! On peut acheter des permis de pêche journaliers (16€) ou des cartes valables sept jours consécutifs (33€), pratique quand on est en vacances (achat possible en ligne sur les sites des fédérations). La pêche est réglementée : celle de la truite, par exemple, est autorisée de mars à septembre. Dans les grands ports de la côte, vous trouverez des bateaux autorisés à embarquer les vacanciers pour la **pêche au gros**, en haute mer. Le permis n'est alors pas nécessaire, car vous partirez avec des pêcheurs professionnels.

**Fédération nationale de la pêche en France**
01 48 24 96 00 www.federationpeche.fr

## PLONGÉE SOUS-MARINE

Vous pourrez plonger toute l'année, mais l'été est bien sûr la saison idéale. Parmi les multiples spots intéressants de la côte, deux types de sorties vous attendent : les sites naturels (tombants, rochers, failles) et les épaves échouées au large (souvent réservées aux plongeurs confirmés). Ces sites abritent une faune sous-marine remarquable et sont colonisés par une faune fixée et une flore abondante. Une fois sous l'eau, ouvrez grands les yeux : le spectacle est grandiose ! Autres sites, les **sentiers sous-marins**, qui constituent un bon moyen de découvrir la faune et la flore sous-marines par petits fonds, plus facile d'accès que la plongée sous-marine. Parmi eux, ceux de Port-Cros, de La Londe-les-Maures, de la Calanque de Port d'Alon, ou encore celui, très original, de la presqu'île de Giens, qui permet de palmer au-dessus d'amphores antiques. Vous trouverez sur la côte un nombre incalculable de clubs de plongée, certains affiliés à la FFESSM (Fédération française de plongée), d'autres aux fédérations américaines (PADI, NAUI, SSI). Les premiers sont plus adaptés à la formation de plongeurs autonomes, les seconds seront parfaits pour les débutants. Certains moniteurs portent la double casquette.

**Comité régional de plongée PACA**
www.ffessm-paca.fr

## RANDONNÉE ÉQUESTRE

Dans les deux départements, une quantité de centres équestres proposent initiation, balades ou randonnées de plusieurs jours. Dans le Var, les massifs des Maures, de la Sainte-Baume, de l'Estérel, le parc naturel régional du Verdon ou le littoral offrent un cadre somptueux pour des balades à cheval. Dans les Alpes-Maritimes, les sites les plus favorables à la pratique de ce sport se trouvent dans les Préalpes de Grasse et dans les vallées du Mercantour. Le département a aménagé des sentiers destinés aux cavaliers et propose des itinéraires en ligne (https://randoxygene.departement06.fr).

**Comité régional d'équitation PACA**
04 13 41 56 44 www.region-sud-equitation.com

## RANDONNÉE PÉDESTRE

Les massifs de la Sainte-Baume, des Maures, de l'Estérel, du Mercantour ainsi que l'arrière-pays niçois se prêtent à merveille à de petites randonnées, tout comme l'ancien chemin des douaniers, sur le littoral, surtout dans le Var (plus de 200km de côtes aménagés). Les offices de tourisme distribuent des cartes simplifiées pour la randonnée. Dans les Alpes-Maritimes, on salue la belle initiative du département, qui a balisé de nombreux sentiers voués à des balades plus ou moins sportives le long de la côte, mais également dans le moyen et le haut pays. Les descriptifs d'une vingtaine de ces itinéraires sont consultables en ligne sur le site du département (https://randoxygene.departement06.fr). Vous trouverez également plus d'une centaine d'itinéraires en ligne sur le site de Var Tourisme (www.visitvar.fr). Autres guides, ceux édités par la Fédération française de randonnée pédestre (FFRP).

**Comité régional de randonnée pédestre de Provence-Alpes-Côte d'Azur**

07 71 02 97 44 https://paca.ffrandonnee.fr

## SPORTS D'EAUX VIVES

Les adeptes du **canoë-kayak** trouveront leur bonheur sur les rivières des Alpes-Maritimes, et dans les secteurs de la Roya et de la Tinée notamment. Dans le Var, quelques descentes intéressantes dans les gorges du Caramy et la vallée de l'Argens. Cette dernière rivière permet, en été, de s'adonner au canoë-kayak en famille, son débit et sa pente étant assez faibles. N'oublions pas les célèbres gorges du Verdon, à la limite nord du département du Var, et les lacs de Saint-Cassien et de Sainte-Croix, aux eaux tranquilles. Pour le **canyoning**, les Alpes-Maritimes proposent quatre sites majeurs : Roya-Bévéra, Var-Cians, Tinée-Vésubie, Préalpes-Estéron. Dans le département du Var, les gorges du Caramy (Mazaugues) et du Destel (Évenos) sont des hauts lieux de cette pratique.

## SPORTS D'HIVER

Les Alpes-Maritimes comptent trois grandes stations de ski alpin : Auron, Isola 2000 et Valberg. Les trois sont à 1h15-1h30 de Nice, et possèdent des domaines skiables relativement étendus (de 90 à 135km de pistes). Les amateurs de ski de fond se retrouvent surtout à Saint-Dalmas-le-Selvage (50km de pistes) et au Boréon (24km de pistes). Informations sur https://cotedazurfrance.fr.

## SPORTS NAUTIQUES

La Côte d'Azur abrite sans doute la plus grande concentration de ports de **plaisance** en France. Mais si vous êtes de passage en bateau, attention au manque de places en été : contactez les capitaineries. Chaque station compte, au minimum, un club de voile ou un centre nautique, où vous pourrez louer catamarans, dériveurs ou voiliers. Vous pourrez aussi sortir en mer pour plusieurs jours avec un skipper, ou pour une journée en excursion organisée. Ces mêmes centres louent également des **planches à voile**, sport très adapté à la Méditerranée. Le littoral varois, avec ses longues étendues de sable exposées à l'ouest, offre quelques-uns des meilleurs spots pour glisser sur l'eau, dont la plage de l'Almanarre, sur le littoral d'Hyères. Dans les centres de voile, vous trouverez la plupart du temps des **stand up paddle** à louer, et des canoës ou des kayaks, qui se prêtent bien à l'exploration du littoral rocheux et de ses criques.

# URGENCES

Avec un téléphone portable, faites le 112. Ce numéro fonctionne même si la zone où vous vous situez n'est pas couverte par votre opérateur.

**Samu**

15

**Police**

17

**Pompiers**

18

# Hébergements

Façade du Vieux Nice

# SE LOGER

Les formules d'hébergement sont nombreuses : hôtels, chambres d'hôtes, gîtes, locations. Les bonnes adresses sont rapidement prises d'assaut, réservez donc le plus tôt possible, surtout pour juillet et août.

## À SAVOIR

Certains hôtels, gîtes et chambres d'hôtes se sont regroupés au sein de chaînes faisant office de véritables labels de qualité, dans des genres différents.

**Fédération internationale des Logis**
01 45 84 83 84
www.logishotels.com

**Relais & Châteaux**
01 76 49 39 39 www.relaischateaux.com

**The Originals, Human Hotels & Resorts**
08 26 10 39 09 www.theoriginalshotels.com

**Fleurs de soleil-Chambres d'hôtes et gîtes en France**
06 27 82 89 99 www.fleursdesoleil.fr

**Gîtes de France**
0826 10 44 44
www.gites-de-france.com

**"Bienvenue à la ferme"**
Service des chambres d'agriculture.
04 93 18 45 00 www.bienvenue-a-la-ferme.com

# NICE ET LA RIVIERA

## NICE

### Apparthôtel Ammi Vieux-Nice ♥€€€

L'ancien hôtel Picardy a totalement été repensé en 2021, et transformés en plusieurs studios tout confort de 15 à 30m², avec services hôteliers. Studio à partir de 178€ en été, 65€ en basse saison. Accueil charmant.

**NICE (plan 3, B1 n°40) 10, bd Jean-Jaurès 06 11 41 93 35 www.ammivieuxnice.com**

### Villa Saint-Hubert €€

Dans le quartier Libération, une adorable demeure aux tons gais et aux volets bleus, avec quelques palmiers citronniers pour égayer un jardin calme où l'on s'attarde. Chambres doubles bien équipées 70-100€, petit déj. 7-12€. Une adresse parfaite.

**NICE (plan 2, A1 n°44) 26, rue Michel-Ange 04 93 84 66 51 www.villasainthubert.com**

### Share Inn €€

Dans le quartier piéton, un 3-étoiles d'excellent standing, refait avec goût, à l'ambiance feutrée. Soixante chambres impeccables, de 55 à 100€ en basse saison, de 95 à 150€ de mai à septembre. Petit déj. 10€.

**NICE (plan 2, B2 n°41) 21, rue Masséna 04 93 82 41 31 www.share-inn-nice.com**

### Hôtel Impérial €€

En lisière du quartier Carabacel, un superbe hôtel particulier dessiné par l'architecte Biasini. L'hôtel (36 chambres) tente de faire perdurer l'illusion Belle Époque, et l'on est heureux de pouvoir habiter encore ces architectures d'exception.

Chambres confortables de 65 à 85€ (petit déj. compris). Une aubaine au cœur de Nice. Parking gratuit.

**NICE (plan 2, B1 n°40) 8, bd Carabacel 04 93 62 21 40 imperial.hotel.free.fr Fév.-nov.**

### Villa Éden €€

Une allée fleurie conduit à cette belle villa blanche légèrement en retrait de la promenade des Anglais. Jardin planté de citronniers, de bananiers et de caoutchoucs géants, avec quelques tables à l'ombre pour le farniente. Accueil souriant. Double 55-99€ selon la saison et la vue. Petit déj. 9€, parking 10€/j.

**NICE (plan 2, A2 n°43) 99 bis, promenade des Anglais 04 93 86 53 70 www.hotel-villaeden.com**

### Le Petit Palais €€€

À flanc de colline, dans le quartier boisé de Cimiez, un hôtel particulier aux lignes classiques où a vécu Sacha Guitry. La vue sur la ville est magnifique. Vingt-cinq chambres, dont les plus heureuses ouvrent sur ce panorama et bénéficient d'une terrasse. Double 180-280€. Copieux petit déjeuner-buffet 15-17€.

**NICE (plan 2, B1 n°42) 17, av. Émilie-Bieckert 04 93 62 19 11 www.petitpalaisnice.com**

## LES CORNICHES DE LA RIVIERA

### Hôtel Le Provençal €€

Sur les hauteurs du port de Villefranche, la bâtisse, tout ocre, hisse ses tourelles d'opérette depuis les années 1940. Elle abrite 45 chambres, dont une grande partie rénovée. Comptez à partir de 105€ selon la vue pour une double. Bon petit déjeuner-buffet (12€). Accueil agréable.

**VILLEFRANCHE-SUR-MER 4, av. Maréchal-Joffre 04 93 76 53 53 http://hotelleprovencal.fr Mars-oct.**

### Welcome €€€

Un hôtel historique, qui reçut bien des stars : ce 4-étoiles incarne encore les charmes de l'hôtellerie à la française, avec son accueil aux petits soins. Chambres vastes, claires, confortables, à la vue éblouissante, surtout celles du dernier étage. Double à partir de 249€ en haute saison, 149€ en basse saison. Petit déj. 20€.

**VILLEFRANCHE-SUR-MER 3, quai Amiral-Courbet 04 93 76 27 62 www.welcomehotel.com Noël-mi-nov.**

### Hôtel de l'Hermitage du col d'Èze €€€

À près de 500m d'altitude, avec la mer d'un côté et les collines de l'autre pour seuls horizons, voici un hôtel qui n'appelle que des éloges : chambres aux couleurs provençales, accueil chaleureux sachant se faire discret, restauration de qualité, et piscine face aux cimes. Double à partir de 140€ en haute saison, petit déj. 12,50€. Parking gratuit.

**ÈZE 1951, av. des Diables-Bleus 04 93 41 00 68 www.ezehermitage.com**

### Maison d'hôtes Domaine Pins Paul €€€

Noyée dans la verdure, cette demeure tout en vieilles pierres jouit sans doute du meilleur angle pour admirer Èze ! Les prestations sont de haut vol : accueil charmant, quatre belles chambres de grand confort, deux piscines, et partout le plaisir de demeurer en un lieu d'exception. Double 190-220€, petit déj. compris.

**ÈZE 4530, av. des Diables-Bleus Col d'Èze 04 93 41 22 66 www.domainepinspaul.fr**

## MONACO

### Hôtel de France €€€

Excellente surprise à deux pas du port : certes, les chambres sont exiguës, mais confortables, et décorées dans un joli style contemporain. Double 105-170€ selon la saison, petit déj. 10€. Parking très utile à proximité de l'hôtel (10€/24h).

**MONACO (plan 4, A2 n°10) 6, rue de la Turbie ☎(00 377) 93 30 24 64 www.hoteldefrance.mc**

### Columbus €€€

Au cœur de Fontvieille, face à la roseraie, ce trois-étoiles satisfait toutes les exigences d'un confort moderne : terrasses, piscine chauffée, restauration... avec le statut de boutique hôtel. Double à partir de 180€, l'un des meilleurs rapports qualité-prix de Monaco.

**MONACO (plan 4, A4 n°11) 23, av. des Papalins☎92 05 90 00 www.columbushotels.com**

## MENTON

### Hôtel Lemon €€

Une villa rose pastel retirée dans un quartier calme, à 5min de la mer. Sa philosophie est très écolo, tant dans le choix du mobilier que dans le menu du petit déjeuner bio (6,50€). Les 15 chambres, à la déco sobre et de bon goût, ont toutes une salle de bains et une TV. Jardin. Double à partir de 52€, 76€ en haute saison. Une excellente affaire !

**MENTON (plan 5, A2 n°21) 10, rue Albert-Ier ☎04 93 28 63 63 www.hotel-lemon.com**

### Hôtel de Londres €€€

Ce joli immeuble abrite 27 chambres, avec vue sur la rue ou sur le jardin – agréable pour paresser. Le tout à deux pas de la plage : idéal pour un petit plongeon au lever du lit ! Double 122-189€ en haute saison, 59-90€ le reste de l'année. Petit déjeuner-buffet 12€, garage fermé 10€/j.

**MENTON (plan 5, A2 n°20) 15, av. Carnot ☎04 93 35 74 62 www.hotel-de-londres.com**

# LES ALPES D'AZUR

## LA VALLÉE DE LA ROYA-BÉVÉRA

### Le Berghon €

Une maison traditionnelle coiffée d'un toit de lauze violine, véritable havre de paix. À l'intérieur, trois chambres indépendantes avec vue (65€/2 pers.) et cuisine en gestion libre. Table d'hôtes sur demande (dîner 20€), possibilité de demi-pension.

**FONTAN 15, descente de l'Église Berghe-Inférieur (9km au nord-est de Breil-sur-Roya par la D6204) ☎04 93 04 54 65 www.leberghon.com 🕒Avr.-mi-nov.**

### Gîte Neige & Merveilles €

L'association d'éducation populaire qui a restauré un ancien hameau minier à 1 500m d'altitude, non loin du sentier menant à la vallée des Merveilles, tient été comme hiver un gîte d'étape ouvert à tous. Deux maisons avec dortoirs (47,50€ en demi-pension) et chambres doubles se partageant des salles de bains (54€/pers.).

**TENDE La Minière de Vallauria (à 15km de Tende : aller jusqu'au lac des Mesches, puis petite route sur la gauche) ☎04 93 04 62 40 (mai-oct.) ou 04 93 04 64 58 (nov.-avr. : w.-e.) www.neige-merveilles.com 🕒Fermé de nov. à Noël**

### Le Prieuré €€

Au bord de la Roya, cet ancien prieuré possède d'épais murs qui garantissent un calme absolu, malgré le tumulte de la Roya dévalant au bas du jardin. Une vingtaine de chambres confortables et spacieuses, parfois même démesurées, mais qui n'ont pas toutes le même cachet. Double de 60 à 82€ selon la saison, petit déj. 9€. Restaurant.

**SAINT-DALMAS-DE-TENDE Rue Jean-Médecin (4km au sud de Tende) 04 93 04 75 70 www.leprieure.org**

## LA VALLÉE DE LA VÉSUBIE

### Les Marmottes €

Convivial, c'est le maître mot de ce gîte d'étape, lieu rustique, aimable, posé entre village et mélèzes. Demi-pension 60€/pers., dortoir 49€/pers. Ambiance joviale. Pas de Wifi.

**SAINT-DALMAS La Madone (11km à l'ouest de Saint-Martin-Vésubie) 04 93 02 89 04 www.gite-marmottes.fr Fermé nov. et déc.**

### La Pierre bleue €€€

Située dans un quartier paisible et entourée d'un jardin, cette demeure en pierre bleutée de la région est tenue par un couple enthousiaste. Élégantes, les quatre chambres aux volumes amples se nichent sous les toits ou occupent le 1er étage. Double 94-122€, petit déj. inclus.

**SAINT-MARTIN-VÉSUBIE 163, bd Raoul-Audibert (sur la route de Venanson) 04 93 03 37 86 http://lapierrebleue.eu Début juin-fin sept.**

## LA VALLÉE DE LA TINÉE

### Les Toits rouges €

Après une vie de voyage, Véro et Yves ont posé leurs valises, et rénové deux bergeries avec le plus grand respect du style et des matériaux d'origine. Elles accueillent quatre chambres (dont 2 pour 4-5 pers.) et une plus petite avec vue sur la montagne. Sauna. Table d'hôtes bio. Demi-pension 70€/pers.

**DOUANS (7km au sud-est de Saint-Étienne-de-Tinée par la D2205 puis la D62) 06 50 50 82 49 https://lestoitsrouges.fr Tlj. en période de vac. scol. ; sinon uniquement le w.-e. Fermé en nov.**

### La Maison de La Tour €€€

Posté sur la place centrale de La Tour, ce petit hôtel de charme propose cinq chambres cosy à l'aménagement contemporain pour un prix raisonnable : double 120-150€, petit déj. 13€. Restauration tout aussi moderne et d'une belle délicatesse.

**LA TOUR-SUR-TINÉE Grand'Place 04 93 03 44 21 ou 06 13 34 70 59**

## LA VALLÉE DU VAR

### La Vigière €€

Il faut braver les 10km d'une route capricieuse pour arriver à cet éden au calme absolu et au panorama splendide. Pour vous accueillir, trois cabanes sur pilotis, avec grand lit, terrasse, toilette sèche, et un peu plus loin une cuisine et des sanitaires en partage (85€/j. pour 2 pers. - 2 nuitées min., tarifs dégressifs).

**SAUZE (10km à l'ouest de Guillaumes par la D76) 04 93 05 58 87 http://lavigiere.com Mai-oct.**

### Le Chant du Mèlé

Au creux d'un doux vallon à l'écart de la station, les mélèzes en lointains voisins, ce beau chalet abrite 5 chambres chaleureuses dans le plus pur style montagnard. Double (petit déj. inclus) de 92 à 104€ selon la saison, 178-208€ pour 4 pers. à l'aise. Demi-pension 72-80€/pers.

**VALBERG 970, chemin des Huerris 04 93 02 57 88 ou 06 81 98 53 90 www.chambres-hotes-valberg.com**

### Le Chalet suisse €€€

Une maison historique, en activité depuis 1939 ! Cette adresse de charme au confort feutré dispose d'un espace sauna-hammam, et d'un accueil stylé et chaleureux. Chambres douillettes (double à partir de 149€ en haute saison), petit déjeuner copieux (15€).

VALBERG 4, av. de Valberg 04 93 03 62 62 www.chaletsuisse.fr Juin-sept., déc.-mars : tlj. Restauration en hiver

# CANNES ET LE PAYS GRASSOIS

## LA BAIE DE CANNES

### Chalet de l'Isère €€

À 5min à pied du centre, cette coquette villa accueillit Guy de Maupassant à la fin de sa vie. Le portillon ouvre sur un patio arboré de palmiers et de citronniers. Quant aux huit chambres, elles allient tons clairs, notes fleuries et citations ou portraits du grand écrivain. Double à partir de 89€ en haute saison, 78€ en basse saison ; petit déj. 10€. Accueil charmant.

CANNES (plan 8, A1 n°40) 42, av. de Grasse 04 93 38 50 80 www.hotel-chalet-isere-cannes.com Fermé vac. scol. de Toussaint

### Villa Claudia €€€

L'hôtel de charme de Cannes où l'on se sent “comme à la maison”. Sauf que “votre” maison, ici, est le plus séduisant des hôtels particuliers, lové dans un parc qui filtre la rumeur du monde. Chambres spacieuses, de très bon standing (clim.). Double standard 80-125€ ou luxe 115-150€, suite 145-240€, petit déj. 12€. Parking gratuit.

CANNES (plan 8, D1 n°42) 37, bd d'Alsace (centre-ville nord) 04 93 38 34 33 www.villa-claudia-cannes.com

### Hôtel Colette €€€

L'entrée, discrète, ouvre sur un lobby qui donne le ton de l'hôtel : lumineux, pop art, et sympathique. Les 45 chambres et suites s'avèrent de véritables cocons, d'un bel esprit contemporain et parfaitement équipés. Petit déjeuner (15€) servi sous une surprenante et agréable verrière. Double 87-430€ selon la catégorie et la période.

CANNES (plan 8, C2 n°41) 5, pl. de la Gare 04 93 39 01 17 www.hotelcolette.com

### La Caladina €€€

Jolie demeure nichée en contrebas du vieux village de Mougins. Le jardin est ravissant, mais l'on se réfugie avec plaisir dans l'une des trois chambres, apaisantes avec leurs tons blanc et crème... Tout est soigné, jusqu'au petit déjeuner, et l'accueil de Chiara, d'origine italienne, est charmant. Double 120-140€ selon la saison (minimum 2 nuits), petit déj. 10€. Pas de CB.

MOUGINS 415, chemin des Moines 04 92 28 07 38

## ANTIBES

### Hôtel de l'Étoile €

Bonne option pour une nuit à moindre coût. Certes, le bâtiment manque de charme, mais les 30 chambres sont calmes et fonctionnelles, le tout à deux pas du centre-ville et à des prix compétitifs : double 60-79€ selon la saison, petit déj. 7,50€. Parking (8€/nuit).

ANTIBES (plan 9, A1 n°40) 2, av. Gambetta 04 93 34 26 30 https://hoteletoile.com

### La Jabotte €€€

Près du port et de la plage de la Salis, La Jabotte dissimule ses charmes dans une venelle tranquille. Un jardin central avec terrasse, un petit salon de lecture, des touches vivement colorées, et quelque chose d'amical qui saute immédiatement à l'œil. Double 164-194€ en haute saison, 84-124€ en basse saison, petit déj. 6-15€. Parking (10€/j.).

**ANTIBES (hors plan 9 par B2) 13, av. Max-Maurey 04 93 61 45 89 www.jabotte.com Mi-déc.-mi-nov.**

### Hôtel Mademoiselle €€€

Sacrée réussite que cet établissement, guidé par l'envie de "retrouver l'émerveillement de l'enfance". Ici une chambre ornée d'un grand Bambi, là une autre d'un authentique cheval de carrousel, et partout des attentions délicates. Double de 140 à 292€ selon la gamme et la saison, petit déj. 13€.

**JUAN-LES-PINS 12, av. du Docteur-Dautheville 04 93 61 31 34 www.hotelmademoisellejuan.com**

## CAGNES ET LE PAYS DE VENCE

### Auberge des Seigneurs €€

Dans une aile du château des Villeneuve de Vence, Mme Rodi et sa famille dirigent avec talent cet établissement de charme où s'entassent souvenirs et lithographies. Modigliani est passé par là, et Renoir avant lui. Six chambres, sobres et confortables (90€, petit déj. 12€). La cuisine maison remporte tous les suffrages (formules déj. 21-28€, dîner 37€).

**VENCE 1, rue du Dr-Binet 04 93 58 04 24 https://auberge-seigneurs.fr**

### Villa Roseraie €€

Dessinez l'hôtel de vos rêves et, tout naturellement, le crayon tracera les contours de cette pittoresque villa rose de la fin du 19e s. Dans le jardin, quelques palmiers lui donnent un air de vacances, et une piscine, discrète, se cache sous les arbres... Neuf chambres de poupée de 116 à 203€ en haute saison. Petit déj. 13€, parking gratuit.

**VENCE 128, av. Henri-Giraud 04 93 58 02 20 www.villaroseraie.com Fermé de fin oct. à mi-déc. et de mi-jan. à mi-mars**

### La Colline de Vence €€€

Un mas resplendissant à la façade majestueuse, élégant cocon tissé par des hôtes prévenants qui ont su restaurer cette merveille avec sensibilité. Jardin de plantes aromatiques, piscine et, à l'horizon, la mer... Voluptueuses chambres avec pelouses privatives, louées de 145 à 220€ en haute saison, petit déj. compris.

**VENCE 808, chemin des Salles (2km au nord du centre-ville dir. Coursegoules/Col de Vence) 04 93 24 03 66 www.colline-vence.com**

### Histoires de Bastide €€€

Pour un petit coup de folie... Cette maison domine le vide : au premier plan, tout le village en balcon au-dessus de l'abîme ! Spectacle magique de la piscine et des quatre chambres, qui allient avec aisance le charme de la Provence et l'esprit contemporain. Double 130-190€ selon la saison, petit déj. compris.

**TOURRETTES-SUR-LOUP 26, rue de la Bourgade 06 67 79 08 73 https://histoiresdebastide.com**

## GRASSE

### Les Passiflores €

Dans une ruelle paisible voisine du centre ancien, une élégante maison de maître du 19e s., sise dans un délicieux jardin qui embaume le citronnier, le tilleul et le bananier. La chambre, très spacieuse, a été aménagée dans l'ancien oratoire de la demeure et conserve son plafond voûté ! Double 70€, petit déj. compris. Pas de CB.

**GRASSE 1, traverse du Jardin-Public ☎ 06 10 75 73 33 chrisvalherie@hotmail.fr**

### Maison d'hôtes Les Palmiers €€

Bonne adresse que cet ancien hôtel (1850) transformé en maison d'hôtes, sur les hauteurs. Les trois chambres, vastes, fraîches et impeccables, dévoilent une vue panoramique portant jusqu'à la mer et à l'Estérel ! Accès au jardin, parking privé. Double 90-130€ (avec petit déj. et cuisine commune à disposition). Pas de CB.

**GRASSE 17, av. Yves-Emmanuel-Baudouin ☎ 06 60 52 66 04 http://les-palmiers-grasse.com**

# LA CÔTE VAROISE

## L'ESTÉREL ET FRÉJUS

### Chez Catherine €

Catherine accueille dans sa petite maison au cœur du village. Avec sa façade jaune, ses volets bleus, ses vieilles poutres, pierres et tomettes, mais aussi son mobilier de famille, la vieille demeure a l'âme provençale. Double 70€, petit déjeuner compris, servi sous la pergola. Pas de CB.

**ROQUEBRUNE-SUR-ARGENS Pl. Salvagno ☎ 04 94 45 31 29 ou 06 29 60 09 12**

### Auberge de jeunesse de Fréjus-Saint-Raphaël €

Cette auberge de jeunesse, la seule du Var, occupe une vieille ferme sur les hauteurs de Fréjus. Dans un grand parc planté de pins parasols sont aménagés 50 emplacements de camping. À l'étage, 106 lits répartis en dortoirs de deux à huit lits. Comptez env. 25€/pers., petit déj. compris. Adhésion obligatoire au réseau FUAJ.

**FRÉJUS 627, chemin du Counillier (2,5km au nord-est du centre dir. Cannes) ⏲ Tlj. 8h30-12h et 17h30-20h (21h en été)**

### Le Flore €

Idéalement située au cœur du vieux Fréjus, la bâtisse, datant du 19e s., a gardé son cachet (vieil escalier, pièces biscornues, tomettes, etc.), et l'aménagement, sobre, évite les fautes de goût. À partir de 60€ la double en basse saison, jusqu'à 82€ env. en haute saison, petit déj. 8€.

**FRÉJUS 35, rue Grisolle ☎ 04 94 51 38 35 www.hotelleflore.fr**

### Hôtel provençal €€€

Une adresse pimpante et calme, à deux pas du vieux port. Les chambres, aux couleurs du Sud, sont confortables (clim.), et l'ensemble est très bien tenu. Comptez de 72 à 126€ selon la saison. Petit déjeuner-buffet 12€.

**SAINT-RAPHAËL 195, rue de la Garonne ☎ 04 98 11 80 00 www.hotel-provencal.com**

## LE GOLFE DE SAINT-TROPEZ

### Hôtel Bello Visto €€€

Voilà une adresse qui n'a pas volé son nom ("belle vue"). Au cœur de Gassin, elle bénéficie d'un panorama exceptionnel sur les collines et le golfe... Tout en tons clairs, les neuf chambres distillent un charme champêtre. Double 115-310€, petit déj. 15€. Restaurant excellent.

**GASSIN Pl. dei Barri (3,5km au nord-ouest de Ramatuelle par la D89) ☎ 04 94 56 17 30 https://bellovisto.eu ⏲ Début avr.-début nov.**

**Le Colombier Hôtel €€€**

Une belle surprise que cette maison hôtelière nichée au fond d'une impasse en plein centre de Saint-Tropez. Précédé d'un jardin fleuri où l'on prend le petit déjeuner en été, il compte 10 chambres élégantes, à la décoration soignée et à la propreté méticuleuse. Double 85€-165€ selon la saison, petit déj. 13€.

**SAINT-TROPEZ (plan 11, B2 n°40) Impasse des Conquettes 04 94 97 05 31 http://lecolombierhotel.free.fr**

**Sérilence €€**

Sur les hauteurs de La Garde-Freinet, une demeure aux lignes contemporaines, dont les grandes baies vitrées dévoilent une vue magistrale ! On profite du panorama de chaque chambre, séduisant cocon alliant esprit design et matériaux de qualité, avec terrasse privative. Double 129€, petit déj. compris : un bon rapport qualité-prix. Et il y a une piscine !

**LA GARDE-FREINET 309, chemin du Curnier (2km au nord du village par de petites routes) 06 89 53 36 33 www.serilence.com Mi-juin-mi-août (en 2022)**

**L'Amandari €€€**

Au bord d'un joli ruisseau, la grande maison d'hôtes de Cécile et Philippe est un vrai havre de paix. Les chambres, décorées avec raffinement, s'ordonnent autour d'un patio envahi de verdure. Si vous avez l'âme romantique, optez pour la ravissante roulotte foraine cachée au fond du jardin ! Double 85-140€ selon la chambre et la saison, petit déj. inclus. Piscine, jacuzzi, terrain de pétanque.

**LE PLAN-DE-LA-TOUR Vallat d'Emponse (9km au nord-ouest de Sainte-Maxime) 04 94 43 79 20 www.provence-holidays.com**

**Les Aurochs €€**

La demeure de pierre, délicieux et douillet refuge, abrite trois chambres d'hôtes et six gîtes (2-4 pers.), avec entrée indépendante. Terres cuites au sol, ciels de lit, mobilier ancien, piscine autour de laquelle on paresse : les lieux distillent un délicat charme champêtre. Double 85-120€ selon la saison, petit déj. compris (7 nuits minimum en été). Pas de CB.

**GRIMAUD Quartier Embaude 496, chemin de l'oratoire (1,5km au nord du village par de petites routes) 06 60 61 42 22 www.lesaurochs.com Mi-mars-fin oct.**

## LA CORNICHE DES MAURES

**Hôtel Azur €€€**

Un hôtel familial au calme, niché sur les hauteurs de Cavalière. Les 24 chambres, petites mais claires et impeccables, se trouvent disséminées dans un parc de 2ha. Toutes jouissent d'une vue extraordinaire sur la baie (plage à 10min à pied). Double 135-185€ l'été (5 nuits min. en juil.-août), à partir de 75€ le reste de l'année, petit déj. 9,50€. Belle piscine (mai-sept.). Parking privé gratuit.

**CAVALIÈRE Chemin de l'Aragail (7km au nord-est du Lavandou) 04 94 01 54 54 www.azur-hotel.org Avr.-oct.**

**Villa Naïs €€€**

Entourée d'un parc de 3ha au milieu des collines boisées de Bormes, cette charmante adresse offre une très belle occasion de passer son séjour à paresser au calme, autour de sa belle piscine, ou de pratiquer diverses activités (tennis, VTT à disposition, ping-pong, boulodrome, etc.). Double 149€ en haute saison, à partir de 85€ en basse saison, petit déj. inclus.

**BORMES-LES-MIMOSAS 1588, route de Martegasse (6km au nord-ouest de Bormes dir. La Londe) 04 94 71 28 57 www.villanais.com**

**Hôtel-restaurant des Maures €**
La famille Borello tient depuis plusieurs générations cet hôtel posté au cœur du charmant village de Collobrières, sur les berges bucoliques de la rivière. Les tarifs des quinze chambres ont de quoi faire pâlir les hôteliers de la côte : 65€ la double en haute saison, petit déj. 7€. Bon restaurant traditionnel (menus 20,50-27,50€).

**COLLOBRIÈRES 19, bd Lazare-Carnot 04 94 48 07 10 www.hoteldesmaures.fr Toute l'année**

## HYÈRES

**Les Orangers €€**
Les patrons entretiennent avec soin leur hôtel à l'atmosphère détendue et conviviale, qui offre un assez bon rapport qualité-prix. Les 16 chambres sont organisées autour du jardin et de ses orangers (évitez celles qui donnent directement sur la route). Double 98€ en été (115 avec climatisation), 70€ en basse saison, petit déj. 7,50€.

**HYÈRES (plan 12, A2 n°21) 64, av. des Îles-d'Or 04 94 00 55 11 www.hotel-orangers.fr Mi-mars-mi-nov.**

**Castel Pierre Lisse €€€**
Cette belle demeure en pierre abrite six chambres d'hôtes calmes et spacieuses, meublées avec goût. De sa terrasse dominant la ville médiévale, superbe panorama sur les îles d'Or. Piscine, salon-bibliothèque. Double 125-160€ en haute saison, à partir de 100€ en basse saison, petit déj. 10€.

**HYÈRES (plan 12, A1 n°20) 1, rue du Château 06 82 82 09 48 https://castelpierrelisse.fr Toute l'année**

**Le Provençal €€€**
Un hôtel de tradition au cœur du village de Giens. Certaines de ses 41 chambres ont vue sur mer. Double 100-280€ selon la saison. Petit déjeuner 23€ (brunch) ou 6,50€ (classique). Parc de 2ha avec piscine d'eau de mer, barbecue et tennis, restaurants.

**GIENS 113, pl. Saint-Pierre 04 98 04 54 54 www.provencalhotel.com Avr.-oct.**

## LES ÎLES D'HYÈRES

**Villa Sainte-Anne €€€**
Au cœur du village de Porquerolles, cette bâtisse de 1911 abrite 25 chambres douillettes, meublées et décorées avec goût. Double 100-160€ en basse saison, 140-220€ en haute saison. Deux appartements également (6 pers.). Bon restaurant.

**ÎLE DE PORQUEROLLES 24, place d'armes 04 98 04 63 00 www.sainteanne.com Début avr.-début nov.**

**Maison du Port €€**
Aménagées dans une maisonnette sur le port, ces 6 chambres se révèlent coquettes et très agréables, mais leur terrasse donne de plain-pied sur le quai, face au débarcadère. Demi-pension 128-138€/pers., séjours de deux nuits minimum en juillet et août.

**ÎLE DE PORT-CROS Sur le port 06 80 32 14 16 (Joëlle) www.sun-portcros.com Avr.-oct.**

## TOULON

**Mas Saint-Martin €€€**
Cette belle propriété contemplant la Méditerranée abrite un mas provençal du 18e s. restauré avec goût. Vue merveilleuse sur la mer des chambres et de la vaste terrasse où sont servis les petits déjeuners. Un cadre vraiment exceptionnel, à proximité du centre de Toulon. Double 130-160€, petit déj. inclus (2 nuits au minimum).

**TOULON Chemin du fort du cap Brun 04 94 41 61 25 ou 06 10 18 64 98 www.cap-brun.com Début avr.-fin juil., début sept.-fin oct.**

**Hôtel Les Voiles €€€**

Ce petit 3-étoiles se niche au calme entre de jolies maisons, à 200m à pied de la corniche du Mourillon. Onze de ses 16 chambres, lumineuses et contemporaines, bénéficient de la vue sur la mer, et son toit-terrasse est idéal pour boire un verre le soir ou prendre son petit déjeuner face à la rade de Toulon. Double à partir de 140€ en été, de 72€ le reste de l'année. Petit déj. 12€.

**TOULON** 124, rue Gubler Le Mourillon ☎ 04 94 41 36 23 https://hotel-voiles.com

## LA CÔTE PROVENÇALE

**La Bastide de Font-Clarette €€€**

Au calme à l'arrière du Brusc et à 800m à peine des plages, cette bastide au charme provençal loue six jolies chambres avec terrasse ouvrant sur un ravissant jardin. Belle piscine chauffée. Double à partir de 95 à 145€ selon la saison, petit déj. inclus. Accueil parfait.

**SIX-FOURS-LES-PLAGES** 280, chemin de Mouries ☎ 04 94 74 60 24 ou 06 98 66 21 62 www.bastide-de-fontclarette.com

**Hôtel Bon Abri €€**

Neuf chambres vastes et colorées dans une jolie maison de maître. Double 83-118€ (petit déj. inclus) en haute saison, à partir de 75€ en basse saison, ce qui est très honnête pour la région ! Une solution économique en famille, car les plus grandes chambres peuvent accueillir 3 ou 4 pers. Possibilité de demi-pension (le soir d'avr. à oct.). Accueil souriant.

**SANARY-SUR-MER** 94, av. des Poilus ☎ 04 94 74 02 81 https://sanary-hotel-bon-abri.com
Fermé mi-nov.-début fév.

**Le Mas de la Frigoulette €€€**

Dans un quartier résidentiel, à 300m de la plage de Portissol, un hôtel familial organisé autour d'une piscine et d'un jardin où sont éparpillées les tables du restaurant de Bernard. Pour profiter des 15 chambres, comptez de 75 à 159€ la double en haute saison, petit déjeuner 10€. Le restaurant décline toutes les saveurs du Sud. Le soir, profitez de la terrasse.

**SANARY-SUR-MER** 130, av. des Mimosas ☎ 04 94 74 13 46 www.lemasdelafrigoulette.com

**Golf Hôtel €€€**

Cet hôtel ravira ceux qui aiment passer leurs vacances les pieds dans l'eau : maison posée sur le sable, plage privée sur l'anse de Rènecros (transats et parasols payants), et 24 chambres climatisées, assez classiques et petites, de 72 à 185€ selon la saison, les plus chères avec terrasse et vue sur la mer. Petit déj. 12€. Parking gratuit. Restaurant en saison.

**BANDOL** Plage de Rènecros 10, corniche Bonaparte ☎ 04 94 29 45 83 www.golfhotel.fr
Mi-mars-mi-nov.

**Hostellerie Bérard & Spa €€€**

Au cœur d'un village d'exception, cet ancien couvent du 11e s. est devenu un délicieux hôtel-spa... Les 33 chambres et suites s'ordonnent autour de la piscine et certaines offrent un merveilleux panorama sur la campagne provençale. Comptez de 109 à 244€ la double selon la saison. L'établissement abrite également l'une des meilleures tables de la région (p.264), dînez sur place !

**LA CADIÈRE-D'AZUR** 6, rue Gabriel-Péri ☎ 04 94 90 11 43 www.hotel-berard.com
Fermé début jan.-début fév.

# L'ARRIÈRE-PAYS VAROIS

## LA SAINTE-BAUME

### Une campagne en Provence €€€

Les superbes bâtiments de cette ancienne ferme templière, au cœur d'un domaine viticole, abritent quatre chambres d'hôtes, un studio et trois grands appartements entièrement équipés, aux décors soignés. Double 110-146€, petit déj. compris, studio 137-208€. Table d'hôtes sur rés. (41-42€). Grande piscine, sauna et hammam.

**BRAS Domaine Le Peyrourier 757, chemin des Grands-Temples (7km au nord-est de Saint-Maximin) 04 98 05 10 20 www.provence4u.com Mars-oct.**

### Maison Rouge €€

Rouge, certes, mais surtout tout en bois blond, du sol au plafond et jusque dans le moindre recoin. Voici donc un lieu épuré, nature et chaleureux à la fois, aux cinq chambres vastes et lumineuses, bénéficiant d'une superbe vue sur la Sainte-Baume ! Double 89-109€ en haute saison, 75-93€ en basse saison. Petit déjeuner gourmand et accueil discret compris.

**PLAN-D'AUPS-SAINTE-BAUME Route de Nans (25km au sud-ouest de Saint-Maximin) 06 72 74 70 47 mamaisonrouge.fr**

## LA PROVENCE VERTE

### La Licorne €€

Cette charmante maison de village nichée au cœur du vieux Cotignac abrite quatre délicieuses chambres d'hôtes aux couleurs du Sud. Toutes différentes mais décorées avec goût, elles se partagent un salon-bibliothèque et, cerise sur le gâteau, une jolie piscine. Bel endroit pour profiter de la cité ! Double 95-110€ (4 nuits min. en saison). Pas de CB.

**COTIGNAC 1, rue des Pas-Perdus 04 94 04 31 37 www.lalicorne-cotignac.com**

### La Radassière €€

En provençal, *radasso* signifie paresser, flâner... Un mot qui se prête à merveille à ce lieu d'une grande tranquillité, au milieu d'un domaine oléicole, avec terrasses privatives et piscine. Maryse et Richard, enfants du pays, y ont aménagé cinq chambres d'hôtes décorées par des amis artistes, et c'est une réussite. Double 95€, petit déj. compris.

**COTIGNAC Quartier Les Fabres (D50, à la sortie du village, 1km dir. Entrecasteaux) 04 94 04 63 33 http://laradassiere-cotignac.eklablog.com**

### La Bastide des Anges €€€

Comment imaginer que la demeure date seulement des années 2000 ? Matériaux anciens, décoration de grand goût, jardin d'hiver exquis, superbe terrasse ouvrant sur le massif des Maures, piscine divine... Un petit paradis. Comptez 135€ la double, avec délicieux petit déj. maison, jusqu'aux œufs... Pas de CB.

**COTIGNAC 1190, chemin Azenas 06 71 13 08 36 www.labastidedesanges.webself.net**

### Le Chat Luthier €

Au pied du château de Montfort, cette belle demeure du 18e siècle a gardé tout son charme provincial : mobilier ancien, alcôve ou cheminée font le caractère des trois chambres d'hôtes, qui évoquent à la fois l'univers de la comtesse de Sévigné et de Balzac. Accueil sympathique et prix très compétitifs : de 55 à 70€ avec petit déjeuner ! Table d'hôtes 25€.

**MONTFORT-SUR-ARGENS 4, rue du Barry (10km au sud de Cotignac par la D13 puis la D22) 04 94 59 51 01 http://le.chat.luthier.pagesperso-orange.fr**

## LA DRACÉNIE

### La Bastide des Selves €€

Barbara et Christian vous accueillent chaleureusement dans leur grande bastide en pleine nature, qui domine un jardin ainsi qu'une vaste piscine. On y apprécie autant le calme imposant que la vue. Chacune des quatre chambres d'hôtes thématiques a un accès indépendant. Cuisine commune. Double 89-129€, petit déj. copieux compris.

**DRAGUIGNAN 607, chemin du Parigaou (6km au sud du centre de Draguignan par la D557) 06 17 08 08 57 la-bastide-des-selves.com**

### La Bastide du pin €€€

Quelle sérénité dans les volumes harmonieux de ce mas provençal du 18e s. ! Les six chambres, tout comme la bastide, sont magistralement décorées. Bordé d'une galerie ocre, le jardin aux parfums d'Italie descend vers la piscine. Un endroit rare. Double 100-165€ selon la saison, petit déj. compris. Également trois gîtes indépendants.

**LORGUES 1017, route de Salernes 04 94 73 90 38 www.bastidedupin.com**

### Les Cab'ânes du Varon €€€

Ces six cabanes dans les arbres réjouiront les enfants ! À moins qu'ils ne préfèrent l'une des deux tanières (230€), qui évoquent celles des célèbres hobbits de Tolkien. Comptez 140€ pour 2 pers., petit déj. compris. Panier-repas (55€ pour 2 pers.) à manger à la lueur des bougies, car ici, point d'électricité, ni d'eau !

**FLAYOSC 3029, route de Salernes (12,5km au nord de Lorgues) 06 77 85 10 70 www.cabanesduvaron.com**

## LE HAUT VAR ET LE VERDON

### Domaine de la Graou €€

On se sent bien dans ce paisible gîte face à la montagne boisée. Les 7 chambrettes, cosy, sont décorées en bois brut, toutes différentes (douches privatives sur le palier). Comptez 108-124€/2 pers., petit déj. 12€.

**LA PALUD-SUR-VERDON Routes des Crêtes (18km au sud-est de Moustiers-Sainte-Marie) 06 30 55 03 15 www.chambres-hotes-gorges-du-Verdon.com Toute l'année sur rés.**

### Auberge du Lac €€€

Le patron de ce petit hôtel de onze chambres, idéalement situé au bord du lac, réussit à donner un esprit maison d'hôtes à son établissement : accueil chaleureux et simple, lits douillets, mobilier provençal patiné par le temps, petites attentions. Les chambres regardent vers le lac (double à 105-120€) ou le village (90€). Petit déj. très copieux 11€. Restaurant (30€).

**BAUDUEN Rue Grande 04 94 70 08 04 www.aubergedulacbauduen.fr Mars-oct.**

### Château de Trigance €€€

Perchée sur son piton rocheux au-dessus du village, cette ancienne forteresse de méditation, créée par les moines de l'abbaye Saint-Victor de Marseille au 20e s., offre un hébergement haut de gamme insolite. Comptez 185-205€ la chambre dans la tour avec vue sur la vallée et 205-235€ pour une junior-suite avec terrasse privée. Restaurant gastronomique.

**TRIGANCE 1400, route de Breï (35km à l'est d'Aiguines) 04 94 76 91 18 www.chateau-de-trigance.fr Fin avr.-fin oct.**

# INDEX

# NOTES

# NOTES

# Crédits photographiques

ILLUSTRATION RÉALISÉE EN PARTENARIAT AVEC hemis-Fr

**Couverture** © John Arnold Images/hemis.fr **4e** - © Colin Matthieu/hemis.fr **3** - © Ludovic Maisant/hemis.fr **4** - haut à gauche © Aurora/hemis.fr, haut à droite © Camille Moirenc/hemis.fr, bas à gauche © Jon Arnold Images/hemis.fr, bas à droite © Jean-Daniel Sudres/hemis.fr **6** - © Camille Moirenc/hemis.fr **10** - © Romain Cintract/hemis.fr **11** - haut © Michel Cavalier/hemis.fr, bas © Yann Artus-Bertrand/hemis.fr **12** - haut © Michel Cavalier/hemis.fr, bas © Franck Chaput/hemis.fr **13** - © Orteo Luis/hemis.fr **14** - © Franck Guiziou/hemis.fr **15** - haut © Bertrand Rieger/hemis.fr, bas © imageBROKER/hemis.fr **16** - haut © Michel Cavalier/hemis.fr, bas © Bertrand Rieger/hemis.fr **17** - © Bertrand Gardel/hemis.fr **19** - © Patrice Hauser/hemis.fr **20** - © José Nicolas/hemis.fr **23** - © Gil Giuglio/hemis.fr **24** - © Pierre Jacques/hemis.fr **26** - © Moirenc Camille/hemis.fr **28** - © RastoS/Shutterstock.com **31** - © Bertrand Rieger/hemis.fr **32** - © Michel Cavalier/hemis.fr **34** - © Jean-Daniel Sudres/hemis.fr **38** - haut © Rieger Bertrand/hemis.fr, bas © Camille Moirenc/hemis.fr **39** - © Jon Arnold Images/hemis.fr **40** - haut © Jon Arnold Images/hemis.fr, bas © Jon Arnold Images/hemis.fr **41** - haut © Cavalier Michel/hemis.fr, bas © AGE/Photononstop **42** - © Simone Simon **43** - © Bertrand Rieger/hemis.fr **45** - © Pierre Jacques/hemis.fr **46** - © Camille Moirenc/hemis.fr **49** - © Bertrand Rieger/hemis.fr **50** - © René Mattes/hemis.fr **53** - © Jon Arnold Images/hemis.fr **55** © Camille Moirenc/hemis.fr **56** - © Hervé Hugues/hemis.fr **58** - © Bertrand Rieger/hemis.fr **59** - © René Mattes/hemis.fr **61** - © Tim E White/Alamy/hemis.fr **63** - © Camille Moirenc/hemis.fr **65** - © Niceartphoto/Alamy/hemis.fr **66** - © Jean-Daniel Sudres/hemis.fr **69** - © Jon Arnold Images/hemis.fr **70** - © Jon Arnold Images/hemis.fr **73** - © Bertrand Rieger/hemis.fr **75** - © Robert Harding/hemis.fr **77** - © Bertrand Rieger/hemis.fr **79** - © Didier Zylberyng/hemis.fr **80** - © Robert Harding/hemis.fr **83** - © Heeb Christian/hemis.fr **86** - © Richard Manin/hemis.fr **87** - © Camille Moirenc/hemis.fr **88** - © Bertrand Rieger/hemis.fr **89** - © Camille Moirenc/hemis.fr **94** - haut © Michel Cavalier/hemis.fr, bas © Shutterstock/WildEssence **95** - haut © Franck Guiziou/hemis.fr, bas © Bertrand Rieger/hemis.fr **96** - © Zylberyng Didier/hemis.fr **97** - © haut Pierre Jacques/hemis.fr, bas © FRUMM John/hemis.fr **98** - DR **99** - © Michel Cavalier/hemis.fr **101** - © Camille Moirenc/hemis.fr **103** - © Niceartphoto/Alamy/hemis.fr **104** - © Michel Cavalier/hemis.fr **106** - © Rieger Bertrand/hemis.fr **109** - © Michel Cavalier/hemis.fr **110** - © Patrice Hauser/hemis.fr **112** - © Camille Moirenc/hemis.fr **113** - © StockFood/hemis.fr **115** - © Blickwinkel/Alamy/hemis.fr **117** - © Franck Guiziou/hemis.fr **121** - © Bertrand Rieger/hemis.fr **123** - © Niceartphoto/Alamy/hemis.fr **124** - © Didier Zylberyng/hemis.fr **126** - © Bruno Barbier/hemis.fr **130** - haut © Camille Moirenc/hemis.fr, bas © Anne-Christine Poujoulat/AFP Creative/Photononstop **131** - haut © Robert Harding/hemis.fr, bas © Shutterstock/Rafael Santos Rodriguez **132** - © Shutterstock/Grzegorz Czapski **133** - haut © Gamma-Rapho via Getty Images, bas © Michel Cavalier/hemis.fr **134** - © Parfumerie Fragonard, Grasse 1 **135** - © Bertrand Rieger/hemis.fr **137** - © Camille Moirenc/hemis.fr **141** - © Matthieu Colin/hemis.fr **142** - © Bertrand Orteo/hemis.fr **144** - © Bertrand Rieger/hemis.fr **147** - © Bertrand Orteo/hemis.fr **149** - © José Nicolas/hemis.fr **150** - © Laurent Giraudou/hemis.fr **153** - © Pierre Jacques/hemis.fr **155** - © Pierre Jacques/hemis.fr **157** - © Valery Trillaud - www.agefotostock.com **158** - © Franck Guiziou/hemis.fr **159** - © Jean-Claude Amiel/hemis.fr **161** - © René Mattes/hemis.fr **162** - © Image Source/hemis.fr **165** - © Camille Moirenc/hemis.fr **166** - © Eddy Galeotti/Shutterstock.com **168** - © Pascale et Bruno Boigontier/hemis.fr **171** - © Stockfood/hemis.fr **172** - © Jean-Daniel Sudres/hemis.fr **175** - © Camille Moirenc/hemis.fr **176** - © Hartmut Krinitz/hemis.fr **179** - © Michel Cavalier/hemis.fr **181** - © José Nicolas/hemis.fr **182** - © René Mattes/hemis.fr **186** haut © Jean-Daniel Sudres/hemis.fr, bas à gauche © Denis Caviglia/hemis.fr, bas à droite © Camille Moirenc/hemis.fr **187** - haut © Camille Moirenc/hemis.fr, bas © Bertrand Gardel/hemis.fr **188** - © Camille Moirenc/hemis.fr **189** - haut © Camille Moirenc/hemis.fr, bas © Borut Furlan/WaterF - www.agefotostock.com **190** - DR **191** - © Bertrand Rieger/hemis.fr **193** - © Franck Chaput/hemis.fr **194** - © Franck Chaput/hemis.fr **197** - © StockFood/hemis.fr **199** - © Camille Moirenc/hemis.fr **200** - © Franck Chaput/hemis.fr **203** - © Adeline Lebel/Jas des Oliviers **205** - © Bertrand Rieger/hemis.fr **207** - © Bertrand Rieger/hemis.fr **208** - © Alamy/hemis.fr **209** - © Franck Chaput/hemis.fr **210** - © Art Kowalsky/Alamy/hemis.fr **213** - © Bertrand Gardel/hemis.fr **215** - © Patrick Escudero/hemis.fr **216** - © Camille Moirenc/hemis.fr **219** - © Bertrand Rieger/hemis.fr **221** - © Hervé Lenain/hemis.fr **222** - © Michel Cavalier/hemis.fr **225** - © José Nicolas/hemis.fr **226** - © Camille Moirenc/hemis.fr **228** - © Giraudou Laurent/hemis.fr **231** - © Franck Chaput/hemis.fr **233** - © Christophe Boisvieux/hemis.fr **234** - © Bertrand Gardel/hemis.fr **237** - © Le Pradeau Plage **239** - © Jean-Daniel Sudres/hemis.fr **240** - © Michel Cavalier/hemis.fr **243** - © Camille Moirenc/hemis.fr **245** - © Bertrand Rieger/hemis.fr **247** - © Camille Moirenc/hemis.fr **248** - © Camille Moirenc/hemis.fr **250** - © Bertrand Rieger/hemis.fr **253** - © Franck Guiziou/hemis.fr **255** - © Bertrand Gardel/hemis.fr **256** - © Bertrand Rieger/hemis.fr **259** - © José Nicolas/hemis.fr **261** - © Jean-Marie Liot/hemis.fr **262** - © La Favouille **265** - © Camille Moirenc/hemis.fr **266** - © Denis Caviglia/hemis.fr **270** - haut © Sylvain Sonnet/hemis.fr, bas © Bertrand Gardel/hemis.fr **271** - haut © Michel Cavalier/hemis.fr, bas © Sylvain Sonnet/hemis.fr **272** - © Hervé Fabre/www.yp-photo.com **273** - © Michel Cavalier/hemis.fr **275** - © Jacques Sierpinski/hemis.fr **276** - © Jacques Sierpinski/hemis.fr **277** - © Jacques Sierpinski/hemis.fr **279** - © Camille Moirenc/hemis.fr **280** - © Camille Moirenc/hemis.fr **281** - © Chaput Franck/Hemis.fr **282** - © Camille Moirenc/hemis.fr **284** - © Franck Chaput/hemis.fr **287** - © Franck Chaput/hemis.fr **289** - © HelloWorld Images Premium/Alamy/hemis.fr **291** - © Bertrand Rieger/hemis.fr **293** - © Camille Moirenc/hemis.fr **295** - © Bertrand Rieger/hemis.fr **297** - © Camille Moirenc/hemis.fr **298** - © Franck Charel/hemis.fr **301** - © Laurent Giraudou/hemis.fr **303** - © Cultura/hemis.fr **304** - © Laurent Giraudou/hemis.fr **307** - © Michel Cavalier/hemis.fr **308** - © Hervé Lenain/hemis.fr **311** - © Camille Moirenc/hemis.fr **313** - © Kuttig/RF/Travel/Alamy/hemis.fr **315** - © Camille Moirenc/hemis.fr **317** - © Bertrand Rieger/hemis.fr **318** - © Franck Guiziou/hemis.fr **320** - © Camille Moirenc/hemis.fr **323** - © Camera Press/hemis.fr **324** - © Michel Renaudeau/hemis.fr **338** - © Ludovic Maisant/hemis.fr

# CÔTE D'AZUR

**Auteurs** France Bourboulon-Lane, François-Xavier Brabant-Pelletier
Et José Darroquy, Karine Drouet, Claude Fauque, Sandrine Favre, Vincent Grandferry, Pierre Guitton, Marie-Astrid Le Bos, Hélène Le Tac, Élisabeth Mauris, Vincent-Xavier Morvan, Laurent Vaultier

**Directrice éditoriale** Hélène Firquet
**Responsable éditoriale** Christina Beckers
**Responsable artistique** Flora Monnin
**Suivi éditorial** François-Xavier Brabant-Pelletier
**Maquette** Delphine Guarino
**Mise à jour** Soraya de Zorzi

**Conception graphique** Elhadi Yazi
**Infographie** Stéphane Jungers
**Cartographie** EdiCarto

**Publicité** Régie publicitaire KETIL Media 76, bd de la République 92100 Boulogne-Billancourt
Responsable de clientèle Vincent Buffin Tél. 01 78 90 11 40

**Gallimard Loisirs** 5, rue Gaston-Gallimard 75328 Paris Cedex 07
Tél. 01 49 54 42 00 contact@geo-guide.fr guides-gallimard.fr/geoguide-coups-de-coeur/

La collection GEOGuide a été créée en association entre Prisma Presse/GEO et Gallimard Loisirs



Numéro d'édition 433898 - ISBN 978-2-7424-6381-7

**Impression** Lego (Italie) **Photogravure** Nord Compo (Villeneuve-d'Ascq)



**Avis aux GEOVoyageurs** Entre l'enquête effectuée sur le terrain et la parution du guide, et compte tenu de l'épidémie de Coronavirus (Covid-19), les établissements mentionnés peuvent avoir fermé et certaines informations s'être périmées. Renseignez-vous auprès des prestataires pour organiser vos déplacements et votre séjour et pensez à réserver. N'hésitez pas à nous faire part de vos commentaires et de vos corrections à : contact@geo-guide.fr !


PEFC™
PEFC/18-31-280


## Plans

- Axe urbain
- Espace vert
- Cimetière
- Voie ferrée
- Aéroport
- Gare ferroviaire
- Gare routière
- Gare maritime (standard)
- Gare maritime (rapide)
- Bâtiment remarquable
- ★ Incontournable

## Cartes

- Autoroute et 2x2 voies
- Route principale
- Route secondaire
- Zone urbaine
- Frontière d'État
- Limite de départements
- Parc naturel
- Liaison maritime
- ▲ Sommet
- Tunnel, col, défilé
- Départ itinéraire
- Arrivée itinéraire

Profondeur (en mètres)

- Plus de 1 000
- De 200 à 1 000
- Moins de 200

Altitude (en mètres)

- De 0 à 100
- De 100 à 200
- De 200 à 500
- De 500 à 1 000
- De 1 000 à 1 500
- Plus de 1 500